中山大学港澳珠江三角洲研究中心
中山大学粤港澳发展研究院

主编
何俊志　袁旭阳

栉风沐雨，弦歌不辍

——中山大学港澳研究40年（1983-2023）

论文选编

中华书局

序言：坚持传承，勇于创新

中国高校文科院系或学科的实力，通常来说院系建立的历史长短是一个较为重要的影响因素，这在一定程度上说明文科发展并非一蹴而就，同时也侧面反映了文科学科的生命周期有其特殊性。不同时期，一代代学者在学科方向和研究领域的开拓贡献、人才培养、条件建设如同涓涓细流汇流成河，学术通过代代学人执着坚守、积淀、传承并顺应时代发展而不断创新。反映大学优势特色研究领域的实体研究机构，更是如此。

长期以来港澳研究是中山大学的文科传统优势研究领域，从实体研究机构层面算起至今已有四十载，经历了不同时期的机构沿革与发展：1983年12月7日，中山大学港澳研究所成立，这是国内高校首个港澳研究综合性实体研究机构。1991年2月，中山大学珠江三角洲经济发展与管理研究中心成立。1991年11月，中山大学港澳研究中心成立，承担协调中山大学港澳研究工作的职能。2000年，由港澳研究所、港澳研究中心、珠江三角洲经济发展与管理研究中心合并重组成立中山大学港澳珠江三角洲研究中心，并于9月入选教育部人文社会科学重点研究基地。2012年，港澳珠江三角洲研究中心与中山大学台湾研究所联合共建的中山大学港澳台研究中心被批准为教育部区域和国别培育基地。2013年，中山大学联合北京大学、清华大学、深圳大学等组建"港澳与内地合作发展协同创新中心"。2015年5月，中山大学成立粤港澳发展研究院，同年11月，入选首批国家高端智库建设试点单位。四十年来中山大学港澳研究机构的成立、发展与沿革，不仅仅体现不同时期中山大学关于科研机构的建设理念与发展思路，反映了国家在不同历史时期对文科科研平台的战略部署，更反映了中山大学立足时代潮流、紧紧抓住国家重视文科科研发展的历史机遇、发挥大学特色优势领域来更好服务国家与社会的重要责任的时代脉络。翻看中山大学港澳研究机构 40 年来的档案资料可充分展现出这个鲜明的特点，即：中山大学港澳研究机构的设立和成长、每个重要关键时期的跨越发展，都离不开教育部、中宣部、中央港澳工作部门和地方政府等上级有关部门的高度重视、指导与支持，有关上级部门领导多次强调做好港澳研究服务国家，中山大学责无旁贷。同时，也离不开诸多兄弟单位和同行学者长期以来对中山大学港澳研究的关心和大力支持。

四十年发展历程，筚路蓝缕，春华秋实，港澳研究机构虽曾重组、更名及多机构并存，中山大学港澳研究的精神内核却始终传承和不断发扬，总结起来大致可以归纳成以下几方面。

第一，坚持实体研究机构建设道路。实体研究机构与院系一样涉及人才队伍、人才培养、科学研究、办公条件等方方面面问题，能在高校中创立和长期坚持发展，与院系相比更为不易。作为实体研究机构，最首要的问题是机构领军人才与人才队伍。回顾中山大学港澳研究机构四十年历史，几任机构负责人由学校其他院系教授调入担任或者由学校领导直接担任，机构长期以来一直保持 10 人以上的研究岗位编制，充分显示出实体研究机构建设的不易与中山大学对港澳研究的高度重视。

第二，坚持多学科综合性研究路向。多学科交叉融合、跨学科研究是推动理论研究与方法创新的重要理念。自港澳研究所成立起，吸引汇聚经济学、政治学、社会学、法学等学科人才的思路就已然明确。虽不同时期因不同人才和需求不同，港澳研究学科方向有所侧重，但坚持港澳问题的多学科研究以及多学科研究成果的产出，已成为四十年来中山大学港澳研究的一大特色和亮点。

第三，坚持发挥学校港澳研究整体优势的思路。一个实体研究机构的活力，除了发挥好机构内研究人员的活力外，更重要的是建立联系、吸引和汇聚校内外专兼职研究力量的机制。上世纪 90 年代，港澳研究中心作为学校港澳研究协调功能机构的建立，以及港澳珠江三角洲研究中心聘任不同院系教师为专职或兼职研究人员，港澳与内地合作发展协同创新中心凝炼主攻方向、大力度整合校内各院系港澳研究力量，粤港澳发展研究院更是采取"举校模式"，与相关院系协同、采取双聘教师等做法，均是依靠中山大学港澳研究整体优势思路的体现。

第四，坚持与港澳学界、港澳社会建立紧密合作联系网络。四十年来，研究机构层面和学者层面都十分注重与香港、澳门的高校学术界、研究机构、政府部门、行业部门建立紧密的合作联系机制，联合举办学术研讨会、邀请港澳学人参会，与特区政府有关部门建立了密切的交流合作机制。在频繁的交流中促进了思想碰撞和学术创新，也结下了深厚的友谊，这为港澳研究提供了港澳本地的学术网络支持，也成为四十年来中山大学港澳研究机构的一大特色。

第五，坚持面向国家需求和改革开放实践、重视理论与实践紧密结合的研究导向。中山大学港澳研究机构自成立之日起，就自然赋予了相应的历史意义，一是港澳的"一国两制"理论探索与实践研究，二是粤港澳的合作发展研究。虽然不同历史时期研究重心、关照有所侧重，但每一个时期的研究都与国家需求和广东改革开放实践密切相关。这要求港澳理论研究必须关注重大实践及其相关的战略政策研究，或者基于实践进行理论反思与学术提炼，这使得中山大学港澳研究带有鲜明的实践取向。可以说，中山大学港澳研究在一定程度上见证、参与了港澳回归及回归后繁荣发展的历史进程，也见证了珠江三角洲与港澳合作从"三来一补"到"世界工厂"再到粤港澳大湾区国际一流湾区建设的改革开放这一伟大历史进程。

研究机构是承载学者研究、交流合作并具有相适应的组织机制的阵地和平台，研究机构的影响力关键在于其学者的影响力以及学者产出的学术成果或政策研究成果的影响力。四十年来，中山大学港澳研究机构汇集了一批在港澳研究领域具有影响力的学者，不同时期学者的学术活动与丰硕成果对中山大学港澳研究形成了坚实的支撑，推动中山大学港澳研究获得一个又一个荣誉，也成为激励后学坚持传承、不断创新的精神动力。

纪念或庆祝一个研究机构成立的最好方式，是突显出研究机构不同历史时期的学者及其贡献，而编写中山大学港澳研究机构 40 年论文集、反映不同时期学者的学术论文就是呈现研究机构历史发展脉络的重要方式。自 1983 年中山大学港澳研究所成立以来，在中山大学港澳所、港澳珠江三角洲研究中心及粤港澳发展研究院工作过的学者已逾 70 人，不少教师退休，有些教授已离世，有些曾在机构工作过的学者也到相关院系或其他院校任教。因此，选编该论文集，只能面向不同时期在机构正式工作或任职（因篇幅原因，不能编入博士后、专职研究员等学术论文），并基于教师自愿推荐方式，来征集学者们具有代表性的公开学术论文。对于已离世学者的论文，只能通过相关退休教师或学生推荐方式产生。基于这样的征集原则，本论文集共有 31 篇公开学术论文编入，发表时间从 1985 年至 2023 年，探讨不同时期香港、澳门的经济社会法律情况，学科范围覆盖到经济、政治、法律、社会、新闻传播、历史等。从论文研究主题可以明显发现四十年来港澳珠三角地区在经济政治社会各方面发生了翻天覆地的变化，展现了"一国两制"生命力。收编的一些学术论文，对于港澳研究与"一国两制"相关方向起到创新研究、知识生产与传播作用，在一定程度上促进了港澳研究的传承创新。一些论文，曾对港澳繁荣发展起到了政策启示作用，在港澳各界具有一定的影响力。受篇幅影响，本论文集难以编入同一作者其他有影响力的论文，更难收入不同时期学者的学术著作，也难以对收录的每篇论文及作者进行介绍与评价。通过本论文集，能一定程度展现不同历史时期中山大学港澳研究学者的理论研究及其贡献。

中山大学港澳研究机构，今年已迈入"不惑"之年，在承上启下的生命关键点，回首来时路郁郁满芳华，迈步新征途砥砺再前行。也希望此论文集能更好激发粤港澳发展研究院（港澳珠江三角洲研究中心）青年学者坚持传承、勇于创新，树立更大理论志向，加强国内外学术交流，以更好的研究创新推动港澳研究与粤港澳大湾区研究的理论繁荣。

　　主编本论文集的想法，要衷心感谢中山大学出版社王天祺社长的宝贵建议。这本论文集从提出到付梓出版仅短短两个月，更要感谢中华书局（香港）的领导和编辑队伍，正是他们的努力，使得该论文集能够快速出版。同时，也要感谢各位论文作者对论文集工作的快速响应与支持，以及研究院办公室同事们的高效工作。虽然是收编已公开发表的学术论文，但因时间仓促，论文集可能存在一些错漏，望读者们批评指正。

何俊志　袁旭阳

中山大学港澳珠江三角洲研究中心

中山大学粤港澳发展研究院

2023 年 10 月 16 日

目　录

香港人口状况及其特征剖析

张仲深 *

香港是我国神圣领土的一部分，1842 年通过不平等条约才被割让给英国成为一块殖民地。之后，随着经济的发展，人口逐渐增长。特别是第二次世界大战后，香港成了一个工商业中心、金融中心和旅游中心，人口更急速膨胀起来。

人口从急速膨胀变为稳定低增长

香港原是个人烟稀少的渔村。它虽然是天然良港，但境内地瘠山多，水源缺乏，1841 年只有 7450 人，大部分是渔民和农民。由于工商业的发展，1931 年人口增长到 84 万。抗战爆发、广州沦陷后，因内地居民大批往港避难，致使 1941 年人口骤增至 164 万，十年间增长一倍。但在太平洋战争期间，香港被日军占领，经济受破坏，粮食日用品匮乏，大批居民被驱逐出境，到战争结束时（1945 年）人口锐减至 60 万。战后，经济得到恢复和发展，外流居民纷纷返港，1946 年人口猛增至 150 万。此后，逐年上升，到 1983 年人口已达 530 万，其中 98% 是我国同胞。

从表一可看出，香港人口增长速度快、波动大是显著特征之一。从 1881—1981 年的一百年间，人口增长了五百多万。从 1951 年开始，大约每隔十年增加一百万人。五十年代人口年平均增长率高达 4.8%，六十年代为 2.68%，七十年代为 2.42%，高于新加坡、韩国。

人口增长快和波动大的主要原因有两方面，一是高出生率。战后出现

---

* 作者工作单位：中山大学港澳研究所。

的补偿性生育高峰，使五十年代和六十年代中期的人口出生率都在 30‰ 以上，最高一年达 37.4‰，同时，由于死亡率稳步下降，导致高自然增长率。1951—1965 年间人口自然增长率最高为 30.2‰，最低为 23.8‰，这是高低高人口再生产类型的反映。二是移民的影响。由于受战争和亚太地区政治局势的影响，合法和非法的移民大量涌入香港，使人口大幅度增长。出入境移民的数量庞大，是造成人口剧烈波动的原因。

表一　　1881—1983 年香港人口增长表　　　　　（单位：人）

年度	人口	年度	人口
1881	160402	1961	3129648
1891	221441	1971	3936630
1901	368987	1981	5154100
1911	456739	1982	5232900
1921	625166	1983	5313200
1931	840473		

资料来源：根据联合国《香港人口》1974 年，香港政府《香港 1984 年》，经济导报社《香港经济年鉴》1981 年整理

如果从人口自然变动本身来看，从六十年代开始，出生率和自然增长率出现了下降趋势，速度逐步加快，进入七十年代后就趋于缓慢。人口出生率从 1961 年的 35‰。迅速下降到 1971 年的 19.7‰，再降到 1981 年的 15.7‰。同时，自然增长率从 28.9‰ 分别降到 14.7‰ 和 10.7‰。由此可见，高低高的人口再生产类型正过渡为低低低的现代人口再生产类型，人口急速增长的势头已为稳定低增长的现状所代替。

人口密度高　分布不平衡

香港土地面积只有 1066 平方公里，而人口众多，是世界上人口密度最高的地区之一。由于人口增长，使人口密度不断上升，从 1961 年每平方公里

2905 人增至 1971 年的 3962 人，再增到 1983 年的 4972 人。但地区之间疏密不均，有 92% 的人口集居于港九市区，以致港岛、九龙、新九龙及基湾市区内的人口密度达每平方公里 28479 人，而新界地区只有 792 人。深水埗的人口密度最高，竟达到每平方公里 165445 人。

人口分布受社会经济条件、自然条件和地理环境的影响，但归根到底决定于社会经济条件。随着工商业的扩展和新市镇的兴起，近二十年来香港人口分布也发生了变化。六十年代初期，中环和油麻地分别是港岛和九龙人口最稠密的地区，但此后上述住宅区人口纷纷迁到当时发展中的新九龙以至新界基湾等地。由于柴湾大量兴建屋邨，以致其西边的湾仔人口大量东移，二十年内人口下降 30%。特别是新界新市镇的迅速兴起，十年来其人口增加近两倍，达到 160 万。随着社会经济条件的变化，仅过去五年之内就有 80 万人从一个区迁到另一个区居住。这种趋势发展下去将进一步缓解港九闹市区人口过分挤迫的现象。

人口性别比例偏高但正逐步趋于基本平衡

人口的性别构成直接制约着人口再生产，对经济发展和就业也有一定影响。就世界范围来说，男女性别比例大体是平衡的。1980 年，以女性人口为 100，世界人口的性别比例是 100.6，1981 年，香港人口的性别比例是 109.3，高于亚洲的 104.06 和发展中地区的 103.04，在世界上属于较高水平。

男女性别比例偏高是香港人口特点之一。历史地考察这个问题，情况更为突出。1911 年的人口为 45 万，男女性别比例高达 184.4，1921 年和 1931 年分别下降到 158.0 和 134.8。性别比例高的主要原因是受移民的影响，二者有密切关系。据统计，非香港出生的人口占总人口的比重，1911 年为 68.5%，1921 年为 73.3%，1931 年为 67.5%，这就是说，1961 年以前，香港居民的三分之二是外来移民，早期移民大多数不是永久性移民，其中以男性占绝大多数。他们多数未婚或不带家眷，独自到香港谋生。同时传统的重男轻女思想对香港社会也有一定影响。战后，前述两个社会因素逐渐消失，社会趋于稳定，男女性别比例因而发生变化。1961 年为 105.6，1971 年为 103.3，但是，这种趋势因 1977—1980 年入境移民骤增而逆转，以致 1981 年的人口性别比例再度上升到 109.3。随着 1980 年以后入境移民的减少，1983 年的性别比例稍许下降至 108.0。由此可见，只要入境移民能恢复正常状态，人口性别比例就必将进一步趋向基本平衡。

人口性别比例偏高，从分年龄组来看，情况有很大差别。0—14 岁组的性别比例为 107.9，15—64 岁组的高达 114.8，65 岁及以上组的则为 68.27。20—34 岁适婚年龄人口当中，未婚男性有 48 万多人，未婚女性有 28 万多人，性别比例严重失调的现象将造成婚姻困难，这不能不是一个社会问题。

家庭规模变小 核心家庭占主导地位

香港由于人口增长和结婚人数增多，家庭数目迅速增加。1961 年有家庭 689209 个，1971 年有 857008 个，增加 24.34%，1981 年达到 120 万个，比上年增加 40.02%。同时，家庭平均人数不断下降，1971 年为 4.5 人，1976 年降为 4.2 人，1981 年再降为 3.9 人，十年下降 13.3%。

表二　各种家庭规模的比例（%）

每户人数	1981	1976	1971
1	15.2	14.7	14.7
2—3	30.8	27.6	25.0
4—5	31.5	28.6	25.4
6 人或以上	22.2	29.1	34.9
每户平均人数	3.9	4.2	4.5

资料来源：香港《文汇报》1981 年 11 月 21 日

表二显示，过去十年间人户比重略微上升，2—3 人户比重上升 5.8%，

4—5 人户比重上升 6.1%，唯独 6 人及以上大家庭比重大幅度下降了 12.4%，明显反映出家庭规模变小的趋势。

家庭规模受出生率，职业和生活方式的影响。如发达国家和地区出生率低，经济文化水平较高，三口以下之家在总户数中的比重达 55—75%。香港的比重为 46%，略低于发达地区而大大高于发展中地区的 30%，主要原因是青年结婚后多另行组织小家庭。香港由于经济、文化生活现代化，妇女就业率较高，西方生活方式影响较深，而且房租高昂，住房紧张，所以传统的封建社会占统治地位的大家庭瓦解的趋势在香港出现。

从家庭结构来看，香港的情况与发达地区比较有类似之处。在发达地区或国家，单身户有发展趋向，其比重较高。如 1970 年美国单身户占家庭总数的 17.6%，香港与之比较显然还有差距，但远超过发展中地区与国家。同时，香港的不延伸核心家庭、垂直延伸核心家庭、平面延伸核心家庭占家庭总数的 70.4%，说明其在家庭结构中占了主导地位。（见表三）

表三　香港家庭结构情况

家庭结构形式	1976	1981
一人户	14.8	15.2
不延伸核心家庭	60.2	54.4
垂直延伸核心家庭	9.4	13.6
平面延伸核心家庭	2.0	2.4
至少两个核心家庭同一住家	6.0	6.3
非家庭的住家	7.6	8.1
	100.0	100.0

资料来源：《信报财经月刊》总 58 期改编

年龄构成较年轻但人口正趋向老化

人口的年龄构成是最重要的人口和经济特征之一。香港人口年龄构成是

在人口再生产的特点影响下长期形成的。（见表四）

表四　香港人口年龄构成　　　　　　　　　　　　　　　（％）

年龄组	1961	1971	1976	1971
0—14 岁（%）	40.8	35.8	30.1	24.8
15—64 岁	56.4	59.7	64.4	68.6
65 岁或以上	2.8	4.5	5.5	6.6
年龄中位数	—	21.7	23.9	26.0

资料来源：《信报财经月刊》总 58 期

从整体来看，香港人口已从增加型过渡到稳定型。按桑德巴模式衡量，1961 年 0—14 岁年龄组比重占 40.8%，说明少年儿童人口比例大，属年轻人口，人口再生产类型是增加型。但由于出生率逐年下降，到 1981 年这一比重已降到 24.8%，比稳定型标准 26.5% 还低，从而使人口再生产类型由增加型过渡到了稳定型。

从不同年龄组人口来看，15—64 岁年龄组比重上升至 68.6%，反映劳动适龄人口增加迅速，劳动力资源丰富，1971—1981 年间劳动人口平均每年增长 4.5%，而同期总人口平均每年增长率为 2.4%，前者增长速度远高于后者。劳动适龄人口比重越大，负担系数越小。香港的负担系数已从 1971 年的67.4 下降为 1981 年的 45.7，除日本外，比亚洲其他地区和国家为低。这意味着家庭与社会的负担得以减轻。

65 岁以上年龄组比重逐年上升，表明出现了人口老化趋向。香港由于出生率下降，医疗卫生事业的发展和人民生活改善等原因，使人口平均预期寿命延长，1981 年男为 72 岁，女为 78 岁。年龄中位数为 26 岁，比1971 年后移了 4.3 岁。根据联合国的划分标准，一个国家或地区的总人口中，如果 65 岁以上人口的比重超过 7%，即进入老年人国家或地区。香港已达 6.6%，表明已面临人口老化的挑战。但在整个人口趋向老化的同时，出现了一个新特点，即劳动人口年轻化。主要表现在劳动人口年龄中位数从 1971 年的 35 岁下降为 31.2 岁，即年轻了 3.8 岁，这主要是受男性青年迁入的影响。劳动人口年轻化对社会经济的发展将发生积极作用，这是香港人口的一大优势。

香港人口的文化教育水平有显著提高，但仍不适应形势要求。从七十年代以来，为适应经济发展和应付日益激烈的工业竞争，香港的教育日趋多样化和现代化，为人口的文化教育水平的提高打下了基础。

十年来，香港人口的文化教育水平得到进一步提高，其变化和特点表现如下：小学程度以下的人口比重显著下降，从原来的 74% 降为 55.3%，而中学及大专程度的人口比重比十年前上升 18.7%，反映了七十年代以来香港实施小学及初中免费强迫义务教育以及发展大专教育取得的一定成效。这为提高劳动人口的文化教育素质创造了条件。（见表五）

表五　香港人口文化教育程度统计表

文化教育程度	1971	1981	1981 比 1971 变化 %
从未入学或就读幼稚园	21	15.5	−5.5
受过小学教育	53	39.8	−13.2
受过中学或大学预科教育	22.9	39.2	+16.3
受过大专或大学教育	3.1	5.5	+2.4
	100.0	100.0	

资料来源：根据香港《文汇报》1981 年 11 月 22 日整理

在现代科技迅速发展的情况下，物质生产的发展主要依靠劳动生产率的提高，先进科技的广泛应用以及管理的科学化，因此劳动者的科学文化素质的高低具有特别重要的意义。教育事业的发展在提高就业人口的文化程度上起了积极作用。（见表六）

总的来看，尽管人口的文化教育水平有了提高，但同发达国家或地区相比仍有差别，同经济现代化的要求亦存在不少差距。表明香港的教育事业仍然落后于形势的发展。

表六　1982 年香港就业人口的文化程度

文化教育程度	人数	占就业总人数 %
未受教育或只受幼稚园教育	216400	9
受过小学教育	856400	35.6
受过中学	1061900	44.1
受过大学预科教育	129000	5.4
受过理工学院教育	60200	2.5
受过大学教育	81000	3.4
	2405000	100.0

资料来源 :《香港经济年鉴》1983 年

服务性行业进一步发展，专业技术人员增加

香港有丰富的劳动力资源，这是促进香港有丰富的劳动力资源，这是促进工商业持续发展的重要因素。1981 年劳动适龄人口有 342 万，占总人口的 68.6%，比 1980 年世界平均水平 59% 还高。劳动人口 249 万，劳动人口参与率 65.2%[1]，就业人口 240 万，占总人口的 48%，占劳动人口的 96.4%。1981 年美国、英国、西德、加拿大的失业率依次为 7.6%、10.6%、4.8% 和 7.6%，中国香港地区只有 3.1%，说明香港丰富的劳动力资源得到了较充分的利用。

社会劳动者分布在国民经济各部门是社会生产力发展的结果，又反过来影响生产力的发展。为了说明问题的方便，这里引用香港的资料，按联合国国际标准分类，把劳动人口部门构成划分为十类，并借用第一产业、第二产业、第三产业的概念。二十年来，香港人口部门构成发生的变化，反映了经济结构的特点和发展的趋向。

---

1 《恒生经济季报》1984 年 1 月。

表七　香港就业人口的部门构成（％）

部门	1961	1971	1981
1. 农业、渔业	7.3	4.0	1.4
2. 矿业	0.7	0.3	—
第一产业	8.0	4.3	1.4
3. 制造业	43.0	47.8	39.4
4. 水电煤气	1.1	0.6	0.5
5. 建筑业	8.1	5.2	8.5
第二产业	52.2	53.6	48.4
6. 零售批发业酒店酒楼业	14.4	16.0	21.0
7. 交通 仓储 通讯业	7.3	7.3	7.1
8. 交通 保险 地产及商业服务	1.6	2.6	4.9
9. 团体社会及个人服务	18.3	14.7	17.2
10. 其他	1.4	1.6	0.01
第三产业	43.0	42.2	50.2
总计	100.0	100.0	100.0

资料来源：《香港经济年鉴》1981 年，1983 年整理

表七显示，制造业人员的比重最大，占 40%，其次是零售批发酒店酒楼业，占 21%，第三是团体社会及个人服务，占 17%，以下依次是建筑业，占 8.5%，运输仓储通讯业，占 7.1%，金融保险地产商业服务，占 4.9%，农渔业只占 1.4%，其他行业所占比重极小。这种行业结构反映出香港的经济结构是以加工工业为基础，以对外贸易为主导的鲜明特点。制造业举足轻重，农业则处于十分次要的地位。综合反映出工业化、城市化和工商业现代化达到了一定水平。

从变动的情况来看，制造业人员比重十年间下降了 8.4%，反映了该行业的发展面临困难，主要是受西方经济衰退的影响。尽管如此，它仍不失为最重要的经济部门。零售批发、酒楼酒店、金融保险等服务性行业人员比重上升，恰恰说明这些行业近年来得到了比较迅速的发展，同香港作为工商业中

心、金融中心和旅游中心的地位是相适应的。

从发展趋势看，六十年代以来，第一产业劳动者的比重持续迅速下降，第二产业的比重从七十年代以来也开始下降，而第三产业的比重则迅速上升。这反映出香港工业正向多元化和技术、资本密集型方向发展，贸易的作用将继续加强，金融市场也将继续发展。香港经济的现代化水平将进一步提高。这同战后发达国家与地区的第三产业蓬勃发展的客观趋势是一致的。

行业构成的变化使职业结构也发生相应变化。由于生产现代化的客观需要以及人口科学文化素质有了提高，从事脑力劳动职业的人员比重逐步上升，从事体力劳动职业的人员比重则下降，这是符合战后世界经济发展的客观规律的。（见表八）

表八　香港从事经济活动人口的就业分类　　　　　　　　　　（％）

职业	1970	1981	1981 比 1971 变化 %
专业即专门技术人员	5.2	6.4	+1.2
行政及管理人员	2.4	3.3	+0.9
办事员	8.3	14.0	+5.7
销售员	10.6	9.7	−0.9
服务员	14.8	14.6	−0.2
农民、渔民、牧民	3.8	1.5	−2.3
生产工人、运输通讯及其他工人	52.3	50.3	−2.0
其他	2.6	0.2	−2.4
合计	100.0	100.0	

资料来源：《香港经济年鉴》1983 年，《信报财经月刊》总 58 期整理

居民收入增加、生活水平提高

由于独特的历史条件和许多有利因素综合发生作用的结果，战后香港经济发展速度举世瞩目。按当年价格计算，中国香港本地生产总值年平均增长

率，五十年代为 7%，六十年代为 12.2%，七十年代达到 18.1%（按固定价格计算为 8.8%），远远超过同期人口年平均增长率 4.8%，2.68% 和 2.42% 的速度[1]，因此按人平均的国民生产总值亦迅速增长。从 1951 年的 1600 元（港元，下同）增加到 1982 年的 30060 元，超过了新加坡而在东南亚国家和地区处于领先地位。这就有力地推动了各项经济事业的发展，并为扩大劳动就业和增加居民家庭收入创造了有利条件。

家庭收入变化的特点与趋势是：低收入户比重下降，中等以上收入户比重上升。1971 年收入 1000 港元以下的户数占 70.5%，居于首位，收入 3000 元以上的只占 1.6%，可是五年之后，情况发生了很大变化。收入 1000—1999 元的户数上升到 40.5%，占了第一位，收入 1000 元以下的急剧下降到 29.1%，特别值得注意的是 3000 以上户数比重从 1.6% 迅速上升到 14.1%。说明家庭收入状况普遍得到改善。（见表九）

表九　香港居民家庭收入情况

家庭收入	1971		1976	
	户数	占总户数 %	户数	占总户数 %
1000 港元以下	597099	70.5	276760	29.1
1000—1999 港元	181771	21.5	358890	40.5
2000—2499 港元	27426	3.2	98810	10.4
2500—2999 港元	26578	3.1	55920	5.9
3000—4499 港元	13796	1.6	75880	8.0
4500—5999 港元			26260	2.7
6000—7499 港元			12690	1.3
7500 港元以上			20670	2.1
合计	846670	100.0	952580	100.0

资料来源：根据 1981 年《香港经济年鉴》改编

---

1 《香港经济年鉴》1981 年。

家庭平均收入从 1971 年的 708 港元提高到 1981 年的 2955 港元。扣除物价上涨因素，家庭实际收入估计增加 85%，年均增长率为 6.3%，主要原因是家庭平均人数减少，劳动人口增加和工资收入增加。由于家庭收入增加，居民生活水平得到提高，消费需求不断增长。过去十年中，私人消费开支逐年上升 9.9%。

几点看法

一、香港五百多万人口是一个宝贵的人力资源，他们对开发香港作出了贡献，继续维持香港的繁荣与稳定也是同他们分不开的。就人口与经济发展相互关系来说，核心问题是要确保人口稳定低增长与经济持续高速度发展的趋势能继续下去。但是，香港是资本主义世界体系的一环，它不可避免地要受西方经济兴衰的强烈影响，资本主义特有的人口规律也必然发生作用。资本主义社会的人口经济问题香港也程度不同地存在。如失业、贫富悬殊、通货膨胀、物价上涨、住房交通拥挤、公共设施不足、人口老化、社会犯罪现象层出不穷，等等。因此必须在发挥香港人口经济某些优势的同时，注意分析各种矛盾，研究和解决存在的人口问题。

二、香港丰富的劳动力资源正面临世界新技术革命的挑战。从数量上说，要保证在技术革命蓬勃兴起的新情况下能维持较高的就业率，避免大量失业现象的出现。从素质上说，要适应经济现代化、多元化和行业构成新变化的需要。关键问题在于大力开发智力，发展各级各类教育事业，加强在职培训，大力提高劳动者的文化科学素质。这是香港经济在激烈的国际竞争中要想立于不败之地所必须解决的问题。

三、香港地窄人稠，居住问题仍然严重存在。尽管香港政府不断扩建新市镇，兴建新屋邨，但仍未能满足住户增加的需要。根本问题是当局实行的高地价、高楼价、高租金的政策，部分居民经济能力有限。目前有 11.2 万户人家住在木屋、天台和临时房屋区，占总户数的 9%。进一步解决居住问题不能不是香港当局的紧迫任务之一。

四、老年人口的数量和在总人口中所占的比重日益增大,香港面临人口老化问题。据香港有关方面负责人透露,估计到 2000 年,青年人口将增加到 85 万人,占总人口的 14%。世界人口老化进程最快的是日本,65 岁以上人口的比重从 4.9% 上升到 12%,法国用了 160 年,日本只用了 45 年。预料,香港人口老化速度将比日本更快。老年人口的生活、医疗服务和社会保险问题,不只是将来才变得尖锐,目前就已经存在,必须认真对待,妥善予以解决。

（本文刊载于《人口研究》1985 年第 4 期。）

大珠江三角洲经济区产业结构的协调发展

雷强

〔摘要〕广东珠江三角洲和香港、澳门的经济合作使大珠江三角洲成为亚太地区经济发展最快的区域。合理的大珠江三角洲产业结构目标模式将是第三产业占主导，第二产业有一定基础，第一产业平衡发展。第三产业中盈利性行业占重要地位，制造业则以劳动密集型和资本、技术密集型相结合的现代轻型加工业为主，积极发展资本、技术密集型产业。农业则向多层次多元化经济和"三高"产品生产发展。在区内产业分工中，港澳重点发展第三产业和高新技术型加工业．珠江三角洲成为劳动密集型与资本、技术密集型相结合产业的生产基地和高新技术的科研基地，并积极促进第三产业发展及其与港澳的"接轨"。为加快产业结构目标模式的形成，三方可在产业政策、第三产业和科技合作、基础设施建设等方面进行协调，同时三角洲还应从体制上促进其产业与港澳的"接轨"。

〔关键词〕大珠江三角洲　产业结构　目标模式　协调发展

我们这里讲的大珠江三角洲包括内地的珠江三角洲地区和港澳地区。其中内地珠江三角洲由珠江三角洲经济开放区的 28 个县、市（区）以及广州、深圳、珠海市区组成。

一、大珠江三角洲经济合作中的港穗中心作用

在大珠江三角洲中，广州、香港两大城市占有重要地位，起着关键作用。

广州是华南地区政治、经济和文化中心。它是传统的商埠，向北有直达中原的京广干线；向南有贯穿大珠江三角洲地区的广九铁路及南方的门户——黄埔港是大珠江三角洲进入内地的必由之路。广州也是重要的工业基地。广东相对于香港的优势在于其重工业，尤其是机械加工业和化学工业。广州的轻纺工业、食品工业也很发达。广州还是华南的金融中心和科研中心。

1992 年，广州（只包括市区）的国内生产总值接近 50 亿美元，约为珠江三角洲国内生产总值总和的 1/4。出口额约为珠江三角洲出口总额的 13%。

香港在大珠江三角洲的地位更为突出，作为世界航运中心，它是华南，甚至整个内地最重要的出口口岸；作为国际金融中心，它是华南外资的主要来源地；作为世界贸易中心，它是华南最主要的贸易伙伴。香港还是内地引进科学技术、信息、培训管理人才的基地。1992 年香港的本地生产总值是内地珠江三角洲本地生产总值的 4.8 倍，出口额是内地珠江三角洲的 8.5 倍。因此，相对而言，内地珠江三角洲的经济重心在广州，而大珠江三角洲的经济重心则在香港。

1992 年大珠江三角洲及粤港澳基本情况 *

项目	广州（市区）	珠江三角洲	香港	澳门	大珠江三角洲
人口（万）	367.0	2058.0	581.0	36.6	2675.6
本地面积（km²）	1443.6	47400	1076	18	48491
本地生产总值（亿美元）	50.0	196.9	952.0	49.57	1198.5
人均 GDP（美元）	1362.4	956.8	16381.8	13527	4479.4
出口额（亿美元）	17.95	138.0	1185.8[注]	17.3	1342.0

*：以 1992 年价格计算，有关数据偏差源自四舍五入
注：包括港产品出口与转口
资料来源：《广东年鉴 1993》，广东年鉴社；《广东统计年鉴 1993》，中国统计出版社；《香港 1993》

香港、广州两大中心构成了珠江三角洲经济的南北两极，共同推动大珠江三角洲经济繁荣。它们在各自发挥许多类似经济功能的同时，也在某些方

面起着不同的作用，其中主要的差别就是，香港主要是大珠江三角洲对外交流的中心，而广州更多的则扮演一个内向中心的角色。

香港与广州的这两大功能是相辅相成的。香港的外向作用，带动大珠江三角洲区域经济的国际化；而广州的内向作用，则使得大珠江三角洲的经济仍能立足本国，在参与国际经济大循环时，具有一定的稳定性，减少世界经济波动所带来的消极作用。

可以预言，以广州、香港为中心，包括深圳、珠海、惠州、中山、顺德、东莞、南海、番禺等在内的大珠江三角洲城市群正在兴起，它将发展成亚洲地区最具规模的城市群落。

香港作为大珠江三角洲的外向中心，是大珠江三角洲走向世界市场的桥头堡，起着带动区域经济国际化的作用。

大珠江三角洲通过香港参与了国际分工。香港轻工制造业的北移，本身就是由国际分工所引起的。此外，经过香港、珠江三角洲地区还吸引了大量的跨国公司投资，掌握了大量的国际市场信息，并以此调整生产，优化产业结构，最大效益地利用本地的各种资源优势。

香港是大珠江三角洲进入国际市场的通道。香港的世界贸易中心地位，给大珠江三角洲提供了近便的市场，再加上香港迅捷的交通、通讯系统，遍布全世界的贸易信息网，使得世界市场与大珠江三角洲的"距离"大大缩短了。另一方面，香港还促进了大珠江三角洲商业行为标准的国际化。

香港使大珠江三角洲的金融国际化。90 年代，在香港充裕的资金、优越的金融环境的吸引下，内地企业、银行纷纷入港筹集和设立分支机构，同时，香港银行和外国银行也从香港进入内地珠江三角洲，B 股的发行和内地大企业在香港的上市，也使得珠江三角洲的证券市场与香港的证券市场更加紧密相关。

生产力的巨大发展，导致各国（地区）经济的国际化。在大珠江三角洲中，"大珠江三角洲——香港——世界"格局的内容将得到进一步丰富，同时，香港的外向作用也将进一步加强。

二、大珠江三角洲产业结构现状和发展趋势

（一）大珠江三角洲产业结构现状

当代资本主义世界体系经济结构的变化，给大珠江三角洲的发展提供了机遇，同时也推动了该经济区域产业结构的转变。尤其是近年来在粤港澳的经济合作已成唇齿相依的情况下，大珠江三角洲产业结构的变化呈现了许多新的特点。

作为亚洲"四小龙"之一的香港，80年代以来，追随资本主义世界经济结构的升级转型，其经济结构也正处于从制造业为主体的实物经济向第三产业为主体的服务经济转变的转型时期。这可以从香港经济结构指标的变化中反映出来。香港制造业生产总值在本地生产总值中占的比重由1980年的24%，下降至I985年的22%和1990年的I7%，而服务行业占本地生产总值的比重，1980年是63%，1985年上升为64%，至1990年更是上升为69%，劳动人口在各行业的就业比重，制造业1980年为38%，1990年为27%，十年时间下降了11%，而服务行业1980年为34%，1990年为55%，十年间增加了21%，正是根据这些指标的变动情况，有人认为香港经济已经转型，正追随发达地区的轨迹步入成熟阶段。

香港经济结构的变化，一方面表现为某些指标已经达到发达国家和地区的水平，正步入成熟阶段，另一方面又表现为其经济仍未摆脱发展中经济的痕迹。在产业结构方面，香港仍以劳动密集型为主，缺乏技术密集型产业或部门。从这一角度看，香港的经济结构只能是处于由"新兴工业化经济"向成熟的"发达经济"转变的过渡阶段。香港这一缺乏制造业升级基础的经济结构变化，是和中国内地经济发展因素的影响有关的。这一因素在近几年更是有力地推动了香港制造业在尚未完成升级转型，基础性工业和资本、技术密集型工业还未建立的情况下，大部分已经北移到内地，尤其是珠江三角洲地区，使香港劳动密集型制造业出现"空心化"的现象。据估计，香港约有

80% 以上的劳动密集型产业和厂家于 80 年代末转入珠江三角洲地区，香港与珠江三角洲的分工合作已经形成"前店后厂"的模式。具体地说，就是香港厂商利用珠江三角洲地区的廉价劳动力和土地费用以及地理位置上的优势，把生产设备、原料、零部件、半成品和需求订单一起转移到珠江三角洲地区，进行加工装配，然后把加工好的产品运往香港，再转口到世界各地。这种模式在一定意义上是限制了香港本地制造业的发展，这从制造业在香港本地生产总值的比重不断下降可以看出。

香港产业结构的另一特点，就是制造业的轻型化发展。资料显示，1980 年香港主要制造业本地产品的出口占全部制造业产品的出口值分别是：制衣 34.1%，塑胶 9%，纺织 6.7%，玩具 6.9%. 钟表 9.6%，其总和为 66.3%。而代表先进生产力或升级的工业产品的电子为 19.7，工业机器 0.1，金属制品 3%，家庭电器 2.9%，其总和占 26%。到 1985 年，制衣、纺织、塑胶、印刷、玩具等劳动密集型的轻型产品仍占 60% 以上，而电子、工业机器、家庭电器、光学器材等也只约占 16%。近年来劳动密集型的制造业虽大部分迁入珠江三角洲，但香港的高技术产品也没有得到大的发展。

澳门方面，与香港也有相似之处，它同样也是一个小型开放的经济实体，而且其经济运作和产业结构也在很大程度上与香港"一体化"。澳门的产业结构其主要特点如下：1. 澳门制造业在 80 年代虽有较大的发展，但它在本地生产总值中的比重已呈下降趋势。1984 年澳门制造业在 GDP 中的比重为 35.9%，但到 1990 年下降至 27%。而这期间，澳门的第三产业特别是旅游博彩业、服务业在本地生产总值的比重不断上升。第三产业在本地生产总值中的比重由 1981 年的 55% 增加到 1990 年的 66%。澳门的就业结构中第三产业的比重也已达到 56.7%。澳门产业结构向第三产业大幅度倾斜的特点，与香港有相似之处。2. 第三产业中旅游博彩业在澳门产业结构中占首要地位，但澳门旅游博彩业的发展以博彩为重心，其产值占全部 GDP 的比重 1992 年高达 29%，而旅游资源的开发却处于低层次甚至是未开发状态。单纯以博彩为主来发展旅游业，必然会限制澳门旅游业应有的发展规模和发展程度。3. 澳门出口工业产品仍以劳动密集型产品为主，尤其是纺织品，直至 1992 年，该行业在澳门工业产品出口值中的比重仍占 70% 以上，在各类工业产品之首。玩具业也居澳门加工工业的第二位，1992 年其出口占全部澳门工业出口总值的约 5%。纺织制衣和玩具业占澳门工业就业人数已超过 80%。由此可见，澳门的制造业是以劳动密集型和低技术密集型相结合为特点的。

80 年代内地改革开放以来，珠江三角洲地区经济得到了迅速的发展。同时，珠江三角洲也紧紧抓住发达国家和地区产业结构调整的有利时机，努力推进产业升级，产业结构发生了较大的变化。珠江三角洲三次产业的比例由 1980 年的 24.1:46.9:29.0，转变为 1991 年的 13.4:50.4:36.2，其中第一产业所占比重下降 10.7 个百分点，第二、三产业所占比重分别上升了 3.5 和 7.2 个百分点。这一趋势表明，三角洲经济基本上完成了由农业经济向工业化初级阶段的演进，工业成为三角洲经济的主体，第三产业也趋活跃。从各次产业的内部结构来看，第一产业已由单一农业转向种养业与加工相结合，多种经营全面发展的局面。在农业生产总值中，1991 年种植业所占比重为 51.7%，比 1980 年下降了 15.4 个百分点，林牧副渔业所占比重相应提高。随着农村产业结构的调整，农业人口急剧下降，其占总人口的比重由 1980 年的 72.6% 下降为 1991 年的 62.3%。在第二产业中，传统工业正逐步让位于新兴工业，电器，机械、电子、食品、纺织、化纤、精细化工等已成为该地区的支柱行业。伴随着工业化程度的提高和农业劳动力的转移；珠江三角洲第三产业也迅速兴起。1991 年广东省第三产业增加值为 615 亿元，其中有 67.0% 是三角洲创造的。第三产业内部，交通、邮电、通讯、商贸等与国民经济和人民生活息息相关的部门发展明显加快，一批新兴行业如股票证券、保险、信息、咨询、旅游、广告、房地产等也迅速崛起，一些为生产、生活服务的行业如租赁公司、搬家公司、清洁清洗公司等已崭露头角，不仅在一定程度上缓解了人民生活的诸多不便，也为社会经济的繁荣创造了条件。目前，三角洲正成为全省的信息、金融、贸易及科技中心，在产业升级换代中发挥着日益重要的枢纽和辐射作用。

但是，珠江三角洲产业结构的发展也存在着严重的问题，农业的支撑力不强；基础工业滞后而加工工业相对过渡膨胀；第三产业的发展仍与整个社会经济发展不相适应，交通运输业和邮电通讯业面临着新的巨大压力；产业科技水平落后等，这说明珠江三角洲产业结构的调整还有许多深层的问题有待进一步探索；如何理顺产业结构的各种关系，保持经济持续稳定的发展，是九十年代广东经济面临的关键问题。

（二）大珠江三角洲各方产业发展优势

世界经济的走势，区域经济集团化的发展，要求并促进港澳地区与珠江三角洲地区的经济合作，加快大珠江三角洲产业结构的协调形成。而这一进程的有效推进，将有赖于三地间建立起合理的区域经济分工体系，即港、澳和珠江三角洲各方依据各自的产业优势和产业互补性，重点发展优势产业，扬长避短，从而提高区域经济的整体效益。在不久的将来，港澳和珠江三角洲地区将作为亚太地区的重要区域经济实体在亚太地区的经济发展中担任重要角色，并将成为亚太地区举足轻重的国际性贸易、金融、制造、旅游等中心。很显然，如果不能全面、充分地调动大珠江三角洲内的各种经济力量和经济资源是难以适应这一形势的。只有有效地协调大珠江三角洲内的产业分工才能与之相应。

从港澳地区的条件看，由于它们在特殊的国际经济环境中实行自由港政策，长期以来，通过港澳同胞的潜心经营，香港现已发展成为国际性的多功能经济中心。是世界上三个最优良的天然深水港之一，又有世界最大的货柜港，这里有十几条主要航线联系世界各国或地区，每周有超过 1000 班的定期客货机，直接联系着世界上 90 多个大城市，因此开展航运与旅游事业在香港具有很大的优势和潜力。尤其是"九七"和香港新机场建成之后，香港将是世界各国进入中国内地的主要通道。香港又是世界著名的信息中心。全港每 100 人有约 52 部电话，在通讯服务上，除接线生替用户接驳长途电话至世界各地外，更可利用国际直通电话服务，直接与 190 多个海外地区以及 6000 多艘装有卫星通讯设备的海上船只通话。这一切使得香港对外联系十分便捷，信息极其灵通。香港还是跨国企业地区总部的集中地，目前在香港设立地区总部的跨国企业和公司，由 1980 年的 174 家增至 1990 年的 602 家。香港又是区域性的金融财务中心，目前世界上前列的 100 家大银行中，有 3/4 以上在香港设有分行，如果按前列的 200 家大银行计算，也有半数以上在香港设有分行。香港的金融财务项目包括金融经纪业、银行业、财团借贷、贸易融资、私人银行业务、外汇买卖以及股票市场、期货市场、黄金买卖和基金管理等，这一切使得香港在亚太地区处于重要的金融中心地位。香港还是地区性的专业服务中心，目前世界知名的律师行、会计师行、顾问公司、工程公司、建筑公司以及其他专业公司，多在香港设有支部，它们既有国际水准的技能，且深切了解中国的香港、内地及其他亚洲国家和地区的情况。另外，长期以来在国际竞争中搏击，使香港造就了一大批熟悉国际商务的管理人才及高质素的产业工人。这些都是香港发展现代经济的有利条件，使得香港在重点发展金融、贸易、旅游、运输、信息等服务性经济方面具有很大的优势。澳门与香港也有着近似的情况，而经济实力、各行业发展规模、技术和管理、基础设施上远不如香港，但其在开发旅游资源方面尚存在很大的潜力。

广东则在整个中国对外开放格局中占有相当重要的地位。尤其是珠江三角洲地区，现已基本形成经济特区——开放城市和经济技术开发区——珠江三角洲经济开放区等这样一个多层次的开放格局。相对于内地来说，是引进技术、投资和外向型经济发展较快的地区。今后广东仍将继续作为内地改革开放的龙头之一。对外开放将继续保持一定优势。而改革开放以来，作为产业发展的整个依托，广东尤其是珠江三角洲的经济发展总体水平领先于全国，1980 年—1991 年，广东已完成固定资产投资约 2350 亿元，全省 70% 以上老企业的技术装备得到不同程度的改造和提高。特别是在珠江三角洲地区，目前正形成一个新兴轻纺、机电为主体的准现代化工业体系，贸易、金融、房地产、商旅、运输和电讯等第三产业也发展迅速，为支撑产业的调整和提高奠定了良好的基础。另一方面，珠江三角洲经济的发展和产业结构的升级，内地丰富的资源、劳动力、技术和人才的不断补给为其提供了依靠。同时，它又有庞大的国内消费市场，经济容量大。因此，珠江三角洲地区在发展以轻型为主的加工业、服务业、贸易、金融等方面有很大的相对优势。由于其工业体系有一定基础，又有整个内地作科技力量的后盾，在发展高新技术产业方面也存在一定的优势。

（三）大珠江三角洲产业结构发展趋势

大珠江三角洲经济的迅速发展，一方面使得港澳和珠江三角洲地区的经济合作越来越深层次化，另一方面，区域经济的发展又带动港澳和珠江三角洲地区的产业结构升级换代。

就目前的情况来看，大珠江三角洲产业结构发展的一个显著特点就是区域各方产业结构的趋同化，即港澳和珠江三角洲各自的产业结构都有向第三产业逐步上升为主导地位、轻型加工制造业为基础、高新技术产业有一定比重的产业结构形式发展的趋势。随着各方经济的发展，这种产业结构趋同化的程度将会逐步提高。应该说，产业结构的趋同发展，是同大珠江三角洲的社会经济条件相联系的。香港历来就是以服务性经济为主的海岛型经济实体，虽然其制造业曾有过一段辉煌的日子，但那也只是以劳动密集型为主的轻型加工业，而正处在从劳动密集型向技术密集型过渡阶段。澳门地区，旅游博彩业等服务性经济也一直就是其主要经济支柱，珠江三角洲地区，虽然工业发展有一定规模，但重化工业基础薄弱，技术水平相对全国并无优势可言。历史上该地区也是商贸活动较活跃的地区。因此，港澳和珠江三角洲三方在制造业有一定发展后，其趋势必然是第三产业要有快速发展，形成三地产业结构趋同的形式。但是，三地产业结构在趋同化的同时，其产业结构也将呈现层次不同的特点。就制造业而言，由于港澳地区近年来其劳动密集型制造业已大部分北移至珠江三角洲地区，因此，港澳地区制造业的发展将不同程度地（澳门与香港层次有所不同）转向技术密集型或高附加值或新产品的生产。而珠江三角洲地区随着经济的发展，劳动力、土地的价格将逐渐上升，发展劳动密集型制造业的优势也会逐渐减弱，最终也会转向资本、技术密集型产品的生产。不过珠江三角洲在很长时间内轻工制造业一般的发展与港澳地区相比将会存在一定的时差，具体说来是在产品的种类、设计款式、用料质地、工艺水平、跟上潮流等，港澳和内地珠江三角洲之间也存在差距。这样，由南向北将成一个梯度发展形式。第三产业的发展也会出现类似的情况，港澳地区已发展到高度国际化的程度，有许多已是知识密集型第三产业，而珠江三角洲第三产业的发展无论从广度上还是从深度上看，都还是处于初始阶段。

大珠江三角洲的产业发展在趋同化的情况下，又表现为在某些产业内部结构的不同，尤其是第二产业内部。珠江三角洲地区在某些原材料、重化工业等还是具有一定优势的，如建材行业、机器制造业、以乙烯及其后加工产品为主的石化工业、以及医药、精细化工等，这些产业在轻型加工业迅速发展的同时，也将不断发展，并将成为港澳和珠江三角洲制造业向高层次发展的重要依托。珠江三角洲还将发展成为港澳采用新技术的劳动密集型产业或劳动密集型与技术密集型相结合产业的生产基地以及科研基地。三角洲现有的深圳科技工业园、广州天河新技术开发区、中山火炬高新技术产业开发区等将成为大珠江三角洲在电子计算机、信息技术、生物工程、海洋开发以及新能源、新材料等方面的重要科研基地。

在大珠江三角洲经济向第二、第三产业转型的大趋势下，珠江三角洲地区产业的发展也将呈现自己的特点，即农业在三角洲地区还将得到一定的发展。随着土地使用转向收益率更高的第二、三产业的趋势，珠江三角洲农业种植结构和土地使用结构将进行合理的调整。即增加农业的资金和技术投入，重点发展高技术含量、高附加值、高创汇的农副产品的生产，从而保证在经济结构合理的基础上解决农副产品的供应问题。

三、大珠江三角洲产业结构目标模式和
协调形成的对策

（一）大珠江三角洲产业结构目标棋式的形成

大珠江三角洲产业发展的条件，决定了其未来产业结构模式的取向，正如上文所述，未来大珠江三角洲合理的产业结构目标模式将是：第三产业占主导、第二产业有一定基础、第一产业平稳发展并逐步下降，失去传统的主导地位。第三产业内部结构中，盈利性服务业如贸易、金融、房地产、旅游、信息、航运等将居主要地位。第二产业内部则现代轻型加工业迅速发展，高新科技产业有一定基础，传统加工制造业处于辅助地位。农业则是农、林、牧、副、渔业全面发展，形成多层次多元化的农业经济，农业生产将向高技术含量、高附加值、高创汇的农产品生产转型。在三次产业劳动力的构成中，第三次产业将处于绝对优势地位，服务性行业将是人们主要的就业对象，现代的轻型加工业如纺织服装业、电子工业、食品饮料、化学工业等和以生物工程、新型材料、电子信息、精细化工、高效节能新技术为代表的高新技术产业也将容纳大部分的就业人员。第一产业劳动力比重下降，效益则明显提高。这样一种产业结构模式，将会更有效地推动大珠江三角洲经济的增长。而内地完善的工业体系，雄厚的工业基础以及广阔的市场将是大珠江三角洲产业结构发展的强有力的依托。

在区域内产业分工中，香港、澳门依据自身的优势，将重点发展贸易、金融、旅游、国际航运、信息等功能，两地新国际机场的建立以及澳门与珠江三角洲铁路、公路、高速公路交通的发展，将会加强它们的功能地位，成为大珠江三角洲走向国际的重要桥梁。香港还将担负起为珠江三角洲工业发展提供资金、引进先进技术以及协助珠江三角洲企业走向国际的角色，并在现有制造业发展的基础上积极推进制造业的升级转型，使其工业的发展建立在技术密集型、高新技术产业壮大的基础上。澳门将更广泛地开发旅游资源以弥补其经济过分依赖博彩业的不足。同时利用和欧洲共同体的联系，积极拓展贸易等国际业务。内地珠江三角洲则重点发展制造业，推动制造业的升级换代，并大力开发高新科技，增加制造业的技术、资金含量，积极扶持高增值产业的发展，同时，进一步发展港澳地区的第三产业内部合作，使广东尤其是珠江三角洲地区第三产业迅速发展，以利于三角洲地区与港澳的产业"接轨"。珠江三角洲还将利用自身的优势，担负起把世界经济活动从香港扩大到内地周边以至整个内地的责任。

（二）大珠江三角洲产业结构目标模式协调形成的对策

产业结构目标模式的协调形成，必须有系统的配套的政策和措施，这就有赖于区域内各方即港澳和珠江三角洲方面协调各自的产业政策和经济政策，使产业结构向合理的方向发展，各自为政的经济政策，自发的、分散的民间合作难以适应这一形势。

1. 各地应制定合理的产业政策，调整各次产业的发展方向，引导资金流向重点产业部门。香港应在推进服务经济发展的同时，积极扶持技术密集型、高新科技产业的发展。三角洲也应对高科技高增值产业实行政策倾斜，制定优惠政策，引导资金尤其是外资投向高新科技产业部门。

2. 应积极开发区域内第三产业的合作。港澳地区第三产业有较好的基础，而珠江三角洲目前第三产业发展的层次尚不高，难以为第一、第二产业提供必要的优质的服务。这样，内地一方面要加强体制改革，促进市场经济和金融市场等的发育和完善，另一方面应加强同港澳地区的第三产业领域内的合作。在现阶段，第三产业的合作已有很大的发展，但其层次不高、合作领域不广，还有待于进一步发展。各方政府也应制定相应政策，对第三产业内的合作积极扶持。今后第三产业领域内的合作应广泛包括贸易、金融保险、房地产、商饮、物资供销、仓储业、公用事业服务和咨询服务、交通运输、电讯、卫生体育、社会福利事业、教育文化艺术、广播电视事业以及科学研究和综合技术服务等一系列领域的合作。

3. 积极开展科技领域的区域合作。港澳和珠江三角洲科技基础都较薄弱。这就为区域内的科技合作提供了必要性。科技合作的路向一是联合开发高新技术产业和产品，建立港澳和三角洲高科技开发生产基地。二是传统产业的技术改造、技术升级的合作。为改变区域内传统产业技术档次较低的现状，可以联合区内企业搞好对先进技术的消化、吸收和创新，以提高产品的技术档次及更新换代，不断增强对国内外市场的应变能力。

4. 加强粤港澳大型基础设施建设的协调和配合。从地理环境的角度看，大珠江三角洲已成为一个地区性的整体，在经济和某些生活方面早已形成了不可分割的密切联系，那么在这一区域内的大型基础设施建设，包括机场、港口以及口岸、铁路、公路等，就很有必要进行全局考虑，科学规划，合理布点，互相协调和配合，使现有资源和资金得到充分合理的利用，使设施的功能和作用得到充分的发挥，从而取得长期的良好的经济效益和社会效益，带动各方产业的合理化发展。为此可以考虑成立粤港澳联合协调机构，由粤港澳三方政府派出官员组成，共同协调和处理涉及粤港澳交通、港口、机场以及口岸工作中出现的重大问题，共同对大型基础设施项目进行评估和调查研究，以提供决策意见。在未有条件成立官方机构之前，可先行成立由三方专家组成的民间大型基础设施建设协调咨询机构，定期讨论提出意见供决策机构参考。

5. 三角洲方面应进一步深化体制改革，形成港澳和珠江三角洲产业"接轨"的运行机制。珠江三角洲产业的升级换代和结构的优化调整以及与港澳产业的"接轨"，必须同深化经济体制改革相结合，通过体制改革来形成与产业结构国际化相适应的体制框架，进而从体制上保障和促进产业升级转型的顺利进行。同时应按国际惯例营造和组建产业组织，从完善资产收益管理入手，建立国际通行的产权组织制度，促进生产要素的跨国跨地区流动，使产业组织向高效化发展。

参考文献

[1] 《90 年代广东发展与港澳经济合作的主要策略——从大珠江三角洲经济区到粤港澳经济大三角》，全国暨广东港澳经济研究会、综合开发研究院（中国深圳）课题组，1993 年 3 月。

[2] 《香港二十一》，香港工商专业联会 1993 年 5 月出版。

[3] 《珠江三角洲经济发展回顾与前瞻》，中山大学珠江三角洲经济发展与管理研究中心编．中山大学出版社。

[4] 林江：《香港产业结构论》。

[5] 《广东促进地区间经济联系、追赶亚洲"四小龙"的战略研究》，中国世界观察研究所，1993 年 8 月。

[6] 《广东年鉴》1993 年，广东年鉴出版社出版。

（本文刊载于《中山大学学报（社会科学版）》1994 年第 2 期。）

粤港澳区域经济联系与合作的再思考

——兼论区域发展中平衡与非平衡的若干问题

周运源 *

〔**摘要**〕本文在分析粤港澳区域经济的发展中，着重研究港澳在大珠江三角洲的定位："一国两制"的实施对 1997 和 1999 年后粤港澳区域经济发展中的资金、物资、技术和人力资源等要素互动的重要作用。在此基础上，作者提出通过营造相对平衡的发展机制，促进新形势下粤港澳经济全面合作的新思路。

〔**关键词**〕粤港澳　区域经济　协调发展

关于粤港澳区域经济的联系与合作问题，笔者曾提出过某些看法（见《港澳经济》1994 年第 9 期）：主要是基于新时期粤港澳所处的特殊使命和发展势态，认为三地应当在资金、物资、技术和人员进出等方面实施更为宽松的流动，以促进粤港澳区域经济的联系与合作向更高层次发展。如今，随着我国恢复行使港澳地区主权的时间日益接近，粤港澳之间呈现更为紧密的联系与合作的发展势态，激发人们深化对这一主题的再思考。本文在分析粤港澳区域经济发展的基础上，试以平衡与非平衡的观点作探讨，以期抛砖引玉。

---

* 周运源，中山大学港澳研究所副教授。

一、港澳在大珠江三角洲的定位

按照广东省未来发展规划的安排："中部地区领先，东、西两翼齐飞，广大山区崛起作为广东 20 年基本实现现代化"的目标，而且把珠江三角洲经济区作为广东经济全面拓展的龙头（有的称为重要增长极）。广东规划发展的"珠三角"，是广东现有境内的 28 个市县 416 万平方公里（1994 年资料显示）和 2095 万的人口分别占广东全省的 23.4% 和 31.3%，1995 年底统计，"珠三角"的总人口达到 2100 万，国内生产总值达到 3000 万亿元，当年的财政收入超过亿元以上的镇有 18 个，5000 万元以上的镇有 49 个，广东省规划建设的珠江三角洲地区未包括不同社会制度的香港、澳门地区，港澳地区与广东的历史渊源悠久，有着密切的地缘、人缘、文化、习俗等关系，省港澳历来被人们所认同，只是由于历史等方面的原因，粤港澳才被分解为不同社会制度下的地区。

然而，由于粤港澳三地之地际、人际的亲情、历史文化、风俗习惯等因素的循环沟通（交融），日益促进着三地社会经济的全面发展。而且人们向来用地理角度划分对珠江三角洲的认识都有大、小珠三角之分，如讲大珠江三角洲的范围，则港澳本来就在其中。改革开放以后，珠三角地区凭借其得天独厚的优势，吸引了大批港澳地区工商企业的进入。统计资料显示，1980 年以来，在珠江三角洲地区的全部外来投资中港澳资本占了 74% 以上，各类外商投资企业共吸引了大约 400 万劳工。因此，人们基于这样一种共识：由于改革开放的春风沐浴，为港澳资本带来大展拳脚的机遇，如果没有港澳资本对珠江三角洲地区的资金、技术、设备等投入，也不可能有珠江三角洲今天的长足发展。反之，如果没有珠江三角洲作为港澳地区的重要腹地，那么港澳地区的繁荣也会受到影响，珠江三角洲与港澳已到了水乳交融，休戚与共的地步。包括港澳在内的大珠江三角洲区域经济的逐步融合（整合），已经把三方优势互补，紧密结合为南中国新生的经济增长极，这一重要的经济区域不仅将在本世纪得到社会经济等方面的全面发展，而且会对中国跨世纪的经济振兴和四个现代化的进程同样起着举足轻重的作用。

二、"九七""九九"港澳回归的良好机遇，促使粤港澳区域经济联系和合作迈向新台阶

如果说香港、澳门"九七""九九"回归前，港澳地区的社会经济关系主要是属于港、澳与英、葡的关系，那么 1997、1999 年中华人民共和国恢复行使港澳主权后，港澳地区则是中国大家庭中内部的关系了。到时，尽管内地与港澳地区实行的不同社会政治制度，然而按照"一国两制"的要求和香港、澳门两部基本法的实施原则，港澳地区将继续保持其自由港的地位并享有单独关税区的权利，在资金、物资、人员进出及其他服务享有充分自由度，以保持和继续发挥香港、澳门作为国际自由港的重要作用。作为中国改革开放综合试验区的广东，凭借其毗邻港澳的优势，加上自改革开放以来与港澳的经济融合所获取的丰硕成果，特别是近年来广东连续领先于全国的经济发展水平和实力，无疑为新时期粤港澳区域经济联系和合作关系注入了新的活力。我国国民经济和社会发展的"九五"规划和 2010 年远景目标纲要中强调：东南沿海地区要发挥毗邻香港、澳门、台湾和对外开放程度高、规模大的优势，以珠江三角洲和闽东南地区为主，进一步发展创汇农业，资金、技术密集型的外资企业和高附加值的创汇产业，形成外向型经济发达的经济区，这无疑是对今后粤港澳区域经济发展上新台阶提供的重要战略依据。这时期无论对广东还是对港澳地区都是促进其本身社会经济全面发展，进一步加强三地联系合作的最佳时机。对广东来说，可以充分利用改革开放以来与港澳地区合作的成果，总结成功的经验，正视和改进存在的问题，采取更为灵活有效的政策和措施，进一步拓宽与港澳地联系和合作的领域，选择更佳的途径，为世纪内外粤港澳区域经济的全面合作积极准备和创造各种条件。而对港澳地区来说，面临主权回归和跨世纪发展的选择，当代世界经济日益发展的激烈竞争，同样为港澳地区社会经济发展提供了机遇和挑战并存的格局，而有中英、中葡联合声明和香港基本法、澳门基本法作为保证，为在港澳与内地特别是广东的联系和

合作中，提升合作层次，拓宽联系合作领域，强化联系合作的手段（方法）等提供了可能性和现实性。

三、粤港澳优势互补，兼容并蓄，为区域经济的协调发展提供了后劲

粤港澳三地的建设和发展，必须兼容并蓄、优势互补，这是已经达到的共识，问题在于如何才能做到。笔者认为，无论是优势互补，还是兼容并蓄，都离不开粤港澳区域经济的协调发展，前者既可以看作是后者提供的必要的保证条件，而后者则通过协调反过来进一步推动和深化优势互补。

（一）粤港澳三地各自的内在冲动力要求互相之间协调发展。当代社会经济生活日益趋向高质化发展的要求，使得一个国家或地区的社会经济活动不可能孤立地发展，必然与周边国家或地区发生日益紧密的联系和合作，并在这种关系中取得成长与发展。改革开放前的广东尽管通过解放几十年的建设，但由于与全国一样存在一定程度上的闭关自守，社会经济一直未能取得突破性的发展。改革开放以后才得到大改变，全方位的对外开放，广东率先成为全国对外开放的先行点、试验区，大力拓展与周边地区（特别是港澳地区）的联系和合作，促进了社会经济的全面发展。1980 年到 1995 年广东的经济增长速度年均超过 10%，特别是"八五"期间的年均增幅高达 19%，超过原来 13% 的计划。（《广东经济》1996 年第 4 期）广东还是举办"三来一补""三资"企业最为集中的省份，而这些企业近 80% 是来自港澳地区的。这些成绩的取得，无疑是改革开放以来粤港澳之间加强联系合作，拓展区域经济协调发展的绩效。在新的历史时期，广东要上新台阶，要求用 20 年时间赶上亚洲"四小龙"，这同样是对今后进一步加强粤港澳经济联系合作提出的更高要求，而且，"九五"期间恰逢"九七""九九"港澳回归的有利契机，因此，无论是内部动力还是外部压力，都要求广东继续拓展与港澳地区的经济联系和合作，以促进这一区域经济的持续、稳定和繁荣发展。

（二）政府在粤港澳区域经济协调发展中的必要的导向作用。中国改革开放以来，粤港澳区域经济的联系与合作日益呈现出重要特点：一是联系合作的层次不断提高，从开始的"三来一补"发展到"三资"企业，从劳动密集型产业发展到资金、技术密集型产业，特别是已出现某些高、新技术产业方面的合作。二是联系合作的领域逐步拓宽，从开始的工业合作拓展到贸易、金融、农业（特别是高产、高质和高效的"三高"农业）、房地产、基础设施、信息通讯、科技、劳动服务等方面。三是联系与合作的形式和内容日趋灵活、多样、充实。如此等等，充分证明粤港澳区域经济联系与合作的良好发展态势。然而我们也要看到，在粤港澳联系与合作取得成就的同时，同样不能忽视存在的问题。例如，由于粤港澳三地不同社会制度条件，必然在三地之间的联系与合作中会出现某些方面的摩擦或其他矛盾冲突，直接或间接地妨碍到互相间的协调发展。因此，政府（或有关代表政府行使职能的部门）应对此给予正确的引导，通过互访，密切联系和接触进行调查研究，并在此基础上，从粤港澳区域经济发展的整体（大局）出发，强化相关协作的必要政策和措施。

四、"一国两制"的实施，为"九七""九九"年后粤港澳区域经济发展中的资金、物资、技术、人力资源等要素的流动提供了十分重要的保证

《中华人民共和国香港特别行政区基本法》中的第五章第 110 条规定，"香港特别行政区的货币金融制度由法律规定。香港特别行政区自行制定金融政策，保障金融企业和金融市场的经营自由，并依法进行管理和监督。在同一章的第 114 条和 116 条又规定："香港特别行政区保持自由港地位，除法律另有规定外，不征收关税。香港特别行政区实行自由贸易政策，保障货物、无形财产和资本的流动自由。香港特别行政区为单独的关税地区。在《中华人民共和国澳门特别行政区基本法》中，也作出了类似的规定，所有这些无

疑为"九七""九九"年进一步加强粤港澳区域经济的联系与合作提供颇具历史和现实意义的内容，为粤港澳之间逐步实施在资金、物资及人力资源和劳动服务等方面的异地流动提供了重要的保证。例如在金融业的联系合作方面，近年来，不少专家、学者已经多次反复提出，要充分利用"九七""九九"有利时机，在粤港澳区域经济联系和合作中，逐步形成粤港澳区域金融中心。笔者认为，目前阶段首先要建设的是粤港澳区域金融市场，作为区域金融中心则应是较为长远的目标才较为恰当。广东改革开放以来，随着工业商贸等各行业的高速发展，与此相适应的金融服务业同时得到长足的发展，特别是学习借鉴香港国际金融中心的有关经验，使金融网点、金融市场等逐步形成和完善，促进和带动着广东社会经济的进一步发展。广东的深圳于1996 年3 月1 日开始，经国务院批准成为与大连、上海、江苏一样对外商投资企业的外汇买卖业务纳入银行结、售汇的先行试点城市。而且广东作为全国综合改革的试验区，极有可能争取多几个像深圳这样进一步放松金融管制的城市，这种对金融体制改革的深化，粤港澳金融联系合作领域的进一步拓宽，是今后逐步形成粤港澳区域金融市场的重要举措。又如粤港澳三地的货物流通方面，据有关资料显示，广东的进出口货物的绝大多数是经香港进出的。澳门主要面向欧盟大市场，尽管广货目前还不能通过澳门为桥梁（或纽带）做到大规模拓展到欧盟的有关国家或地区，但是我们要看到潜力所在。发展粤港澳区域经济联系合作，必将推动三地相互间物资畅流并向国际市场拓展。再如在人员进出和劳动服务等方面，在贯彻实施"一国两制"的条件下，粤港澳三地相互间的人才交流和劳动服务必然会趋于更方便，手续也将进一步简化。社会经济发展的要求，必然继续冲破某些人为因素的限制，实行符合市场经济发展规律的需要，进行人员及劳动服务等方面的新型联系和合作关系。至于关税问题，既然香港澳门地区分别继续保持单独的关税区制度，那么更有利于与广东作为祖国大家庭成员中的合作。广东通过深化税制改革，也必然要求按照国际税务惯例进行运作的试验，这同样十分有利于粤港澳区域经济联系和合作的进一步发展。

五、粤港澳区域发展中平衡与非平衡的问题

实践证明，平衡与非平衡是一对矛盾，其中平衡总是相对的，非平衡则是绝对的，按照区域经济学理论的认识，每个国家或地区在其社会经济发展过程中，都不可避免地存在平衡与非平衡的问题，粤港澳区域经济发展中平衡与非平衡同是如此。按照我国在新时期关于七大经济区的发展规划安排，华南经济区包括福建、广东和海南，（当然这划分尚未包括在最近中国拟建立跨省、区、市的经济区域中，广东又占有毗邻港澳地区的珠三角，以西南区域中的粤西和华南经济区域中的粤东，香港和澳门两个特别行政区在内。）华南经济区得中国改革开放风气之先，领社会经济发展之前列，已是人们的共识。这一地区包括了我国最早开放实行特殊政策和灵活措施的五大经济特区和一批开放城市和开放区。不言而喻，这是我国实施在改革开放的政策中，考虑到充分发挥华南经济区毗邻港澳台的地缘、人缘等优势，在全国经济发展格局中先行一步，让沿海有条件的地区首先发展起来而制定和实施的地区倾斜发展的战略决策。以平衡与非平衡的观点考虑，实施地区倾斜战略，本身就存在着平衡和非平衡的问题，不仅这一地区内部有平衡与非平衡，地区之间同样存在着平衡与非平衡的问题。试以下面的指标看粤港澳经济发展中所反映出来的平衡与不平衡问题。

粤港澳三地 GNP（或 GDP）及其增长率比较

年份	广东		香港		澳门	
	GNP（亿元）	比上年 ±%	GNP（亿港元）	比上年 ±%	GNP（亿澳币）	比上年 ±%
1991	1780	20.9	6120	5.1		
1992	2293	28.8	6503	6.3	173.7	12.1
1993	3225	40.6	6883	5.8	182.5	5.0
1994	4240	31.5	7262	5.5	189.8	4.0
1995	5440	28.3				

注：数据中广东按当年价，香港按 1990 年固定价，澳门按 1992 年固定价。

资料来源：《广东统计年鉴》1991 年至 1995 年；《香港经济年鉴》1991 年至 1995 年；《澳门1996》；《南方日报》1996 年 3 月 5 日

另外的资料显示，1995 年香港和澳门的 GDP 的增长率分别为 4.6% 和 3.8%。由此可见，粤港澳区域经济正日益成为华南地区重要的增长极，今后随着三地联系与合作的持续进行，必将促进这一区域经济向更高层次发展。

经过改革开放实践的检验证明，仅仅依靠地区倾斜政策，虽然能取得一定的成效，但并不是从根本上推动落后地区社会鐘济的发展唯一政策，而且由于旧体制等有关因素的制约，地区之间的矛盾在一定程度上有加剧趋势（主要是拉大了地区社会经济发展的差距）。因此，我国及时地制定了产业倾斜政策，并要求地区社会经济发展中把产业倾斜政策和保留一定程度适宜的地区倾斜政策有机结合起来。尽管产业倾斜主要宗旨要求无论哪个地区，只要发展国家（或地区）急需的产业（如能源、交通、通讯、新技术等），就应该得到支持和鼓励，并享受有关的优惠政策和措施，然而，实施产业倾斜，同样存在平衡与非平衡的问题，因为产业倾斜政策的实施，无疑受到不同地区原有产业的基础、地区资源的富有及利用程度、产业扩散的水平及产业结构的布局等的制约。所以无论是地区倾斜还是产业倾斜，都有平衡与非平衡因素制约着区域经济的发展，所不同的是前者影响显而易见，后者的影响是潜在的。

六、营造相对平衡的发展机制，
促进粤港澳区域经济的全面拓展

粤港澳区域经济发展中，三地的经济原有基础和现实的发展水平的差异无疑是不平衡的重要标志。然而，由于三地的社会制度不同（即使在同一社会制度条件下，仍然有非平衡的发展状况），这同样是影响不平衡发展的主要因素。当然，即使一定时期从非平衡发展到相对平衡，但经过一定时期当影响平衡发展的因素变化后，又会出现新的非平衡，这并不妨碍对问题的分析，笔者认为可考虑把握如下若干要点，通过营造相对平衡发展的机制，达到促进粤港澳区域经济发展的目的：

（一）正确认识和处理平衡与非平衡的辩证关系。在粤港澳区域经济联系和合作的发展中，由于三地各自的政治社会、经济和自然资源等的制约，必然使三地经济的发展呈不平衡的状态，而且这种不平衡的发展是长期的，绝对的。但是我们也同样必须清楚地认识到，其中也有相对平衡发展的另一面，因此我们可以通过采取某些适宜的政策或措施，使粤港澳区域经济发展由不平衡——平衡——新的不平衡——新的平衡的良性循环中向前发展。

（二）在不违背全国一盘棋前提下，继续允许广东再先行一步，扩大广东改革开放综合试验区的各项试验，例如深化广东金融体制改革，增加广州、珠海等为外商投资企业外汇买卖中的银行结、售汇的试点城市。同时在广东首先进行利率市场化的试验。此外，把广东列为"九七""九九"年后商品贸易自由进出口的试验省，以便与港澳自由港的功能逐步衔接。

（三）广东在全面实施"二个转变"（有计划的商品经济向市场经济体制转变、粗放型经营机制向集约型经营机制转变）中，增加对山区市、县的扶贫脱贫的力度，在继续加快广东沿海地区和珠江三角洲经济区迅速发展的同时，及时搞好东西两翼的经济发展，切实提高广东整体社会经济的发展水平和实力，以逐步缩小与港澳地区经济发展水平的差距，促进三地相互之间的协调发展。

（四）学习借鉴港澳地区自由企业制度的成功经验，在贯彻实施"二个转变"中增强广东工商企业的活力，并逐步建立和完善现代企业制度。与此同时，在搞好粤港澳产业协调、衔接过程中，营造具有粤港澳特色的大型跨地区企业集团，积极参与跨国经营的运作活动。

（五）制定和实施粤港澳区域经济可持续发展战略，促进三地社会、经济的稳定、持续全面的发展。这方面可通过三地官方的、半官方的职能机构或民间的协调机构，制定并实施粤港澳区域经济联系合作方案，可以考虑以五年、十年乃至二十年的发展的多个不同的合作方案，并适时修正、补充合作中有关政策或措施，以保持港澳地区和广东社会经济的持续发展和稳定繁荣。

（六）加强粤港澳区域经济发展过程中政府的导向作用。为着有效地克服粤港澳三地联系合作中不可避免出现的摩擦和矛盾，必须强化政府在区域经济发展中宏观管理方面的协调功能，因为实践已证明，这无论是对于区域内部还是区域之间的平衡发展，都是不可缺少的重要手段。

（本文刊载于《中山大学学报（社科版）》1997 年第 1 期，

获华中地区科技论文二等奖）

从东方蒙地卡罗到东方拉斯维加斯

郑天祥　雷强 *

旅游博彩业是近年澳门最主要的经济支柱，它的兴衰关系到澳门整体经济的发展。近年，旅游增长缓慢，博彩呈下降趋势，令人十分担忧。1995 年博彩收益比上年下跌 11%，1996 年又下跌 6%。酒店入住率从 1990 年的 78% 跌到 1996 年的 64%，1997 年下半年又跌至 56%。酒店房价普遍跌幅二成以上，经营十分困难。

以下针对澳门旅游博彩业存在的问题提出相应的策略供讨论。

一、对香港市场依赖过大，港客市场逐渐萎缩，宜开拓多元化目标市场

澳门的旅游博彩市场，一向以香港为主要目标市场，1996 年港客占入境旅客的 63.86%，比 1994 年的 77.72% 下降了许多，与 1970 年占 90% 无法相比，而且，不仅港客比例不断下降，绝对数也不断萎缩，1994、1995、1996 年分别为 608.84 万人次、561.75 万人次、520.56 万人次，致使 1996 年澳门博彩消费只占澳门生产总值 23.4%，比上年下降 9 个百分点，预计 1997、1998 年港客市场会继续萎缩。幸亏澳门机场通航以后，台湾客大幅增长，内地和日本客也有可观的增长，1995 年三地游客分别为 280083 人次、543240 人次、516002 人次，各占 9.31%、7.41%、6.33%，居第二、三、四位。澳门旅游博彩业发展的关键就在于能否稳住香港市场的同时，迅速开拓多元化市

---

* 作者均系中山大学港澳研究所教授。

场，近期来说应以台湾作为主要目标市场。

二、面临东南亚强势竞争，
澳门旅游博彩业急需现代化、多元化

近年来，泰国、马来西亚、越南等东南亚国家都在大力发展旅游博彩业，尤其是金融危机以来，泰国、马来西亚、印尼的货币大幅贬值，对游客具强吸引力，而中国澳门地区货币与港元挂钩，实际上与美元实行联系汇率制，在出口和旅游方面都受到东南亚极强的竞争，澳门唯有以拉斯维加斯为目标，营造一个安全法治的环境、建设一个具有南欧风味、提供丰富多彩的娱乐、消闲服务和各种现代设施与东南亚各国竞争。若继续以传统、保守的经营手段和过分单一的博彩业招徕游客，将无力与东南亚各国相竞争，1998年中国澳门地区旅游博彩业的形势是非常严峻的。

三、博彩业负面作用上升，
改善治安等旅游大环境已成为当务之急

博彩业派生的外围利益十分丰厚，极易引起利益分配不均等冲突，若管治松懈，就会引起高利贷、收保护费、勒索、娼妓、贪污、凶杀等各种负面作用的猖獗，使游客望而却步，旅游博彩业就会停滞不前甚至萎缩，又进一步引发利益分配的矛盾，形成恶性循环。澳门旅游博彩业大环境的恶化虽有大为渲染的成分，但已到了加强管治刻不容缓的境地。这里所指的大环境，即旅游者的消费环境和经营者的经营环境的总和。可见营造良好的大环境是一个系统工程，需整个社会的关心和参与，旅游主管部门责无旁贷，城规、卫生、治安、交通、通讯、海关、边防、经贸各个政府部门密切配合，澳门才有可能发展高层次的多元化旅游，如会议、度假、文化旅游。

四、博彩业专营在博彩业兴起阶段功不可没，现时却不利竞争，迅速引入竞争机制并提高博彩收入用于澳门发展的比例，营造公平竞争环境

博彩专营权自批出至今，是澳门主要的财政来源，政府借专营公司的力量，规定其投资本地区经济和社会的基本建设，以维持低税制，吸引外资，促进社会、经济、民生的发展。

不过，30多年的专营却为澳门的旅游博彩业经营带来垄断因素，造成博彩业不思进取和单一化的局面，所赚的钱大都流往境外，不利澳门发展，而邻近地区相继放宽禁令，发展赌业，并营造公平竞争经营环境，使澳门博彩客源减少，一向保持两位数增长的博彩收益近两年跌至一位数以内。

有人担心将专营权分拆会加剧社会的动荡，不过，只要加强政府及行业的管治，博彩专营权按地段分拆并不一定会加剧社会的动荡，拉斯维加斯有众多的娱乐博彩公司，治安却非常良好，并以其收入在沙漠地区支撑一个几百万人、繁华的大都市的发展。

五、旅游景点小而分散，未能吸引游客留宿，宜加速南湾湖、海洋世界等大型主题公园建设

澳门的旅游景点星罗棋布有几十处之多，小巧玲珑，但只能供游客作短暂的观光逗留。由于缺乏大型旅游景点，单以博彩招徕来游客，停留时间极短，且留宿时段不断缩短，从1992年的1.33晚，降到1994年的1.31晚，再降至1997年上半年的1.3晚。南湾湖大型公园拖延多年未能完成，海洋世界亦比香港、广州等周边城市滞后建成，若没有全新的创意，将难以吸引境外游客。

六、借鉴拉斯维加斯的经营方式，
创造一个物超所值的旅游环境以配合赌业的发展

在拉斯维加斯，在众多的赌场、游乐场、剧院、礼品店、四、五星酒店和餐厅中，给人们印象较深的是四、五星酒店的房租与饮食费用比起美国许多城市都便宜得多。澳门是中西方文化荟萃之地，能否考虑在放宽税收和给予补贴或其他办法在赌场及主题公园附近办高水准的大型美食城和特价五星酒店（提供外地游客入住），创造一些特殊优惠条件，以资吸引外地游客。

七、以文化旅游取代博彩业操之过急，文化景点建设不宜分散，而应集中利用资源，逐步过渡到博彩、文化旅游并重，及发展会议、休闲度假旅游

澳门传播旅游暨文化政务司于 1993 年 1 月举行的纪念葡日友好的研讨会上首次明确旅游业的转型方向："澳门面积虽小，但蕴藏巨大的生产力及对游客的吸引力多个世纪以来的文化汇集，形成澳门本身的特征，使澳门成为富有旅游特色及吸引力的地方，除了特别的乡土人情外，本澳是唯一能到处体现东西文化融合的地方"。政府的意思是以文化取代博彩作为吸引游客的主导吸引力。其后，更于 1994 年的施政报告中，郑重表明要以"澳门——文化之都、通往中国之门"作为旅游推广的灵魂，正式为澳门旅游业转型树立鲜明的旗帜。不过，以文化旅游取代博彩业不能操之过急，从澳门的条件与基础来看，恐怕是 21 世纪中叶的事。而且，文化景点建设必须符合市场帮要集中资颜建设大型景点以吸引游客停留观赏、游览，而不是分散建设各种塑像、纪念门、牌。更不能以建设文化景点为由，在政策上只倾向葡人眼中的西方文化，而完全忽略能触动中国人民感情的历史文物，如孙中山居澳旧居，草堆街的中西药局、北伐名将叶挺故居，位于南湾大街的同盟会旧址等的修整。

八、与周边地区旅游合作无多大实质性进展，宜抓住港澳回归的大好机遇，掀起珠港澳旅游三角热潮

自 1993 年起，澳门政府旅游司已会同广东省旅游局和香港旅游协会联合组成"珠江三角洲旅游推广机构"，共同研究拓展三地的旅游市场，探索合作机会与营造三边互利的协作态势。不过，目前三边合作仍处于初级阶段，集中于海外宣传、推介及每年的三角交流会议，并无多大实质性的旅游项目、路线、人才培训等合作，甚至还出现旅游项目雷同的竞争。应以港澳回归为契机，掀起珠港澳旅游三角热潮。

九、培养、引进高级旅游人才，以提高旅游决策水平，推进决策民主化、科学化进程

综上所述，澳门旅游博彩业发展上还存在不少问题，要成为东方的拉斯维加斯还有许多工作要做，诸如旅游政策和规划的制定，旅游景观的设计与建设，旅游目标市场的开拓、区域旅游市场的建立与协调等等都需要高级旅游人才，培养与引进旅游高级人才是发展的关键，同时要建立公众参与旅游决策的机制，如成立旅游发展咨询委员会等，以提高决策民主化、科学化。在澳门大学宜设立旅游专业及高级学位，培养高级旅游人才，同时从先进旅游地区引进人才。

十、加快路凼一横琴大桥建设，积极推动港澳大桥建设以及与内地铁路、高速公路的衔接，以扩大旅游活动空间；并与珠海市合作，酝酿在路凼一横琴建设荟萃中西文化精华等大型跨境主题公园。

（本文刊载于《特区经济》1998 年第 4 期。）

香港在近代中国政治中的特殊角色

许锡挥 *

〔摘要〕英国管治下的香港，一百多年间在中国政治舞台上扮演着特殊的角色。它是孙中山推翻清朝的革命策源地；是 20 至 30 年代中国各派政治势力的联络站；抗日战争时期它是秘密外交和情报中心；1945 至 1949 年又成为华南革命指挥中心；1949 年后的数十年间，香港成为两个对立世界阵营的东方边缘前哨。研究香港的这种微妙而独特的政治角色，是很有意义的。

〔关键词〕香港　近代中国　政治　角色

香港一百多年来深深地卷入了中国政治风云，这是无可置辩的事实。随着时间的推移，许多珍贵历史资料披露出来，它的这个特殊政治角色就显得更加微妙和独特。英国占领下的香港，始终仍是中国社会的一部分，却又不属中国政府管治，特殊角色便由此而生。

推翻清朝的革命策源地

19 世纪 60 年代，王韬亡命香港，后于 70 年代创办宣扬变法维新思想的《循环日报》，这是中国人利用香港影响中国政治的序幕。孙中山的革命思想不仅"从香港得来"，而且他的革命活动亦以香港为重要基地。港岛中环士丹顿街 13 号的"乾亨行"（兴中会总部）以及策划广州起义的西营盘杏花楼，均已载入史册。1900 年在香港创办的《中国日报》，被誉为"中国革命提倡

---

* 许锡挥，中山大学港澳研究所教授。

之元祖"。[1] 关于香港在推翻清朝建立民国中的作用，已有许多记载，不必赘述。我认为，它与广州同是革命策源地之说，是符合史实的。

20—30 年代的政治驿站

民国成立后，国家未能统一，军阀混战、南北对峙、政局动荡。在 20 世纪 20 至 30 年代，香港也深深地卷入了当时的政治风云。

华南各派政治势力利用香港尤为突出。1922 年陈炯明曾坐镇香港，指挥其在广东的败军抗击东征军；香港买办刘德谱为其提供住所，港府派保镖护卫。1925 年陈战败后再逃亡香港，伺机再起。而港英政府暗中支持陈炯明，这是众所周知的。同一时期，广州商团叛乱的军火是由香港南利洋行所提供；当孙中山的广东革命政府镇压叛乱时，英国军舰列阵广州白鹅潭，英驻广州总领事发最后通牒："奉香港舰队司令命令，如遇中国当局有向城市开火时，英国海军即以全力对付之"。1925 年 6 月 12 日，滇桂叛军将领杨希闵、刘震寰被赶出广州时，也由英国人庇护逃往香港。举世震惊的廖仲恺被刺案，亦与香港有关，凶手临终前供称，香港方面有二百万元支持。至于省港大罢工期间，香港与广东的革命运动更合为一体。这个时期的史实表明，港英政府也介入了中国内政。

30 年代两广与南京对峙时，香港亦成重要据点。1931 年，胡汉民被蒋介石软禁，其亲信古应芬逃到香港，从香港派人往梧州策动陈济棠反蒋。1931 年 9 月，南京与广东双方代表蔡元培、张继、陈铭枢、汪精卫、李宗仁、孙科等在香港会商和解条件。胡汉民于 1932 年后长期居于香港半山妙高台，以此为基地，办《中兴日报》和《三民主义半月刊》，并与两广地方势力保持联系，发表政治意见，同南京中央对抗。此期间，两广的政客亦不断来往香

---

1 《民报》第 16 期"代派香港中国日报"（广告）。

港活动。

十年内战时期，中共处于极端困难的环境，而香港也成为它活动的据点。1928 年至 1929 年，广东省委设在香港，1930 年又在香港成立南方局，都是秘密的地下机关。当时，中共中央在上海，而中央红色根据地则在江西，相互联络的秘密交通线上，香港是一个大站。曾有两条主要交通线：①上海—香港—汕头—潮安—大埔—闽西；②兴国—宁都—信丰—大庚—南雄—韶关—广州—香港—上海。许多重要物资，都通过香港运入江西根据地，一些重要人物和文件也经由香港来往。

"九一八"事变后，民族矛盾上升、国内矛盾缓和，这个变化也很快将香港卷入其中。胡汉民等人于 1932 年"一·二八"上海事变后，在香港发表抗日声明，两广地方势力也纷纷商谈"联合抗日"问题。1936 年 7 月，广东空军司令黄光锐、参谋长陈卓林率领 70 多架飞机，北飞归顺南京政府，在香港发出"团结御侮"通电。1936 年春，处于内战状态的国共两党密使在莫斯科接触时，商定进一步谈判的联络地点在香港。不久，国民党代表张冲通过暗号与中共代表潘汉年在香港接上关系，二人同赴南京。1937 年春，中共秘密特使黄昭显在香港跑马地陈铭枢住宅内与十九路军将领商谈联合抗日问题。与此同时，日本也利用香港对中国政局进行干预。1935 年，土肥原到香港两访胡汉民，宣传"中日亲善"。同年，日本军部派松井石根大将到香港，与李宗仁和陈济棠的代表会晤，鼓动"宁粤分裂"。

香港以其特殊的政治和地理地位，在 20 世纪 20 至 30 年代，不断切入中国动荡的政局。抗日战争的爆发，又将它推上了历史的新舞台。

战时秘密外交和情报中心

从日军占领上海、南京到太平洋战争爆发这四年中，香港被视为战火包围下的"世外桃源"。其实，它并不处于世外，各种国际和国内的政治力量都将手伸向这里，使它成为当时东方的秘密外交、政治、情报中心。日本、英国、重庆（中央政府）、延安（中共）、南京（汪伪）在香港这个弹丸之地，构筑了一个相互对抗、相互渗透、相互联系的角力场。

英国在中国抗战初期关于香港对华关系的指导原则是："在保证大英帝国——包括香港整体安全的前提下支持中国，同时避免卷入对日战争"。[1] 处理涉及中国军事物资转运、抗日救亡活动（包括报刊宣传和筹款募捐等）以及军政要员来往等问题时，采取总体宽松、局部限制的政策。对于日本方面的要求，则实行总体应付，局部满足的政策。对于各方面利用香港进行秘密外交活动，港英政府一方面密切注视，另一方面则"不予过问"。

日本曾充分利用香港地区作为与中国谈判停战的据点，先后实施"西义显工作"（西义显是南满铁道株式会社驻南京事务所主任）、"宇恒工作"（宇恒是日本陆军元老），并成立专门从事对华"和平攻势"的驻港"桐机关"。1938 年 3 月，日本首相近卫的私人代表松本重治与重庆派来的外交部东亚司司长高宗武密谈于香港浅水湾；4 月，高宗武在港会见西义显；6 月至 9 月，孔祥熙驻港秘书乔辅三与日本驻港总领事中村丰一多次接触。当时，中日双方政府的许多非正式来往，都通过香港作桥梁的。高宗武在香港雪厂街太子行设"宗记洋行"为联络点。

汪精卫的亲日投降活动，自然离不开香港。1938 年 4 月，日本军部人物今井武夫在香港秘密会见汪精卫的亲信梅思平。而当年 12 月汪精卫于越南河内发出的叛国声明（即"艳电"），是由陈公博带往香港，在林柏生的《南华日报》上公布的。有趣的是，后来的汪伪集团叛逆者，也利用香港来脱身或藏匿。国民党要员陶希圣和高宗武均曾随汪投敌，以后摆脱汪集团控制，逃离京沪潜入香港转去重庆，并向中外公开日本与汪精卫密约稿本。对于汪伪政治势力在香港的活动，港英政府采取"不干预"态度，例如：1941 年重庆"军统"首脑曾要求香港警察总监俞允时取缔汪伪出版的《南华日报》和《自

---

1 余绳武、刘蜀永主编《世纪的香港》，麒麟书业有限公司 1995 年香港版，第 128 页。参阅梁上苑：《八路军香港办事处建立内情》；高宏：《方方与中共中央上海局》。

由日报》，俞以"当依据港府法律办理"应付之。

重庆国民政府本想利用战争时机，实现在香港建立领事馆的目标，但英国方面一再拖延此事，终因战火迫近而流产。为了加强在香港的外交和情报工作，国民党元老吴铁城和海军宿将陈策先后出任国民党港澳支部负责人；"军统"等特工部门强化了香港站，戴笠还亲自到香港召开会议布置任务。

抗战时期，中共在香港利用当时国内抗日统一战线和国际反法西斯统一阵线的条件，开展它的工作。周恩来发出"香港这块地方我们不能丢"的指示，说明中共对香港地位的重视。而八路军驻香港办事处的建立，标志着中共对外关系的新局面。"皖南事变"后，中共依靠大批从重庆、桂林转移来的文化人，将香港变成向海外（尤其东南亚）进行宣传和联络的据点。中共在香港不仅有《华商报》《大众生活》等舆论阵地和从事群众工作的团体，而且有一个神奇的情报机构。当时主持南方情报工作的潘汉年，更利用日本"岩井公馆"、驻港领事馆等特工组织，建立了"双重谍报网"，这个谍报网将上海和香港的情报系统连成一体。于是，各种重要情报不断由中共香港秘密电台发往延安、重庆。这个谍报网在日军占领香港之后还巧妙地掩护了文化人的大撤退。[1]

战争期间，港英与中国方面没有正式的军事合作。1938 年广州沦陷前，港英政府基于"中立"立场，拒绝中国军舰在香港水域停留。但仍然"中立"而未参战的港英政府，突然于 1941 年 10 月，派警务司俞允时会见廖承志，要求海南岛的中共游击队协助炸毁该地日军机场，以防其成为未来袭击东南亚英军的基地。此项军事合作以香港为策划据点，后因太平洋战争爆发而未成。1941 年 12 月香港攻防战时，日军发动长沙战役，阻止中国军队南下；香港英军曾与东江游击队谈判合作，也未成。日军占领香港后，中共游击队港九大队与英军服务团（前进指挥所设于广东惠阳），有过一些合作行动。

1　参阅梁上苑：《八路军香港办事处建立内情》；高宏：《方方与中共中央上海局》。

应当说明的是，战时英国没有将香港列入蒙巴顿指挥的东南亚战区，同盟国将香港列入中国战区作战范围，日本也把香港归入南中国派遣军管辖。1945年初，同盟国中国战区和中国陆军总部曾有中美英联合反攻作战计划，其中的"广州会战"包括在香港登陆，后因日本投降而未实施。中英就香港受降权之争，也与战区属于中国有关。

香港被日本占领的三年零八个月中，与中国土地上的沦陷区连成一体，失去了政治上的独特地位。但这种状况随着日本投降和英国恢复管治而结束。

华南革命指挥中心

抗日战争结束后，在 1946 年至 1949 年的国内战争时期，中共对香港的利用更为突出。作为华南革命指挥中心和政治力量组织中心，香港的作用其实已超越华南的界限。"期君好展回天手，南海风云起怒潮。"这是 1947 年李济深决定离上海赴香港参加反蒋运动时，柳亚子赠诗中的最后两句，香港正是"南海风云"的中心。

1945 年 8 月 30 日英军重新占领香港，中共中央随即指示广东区委与港英军政府谈判。在英国对中国内战采取中立政策的有利条件之下，中共迅速集结力量建立香港基地。当 1946 年全面内战爆发时，中共在香港不仅拥有《华商报》《群众》《正报》等宣传工具，而且奠定了各项工作的基础。中共中央香港分局（后改称华南分局）这个指挥中心，从 1947 年 5 月至 1949 年 5 月，完成了领导广东、广西和闽、赣、湘、滇等省与两广接壤地区的游击战争以及华南城市地下活动以至东南亚华侨工作等历史任务。

利用香港发送情报和文件的事例，多不胜数。当国共两军"逐鹿中原"的关键时刻，中共地下人员从南京国防部窃取得黄河以南军用地图，通过法国洋行的关系经香港送出。而广州地下党获取的各种重要情报，例如国民党军撤出南京后的江南兵力布置、国民党上层人物动态等等，也都是经香港发出的。《华商报》和《群众》周刊等所刊登的中共文件和战事消息，则可以经由海关的内线，从香港秘密送到上海、南京、天津散发。

香港分局与广州的关系尤其密切。广州的地下工作是由香港分局城市工委直接领导的。广州的中共干部经常到香港汇报；有些外围群众组织的骨干，还到香港集训。1949 年 8 月为准备接管广州而在大鹏湾建立的粤湘赣边纵队东江教导营，其中相当部分成员是从香港前往的。广州解放之后，当广九铁路恢复行驶的第一列往罗湖的火车从九龙开出时，笔者在车上见到大批前往广州接管的人员，此情此景记忆犹新。

1947 年以后，国内各个民主党派和许多著名社会人士逃离国民政府统治区，云集香港开展反蒋活动。他们逐步抛弃中间道路，加入中共领导的统一战线，最终走向新政协，并参与人民共和国的建立。这段史实已有很多记述。此处值得的一书的是，李济深领导的国民党革命委员会，以香港为基地对各地国民党军队进行策反的史实。1948 年初，民革中央通过《军事工作大纲》并成立秘密的军事小组，配合中共的进军，开展策反工作。是年春天，还在港岛罗便臣道举办"游击训练班"。民革从香港派出人员分赴华中、华东、西南、华南，成功策动了一系列国民党军队的阵前倒戈，加速了国民党统治的崩溃。

在中国风云变幻的三年内战期间，港英政府对中共的活动采取限制与容忍的两面政策，其原因有二，一是香港与内地社会不可分离，互相渗透难以避免，只能面对现实；二是受伦敦方面深谋远虑的亚洲政策尤其是对华政策所决定。香港以其特殊环境扮演"革命指挥中心"的这个角色，到 1949 年人民共和国成立便告结束。

边缘前哨四十年

随着中国政治局面的历史性变化，各个政治势力与香港的关系也发生相应的颠倒。过去利用香港作革命基地的中共成为执政党，香港变成它的外交阵地。原来处于执政地位的国民党，则转而利用香港作为与新中国政权对抗的据点。1950 年 1 月，英国宣布承认中华人民共和国后两天，原国民政府两广特派员公署驻香港办事处关闭，随后，新华社香港分社则成为新中国政府驻港代表机构。这是香港与中国的政治关系历史性转变的标志。从那时起约 40 年间，香港还曾成为世界上两个对立的政治阵营的东方边缘前哨，这是一个既对抗又合作的奇特前哨。

新中国成立后，中国政府不但没有如某些英国人预言那样进兵香港，而且实行"长期打算，充分利用"的方针。在"维持香港现状"的数十年里，香港对于中国在经济上的重要作用，人们已十分清楚，但许多人似乎不甚了解它的政治作用以及中国政府对香港地位的政治考虑。早在中共中央进入北平之前，毛泽东就对前来查探新中国未来内外政策的苏联特使米高扬透露，他正考虑利用香港原有地位发展海外关系。1951 年周恩来向当时的香港新华分社社长黄作梅说得更明白："我们对香港的政策是东西方斗争全局的战略部署的一部分"，"把香港留在英国人手上比收回来好，也比落入美国人的手上好。""在这种情况下，香港是我们的瞭望台、气象台和桥头堡。"[1] 正是这个政治战略，决定了数十年间中国政治风云不管如何变幻，香港的独特地位都没有被改变。

在冷战时期，中英两国处于对抗状态，内地与香港的关系紧张自不可避免。由于双方都取消了历史上长期存在的自由来往政策，两地关系陷于半隔绝状态。即便如此，中国政府始终对香港"另眼相看"。50 年代初期，粤港边界时有摩擦，广东军政机构多次向沙（头角）深（圳）宝（安）地区军民发出指令："保持边界平静""避免边界纠纷""不得越界捕人""不得擅行开枪射击。"[2] 1958 年金门炮战时台湾海峡战云密布，毛泽东特别下令停止在深圳

1　参阅金尧如：《保持香港现状和地位的战略思想》，香港《经济日报》1993 年 7 月 2 日。

2　参阅邓开颂、陆晓敏主编：《粤港关系史（1840—1984）》，麒麟书业有限公司 1997 年香港版，第 249-251 页。

方面的演习，"不要去惊动英国人。"[1]1967 年"文革"期间，尽管发生"反英抗暴"、火烧英国代办处以至边境武装冲突，但英国驻华使节也看得出，这不是中国政府最高领导层的决策。

中国的对港方针是有政治收获的。朝鲜战争期间，英国作为参战一方与中国处于敌对地位，但港英政府以至驻港英军对于战略物资从香港输入内地，态度微妙，其中大有传奇故事。中国通过香港开展外交、情报、统战工作的成果不胜枚举。如果没有香港，"中航""央航"十多架飞机怎能脱离控制北飞天津？翁文灏、卫立煌等原国民党要人怎能秘密到北京？杜聿明夫人又怎能从台湾出走并辗转返内地与杜团聚？60 年代，李宗仁这位受台湾方面严密监视的前代总统，能够神奇般从美国经欧洲平安到达北京，其中近十年秘密策划的地点，就包括香港荃湾林园、太子道某咖啡馆以及街上飞奔的汽车里。毛泽东与蒋介石有多次秘密传递信息都是通过香港的，1956 年、1962 年、1964 年和 1973 年，中共四次派章士钊赴香港，向台湾有关人士递交致蒋的信件及传达口信。而蒋介石也曾于 1957 年派出居留香港的立法委员宋宜山到北京秘密会见周恩来。此外，可能还有不少鲜为人知的史实。

50 年代初，在香港的一些既反蒋又反共的人士，由顾孟余、张发奎出面，曾组织"自由民主大同盟"和"自由民主战斗同盟"，形成"第三势力"，后以失败而告终。其中的主要成员，或投奔北京，或转向台北，或出国流亡，或在港隐居。顾孟余被港英政治部警告，到日本去了。张发奎隐居香港直至 80 年代去世。

香港是退踞台湾的国民党对内地进行"政治、心理攻势"的前进基地，在实行"反攻大陆"政策时期，尤为突出。国防部保密局曾设香港站，改为情报局后则有香港组。当时，赴台北出席国民党全国代表大会的"大陆代

---

1 毛泽东：《关于停止在深圳方面的演习准备打金门的批语》（1958 年 8 月 18 日），《建国以来毛泽东文稿》第 7 册，第 343 页。

表"，正是驻香港的特工人员。"前进基地"的角色由此可见。50 年代，香港是内地（尤其广东）防范间谍特务潜入的主要方向。"克什米尔公主"号爆炸事件和"九龙暴动"之后，台湾方面在香港的活动引起中英两国政府的关切，到 60 至 70 年代，这些活动的效果日渐低微。据港英政治部从被捕的国民党特工口中得悉："无法渗入大陆，遑论破坏行动。"[1] 而台湾有关人士也透露，自从对大陆派遣游击队的活动近乎停摆之后，"破坏渗透，惟赖港澳。可是，中共的篱笆扎得那样紧，败多成少"。[2] 但是，情报工作仍然得以维持。

综上所述，足见香港在近代中国政治风云中的重要地位。但有趣的是，香港却没有因此成为一个政治城市。我认为原因如下：（1）从事政治活动的主要力量，大都不来自香港社会内部，也不扎根于此，他们只是匆匆过客；（2）其政治目标在中国内地而不在香港，对香港社会变革不产生重大影响。至于香港社会的内部因素在此不述。

随着中国进入改革开放的新时期、中英就香港问题达成协议，以及国际政治格局的改变，80 年代以后香港扮演的政治角色又如何？这不是本文论述的范围。

（本文刊载于《中山大学学报（社会科学版）》1998 年第 4 期。）

---

1 罗亚：《政治部回忆录》，香港中文大学香港亚太研究所、海外人研究社 1997 年香港版，第 97 页。
2 江南：《蒋经国传》，美国论坛报社 1985 年版，第 240 页。

澳门经济发展的历史特点

李郇 *

虽然许多人都预料到澳门经济发展速度将放缓，但 1996 年澳门 GDP 的增长速度只有 -0.3%，确大大出乎人们的意料。近二年许多学者都认识到了澳门经济存在着许多问题，并提出许多解决方法，但似乎收效不大。在澳门经济出现负增长的今天，我们回头看一看澳门四百年的历史，可能会为澳门经济今后的发展提供一些有益的启示。

澳门四百年的历史大致经历了这么几个过程：16 世纪澳门早期贸易高峰时期，18 世纪澳门贸易衰退时期，19 世纪澳门经济的异化时期，20 世纪 90年代后现代工业发展时期。总结起来我们可以看出澳门经济发展过程中的几个特点：

1. 对外部条件的依赖

从澳门经济几起几落的发展可以看出澳门经济对外部条件的绝对依赖。如 16 世纪早期贸易的兴起依赖的是世界地理大发现、季风、帆船、西江流域和漂洋过海的葡萄牙人。澳门较浅和平静的港口成为靠季风航行的船队的停泊处，澳门的地理位置、地理条件，使澳门成为中西贸易的节点。但正如历史上许多靠交通条件发展起来的城镇，到今日大都因交通工具及条件变化而衰落（如中国历史名镇河南朱仙镇、江西景德镇）一样，澳门随着港口的日益淤积和船只的大型化，其地理条件的优势已不复存在了，这是澳门经济衰

* 作者单位：中山大学港澳研究所（510275）

落的一个原因。另一个原因则是作为贸易主体的葡萄牙人被新的海上霸主荷兰人封杀了。

又如澳门的制炮业，17 世纪明将袁崇焕击退清兵，清朝郑成功解放台湾，澳门的制炮技术都起了很大作用。但是它是较典型的有需要就生产的临时性工业，在 19 世纪四五十年代由于对付海盗的需要，澳门的制炮业繁荣了一二十年。战争结束后，澳门的制炮业也就停止了。

博彩业的兴起得益于澳葡政府的默许，其生存及发展的外部条件一直未变。

现代制造业的兴起和衰退也和外部条件有密切关系，它依赖于两个因素。首先是澳门作为一个独立关税区，享受发达国家配额和优惠待遇。1972年、1976 年欧洲和美国还对其实施普通优惠税制。由于它得到的优惠与香港的优惠条件几乎一致，促使许多在香港激烈竞争的商人来澳门设厂以争取更多的订单。另一个原因是当时澳门有大量人口流入，劳动力和土地价格大大低于香港，使产品成本降低。现时由于这两个因素都在逐渐消失，澳门现代制造业的衰退也就不奇怪了。

澳门是一个很能抓住外部条件的地方，但却很少利用外部条件为澳门的经济积累基础，这也就出现了当发展的外部条件一消失，经济就出现衰退，没有发展的后劲的现象，这可能与澳门历史的另一个特点"桥梁性"有关。

2."桥梁性"

"桥梁性"也可以说是"中介性""窗口性"。从物质方面来看，16 世纪以前澳门就处于这种状况。在 16 世纪贸易高峰时期，进口的物质来自欧洲，走向是内地的富贵人家；出口的物质来自珠江三角洲，走向是印度和欧洲，澳门在其中起"转手""承接"的作用。现代制造业其实也是如此，产品订单来自欧美，在珠江三角洲未开放前在澳门生产，现在大部分是在珠江三角洲生产，澳门起着承接订单、转口的作用。在金融方面，澳门有把贸易赚的钱大部分转移到国内的历史，现在还有人在投诉澳门赌场赚的钱有许多没有留在本地。"桥梁"的特性可能是澳门经济不能延续的一个方面。但是"桥梁性"带来的东西文化的合璧却在澳门保留了下来，并成为澳门最具特色的物质形态。

澳门的"桥梁性"说明澳门的意义是区域性的，它的腹地在珠江三角洲、国内和欧美地区，这是四百年澳门经济发展下来的根本点。

3. 垄断性

早期澳门贸易的产生即具有垄断性的因素。首先，葡萄牙人作为海上霸主，几乎垄断了海上贸易。其次，明朝的海禁政策使澳门曾较长一段时间作为中国唯一开放的口岸。第三，明朝时日本侵朝战争使中日直接贸易几乎中断，给澳门贸易兴起提供了机会。澳门贸易的衰退同样是由于垄断性的消失，荷兰人取代了葡人成为海上霸主，日本人驱逐葡人，以及清朝开放对外贸易等，使澳门贸易不再具有垄断性了。

赌博业的垄断性更加明显，珠江三角洲、香港的禁赌，为澳门赌博业留下持续发展的天地。近几年东南亚赌业的兴起显然已对澳门赌业产生了冲击。

4. 脆弱性和灵活性

澳门经济发展的脆弱性和它对外部条件的依赖有关，但这种脆弱性的背后却表现出很大的灵活性。澳门总能适时找到发展的"支点"，不管这种"支点"是理性的还是"异化"了的。17世纪80年代澳门贸易衰退后，经短暂的贸易复苏时期后便失去了发展方向。但至18世纪末澳门转向贩运鸦片和奴隶，至19世纪60年代澳门赌业又开始兴旺发达。澳门每个阶段发展的历史都不长，每个阶段的衰退也历时不长。20世纪的制造业也是如此，从神油、火柴转向纺织、服装的制造，现在则在寻找方向。

澳门经济的脆弱性和灵活性决定了澳门经济的短期行为特点，并体现了澳门具有强大的"适者生存"的能力。

澳门经济以上的四个特点是从其四百年历史中提炼出来的，这里只是想利用历史这面镜子为现时澳门经济的发展提供一些参照。

首先，确立澳门经济的地位应把其放在世界经济大分工的格局来考虑，不能孤立地考虑澳门的经济发展。澳门和珠江三角洲构成一个整体，共同承担着世界经济分工体系中的一个角色。同样，澳门应维系和发展与南欧已经形成的密切关系，这样可以从两个方面摆脱"小小澳门"的概念，使澳门成为珠江三角洲之澳门，成为欧美之澳门，这样我们对澳门制造业向珠江三角洲内迁而使澳门制造业空心化的担心就显得多余了。

对于经济转型，澳门正在寻找一个新的适合于它的发展条件。它所处的地理条件由于机场的建设和珠江三角洲及香港港口的建设已得到改善，问题在于适合于它的垄断性、桥梁性和灵活性的经济类型是什么？有的学者为澳门提出高新技术战略，但却难以推行，因为这个发展战略脱离了澳门经济发展的历史特点。高新技术在世界各地已广泛推行，很难再使澳门的高新技术具有自己的特色，它的竞争性由于时机的丧失而减弱。在经济类型转变未找到大的方向的时候，我们应致力于制造业内部的转变，同时通过澳门的"桥梁性"带动澳门及珠江三角洲制造业的再次腾飞，把澳门现时单一的制造业，和那些普遍性的特点改变成为垄断性和灵活性的特征，避免产业的脆弱性。与世界各地的制造业相比，澳门现有制造业具有小型、灵活等特点，应在保持现有特点的基础上再加以改造，使其更适合现代工业要求，再次确定澳门制造业在世界经济分工中的地位。

（本文刊载于《学术研究》1998 年第 8 期。）

二十一世纪香港产业发展路向及经济定位

——从亚洲的纽约发展为亚洲的瑞士

（香港）甘长求

1997 年中国香港回归祖国。政权的更换，往往引起经济结构及发展路向的变化，但中国又承诺五十年内中国香港的社会制度、经济制度及生活方式不变，应如何看待和处理中国香港"九七"之后的经济结构的变化呢？

一、近期产业发展的路向

"九七"之后，中国香港作为贸易中心、航运中心、旅游中心、金融中心及信息中心的地位，在二十年之内，改变不会很大。理由是：

（1）中央保证"五十年不变"。

（2）港人也习惯这种经济结构，在港人治港的原则下，港人不愿大变，因此原有经济模式也不易大变。

（3）"九七"后一二十年中国香港的客观环境与本身的经济能力也承担不了巨大改变带来的冲击。

（4）亚太地区经济起飞，需要一个贸易中心、航运中心、金融中心、旅游中心与信息中心，二十年内、亚太地区中没有什么地区和城市可代替中国香港这个综合性功能（东京与新加坡是中国香港的强劲对手，但只能竞争，不能取代）。

最需要中国香港起这个综合性作用的正是中国香港的主权国中国，中国也必大力维持这些综合性功能。

（5）英国虽然撤离中国香港，但它的经济能力与影响力依然存在，而上述各种功能中心正好维持了英国在远东地区的未来利益。

（6）发达的资本主义大国与新兴的工业国／地区，也需要中国香港作为进入中国市场的桥梁与跳板。

二、近期产业发展路向的局限

在"九七"后一二十年间，保持上述的产业结构，并必然有所发展（从经济成就的角度来说），中国香港也将会继续繁荣与兴旺。

但上述的产业结构，偏重第三产业（1995 年，第三产业的比重达83%），这在全世界范围内也是少见的（除了绝少数的名义金融中心、旅游中心及注册中心——如巴哈马、百慕大、开曼、汤加等小岛国）。第三产业比重高，必然要依靠外来的资源与依靠整个世界经济的平稳，一有风吹草动，本身就难以支持。

中国香港第三产业不像纽约、伦敦、东京、巴黎那样，有本国的强大经济的支持，甚至比不上苏黎世有瑞士的强大出口工业的支持（其实英、美、法、日与瑞士，它们的第三产业比重大都在 50%—60% 之间），即使情况与中国香港大致相同的新加坡，1994 年的第三产业比重也不过是 56.1%，而第二产业却是 43.6%。

过分偏重第三产业缺点不少，不少学者（包括笔者本人）已作了详细论述，这里只简单提出中国香港过分发展第三产业的缺陷：

（1）经济不是建立在本身坚固的基础上，而是建立在对外界环境与资源的依靠上；

（2）这是与英国一百多年来把中国香港看成／建成为远东资源的抽水站的殖民思想有关；

（3）必然加剧贫富差异；

（4）必然使人们产生短视思想、助长投机与赌博的心理，一切向钱看；

（5）经济短视思想，使第三产业本身也存在不平衡与不稳健的情况，比如偏重第三产业中容易在短期内取得巨大利润的地产、外汇、股市、期货及黄金等市场，而对于不易获得利润、甚至会成为经济负担的教育、科研、文化、艺术、福利、医疗与社会服务等方面缺乏关注与支持。长远来讲，也是影响了经济的发展。

所以近期一二十年，维持目前的产业结构，依照过去产业模式的发展路向虽然可维持，但并非最理想的路向，应该在保持中国香港已形成的优点（如金融中心、贸易中心、航运中心、信息中心、旅游中心）的基础，寻求一个新的发展方向，务求使中国香港继续繁荣而又建立在稳健的轨道上。

三、新的路向的原则与目标

新的路向应该有哪些原则呢？

（1）人均本地生产总值不但继续提高，而且朝着世界一流的最高水平迈进。

（2）经济要均衡发展、基础要巩固、居民有干劲，充满着自信心与自豪感。

（3）贫富差异逐步缩小。

（4）自然生态日趋平衡、环境污染日益减少。

目前世界上有没有这样的目标与榜样呢？

美、日、德与法国等头等大国，中国香港地区不能作为榜样。因为中国香港地区是一个微型的海岛型经济体系，缺乏这些大国的自然资源与人力资源，也不是一个独立的国家，不能自主自为；以这些国家的一个大城市为榜样行不行呢？近期以纽约作参考是可以的，事实上中国香港地区的确与纽约的地位与作用有许多地方颇为相似，但中国香港地区的背后不是美、日、英等大国，就算"九七"回归后，中国可以作中国香港地区的靠山，但其实力与美、英、德、日与法国等还相距相当远（人均 GDP、整体经济力量、科技、教育水平等），何况还有一个"河水"与"井水"的区别，中国香港人也不愿过分依靠内地作靠山。

以新加坡为榜样行不行呢？（1）新加坡也是个微型的海岛型经济，中国香港的缺陷她也一样存在；（2）新加坡 95 年的人均 GDP 虽然高过中国香港（新是 26400 美元，中国香港是 23200 美元），但新加坡的土地与人口都比中国香港小／少，其发展前景不一定比中国香港好；（3）新加坡是个独立国家，中国香港只是中国的一部分——虽然是一个特别行政区，却不能自主自为；（4）新加坡的工业有很大成就（如石油提炼、电子工业），工业在 GDP 的比重 32.4%，产业结构比较稳健；（5）新加坡的石油业几乎是全部依靠外国的原料，而电子工业及其支援部门占整体工业的比重达 44%，一旦世界上电子产品市场低沉，它就受很大的影响（如今年新加坡的 GDP 的增长率由预计的 7—8%，调低至 6%，其中最大的原因是今年全球电子业放缓）；（6）新加坡去年人均 GDP 为 26400 美元，中国香港为 23200 美元，其间的空档不大，作为中国香港的追赶、学习的目标，未免过于缩小。（7）何况新加坡在许多方面都是中国香港的竞争对手，严格来讲，是中国香港如何超过它，对新加坡来说也是如何超过中国香港问题（1993 年中国香港的人均 GDP 还是高过新加坡——即 18500 美元对新加坡的 16440 美元）。

所以对于新加坡，不是中国香港的目标。但是新加坡近年经济比中国香港增长快；它的有预见、有计划地发展金融业和工业；它的敢于迎着困难而上的精神以及它的保持环境清雅、居民守纪律的精神，倒是值得中国香港学习的。另外新加坡强调政府的作用并取得巨大成就。这点倒是值得一贯鼓吹自由经济的中国香港人深思与反思的——自由经济并非经济发展的唯一途径，正确与合时的引导，支持与干预，还是有必要的。

因此剩下来只有欧洲一些发达的小国可为中国香港发展路向的参考，这些欧洲小国都有着：（1）发达的经济，不少国家比中国香港的人均 GDP 还要高；（2）人民生活水平高、福利好、生活稳定；（3）有较高的文化、教育、与医疗等发展水平；（4）都有较合理的产业结构，不偏重于第三产业（小如卢森堡，有强大的钢铁工业；荷兰是全世界高级花卉的最大供应市场；丹麦有良好的农业畜牧业；瑞典有强大的森林工业、制纸工业等）。

不过，笔者却认为中欧国家的瑞士，倒是中国香港发展经济最好的参考；因为：（1）瑞士的产业结构较合理；（2）瑞士有世界素负盛名的产品；（3）瑞士的金融业并不比中国香港差很远；（4）瑞士的旅游业成就比中国香港高；（5）瑞士的人均 GDP 比中国香港高很多（1993 年中国香港的人均 GDP 为18500 美元，而瑞士已高达 34850 美元）；（6）瑞士有很高的科学、有很优秀的工艺传统、有良好的管理技术；（7）在世界上有着良好的声誉；（8）瑞士法郎是世界上少有的稳定货币。

下面是中国香港与瑞士的详细比较表（有些数据一时找不到，但大致情况不会相差很远）：

项目	中国香港成就	瑞士成就	比较
（1）土地面积	1000 平方公里	41293 平方公里	瑞士优
（2）人口	600 万	700 万	瑞士优
（3）语言	中、英（为主）	德、法、意（为主）	瑞士优
（4）自然资源	非常缺乏	相当缺乏	相差不远
（5）环境	污染严重	相当优良	瑞士优
（6）教育水平	良好	良好	相差不远
（7）人均 GDP	18500 美元（93 年）	33751 美元（93 年）	瑞士优
（8）产业结构： 第一产业 第二产业 第三产业	0.2%（94 年） 17.0%（94 年） 83%（94 年）	（约数）5%（90 年） 50%（90 年） 45%（90 年）	瑞士合理
（9）旅游业	很发达，但非理想	很发达，相当理想	瑞士优
（10）贸易（95 年） 出口 进口 总值	全球第 9 位 全球第 7 位 全球第 8 位	全球第 16 位 全球第 16 位 全球第 16 位	中国香港优

续表

项目	中国香港成就	瑞士成就	比较
（11）外汇交易	全球第 6 位（94 年）	全球第 5 位（94 年）	相差不远（95 年中国香港已为第 5 位
（12）黄金市场	全球第 4 位（94 年）	全球第 3 位（94 年）	瑞士优
（13）股票总市值	全球第 8 位（95 年）	全球第 7 位（95 年）	瑞士优
（14）十二大银行位置（95 年） 按资本额 税前利润（全球）	汇丰银行第 9 名 汇丰银行第 1 名	瑞士联合银行第 12 名 瑞士联合银行第 4 名	中国香港优
（15）十大航空公司	国泰全球第 5 名	瑞士航空全球第 2 名	瑞士优
（16）国债／政府外债	0	0	相同
（17）货币	靠与美元挂钩而稳定	独立而稳定	瑞士优
（18）工业产品	成衣、玩具、塑胶花、皮具皮手袋、钟表（数量）曾经世界第 1	钟表第 1、印刷机 2、纺织机械、精密仪器 3，另化工、医药及成品世界驰名	中国香港以量胜瑞士以质胜
（19）海运	货柜码头运量世界第 1		不可比
（20）陆运	相当发达	相当发达	相差不远
（21）信息	非常发达	相当发达	中国香港优
（22）传播媒介	非常广泛、快捷、自由度高、发行量大	？	中国香港优？

从上表可看到，瑞士是一个全面发展的国家，大部分项目都比中国香港优胜：只有海运无法比较；贸易落后中国香港较多（中国香港全球第 8 位，而瑞士 16 位，但这点要加以分析，因为中国香港的转口货量重复计算（入口计一次，出口又计一次）撇除转口的重复计算部分，中国香港比瑞士并非绝对优势，只是相对优势；此外中国香港优于瑞士的还有银行的规模、通信与传播媒介等。

比较后我们可以得出结论：瑞士可供我们参考学习的地方很多，而事实上中国香港也有条件追赶瑞士，有些地方已比较接近甚至超过。这说明了：瑞士可以作为中国香港未来发展的路向，而且空间比较大，可长期参考。

四、新路向必须解决一些认识问题

发展中国香港产业的新路向，必须先解决一些认识问题，才能进一步贯彻执行新的具体措施：

（a）要认识到自由经济并非万应灵丹，也非发展经济的唯一途径。过去强调市场经济的自由度与中国香港自由经济的成就，主要是相对于斯大林式"计划经济"而言；

（b）过去提出"学香港""赶香港"与"造香港"，有些地方是忽视了中国香港的另一方面——负面因素。中国香港比内地发达，但并非一切都美好、一切都可以学。今天，特别是政权回归后，更要实事求是了解中国香港、分析中国香港、发展中国香港。

（c）有一个时期，对第三产业的看法缺乏全面认识：以为第三产业比重愈大，发展愈快，那么当地经济就愈有成就，经济效益就愈加明显。而且把发展第三产业片面了解为发展贸易、商业、运输、金融、地产与生活消费，而忽视了文化、教育、科技、管理、个人与社区服务等经济效益不明显甚至是经济负担的这些不可缺的行业。结果不但一、二与三产业部门之间不平衡，而且第三产业内部之间也不平衡。

（d）过去对中国香港的中介作用（桥梁、窗口）谈得过多，而对中国香港如何发展本身的经济实力方面谈得较少。特别是进出口问题上，把中国香港的转口贸易／港商在内地投资津津乐道，对于如何继续发展本港的出口工业，发挥港商在内地投资与发展本港工业的相辅相成作用谈得较少。

五、具体措施

（a）产业结构，应在发展第三产业的同时加快发展工业，使工业在GDP的比重达到七十年代的30%水平；

（b）制造业的发展，应重点放在高科技、高附加值的行业，努力在近一二十年内扶植一些在世界上有知名度的先进产品。

（c）第三产业在发展中，应回过头来注意本地工业的发展，给予支持（如银行贷款、股票上市等）。

（d）中国香港过去的工业邨的做法，应大力加以发展与提高。笔者曾采访震雄集团的蒋震先生，他对工业邨供应先进／占土地较多的工厂以廉价／优质土地，表示非常赞赏，他的震雄（塑胶）机械厂就是凭这点获得较好的发展与较高的经济效益。

（e）在各年度的财政支出中，支付较多的资源直接或间接支援先进的工业部门如发展支援工业；发展像生产力促进中心这样的机构；增加大专学校关于发展先进工业的科研经费；在工业区／工业邨附近修建更多更完善的公屋与居屋、使工厂的工人／职员／科技人员获得较良好的居住环境；支持工业家与内地的科研机构相互合作并作财政支援。

（f）在税收上可给高科技工业以一些优惠，比如提高折旧率等（中国香港会计师公会已提出一些税务优惠给予高科技的行业）；

（g）加强对海外宣传，吸引一些高科技行业来港投资，并增加一些优惠措施；

（h）贸易发展局等机构加强对海外推销新的高科技产品；

（i）中国香港有三千多亿港元的储备（包括土地基金），这庞大的储备不要光是购买外国金融产品来增殖，也应拨出部分用于本港（如支持成立"风险基金"，加快工业方面的基础设施、加快发展中国香港的高等学校与科研单位）。

（j）吸收更多的外地科技人才来港，给予更多的港人待遇。尤是对中国科技人员来港，应给予更多的关怀与鼓励，并提高他们的市场意识与对世界形势的了解，中央也应鼓励高级科技人才到中国香港工作，协助中国香港先进工业去打天下。

（k）应先发展一些为内地大量需要的先进／高科技的产品（比如近日就有人提出发展一些精密的汽车零件供应内地）。这样一来，不但可以解决内地发展的需要，而且可以保证产品的市场销售，一举两得。对海外需要的产品，可通过一些移民到海外的中国香港原居民，多作了解并协助推销。

无疑，中国香港目前产品的形象并不高，但依然可解决，这有前例可依：日本在第二次世界大战前，它的产品也是以质劣出名，笔者孩童时代，"日本货"就是劣质货的代名词，日本货的声誉，有许多还不及上海货。但第二次世界大战后，日本产品已基本洗脱这讨厌的形象，关键在于科技、管理、信息与市场推销策略，这一点中国香港人其实并不比日本人差。

（l）加强中专/工业学院的教育，一方面培养高科技工业的一般技术人员，也解决中国香港青年的就业问题（中国香港一些中学毕业生，不愿从事工业劳动，情愿赋闲在家或作"跳槽专家"——不断转换工作，最后一无所长，一无所得）。

（m）过去中资来港，多从事贸易、地产与金融等行业，今后应鼓励中资参加中国香港制造业的建设工作。

（n）应该大力表扬象蒋震这样的有远见和愿为中国香港工业提供各种贡献的人物。蒋震先生把他手上的震雄集团的股票捐出成立"蒋氏基金"，提供中国香港工业发展的资金与研究条件。

当然，要改善中国香港的产业结构，走一条新的路线，还有许多事情要做，这里所提及的不过是目前想到的事项，将来形势发展，可能会有更多的新意念与新措施。

六、"静静地革命"

要在产业的结构上与质素上走新的路向，并非一朝一夕可达到，而且也不可能扬弃目前的现成产业结构去另立新的结构，因此这个较长期的目标，应该静静地进行，在社会和谐与经济渐进的情况下进行，而且要相信港人及港人所选择的领导机构与领导者，要使他们相信中国香港产业的新路向是历史发展所需，是中国香港摆脱英国殖民统治与殖民意识后的自然走向。

要静静地革命，就要充分发挥法律的作用，使人们在法律的框架内逐步走上新的历史阶段。

另外一个要做的是舆论工作，必须使传播媒介、学者、实业家、政府官员以及广大市民懂得这个转变的重要性，逐渐适应新形势的发展。由于"静静地革命"，因此既符合基本法有关五十年不变的精神，亦符合中国香港经济发展规律的要求。这个问题上不可勉强，不可操之过急，瑞士今天的成就是几百年奋斗的结果——其实中国香港今天的巨大成就，也是第二次世界大战后五十多年逐步建立起来的——中间还经过多次巨大挫折。

七、中国香港经济定位

"九七"后的最初一二十年，中国香港的地位还是一个"中介体"，即"把中国引导到世界，把世界引入中国"，起着中国四化建设的支持者作用和世界进入中国市场的桥梁作用。

回归祖国后中国香港是中国整体的一部分，因此中国香港主要的一面是中国的对外窗口作用。但"一国"的同时是"两制"，中国香港是资本主义制度，它又不得不遵守资本主义规范，服从资本主义的游戏规则。这样一来，香港难免左右做人难的处境——虽然市场经济令中国香港与内地之间有共同语言与共同利益，经济上也有互补互利的地方，但制度到底是最具决定性，中国香港也难以超越。

中国香港怎样才能解决这矛盾呢？最好的办法是有自己比较完整的经济体系，能够自立于世界经济之林，资本主义世界也好，社会主义力量也好，她都可以互相适应而不需屈就——正如瑞士在两次世界大战中，由于它本身的实力，对敌对两个战争集团都能应付裕如一样。

而要有自己比较完整的经济体系，就必须在产业结构上有所改变，多建立一些立足于中国香港、可以创造自身的财富、可以容纳更多人就业的产业部门。才不会美国／中国一打喷嚏，中国香港就感冒起来。其实，中国香港能这样，才是最好地贯彻一国两制的保证。

先发展第一产业，经济有了发展后（比如欧洲的产业革命），跟着发展第二产业。一、二产业发展过程，必然需要很多行业为它们服务（如运输、商业、贸易、信息、金融、地产服务、文教科技、卫生福利等），这样才会大力发展第三产业。这是经济发展的规律。中国香港因它的特殊性，一开埠就发展第三产业（贸易、航运、金融等），这是特例。虽然发展了经济，但并不稳固，因此 1952 年，因朝鲜战争导致联合国封锁新中国时，中国香港就处于困境。后来中国香港用发展工业的办法，才解救困局，使中国香港经济立于一个较稳固的基础上。客观地说，没有五六十年代中国香港工业的发展，中国香港的第三产业也不会有今天这样的发达。事实上第三产业今天虽然非常发达，但大多数都要依赖外来的资源与保证，也非长久之计，如果不改变这情况，万一世界经济（包括中国）有个风吹草动，中国香港经济可能一落千丈了。

所以在中期的经济设想中，中国香港必须恢复第二产业（主要是工业）的强劲地位。

独立自主总比中介的地位强。瑞士是一个强劲的独立经济体系，新加坡今天也不再是中介体，而是一个相对独立的经济实体。中国香港不是一个独立的国家，但在经济上必须是一个比较完整的自主经济体系。

因此本文的结论是：从亚洲的纽约发展为亚洲的瑞士，是中国香港回归后的理想路向。

（本文写于香港回归前，刊载于《当代港澳》1998 年第 2 期。）

论澳门财政的基本特征

郑佩玉　周卓兰 *

1999 年 12 月 20 日澳门将回归祖国，深入研究其财政政策和财政体系，对澳门回归祖国以后顺利实施《基本法》，运用财政政策工具，促进社会稳定、经济繁荣发展具有特殊重要的意义。

一、澳门的财政政策

财政政策是一个国家和地区的宏观经济政策，它是以基本经济政策为依归的。澳葡政府长期奉行的基本经济政策是自由港政策。这一政策的理论基础就是古典经济学派的自由主义经济理论。自由主义经济理论的代表人物之一，亚当·斯密的著名经济学命题，就是"人们的经济活动是由一只'看不见的手'来指导"，他严厉地批判国家干预经济的理论。澳门政府自由港政策的基本内容是贸易自由、汇兑自由、资金进出自由、人员进出自由和企业自由经营制度。在这种自由市场经济和自由企业制度中，政府对经济极少干预，它的职责是为经济的发展、社会的稳定提供支持和必要的条件。因此，政府要尽量缩小它的职能。与此相适应，澳葡政府的财政开支要压缩到最低限度，实行"廉价政府"，平衡预算的财政政策，在编制预算时，使预计的收入与预计的开支全额相等，并往往多估开支，少估收入，因而决算时常常是收入略大于开支，出现少量结余。

澳葡政府实行"量入为出、收支平衡"财政政策的另一个原因，是葡国

---

* 作者单位：财政部科研所。

政府按照殖民地方式管治澳门，按照传统殖民地章程的要求实行财政自给自足，平衡预算，并且尽量避免举债。

再说，澳门经济规模小，被一些学者称为"微型经济"，政府既无发行债券的手段，又无财政储备，只有过去财政年度累积的十分有限的结余。在无充足财力的情况下，澳门政府也只能采用平衡预算的政策。

一国或一个地区的政府往往通过财政政策或货币政策来实现它的经济目标。然而，由于大量港币在澳流通，澳门币的使用率长期偏低（1994年澳门币和港币在M1中分别占38%和51%，在M2中为29%和53%），澳门币与港币挂钩，亦间接与美元挂钩。政府无法执行独立的货币政策，无法运用调整利率和贴现率等措施干预经济。所以在无法运用货币政策去影响经济运行的情况下，财政政策对澳门政府来说就显得更加重要了。

二、澳门财政的发展现状

澳门自拥有财政自主权以来，由于经济的高速发展，历来财政运作状况良好，财政收支大幅增长，基本实现了收支平衡。

1. 财政收支呈现持续高速增长态势

1976—1997年的21年间，澳门财政收支增长出现了持续高速增长的局面。财政收入除1986年和1996年两年为负增长外，其余19年均有不同程度的增长，而且有16个年份为双位数增长。财政支出状况大体相若，只有3个年份为负增长，2年为个位数增长，16年为双位数增长。1985年，财政收支更创下了前所未有的高增长记录，增长率分别为71.31%和108.07%。1976—1986年10年间，财政收入从16635万澳门元（以下相同）增至223709万元，增长了12.45倍，年均增长29.66%；财政支出从15513万元增加到206352万元，增长了12.3倍，年均增长29.6%。10年后，即1996年财政收入又增加至1471126万元，比1986年增长了5.58倍，年均增长20.75%，同期财政支出增至 1468129 万元，增长了 6.11 倍，年均增长 21.67%。

2. 财政收支基本平衡并略有盈余

澳门政府各年度按照审慎原则所制定的平衡预算基本得到严格的实施。根据澳门政府公布的资料显示，1976 年以来各年财政收支都略有盈余，有的年份财政盈余成倍增长。至 1997 年，历年财政盈余滚存的总额为 36 亿元。

根据澳门的财政制度，在财政预算收入中是将历年财政盈余滚存列入，成为未来一年的公共收入的一部分。因此，各年度的平衡预算是包含了"上年滚存"的财政盈余。如果扣除了"上年滚存"，许多年度预算就是一个赤字预算。但是，执行结果常常是财政收支决算都超过了预算，财政收入超预算的幅度大于财政支出超预算的幅度，故多数年份即使扣除"上年滚存"的实际数后，当年财政收支仍然有盈余，如在 1993 年度决算案中财政收入为 1220236 万元，财政支出为 1041998 万元，收支相抵，再扣除"上年滚存"39674 万元后，当年财政盈余为 138584 万元。这表明澳门政府在预算的编制和执行的过程中都坚守了审慎的财政原则，一是低估收入高估开支，超预算的支出是以超预算收入为依据，而且一般都控制在支出的增长小于收入的增长的限度之内。

三、澳门财政的特点

虽然澳门现行的财政制度源自葡国，但由于澳门财政是在澳门特有的历史条件下形成的，其发展亦受到澳门经济特色的影响，从而形成了独具特色的澳门财政，无论是公共收入，还是开支都有其特点。

（一）澳门财政结构

1. 财政收入结构

按照财政收入的形式和来源划分，澳门政府将财政收入划分为经常性收入、非经常性收入和自治机构收益等三大类别。

（1）经常性收入

经常性收入亦称一般收益，它主要包括税收、产业收益、转移收入、罚款或手续费收入和其他收益等五个项目。

①税收。这是澳门财政收入的主要来源，占经常性收入 70% 左右，税收结构以直接税为主。直接税是对纳税人的收入或财产征收的税项，是由纳税人直接负担，不能转嫁的税收。它包括营业税、职业税、房屋税、所得补充税、专营税、遗产及赠与税和物业转移税等。间接税是对商品和劳务的购买和消费者征收的税项，纳税人可将缴纳的税款通过各种方式转嫁给他人负担。澳门间接税主要包括印花税、消费税、旅游税、机动车辆税等。在各种税收中由于专营税在财政收入中占有极其重要的地位，政府在进行收入分析时往往将专营税和其他直接税分开单列。

②产业收益，这是政府为满足市场对住宅及商业用楼宇的需求，将土地批给发展商并收取溢价金所得的收入，故亦称土地收益。在 90 年代初房地产建筑业发展高峰期，这项收益曾成为政府的主要财政来源之一。随着澳门经济放缓，房地产业走向衰退，政府的土地收益随之锐减。

③转移收入，指出让耐用资产、非耐用资产以及楼宇而获得的收入。

④罚款或手续费收入，指政府部门按规定收取的各种罚款收入和为市民提供服务所收取的各种手续费和工本费。

⑤其他收益

（2）非经常性收入（亦称财务收益）

指银行利息、参与专营公司的红利收益和股份收益、地租、转账收入，动用以往年度财政盈余滚存，以及在支付中未扣除的款项拨回等。

（3）地区自治机构收入

根据现行法例，按照政府部门在不同社会领域的参与程度及范围，将各个部门分为三种类别，一是中央行政中一般行政部门及机关，如经济司、旅游司和教育司等，它们的财政收支由财政司直接监督；财政预算则被列入地区总预算案中；财务运作反映在"管理及运作账"内。二是地方行政，是指一些决定权、活动范围与中央行政有差异的，其活动又只与一部分居民利益有关，并不涉及整体居民利益的机构，如澳门市政厅及海岛市政厅。他们的财政运作基本上由一些自治团体负责。三是自治行政，是指独立于地区总预算案的自治部门，它包括各个自治机关及自治基金，如澳门社工司、文化司、退休基金会、社会保障基金会等。上述地方行政和自治行政的财政收支预算属"地区自治机构收入"或"地区自治机构支出"。

经常性收入是澳门的主要财政收入，自治机构收益居其次，非经常性收入所占比重较少，有时甚至少于上年滚存的财政盈余。

2. 财政支出结构

澳门财政支出按经济分类，分为经常性支出、非经常性支出和地区自治机构支出等三个类别。

（1）经常性支出（一般支出）

主要指政府行政运作的日常支出（包括设备购置和人员薪金等），约占财政支出的 60%，其中人员开支所占比重最大，约占总支出的 1/3。此外，还有社会福利支出、对教育机构的支出和研究费用、公共卫生、医疗、环保费用支出等。

（2）非经常性支出（资本开支或财务支出）

包括投资支出和政府非日常开支等。每年的政府预算中均有"投资与发展开支计划"，这一计划包括两部分内容：一是与澳门经济发展有密切联系的大型建设项目（如房屋建设、机场、码头、公路等基础设施工程）的投资；二是与政府部门运作有关的购置和维修办公设备、运输工具等非日常性开支。近年来，这一投资计划的费用占财政总支出的比重为 10%。此外，还有政府对私人机构的财务转账，以及债务支出（约占总支出 3%）等。

（3）地区自治机构支出（指定账目开支）

指 35 个自治实体，包括具有行政及财政自治的机关、市政厅和各种基金的开支，如邮电司、房屋司、货币暨汇兑监理署、反贪公署、澳门市政厅、海岛市政厅、退休基金会、澳门基金会、澳门发展与合作基金会等。这些自治实体拥有"本身收入"或政府拨款，在开支方面拥有较大的自主权。

在财政总支出中，经常开支占主导地位，资本开支在前些年占据第二位，近年来则被自治机构开支所取代。

（二）财政收入的特点

1. 财政收入的相对规模不断扩大

财政收入的规模有绝对规模和相对规模之分。财政收入的相对规模通常用财政收入占国民生产总值（或国内生产总值 GDP）的比重来表示，称为国民经济的财政负担率，它可反映政府在社会经济生活中的职能范围。

澳门公共收入占澳门本地生产总值的比重，80 年代初为 10% 左右，而近年来这一比重已达 25% 以上。这表明财政收入的规模在不断扩大，政府的职能范围也在不断扩大。在香港，历年来这一比重较少超过 20%（1960 年为 14.57%，1970 年为 13.34%，1980 年 21.36%，1990 年 15.37%，1995 年 16.26%，1998—1999 年度为 21.3%），体现了香港政府实行自由经济政策和"积极不干预"的财政政策。与亚洲其他国家相比，中国澳门地区的这一比重近年来也较高于周边一些国家和地区。1991 年财政收入占 GDP 的比重，韩国为 18.5%、中国台湾地区 21.2%、泰国 20.4%、印度尼西亚 18.2%、菲律宾 17.9%，而低于新加坡的 32.8% 和马来西亚的 28.5%。

2. 税收是财政收入的最大来源

在澳门的财政收入中，税收是最大且稳定的来源，但所占比重比较低。1988 年至 1996 年间，税收在各年度财政收入中的比重分别是 55.66%、58.88%、49.40%、49.04%、47.38%、50.62%、52.91%、44.99% 和 47.82%。而亚洲"四小龙"的中国香港地区、新加坡和韩国的税收总额大约占财政收入的 70% 左右，中国台湾地区的比重最低，也超过 50%。中国澳门地区的税种只有 11 个、新加坡 11 个、中国香港地区 14 个、中国台湾地区 17 个，韩国税种较多共 29 个，与美国 80 多个税种相比较，中国澳门地区税种甚少。

澳门是一个税务天堂，税种少、税率低和税负轻是其主要特征。澳门实行"后税收制度"，即每年按期征收纳税人上年度应缴的各项税款。澳门税制简单，且同香港一样实行低税制，一般涉及公众的税率都较低，如一般行业每年营业税额为 300—500 元。职业税和所得补充税（纯利税）是采用累进税率，职业税税率最低为 10%，最高只是 15%，所得补充税（香港为 16.5%）税率 2—15%，澳门地区物业转移税为 6%（离岛则为 4%），房屋税率为 16%，而且税制中还有许多减免税收的规定，如利润再投资可以在续后 3 年里的可课税利润内减除，若购买厂房和写字楼宇，在缴纳物业转移税当年，允许摊折率最高可达 20%。可见，澳门的税率比香港还要低。澳门地区还是税负水平比较低的地区之一，约为 12%，与香港地区相当，低于台湾地区的 17% 和韩国的 20%。

进入 90 年代以来，税收在财政收入中所占的比重呈现下降趋势，这主要是受"产业收益"和"自治机构收益"项下收入的比重大幅上升所影响。以绝对值来看，1988—1996 年间税收总额有大幅的增长，直接税增长了 2.62 倍、间接税 1.54 倍、专利税 3.83 倍。但是，随着近几年经济下滑，预计 1998 年税收总额将跌至 68 亿元。

3. 高度依赖博彩税

博彩专营税占专营税的 98% 以上，是财政收入最大的项目。澳门财政收入的这一特点是与澳门经济具有的特色分不开的。澳门经济的特色之一就是博彩业高度发展，有 150 年历史的澳门博彩业，在澳门经济占有十分重要的地位，这一特色自然会反映到澳门财政上。1981 年博彩税突破亿元，达 1.05 亿元，1985 年达 4.5 亿元，1989 年突破了 10 亿元大关，达 14.3 亿元。90 年代以来，不仅博彩税的绝对量仍然不断增加，其相对量即占财政收入的比重也增加到约 1/3。

4. 90 年代初产业收益大幅上升

澳门地域面积狭小，土地资源十分缺乏，随着人口的增长和经济发展，城市用地日益短缺，填海造地便成为增加城市地域发展空间的唯一出路。从 19 世纪 60 年代开始至今，澳门进行了四次大规模填海拓地工程，1983 年以来进行的填海工程是其中一次。1912 年澳门陆地面积只有 12.69 平方公里，到 1994 年已增加了 10.81 平方公里。这为 80、90 年代房地产业蓬勃发展和多项大型建筑提供大量土地资源，又由于房地产建筑业兴旺带动了土地价格和楼价急升，政府批给或出售的土地收益迅速增加，仅在 1991 年 11 月至 1992 年 4 月的 6 个月间，政府在新口岸以公开竞争方式批出的 57024 平方尺土地，成交价达 38.5 亿元。因此，产业收益在财政总收入中的比重迅速上升。但从 1993 年下半年起房地产业进入衰退期，"产业收益"亦随之下降。

（三）财政支出的特点

1. 恪守量入为出的原则

澳门政府每年的决算总支出通常是超预算的，但它却没有因此而出现财政赤字，相反，却常常出现财政盈余。原因是实际的财政收入总是比预算收入要多，而且其增幅比财政支出的增幅要大。这表明财政超预算开支是以实际财政收入超预算收入为前提的，政府始终恪守量入为出的原则，亦表明政府在审慎财政原则的指导下编制预算时总是低估财政收入，在预算执行过程中亦严格控制财政支出的增长，不能超过财政收入的增长。

2. 维持政府的行政运作是财政支出的主要职能

经常支出即政府日常行政开支占公共开支的大部分，通常为 60% 左右，进一步深入分析其支出项目就能更清楚说明财政支出的主要职能是维持政府的行政运作，保证政府执行政权职能，如维持行政当局的管理、维护法制和社会秩序，以及执行某些社会职能。在经常开支中，人员开支所占比重仅次于"经常性转账"支出。据行政暨公职司统计，近 10 多年来政府公务员人数大幅增长，1981 年为 5063 人，1997 年已增至 17859 人。澳门公务员的薪酬水平在亚洲仅次于日本和香港，近几年增长更快，1987 年平均月薪为 1664 元，1997 年升至 14395 元，每年用于公务员的支出近 30 亿元，仅中央行政的"员工"项目下的支出已占财政总支出的 20% 左右。

3. 80 年代投资支出在财政支出中的比重达到了高峰之后逐渐下降

与一般支出相比，财务支出在财政总支出中所占的比重要小得多，一般约占 20%。在这类支出中投资支出占有主要地位，1982—1997 年间从 20400 元增至 146100 万元，1988 年占财务支出比重为 76.59%，以后逐年下降，1996 年为 65.65%。虽然，澳门政府将投资支出视为"经济政策之手段"，认为无论是在改善或扩大资源结构的配置方面，或在建设大型基础设施方面，投资支出均与经济增长的长期目标有着重要的关系，但政府并未在投资计划中投入大部分财政资源，而是主要将其用于政府的行政运作。80 年代初投资与开发开支在财政总支出中的比重曾高达 37.64%，但以后不断下降，到 1997 年仅占 10.33%。与此同时，它在 GDP 中所占的比重亦表现偏低，比重最高的年份也不超过 4%，最低的时候不超过 2%。这进一步表明政府对经济较少进行干预。

4. 自治机构支出比重大幅飙升

地区自治机构支出大幅增长是澳门财政支出的特点之一，1988—1996 年间，地区自治机构支出从 51200 万元增至 614100 万元，增长了近 11 倍，年均增长 36%，其增长速度远远超过"一般支出"和"财务支出"。同期"一般支出"增长了 2.97 倍，"财务支出"增长 2.01 倍。因此，地区自治机构支出在财政总支出中的比重大幅上升，1988 年为 18.12%，1996 年上升至 41.83%，已逼近"一般支出"的 44.4%。"地区自治机构支出"分为两大部分，一部分是澳门市政区和海岛市政区自治机构财政支出。由于市政区的职能不断扩大，它们除负责自身及管辖范围内资产的管理之外，还承担着市政发展、城市规划和建设；公共卫生和环境清洁、文化、娱乐和体育活动等。而执行上述职能的财政开支必然随着经济的发展、人口的增加和居民生活素质的提高而增加。这两个地区的日常开支除一部分依靠本身营运赚取之外，大部分是依靠政府的财政拨款，如澳门市政厅及离岛市政厅每年开支的 60% 是靠政府财政拨款。另一部分开支是独立于地区总预算案的自治部门如前面提到的社工司、文化司及各类基金会等机构的开支。进入 80 年代中以来，澳门随着现代化经济的发展，社会生活各个领域都在逐步发生重大变化，由政府提供的社会设施（如场所、装置及设备等）以及社会服务便不断增加。

5. 财政支出规模不断扩大

财政支出规模有绝对量和相对量之分。近 20 年来澳门财政支出以年均超过 20% 的速度在增长。财政支出相对于本地生产总值的增长趋势亦在不断扩大，从 1982 年的 9.38% 提高到 1997 年的 24.35%。这说明澳门财政支出增长的基础在于其经济的发展，随着澳门经济的腾飞，新增加的社会财富中的一部分已用于社会公共事务之中。这一状况是符合罗斯托的"经济成长阶段论"的。当我们进一步运用财政支出弹性指标进行更深入的分析时，我们又会发现，1982—1997 年的 15 年间，有 8 年的财政支出增长大于本地生产总值的增长；而有 4 年是小于本地生产总值的增长；有 3 年是由于财政支出出现了负增长而造成了财政支出弹性为负数。

另一方面，尽管澳门财政支出增长很快，但相对规模比较小，80 年代初处于较低水平，约为 10%。而差不多同期，如 1980 年美国则为 33%、原苏联为 65.5%、匈牙利为 72%、中国为 32.9%、新加坡为 39.7%、中国台湾地区为 28.2%、韩国为 22.5%、中国香港地区 1982—1983 年度为 19.2%。但从 80 年代中开始，澳门财政开支占 GDP 的比重不断上升，到 90 年代中已达 25% 左右。其财政支出规模已与邻近地区相当。这说明，随着澳门经济的发展，政府职能不断扩大，财政支出不断增加。但是，与发达国家相比，澳门财政支出的相对规模仍处于较低的水平，这是由政府的经济职能薄弱所造成的。

四、"九九"后澳门财政政策的取向

澳门未来特区政府不久将走马上任。上任后，首先遇到的问题之一就是特区政府财政，特别是 2000 年度的政府财政预算问题。因此，了解目前澳门财政存在的问题，明确未来澳门财政制度的设计和财政政策的取向是十分必要的。

（一）目前有争议的几个问题

1. 要不要设立财政储备

不设财政储备是澳门政府的一贯作法。长期以来，澳门政府的财政政策是以收支平衡为前提，在编制预算时不预留储备，而是使收支总额相等，甚至还把以往的盈余滚存计入本年度的财政收入中，供支出用。尽管近年来中国政府在中葡联合联络小组的会议上，多次向澳门政府呼吁设立财政储备，澳门社会各界人士也在各种场合表达了要求澳葡政府设立财政储备的强烈愿望，但澳门政府仍然坚持不设财政储备的立场，其主要理由是：澳门没有设立财政储备是沿用了葡萄牙的一贯作法。葡萄牙就是没有设立财政储备，西方许多国家，包括美国也都未设财政储备。而且根据中葡联合声明的规定，已有土地基金留给未来澳门特区政府，除土地基金外，并没有规定要另外设立财政储备。

其实，对于一个发展中国家或地区的政府而言，设立一定的财政储备是十分必要的。因为财政储备可以增加政府克服逆境的能力，以便在必要的时候，政府有能力运用适当的财政政策来稳定经济，不会因为财政枯竭而对挽救经济束手无策、无能为力。财政储备的这一"积谷防饥"的作用，在 1997 年和 1998 年的世界性的经济动荡中，已经充分地显现出来。

近年来，澳门经济也同样陷入了困境，澳门政府理应加大运用财政政策的力度来刺激经济尽快复苏，但由于没有足够的财政储备，无法在编制财政预算案作出振奋人心的举措。在经济低迷之时，政府不但没有减税，反而还有意将离岛的物业转移税调高，以增加财源、应付开支。

2. 财政权利过于分散

1983 年以前，澳门政府每年财政预算的方案均是统一由财政司编制，然后才呈交澳督，并须通过有关机构的咨询和审核。但自 1983 年以来，编制财政预算的权力从财政司转移到了政务司手中，各政务司根据所管辖范围的情况和需要，拟定本部门的工作大纲和投资与发展开支计划。于是，财政司沦为了一个非权力性的财政统筹机构、一个没有财政决策功能的出纳机关，再无权统筹管理各部门的收入与开支。由此带来的结果是，澳督和政务司的自身权力加大了，而澳门整体的财政权则被分散了。其实，财政权的适当分散是必要的，可使财政管理和资源的利用有更大的灵活性，有利于提高工作效率。但如果财政权过于分散，也会出现监管不易、财政资源无法统筹利用或出现重复消耗资源等效益问题。从宏观经济的角度看，财政权过于分散会给政府进行宏观调控带来困难，特别是属于微型经济体系的澳门更是如此。

3. 监管制度有名无实

1996 年葡萄牙议会修改了《澳门组织章程》，将原先关于设置财政监察高等机关的条文删除，这使得内部财政监管制度失去了法律依据，从而使财政司内部原本有限的公共开支的审查制度得不到执行。

负责监管澳门地区总账的审计法院由于人手不足，无法对总账目进行深入的分析。审计法院的意见书也没有约束力，历年提出的建议几乎都没有被政府所采纳。

每年的财政预算案须经立法会讨论通过，但对于追加预算、预算修改等，立法会则无权过问。因为，预算案经法定程序颁布后，政府运用滚存可不经咨询会讨论，这样，公众将无从知晓。由此一来，政府动用滚存的自由度增加了，透明度更低了。

澳门财政一向透明度极低，政府对某些财政资源的运用、调动往往严加保密，如究竟有多少退休基金转往葡国，澳门库房还有多少结余等等，均鲜有人知。

此外，政府有关部门对税收的执行、大型建设工程资金的使用等亦存在着监管不严的问题。

（二）未来澳门财政政策的取向

澳门回归祖国的日子已为期不远了。根据中国政府制定的"一国两制"的基本方针，在中国对澳门恢复行使主权时，设立澳门特别行政区，直辖于中央人民政府。除外交、国防事务由中央负责管理外，澳门特区实行高度自治，其中包括财政独立。原有的社会、经济制度和生活方式不变，法律基本不变。

由于有关澳门回归后的基本方针、政策均已载入中葡联合声明和澳门特别行政区基本法。因此，未来澳门特区政府的一切工作，包括财政政策、财政制度、财政管理等，都应以联合声明和基本法作为其政策的法律依据。

确定澳门特区的财政政策，不能脱离澳门经济的特点。鉴于澳门属微型经济，政府财政的规模较小，财政收入高度依赖博彩业，以及无财政储备等因素，未来特区政府应奉行稳健、务实的财政政策和审慎的理财方针。按照基本法的有关规定，特区政府的财政政策应有以下三方面内容：

1. 财政预算以量入为出为原则。这就是说，特区政府有多少财政收入就安排多少支出，而不能量出制入，且不能依赖内外举债或滥发货币的办法来维持财政支出。

2. 力求财政收支平衡，避免赤字。特区政府应使支出原则上不超过收入，不搞赤字预算。但也不应排除根据实际需要，采取灵活的例外做法，以稳定经济，刺激经济发展。然而，在澳门未设立财政储备之前，更应严格做到避免赤字。只有当将来有一定财政储备后，才可根据经济发展的需要适当运用财政政策，以便充分发挥财政所具有的经济稳定职能的作用。

3. 公共开支的增长应与本地生产总值的增长率相适应，以免引发经济失衡。这是基本法为澳门特区确立的一条重要的理财原则。用经济增长厘定公共开支的增长，以经济发展水平和社会承受能力作为衡量财政支出是否合理的尺度，作为是否遵循量入为出理财原则的评判尺度，是有效控制财政支出增长的可行办法。

（本文刊载于《财政研究》1999 年第 12 期。）

影响港元汇率的货币政策因素分析

林江　夏育松*

一、引言

对于香港这样一个小规模开放经济而言，汇率在经济生活中扮演着极其重要的角色。香港的对外贸易总值是本地生产总值的 2.4 倍，其银行体系总存款的 50% 是外币存款，而香港股票市场交易额的三分之一也为外资主导。在这种环境因素下，香港经济的稳定与港元汇率的稳定息息相关。在联系汇率制下，香港因为维持了港元汇率的长期稳定而逐步发展成为一个国际金融中心。然而在 1997 年的亚洲金融危机中，港元汇率虽然承受住了巨大的贬值压力，但是香港经济仍在相当一段时期内遭受了较为严重的打击：资本大量外流，股指巨幅下跌，资产市场价格大幅回落，消费降低，经济甚至出现负增长。在维护港元汇率稳定的过程中，香港经济的发展也变得对汇率的稳定越来越敏感。因此，研究影响港元汇率稳定的有关因素，找出维护港元汇率稳定的对策，仍然是十分紧要的命题。

汇率是货币的外在价值，汇率政策通常是货币政策的一部分，而货币政策也是经典汇率理论模型中的重要内容。香港在这方面尤为突出：汇率在香港经济中的重要作用，就决定了汇率政策在货币政策中的重要性。事实上，香港在采取货币政策维护汇率稳定时从来都是不遗余力的。在与美元挂钩的联系汇率制度确立以前，香港缺乏有力的货币政策工具，货币政策在维护汇率稳定时的作用非常有限；而以联系汇率制为核心货币政策，无论是在政策

---

* 作者单位：中山大学岭南学院。

目标上还是政策工具上都有了巨大改变，港元汇率由此获得了空前的稳定。

货币政策涉及利率、货币供应及通货膨胀等多项经济因素，但并不是每一个都与港元汇率密切相关，本文将在分析联系汇率下香港货币政策与港元汇率的相关关系基础上，发掘与港元汇率变动高度相互影响的因素变量，并采用实际数据进行计量分析，得出实证结果。

二、香港的货币政策机制

1. 联系汇率制

1983 年 10 月 15 日，香港开始实行美元联系汇率制。按照此制度，发钞银行要发行港币，必须以 1 美元 =7.8 港元的固定汇率向政府的外汇基金（现金融管理局）缴纳相应数量的美元，外汇基金则向发钞银行签发负债证明书，并承诺按 1 比 7.8 的汇率赎回证明书，发钞银行也同意按照相同的汇率向其他银行提供纸币或从其他银行收回纸币。但在外汇市场里，港元汇率仍然是自由浮动的，不过联系汇率制的内在"套戥"机制会使之向官方的固定汇率靠拢。例如，当市场上港元和美元交易的汇率高于 7.8 的水平，银行就会通过发钞银行把它们持有的港元纸币按照固定汇率兑现为美元，然后在市场上以市场汇率卖出美元，换回港元，从而赚取差价利润。银行套汇活动的后果是，流通中的港元纸币数量下降，银行体系的银根抽紧，港元利率将会上升，从而吸引资金流入，美元供给增加。套汇以及紧随其后的套息活动会影响港元与美元之间的相对供求，推动市场汇率至固定汇率水平，直到套利机会消失。

2. 货币政策的内容

联系汇率制下的货币政策与汇率制度本身是密不可分的。汇率制度本身是一种货币发行局制度，发钞银行每发行 7.8 港元，必须在外汇基金无息存入 1 美元。港元的发行有了百分之百的外汇保证，这无疑会极大地稳定和维护外界对港元的信心。

在货币政策的目标问题上，香港的选择非常明确——以保持货币的外在价值，即港元汇率的稳定作为唯一目标。其合理性在于：在香港，外来因素占主导地位，本地经济的增长会受到当局无法控制的外部因素的制约，外资和外贸增长变化的货币表现同样很难为金融当局所控制，以调控利率或货币供应量从而抑制通货膨胀作为货币政策目标是不切实际的。而在"套戥"机制的作用和政策工具的辅助下，稳定汇率的政策目标则较容易实现，具有很强的操作性。

实现政策目标的基本手段是"套戥"机制，但现实中"套戥"机制的运作存在诸多局限。首先，7.8 的官方固定汇率只对银行适用。只有银行才能够与外汇基金进行交易并进行套汇活动，而其他市场参与者都被排除在外。其次，银行进行套汇的能力是有限的，因为银行必须维持一定程度的现金比率以应付顾客的提存要求。再者，在以 1 比 7.8 的汇率与外汇基金直接或间接地进行交易时，银行只能使用港元现钞，而并非港元存款。如果当市场汇率出现大幅波动时，自发的"套戥"将无法维持汇率的稳定，此时外汇基金必须在外汇市场对港元进行直接买卖干预，以影响港元资金的供应和调节利率，并最终实现汇率的稳定。但是银行及其客户的正常业务活动，例如外币资产买卖和同业拆借，也会影响银行同业拆借市场上的资金供应以及同业拆借利率水平。如果这种影响不为金融当局所控制的话，就很可能与外汇基金为稳定汇率而进行的干预行动方向相左，从而令干预的实际效果大打折扣。这时候运用货币政策工具进行干预就是必须的。

1988 年 7 月，港府与作为中央结算所管理银行的汇丰银行达成新会计安排。由于香港的每一家持牌银行都是在汇丰银行或与汇丰银行有业务往来的结算银行开设账户，故外汇基金就此与汇丰银行达成协议：汇丰银行必须在外汇基金开设一个账户，该账户的港元余额不得小于整个银行体系存放在汇丰银行的结算余额。汇丰银行承诺其在银行同业市场上进行活动所产生的结算净额不得超过汇丰银行在外汇基金的港元账户余额，否则，汇丰必须向外汇基金支付惩罚性利率。这样，金融当局就能有效的控制银行同业银根和间接地影响银行同业拆借利率，这种功能类似法定准备金政策。[1]

1990 年 3 月，外汇基金开始发售外汇基金票据，其目的在于银行同业市场的流动资金和同业拆借利率水平。当银行拥有大量资金，银行就会把其剩余的资金注入银行同业拆借市场，这样市场上港元供给增加，利率下降，从而会产生使港元汇率下调的压力。这时金融当局可以向银行发售外汇基金票据，吸纳部分流动资金，从而减少了市场上的港元供给，拉高利率，缓解港元汇率下调的压力。同时，外汇基金票据的息率高低也会对同业拆借利率的高低产生影响。外汇基金票据计划事实上使得金融当局拥有了公开市场操作的政策工具。

为了能更好地控制银行同业银根，港府于 1992 年 5 月推出了流动资金调节机制。在此机制下，银行若在每日票据结算前发现头寸不足需要隔夜融资时，可就该银行所持有的外汇基金票据与外汇基金签订隔夜回购协议。相反，若某银行有剩余的隔夜资金，也可按拆入利率把该款存入外汇基金。外汇基金的拆入拆出利率实际上成为银行同业隔夜拆借利率的上下限。外汇基金有权随时取消或变动拆入拆出利率，以调节银行的流动性水平和影响银行同业市场的拆借利率，从而确保港元汇率的稳定。

1993 年，香港金融管理局成立，负责履行中央银行的职能。1998 年 9 月，在经受了亚洲金融危机考验之后，金融管理局为了巩固联系汇率制度，推出了 7 项技术性措施。这些措施集中表现为两点：其一为兑换保证。金管局明确保证，银行可以按 7.75 港元兑 1 美元的固定汇率，将其在结算账户的港元兑换成美元。银行按固定汇率兑换美元不必再经过发钞银行，而且不再受现钞交易的限制，这样不仅港元稳定的信心得到增强，也扫除了一些"套戥"机制运作的障碍。其二是改革流动资金调节机制，更名为贴现窗。流动资金调节机制下的拆入利率被撤销，拆出利率被定为基本利率，银行可重复使用其持有的外汇基金票据签订回购协议以获取隔夜流动资金而不受惩罚。

1　7.75 是当时金管局的干预汇率水平。从 1998 年 11 月 26 日起，兑换保证适用汇率从 7.75 的水平每天自动调整一个基点（即 0.0001 港元），直至调整到 7.80 的水平为止。

三、货币政策因素与港元汇率的关系

丁伯根法则指出：要实现多个宏观经济目标，当局必须拥有等于或多于目标数的政策工具。货币政策实质上是单一的工具，所以它不能同时被赋予超过一个的政策目标，特别是这些目标之间至少在短期内可能存在冲突。因此，金融当局只能在汇率、利率和货币供应量三个目标之间，选择其中之一来加以控制。

既然香港以稳定汇率作为其货币政策的惟一目标，那么它就不能再通过调控利率或货币供应量来抑制通货膨胀，而一般来说，长期的高通货膨胀会对汇率造成贬值的压力。通货膨胀意味着香港的商品价格上升，出口商品的竞争力下降，从而出口到美国的商品数量减少，同时通胀使得美国商品的价格相对下降，导致进口增加。这样，美元的供给下降而对美元的需求上升，港元汇率就面临贬值的压力。但事实上这种情况并未发生，图1和图2显示，香港在1986年到1992年期间的通胀持续走高，但同期的汇率却没有下调的趋势。原因在于，通胀促使贬值发生的前提是：通胀中贸易品的价格上升。但是，香港通胀的压力却主要缘于非贸易品或服务业方面[1]，故香港的通胀虽然远高于同期美国的水平，却并没有对汇率的稳定造成威胁。

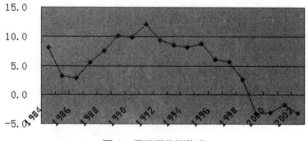

图1　香港通货膨胀率

---

[1] 1994—1995年度香港政府收支预算案报告将香港的高通胀归咎于"土地短缺，房产价格不断上升，劳工短缺，生产与服务成本上升"，见《香港大辞典》第220页。

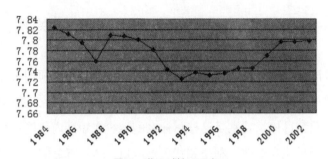

图 2　港元对美元汇率

数据来源：历年的《香港经济年鉴》

反过来，政策目标上的取舍也并非造成香港通货膨胀的上升。首先，虽然货币的发行机制是与联系汇率制相联系的，但是货币的供应量却并不由香港金融当局控制。一方面，随着经济的增长和收入的增加，公众对现钞的需求也增加。面对这种情况，发钞银行只要向外汇基金无息存入足够的美元就能发行新的港元以满足需求。理论上，联系汇率制因为"套戥"机制作用可以控制货币的发行量在一定范围内变化，但现实中"套戥"机制却由于前面提到的原因而很少发生作用。另一方面，虽然金融当局有新会计安排、外汇基金票据买卖和流动资金调节机制的政策工具可以运用，但仅限于影响银行同业市场的流动资金水平，这远不同于中央银行对整个信贷规模的控制，所以货币供应量的走势是游离于缺少中央银行的香港金融当局的掌握之外的。因而即使失控的货币供应量是通货膨胀的成因之一，罪魁祸首也不是稳定汇率的货币政策目标。其次，虽然香港是一个非常外向型的经济实体，几乎所有消费品均依赖进口，进口价格在决定本地物价水平的过程中扮演十分重要的角色，但是实际上香港的进口价格年均上升的速度非常低，很多年份都达不到 2%，故此，因港元与美元挂钩，香港因而产生输入型通货膨胀的假设在事实上是不存在的。

金融当局不能控制的货币供应量也不会影响汇率的稳定。因为持续快速增长的货币供应量的一般后果是通货膨胀的产生，从而导致汇率面临贬值的压力。但是从上面的分析来看，这个结论在香港不成立。而银行同业拆借利率却能充当汇率变化的晴雨表。因为外汇市场上 80% 的交易是银行同业间的交易，港元对美元的汇率实际上由同业市场港元与美元之间的相对供求决定的，而同业拆借利率的高低不仅反映同业市场上港元资金的供求水平，也推动供求向均衡运动。纯粹市场中的同业拆借利率自发地反映和调节汇率的变动，而在有干预的情况下，这种作用更为强有力。

联系汇率制的内在"现金套戥"机制很少实际发生作用，所以联系汇率制在稳定汇率方面的成功实际反映了金融当局干预的成功。无论是外汇基金在外汇市场上进行买卖，还是货币政策工具的运用，实质上都体现了当局对银行同业市场的干预，对整个同业市场的资金供应量和同业拆借利率水平的控制，其最终作用都是重新调节港元和美元之间的相对供给与需求，使汇率恢复稳定。在这一过程中，同业拆借利率的变化包含了当局的干预，因为不仅当局能直接控制同业拆借利率，而且同业间流动资金规模在当局的控制下最终也会促使同业拆借利率发生变化。成功的干预意味着同业拆借利率的变化会促使汇率的调整；而汇率的一个不稳定变化也会迎来当局的一个快速干预，信号就是同业拆借利率的调整。汇率与同业拆借利率之间似乎存在反馈关系。这里要提到银行存款利率，当港元汇率面临下调压力时，提高港元的存款利率会吸引人们将美元换成港元以获取更高的收益，美元的供给增加，需求下降，从而缓解港元汇率下调的压力。但是存款利率的调整速度和力度却远不及同业拆借利率，而且存款利率在相当一段时间内受银行同业公会的利率上限规则限制（注：解除的说明），所以存款利率的变化与汇率的变化可能相当不匹配，甚至在统计上没有太大关系。

四、实证分析

在这一部分，我们将采用香港的实际数据，运用 Granger 因果关系检验来验证上一部分的分析结果。所谓 Granger 因果关系是指，如果时间序列 y 的滞后值的使用有助于时间序列 y 的预测，那么就称 x 是 y 的 Granger 原因，记为 x → y。如果 x → y，同时 y → x，则两个变量之间存在反馈关系。二元 Granger 因果关系的检验通常采用如下的二元向量自回归形式：

$$x_t = \alpha_0 + \sum_{i=1}^{m} \alpha_i x_{t-i} + \sum_{i=1}^{n} \beta_i y_{t-i} + \varepsilon_t$$

$$y_t = \gamma_0 + \sum_{i=1}^{m} \gamma_i x_{t-i} + \sum_{i=1}^{n} \delta_i y_{t-i} + \eta_{to}$$

检验的零假设是 $\beta_i = 0$（$i = 1, 2, \cdots n$）或 $\delta_i = 0$（$i = 1, 2, \cdots n$），基于该零假设构造的 F 统计量如果大于 5% 置信水平下的临界值，我们就应该拒绝该零假设，认为 x 是 y 的 Granger 原因，即 x → y（或 y → x）。如果 β 和 δ 都显者的异于 0，则 x 与 y 之间存在反馈关系。

Granger 因果关系检验要求平稳的时间序列，所以在这之前我们必须对所有的时间序列进行 ADF 检验，来检验它们是否存在单位根。检验的过程是进行如下回归：

$$\Delta x_t = \rho_0 + \rho_1 t + \rho_2 x_{t-1} + \sum_{i=1}^{n} \delta_i \Delta x_{t-i},$$

并作假设检验：$H_0: \rho_2 = 0$；$H_1: \rho_2 < 0$ 如果接受而拒绝，则说明序列 x 存在单位根，是非平稳的；否则说明 x 是平稳的。t 表示时间趋势，也可以根据序列的实际情况不将截距和时间趋势加入回归。回归中加入 n 个滞后项是为了使残差项为白噪声。对于非平稳时间序列，还需要检验其高阶差分的平稳性。如果序列的 d 阶差分是平稳的，则称此序列是 d 阶单整的。

我们主要采用 1984 年 1 月—2002 年 12 月的月度数据，各个变量对应的名称见表 1。其中，由于数据缺失的缘故，香港通货膨胀率由甲类物价指数增长率代替，样本期间为 1990 年 1 月—2002 年 12 月。数据来源于《香港经济年鉴》《香港大辞典》、香港特区政府统计处网页以及香港金融管理局网页。

表 2 给出了表 1 中所有变量的平稳性检验结果。其中只有隔夜和隔月的同业拆借利率是平稳的，而港元汇率、货币供应量、通胀率和 3 个月定期存款利率都存在单位根，但是它们的一阶差分都是平稳的。接下来，我们对所有的平稳数据进行二元 Granger 因果关系检验。

由于 Granger 因果关系检验的结果对设定的滞后期数很敏感，故在检验之前我们先行对每一组变量构造二元 VAR 系统，通过对不同滞后期的 VAR 系统的 AIC 和 SC 标准进行权衡比较，得出最优的滞后期数。大部分 VAR 系统的最优滞后期数为 3，所以我们选择 3 为滞后期数进行 Granger 检验。

表 1　数量变量名

港元对美元汇率	EX	货币供应量	M2
通货膨胀率	INF	3 个月定期存款利率	R3
隔夜同业拆借利率	HIBOR_N	隔月同业拆借利率	HIBOR_M

表 2　ADF 检验结果

变量	ADF 统计量	检验形式（C,T,L）	变量	ADF 统计量	检验形式（C,T,L）
EX	−1.973461	C,N,1	Δ EX	−12.03792**	C, N, 1
M2	−2.208338	C, T,1	Δ M2	−12.26585**	C, T, 1
INF	−0.967024	C,N,1	Δ INF	−9.171490**	C, N, 1
R3	−2.732268	C, N, 1	Δ R3	−8.778390**	C, N, 1
HIBOR_N	−4.298388**	C,N,1	HIBOR_M	−4.298388**	C, N, 1

注：检验形式 C，T 和 L 分别表示单位检验方程包括截距、时间趋势和滞后阶数，N 指不包括 C 或 T。Δ 表示一阶差分。** 表示在 5% 的置信水平下显著。

检验的结果（见表 3）与我们在上一部分的分析结论几乎完全一致。货币供应量、通胀与港元汇率之间均不存在 Granger 因果关系，这说明 M2 和 INF 的变化都不会对 EX 的变化产生影响。而 R3 不影响 EX 也证实了我们的怀疑，定期存款利率很难随汇率的变动而及时调整，同时 EX 不影响 R3 也说明定期存款利率的变动只要受其他因素的制约。只有隔夜拆借利率最能反映汇率的变动，而且两者之间是一种反馈关系。相比之下，隔月拆借利率易受汇率变动的影响，但在促使汇率调整方面却没什么作为。

月度数据反映中期的变化趋势，而汇率和同业拆借利率都是高频率变化的，因而我们进一步采用每日数据进行分析。每日数据来源于香港金融管理局的网页，并且根据交易日的差别得到了调整。结果是，无论是隔夜拆借利率还是隔月拆借利率，它们与汇率变化之间的相互影响都得到了检验结果的强有力支持。短期高频数据的检验结果说明，同业拆借利率和汇率变化彼此之间存在非常灵敏的反应。更重要的是，汇率面对同业拆借利率能迅速产生调整反应，这非常有利于当局控制同业拆借利率来稳定汇率。

表 3　Granger 因果关系检验结果

零假设 H_0	F 统计量	结论
ΔM2 不是 ΔEX 的 Granger 原因	0. 33973	接受 H_0
ΔEX 不是 ΔM2 的 Granger 原因	1. 76957	接受 H_0
ΔINF 不是 ΔEX 的 Granger 原因	0. 11458	接受 H_0
ΔEX 不是 ΔINF 的 Granger 原因	1. 09535	接受 H_0
ΔR3 不是 ΔEX 的 Granger 原因	0. 80953	接受 H_0
ΔEX 不是 ΔR3 的 Granger 原因	1. 42885	接受 H_0
HIBOR_N 不是 ΔEX 的 Granger 原因	2. 72823**	HIBOR_N→ΔEX
ΔEX 不是 HIBOR_N 的 Granger 原因	6. 64723**	ΔEX→HIBOR_N
HIBOR_M 不是 ΔEX 的 Granger 原因	1. 08143	接受 H_0
ΔEX 不是 HIBOR_M 的 Granger 原因	2. 15166*	ΔEX→HIBOR_M

注：** 表示在 5% 的置信水平下显著，* 表示在 10% 的置信水平下显著。

表 4　每日数据的检验结果

ADF 检验					
变量	ADF 统计量	检验形式(C, T, L)	变量	ADF 统计量	检验形式(C, T, L)
EX	− 2. 569441	C, N, 5	ΔEX	− 32. 41588**	C, N, 5
HIBOR_N	− 10. 66279**	C, N, 5	HIBOR_M	− 5. 443657**	C, N, 5
Granger 因果检验					
	零假设 H_0		F 统计量		结论
	HIBOR_N 不是 ΔEX 的 Granger 原因		1. 9538**		HIBOR_N→ΔEX
	ΔEX 不是 HIBOR_N 的 Granger 原因		48. 8797**		ΔEX→HIBOR_N
	HIBOR_M 不是 ΔEX 的 Granger 原因		5. 86734**		HIBOR_M→ΔEX
	ΔEX 不是 HIBOR_M 的 Granger 原因		23. 7060**		ΔEX→HIOR_M

五、结论与展望

我们考察了以联系汇率制为核心的香港货币政策，并着重分析了可能影响港元汇率的传统货币政策所涉及到的几个因素。在香港的特殊经济和政策环境下，通货膨胀的压力和货币供应量的独立增长均不是导致港元汇率不稳定的因素，同业拆借利率与港元汇率之间却表现出有力的反馈关系，而同业拆借利率正是受香港货币政策工具控制的。对于稳定汇率这个目标来说，香港的货币政策是非常合适的，而且也把握住了维持汇率长期稳定的关键因素。

但问题还远没有结束。有效的货币政策虽然成功地维护了港元汇率的稳定，这并不意味着联系汇率制就高枕无忧了。我们的分析从侧面反映了这样的问题，影响港元汇率稳定的并非通胀、货币供应等这些本地内部因素，而主要是外在的不稳定因素所造成的港元信心危机。在过去，港元因美元的贬值而受益，而近来美元的不断下跌迹象是否会再次为香港经济的全面复苏提供机会？如果亚洲金融危机重现，我们是否能继续以现有的政策来坚守港元的稳定？香港与内地今后的经济交流和融合会将港元与人民币之间的关系引向何方？等等。这些都是我们今后需要深入研究的课题。

参考文献

魏巍贤：《人民币汇率决定模型的实证分析》《系统工程理论与实践》，2000 年3 月。

刘晓勇：《谈谈香港的货币政策》《经济体制比较》。

姜波克、陆前进编著：《汇率理论和政策研究》，复旦大学出版社，2000 年。

钱荣堃、陈平等主编：《国际金融》，南开大学出版社。

刘泽生等主编：《香港大辞典》，广州出版社，1994 年。

陆懋祖著：《高等时间序列计量经济学》，上海人民出版社。

《金融管理局年报》1996—2001，香港金融管理局。

《金融管理局季报》1996—2001，香港金融管理局。

Sheng Andrew，"The Linked Exchange Rate System：Review and Prospects"，Hong Kong Monetary Authority Quarterly Bulletin，May 2000.

Greenwood. John.，G "Advantages of the Current Linked Rate System for Hong Kong Dollar：A Restatement"，HKCER letters Vol. 15，May 1999.

Richard Yan-Kiho，Robert HanayScott and Kite Ann Wong.，The Hong Kong Financial System，Oxford university Press，Hong Kong，1998.

Y．C. Jao，F．H. King，Historical Perspective and Contemporary Analysis of Hong Kong，1999，P. 135-136.

Taylor，J，The Rules of Exchange Rates in Monetary Policy Rules，American Economic Review，May，2001.

（本文刊载于《国际金融研究》2003 年第 12 期。）

地区营销理论视角中的澳门未来形象

蒋廉雄　卢泰宏 *

〔摘要〕运用地区营销理论和定性研究方法。构建了澳门形象分析的基本框架，探讨了澳门未来形象的定位，认为娱乐旅游和文化旅游可作为澳门未来形象的核心概念。

〔关键词〕国家营销　地区营销　地区形象　城市形象　区域发展　澳门发展

一、问题的提出

澳门特区作为一个独特的地区，整体经济具有很高的对外依存度，在经济、社会、文化等方面也具有较高的外向性、开放性和独特性。自1999年12月20日澳门回归，澳门进入一个新发展阶段。加上2003年"内地与澳门更紧密的经贸关系安排（CEPA）"政策的实施、内地居民往来澳门"自由行"政策的推行，澳门经济导入了新的活力。从2000年开始，澳门经济走出连续四年负增长的低谷，2000、2001、2002、2003年GDP的实质增长率分别达到4.6%、2.2%、10%、15.6%。但澳门经济增长的主要动力来自于博彩业的收入及其快速增长。在2003年澳门GDP总值中，博彩业占36.8%，而在1999年只占22.2%。从特区政府财政收入看，博彩业的贡献更大。澳门2003年博彩业的专营税收110亿元，占澳门该年总财政收入141亿元的74%，而

* 蒋廉雄（1963— ）男，湖南邵阳人，中山大学港澳珠江三角洲研究中心讲师，中山大学管理学院博士研究生。研究方向为战略营销、品牌管理；卢泰宏（1945—）男，江苏镇江人，中山大学管理学院教授，博士研究生导师。研究方向为营销与消费者行为、品牌管理、营销传播与广告。

在回归前的 1999 年这一比重只有 48.3 ％。虽然对博彩业的客源结构缺乏调查统计，但澳门特区政府对澳门游客结构的调查表明，内地客源占了 48 ％，而在回归前的 1999 年只占 22.2 ％。澳门的经济增长来源和社会联系与内地越来越紧密。但另一方面，由于中国内地政府不断打击公务人员境外赌博，作为以博彩业为主要吸引力的澳门，其经济特别是博彩业的未来发展、博彩业对周边地区特别是对内地的影响引起澳门和内地的政府人士和研究人员的关注，澳门形象问题也是其中关注的一个重要问题。因此研究建立怎样的澳门形象具有现实意义。

从上世纪 90 年代开始，澳门研究学者和政府人士关于澳门的未来发展进行了很多的探讨，回顾这些探讨和研究发现，较一致性的观点是澳门未来产业的重心在第三产业。但仍然存在以下分野：澳门是定位于专业化还是多元化产业？是博彩旅游中心还是商贸服务中心？是区域城市、国际区域城市还是国际城市？这些探讨多是从经济的、社会的、规划的角度进行分析的，很少有文献专门探讨澳门形象发展的问题。本文将借助新兴的地区营销理论对澳门形象发展进行探索性研究。

二、地区营销理论中的地区形象分析框架

地区营销理论认为，"地区"是一个整体性品牌，为满足特定目标市场的需求可对其进行规划、设计、推广，以促进地区或城市的发展。"地区"一词可指社区、城市、地区和国家。地区营销理论在上世纪 30 年代发端于美国，但直到上世纪 80 年代，随着新技术革命和全球化浪潮的到来，以及品牌理论、国家竞争理论、城市规划研究的不断发展和深入，地区营销研究在美国和欧洲才得到进一步发展。如何将一个国家、一个城市、一个社区进行品牌化是地区营销的重要概念。塑造地区形象是地区营销和地区品牌化的重要战略要素之一。科特勒认为地区形象可以像品牌一样进行管理并给国家经济带来资产收益，指出通过分析地区形象的可营销性，在此基础上开展地区战略

形象管理。英国的 Anholt 认为国家或地区形象的相关因素包括旅游、投资、对外政策、移民、文化、个人人格、产品输出等。由于地区形象以多样化的方式被感知，因此，要注意针对多样化的感知而加强地区形象的管理。评价发展地区形象的资源、建立地区形象的概念是地区形象发展的核心。地区营销理论对于地区形象的定义从认知心理学角度展开。它将地区形象理解为人们对该地区的总体信念与印象，是人们对有关该地区的联想和信息的缩影。地区形象的形成离不开地区形象资源、营销者以及公众及其传播，但往往具有刻板化特征，是地区客观真实特征的极端简单化，并不一定与真实相符。地区形象可以是正面的或负面的、聚焦的或发散的、包容万象的或乏善可陈的，但它是不能由营销者或规划者直接控制的。地区营销理论认为发展地区形象需要评价该地区具有何种有利于形成地区形象的资源，通过确定目标、定位、沟通等连续不断的营销过程，在消费者心中建立该地区的品牌知识。这些品牌知识包括品牌联想的类型、品牌联想的美誉度、品牌联想的强度和品牌联想的特异性。本文以地区营销理论为基础，结合定位理论和国家竞争优势理论，对澳门形象的研究建立如下分析框架。

1. 建立澳门形象资源的分析维度

根据有关学者对品牌形象研究方法的探讨以及对品牌形象的认知学定义，形象概念的结构属于探索性研究的范畴。本文首先通过焦点小组讨论的定性研究方法，在北京、上海、广州、深圳等地进行了 4 组焦点小组座谈会的讨论。采用联想、分组等投射技术，获得对澳门形象的感知元素，再通过澳门以及国内外城市文献分析，进一步提炼归纳澳门地区形象概念的维度。研究发现，澳门地区形象的概念包括自然风貌、建设风貌、人文风貌、制度环境、产业优势、科技优势等六个维度，这六个维度构成了评价澳门形象概念的基本框架。

自然风貌。具有独特程度或独特地理位置的地形地貌、瀑布、河流、海洋、海岛、海港、气候、山脉、天文等。

建设风貌。通过城市规划建设形成的独特风貌，是地区有形文化的体现。如城市布局风格、城区街道风格、城市地标、地铁、公园、游乐设施、历史名胜等。

人文风貌。历史传统与现代生活的形态，是地区无形文化的体现。如居民生活方式与性格、消费特色、商业特色、历史传说、历史事件、历史名人、当代事件、当代名人、民族习俗、宗教、政府印象呈现、市民印象呈现等。

制度环境。正式的社会宏观与微观制度。宏观制度如社会制度、特区制度；微观制度如移民政策、留学政策、赌博政策、色情业政策、特有投资政策、特有出入境政策等。

产业优势。对地区 GDP 贡献较高或在公众中知名的产业集聚地、管理经验优势、管理领先水平、具有较高知名度、美誉度的地区产品等。

科技优势。在某一领域的科学研究与技术开发的优势地位、或在公众和专家中知名的科技研究集聚地等。

2. 衡量形象资源的差异水平

根据迈克尔·波特的观点，国家或地区发展的核心能力就是竞争优势。波特的竞争优势理论除在区域经济研究得到应用外，在地区或城市发展规划、城市形象规划研究领域也被加以关注。Kelle 认为，要建立品牌与目标消费者联想的特异性，这些属性必须具有超过竞争品牌的差异点。因此一个地区看起来有多项形象资源，但这种资源的特征水平如果不能超过竞争地区在该项资源上的表现水平，这项资源就不能作为地区形象的资源。定位理论从感知角度对此表达了更独特观点，认为在当代市场竞争激烈及产品、广告同质化的环境下，针对潜在顾客的心理采取行动，即将一项产品、服务、公司或机构在潜在顾客的心目中占有一个适当的位置，并且让竞争对手难以进入。或者说定位就是影响或改变目标对象对某一特定的品牌的心智感知。在关于竞争的差异化这一点上，定位理论与波特的竞争优势理论有异曲同工之妙。因此，澳门形象的发展要在竞争的范畴中进行分析。

3. 分析形象资源的时间一致性

就是用于形象发展的资源，随时间变化保持一致不变，即形象资源必须具有持续发展的潜力。一项形象资源在目前的特征水平很强，但该资源处于淘汰阶段或衰退期或背离人类未来的生活趋势，没有持续发展的潜力，都不可作为未来形象发展的资源。发展潜力还包括地区内部政府规划方向与资金支持、政府支持程度、建设投资规模、是否会出现不利的影响事件等。时间的一致性是建立地区形象联想强度的重要策略。

4. 关注公众态度

地区形象建立在目标的心理认知上。地区形象的推广，以目标对象的态度为前提，包括机构组织和家庭个人对形象资源的认可态度。其中认可程度又分为内部认可程度和外部认可程度。一项可用于地区形象发展的资源，不是单纯从政府作为主体的规划角度出发考虑，还要经过目标态度的测试。例如，将建筑风貌作为形象发展的资源，如果当地机构和居民都不认可，这样的形象资源就不会产生所想达到的形象效应。

5. 分析形象资源之间的关联性

经过地区形象资源的探索以及竞争优势、时间一致性、公众态度的分析后，如果有二个及以上的可适用于未来发展的形象资源，再分析它们之间是否存在关联关系。在确定形象资源时优先选取有关联的资源建立形象概念。考虑形象资源的相互关联性是建立地区品牌形象联想强度的重要策略。

三、澳门未来形象分析

对澳门形象的分析就是应用上述分析框架，研究评价澳门形象发展的方向，实际上也就是评估澳门可应用于形象发展的形象资源。从操作的角度描述，就是从形象资源的探索、差异性、时间一致性、公众态度、属性关联等步骤进行分析。

1. 自然风貌

澳门地域狭小，面积只有 26.8 平方公里，2004 年末人口 44.8 万。澳门属于典型的海岛地区，气候为亚热带，比较宜人。自然风貌表现为阳光、山水、海滩。虽然具有一定的特征水平和未来的"持续发展"趋势，但不具有差异化的竞争优势。具有自然风貌的海岛或海滨城市如三亚、深圳等地区很多。

2. 建设风貌

澳门建设风貌的特征就是中西合璧。有研究认为中西合璧的澳门建筑占有澳门建筑的五分之一，并且许多建筑受特区政府和联合国的保护。意大利文艺复兴时期巴洛克风格的"大三巴"牌坊，富有西班牙宗教色彩的大堂和板樟堂，葡式建筑澳督府和陆军俱乐部，法国宫廷式建筑松山白宫、欧洲园林风格建筑如白鸽巢花园、华士古达嘉马花园、得胜花园等，中式园林风格建筑如卢九花园、娱园、张园等，现代建筑如葡京大酒店、中银大厦、国际银行大厦、凯悦酒店等。澳门建筑风貌的中西合璧差异水平比较突出，从竞争优势方面衡量，具有国际区域范围的独特性，并表现出很高的吸引力。例如，大三巴等建筑成为到澳门游客必到之处。笔者在焦点小组访谈中也发现，大三巴成为澳门的符号象征。一提到澳门，受试者产生的第一地区形象联想就是大三巴。

3. 人文特性

据记载，澳门有四百五十年的建埠历史，开埠比香港早 300 年，是海上丝绸之路的重要据点，明朝最早开放的口岸，远东最早的传教中心，东西文化双向交流最早的基地。但随着文化的历史沉淀和后续影响，澳门的人文特性的演化可归纳为以下几方面。

（1）多元化的宗教特色

澳门的佛教、道教、伊斯兰教和平相处，使澳门成为多元文化融合的博物院。虽然澳门不是这三个宗教的发源地或区域宗教活动圣地，即使是信奉人数最多的佛教，它的单一影响范围程度要远远低于内地的那些宗教圣地。但它的差异化优势在于三种不同的宗教文化汇合在一地，成为独特的文化景观和旅游去处。

（2）多元的族群文化特色

华人文化、葡人文化、土生葡人文化是澳门文化的三个景观。但华人人口占了97％，在回归以前处在澳门社会结构中的第三层，却是澳门社会经济的主体。华人文化因此也最普及。在澳门懂葡语的人口只占总人口的3％，其中有少量欧亚混血的土著葡人。据粗略统计，土生葡人的数量在回归前在5000－10000人之间，部分在回归后而会离开，数量规模还会变小。原来处于顶层的葡萄牙人，回归后随着时间的推移、流动性和其他文化的浸淫，其影响力会殆尽。澳门回归后，随着原来处于第一层的葡萄牙人的退出和土生葡人的影响变弱，澳门原来的社会结构将发生变化，同时包括某些葡人人文习俗的消失，如葡人的民间聚会的消失等。未来华人在澳门的地位将是主体与主流并行的地位。因此华人文化将是澳门未来文化的主要趋势。多元的族群人文风貌将会逐渐黯淡，具有保持力的是澳门葡人的饮食文化以及留存的建筑风貌。

（3）拉丁文化优势

葡语属于拉丁语系，与法语、意大利语、西班牙语、罗马尼亚语等属于同一个语系。拉丁文化在澳门的延展包括与拉丁语系国家联系的文化与语言便利性、葡式建筑、葡式饮食等。澳门与拉丁语系联系的便利性主要是澳门在语言的沟通及法律体系、习俗的了解方面具有独有的特性，这种特性在与拉丁国家的直接贸易、贸易中转、经济合作、政治、文化、旅游合作时，会带来便利性的条件。但目前与拉丁国家的贸易总量不太大，而经贸合作尚处在探索期。作为拉丁文化的葡式建筑是澳门建筑风貌的重要组成部分，上面已论述具有较高的保持力和竞争优势。而澳门成为葡式饮食在内地的传播者，目前饮食正处于多样化发展的趋势，其影响将会逐步扩大。澳门的拉丁文化在地区形象中的特征主要表现为葡式饮食和葡式建筑。

（4）博彩文化

一般讨论澳门的博彩通常将其产业与文化混为一谈。博彩对澳门内部而言，更多是博彩的产业化影响，如博彩业为澳门提供了 GDP 增长动力、财政主要收入、居民就业机会，带动旅游、交通运输、饮食的发展。对澳门博彩业持久发展作出重要贡献的第十九任澳督马济时，在上任后考察澳门经济时发现，在澳门具有持久发展潜力的产业就是"赌博娱乐"。对于当地居民，博彩文化的影响无非是对他们生活方式的影响与生活价值观的影响。有些可能是负面的，如博彩容易产生冒险、投机与趋利心理甚至金钱崇拜，特别是对青少年的价值观形成不利。这也是澳门回归前社会治安较差的深层原因之一。对外部而言，主要是博彩文化的影响。澳门博彩除了吸引少数赌徒之外，博彩文化的正面效应主要是给旅游者提供了娱乐、新奇、刺激的体验感受。葡京酒店内回廊上的诗文"博彩无必胜，轻注好怡情；闲钱来玩耍，保持娱乐性。"其实就是诉求赌博的娱乐性。作者在焦点访谈小组的深层研究中发现，光顾澳门赌场是游客旅行中的必有活动，而追求的消费利益就是娱乐。获得娱乐是对赌博参与者的主要吸引力。但是博彩总具有负面的联想，并与正统的文化价值观相冲突。博彩文化作为澳门形象的资源虽然在国际区域内具有竞争优势，但与中国及周边国家主流的文化趋势背离。如何将博彩文化转为形象发展资源，是需要解决的一个问题。

4. 制度环境

澳门具有差异化特征的制度环境主要有两项。一项是保证实现澳人治澳、高度自治的宏观政治经济制度——"一国两制"。目前，实行一国两制的地区有香港、澳门。与香港相比，澳门的经济、人口、地理规模小得多，社会利益结构也单纯得多。一国两制是澳门繁荣稳定的基础。但与香港相比，这一属性的差异水平并不突出。另一项是微观制度——赌博公开经营制度。澳门在 1874 年取得赌博合法化。1930 年由政府控制专营权。1982 年 5 月 2 日，通过新的博彩法，对博彩业的管理及博彩公司经营行为进行规范，1988 年设立"博彩监察暨协调司"。其中虽然发生四次赌权转变，但政府容许赌博经营的政策是稳定的。在回归后澳门特首的历次施政报告中，特区政府都将博彩业作为重要的经济政策与支持产业。而且随着博彩业在产业结构和政府财政收入中的地位不断上升，政策对赌博经营的依赖也越来越深。同时刚刚开放赌权后形成的寡头竞争经营制度具有比较稳定的制度机制。从中央政府的政策看，《澳门特别行政区基本法》第一百一十八条规定："澳门特别行政区根据本地整体利益自行制定旅游娱乐业政策"，表明了中央政府不干预的态度。从竞争优势看，香港和内地目前都禁赌，这是澳门博彩业制度延续竞争优势的重要条件，内地禁赌的制度难以改变，虽然香港前几年也讨论开禁赌球的问题，但对澳门博彩影响不大。因此，博彩的合法化制度是澳门形象的制度资源。但正如在人文资源部分讨论的，博彩制度如文化一样，这种宣传不能跨过香港和内地的禁赌制度门槛而缺乏营销的可到达性。

5. 产业优势

澳门的支柱产业传统上被认为是旅游博彩业、出口加工业、银行保险业和房地产建筑业。

（1）博彩业

2003 年，博彩业占澳门 GDP 总值的 36.8%，博彩业的专营税收 110 亿元，占澳门财政收入 141 亿元的 74%，产业的单一特征性很强。从竞争的角度来看，尽管亚洲及中国周边国家开办赌场的趋势在增长，而且亚洲赌场的目标顾客都是亚洲顾客，中国邻近的一些国家如越南、朝鲜、缅甸将目标客户瞄准内地或香港，但以内地、香港与台湾作为主要目标客源的澳门博彩业具有无与伦比的区位优势。由于内地、香港、台湾没有开放赌场经营业，作为中国境内唯一合法赌博经营地区，澳门的博彩产业属于独占性的竞争产业。在内地、香港、台湾地区产业缺失的环境下，加上具有历史悠久的管理经验，澳门博彩业在亚洲区域内有很强的竞争优势。从持续发展潜力方面衡量，虽然澳门的博彩一直沿用陈旧的博彩方式，如以赌台为主，较少采用现代经营方式如老虎机、拉斯维加斯的主体赌场等，但随着 2001 年 12 月 31 日开放赌权，新的经营者已引进国际先进经营模式，开始从蒙地卡罗式的传统赌博走向拉斯维加斯式的现代主题赌博、休闲旅游和度假博彩转变。在政府规划方面，博彩业成为澳门的重点发展产业。澳门人士也意识到，博彩业是澳门的经济命脉和龙头产业，在未来三四十年都不能取代。因此，博彩业是澳门产业形象中的突出资源。但是博彩本身在香港、内地及一些周边国家存在制度、文化冲突。博彩产业在澳门形象的发展上仍然面临与目标地区的制度、文化冲突的问题。

（2）旅游业

澳门旅游业的发展得益于博彩业的发展。澳门入境旅客总数 2003 年为 1188 万人次，客源依赖香港、内地和台湾，其中来自内地的游客人数大幅增长，并超过香港成为主要客源地。伴随旅游业的增长，香港游客比重降低，内地游客比重上升的集中趋势还在继续。以 2003 年入境游客及平均消费水平数据推算，对粤港澳旅游大三角进行比较，澳门游客人数为 1187 万人，旅游业收入占 GDP 的比例为 27％；香港游客总人数为 1553 万人，游客消费收入占香港 GDP 的比例为 4.4％；广州游客为 8032.2 万人[1] 旅游收入占 GDP 的比例为 11.7％[2]。因此，澳门旅游业具有很

---

1 根据广州旅游局 2004 年公布的当年数据及 2003 年同期相比增长比率推算得到。

2 香港、澳门按游客消费支出统计旅游消费收入，数据根据港澳经济年鉴中的两地入境游客的支出乘以游客人数得到。广州旅游收入数据为广州市统计年鉴公布的国内旅游收入数据。三地均以当年价格统计。

强的差异化水平。

（3）澳门房地产业、出口加工业和银行保险业

澳门的房地产业在上世纪80年代末到90年代初狂热发展，被认为形成经济泡沫，产业迅速收缩。目前所占GDP比例不到3%，现在澳门的建筑业仍在调整，虽然有复苏迹象，但仍难以与GDP的增长幅度相匹配。澳门出口加工业在上世纪80年代获得高速发展，曾取代博彩业成为澳门经济第一大支柱。1989年占GDP的比例接近40%。随着国际出口配额保障变化、劳力输入减少及制造产业向内地外移，澳门的出口加工业出现衰退。2002年澳门制造业产值占GDP的比例只有7.2%，并逐年下降。作为外向型的产业，其影响力已经消失。澳门银行保险业经营在澳门整体经济向好的情况下，经营略有改善。但澳门当前金融资产如居民存款和贷款占GDP的比例较低，银行业务规模较小，因此在经济中的地位非常有限。总体来看，澳门经济服务化趋势仍在进行，第三产业的产值比重在不断提升，但提升主要依靠博彩和旅游业的收入增长。因此可判断建筑业、出口加工业和银行保险业在澳门的产业形象中没有明显的竞争优势及持续发展能力，它们都不适合成为澳门形象的属性。

6. 科技优势

澳门高新科技的发展现状是科研机构不多，科技人才匮乏，科研成果稀少，科研开发力量薄弱；未建立专门的科技管理和科技导向政策，科研投入严重匮乏；也未见到政府科研投入的统计公布。一些学者早前就认为，澳门发展高新技术产业在一段时间是不现实的。同时作为科技发展的基础，教育是澳门的薄弱环节。居民的文化程度较低。政府在1999年的就业调查中发现，全澳约20万的劳动人口中，初中以下者占74.8%。澳门的人力资本十分匮乏，走高科技发展之路具有困难。即使近年一些研究提出澳门应发展资讯科技业，虽然显示有一定的潜力，但目前规模较小。因此，澳门仍不具有科技优势的形象资源。

四、结论

通过上述分析发现，澳门形象发展的资源主要来源于建筑风貌的中西合璧属性、人文风貌中的多元宗教文化、博彩文化、葡式饮食文化、制度环境中的赌博制度、产业优势的博彩业、旅游业。从上述形象资源之间的关联来看，博彩文化、博彩制度与博彩业关联，博彩业与旅游业关联，而多元宗教融合特色、建筑风貌、葡式饮食文化也与旅游业关联。因此，博彩和旅游成为澳门未来形象的核心概念。但由于博彩与内地和香港、台湾地区以及周边其他国家和地区的制度、文化相冲突，博彩的形象属性不可能成为直接推广的诉求，需要进行"包装"。这个"包装"就是与博彩相关联的旅游及其博彩所提供的消费利益即娱乐。因为澳门博彩的参与者主要以旅游方式入境并是旅游的重要内容，博彩最大的消费利益就是娱乐，参与博彩及相关的所有活动就是娱乐旅游。结合宗教特色、建筑风貌、葡式饮食的文化意味及其与旅游的关联，澳门未来形象的核心概念可定位为娱乐旅游和文化旅游。本文的探索性研究认为，澳门以弹丸之地，塑造国际区域水平的形象，在地区竞争中具有以小搏大的风险。从地区营销来看，澳门的竞争优势来自于特殊的高差异资源，澳门可以以"特"搏"大"，即通过极度差异化的竞争优势建立澳门的品牌形象，取得品牌的杠杆效应；建立澳门未来形象的方向可考虑为产业的专业化而不是多元化，是博彩旅游中心而不是商贸服务中心，是国际区域城市而不是国际城市。作为探索性研究的局限，本文的分析尚需进一步深化，包括开展与澳门有关的多区域的比较研究和实证性的量化研究。

参考文献

澳门发展策略研究中心，澳门经济学会联合课题组．澳门 2020 年——未来 20 年远景目标与发展策略．澳门发展策略研究中心，澳门经济学会出版，2000

陈炳强，陈秉松．博彩业与发展商计——探讨赌权与澳门经济沉浮．经纬出版
　　社，2001

菲利普·科特勒等著，俞利军译．国家营销——创建国家财富的战略的方法．北
　　京：华夏出版社，2001

黄汉强．澳门发展与区域合作——回归后的澳门发展与粤港关系研究．香港：汉
　　典文化出版公司，2003

麦克尔·波特著，李明，邱美如译．国家竞争优势．北京：华夏出版社，2002

李炳康，澳门的营商环境与会展业的发展．港澳经济年鉴，2002

李炳康．澳门作为中国内地与葡语国家的经贸合作平台．港澳经济年鉴，2003

黎熙元．反思与前瞻：澳门回归暨港澳与内地关系探讨．香港天地图书出版社，
　　2000

雷强．反思与前瞻：澳门回归暨港澳与内地关系探讨之澳门的博彩业与旅游业需
　　要进行现代化的改造与发展．香港天地图书出版社，2000

冷夏．澳门赌场风云编著．名流出版社，1997

蒋廉雄．反思与前瞻：澳门回归暨港澳与内地关系探讨之澳门回归：澳门社会治
　　安的转机．香港天地图书出版社，2000

隋广军等．澳门观察与展望——澳门经济社会持续协调发展探索．暨南大学出版
　　社，1996

魏美昌．澳门纵谈．澳门基金会，1994

吴立胜等．平稳与繁荣——澳门跨世纪经济发展战略研究．香港文汇报出版社，
　　1997

叶嘉安．21世纪城市形象规划和管理．城市规划，2003（4）

杨允中．微型经济：定位与选择．澳门经济学会，1999

郑天祥．迈向新世纪的澳门．港澳经济，1995（1）

（本文刊载于《城市问题》2006年第1期。）

论中国内地与港澳地区经贸关系的演进与转变*

陈广汉**

〔**摘要**〕中国内地市场开放程度和内地与港澳地区的比较优势是决定中国内地与港澳经贸关系发展和演进的基本要素。文章以此为依据，将中华人民共和国成立后中国内地与港澳之间经贸关系的发展划分为货物贸易主导、直接投资和货物贸易并进、贸易与投资自由化三个阶段，分析了区域经济合作的两大成果，指出了 CEPA 签署和实施后内地与港澳地区以及粤港澳之间在合作模式、合作内容和合作机制方面将会发生的新变化。

〔**关键词**〕中国内地　香港和澳门　经贸关系

一、理论框架和前提

从 20 世纪 80 年代开始，香港在中国内地的改革开放中扮演了不可替代的重要角色，成为引领中国内地经济走向世界和世界经济进入中国内地的桥梁。CEPA 的签署和实施标志着香港和澳门与中国内地的经济关系进入一个新的历史阶段。本文主要将以中华人民共和国成立后，中国内地与港澳地区特别是香港的经贸关系的发展过程为研究对象，研究这一发展过程的演进阶段、基本规律和发展趋势。这一研究建立在以下两个基本的理论前提之上。

---

* 本文是中山大学 985 工程"港澳研究哲学社会科学创新基地和教育部人文社会科学重点研究基地港澳珠三角经济整合中的制度创新"课题的研究成果。

** 陈广汉，中山大学港澳珠三角研究中心主任、教授、博士生导师（广东广州，510275）。

　　第一，中国内地的市场开放程度和内地与港澳地区的比较优势是决定香港和澳门与中国内地经贸关系演进的两个基本要素。香港和澳门均属于自由港，各自为独立关税区，是两个对外高度开放的、海岛型城市经济体系。香港在 19 世纪末已经成为中国重要对外贸易转口港。在这一时期，经香港进口的货值占中国进口总值的比重曾一度高达 55% 左右，而出口值的比重则达到 40% 左右。[1]因此，从经济层面看，港澳地区与中国内地的经贸关系的合作形态主要取决于内地市场的开放程度。中华人民共和国成立后半个多世纪中，中国内地的经济和市场经历了从封闭到局部开放与全方位开放的过程。这一过程决定了港澳地区与中国内地经贸关系的形态和演进阶段，而地区之间的比较优势及其变化则决定着经贸合作中的分工和内容。

　　第二，香港和澳门与中国内地经贸关系的发展过程，实际上是港澳地区同内地在经济上从分离到重新整合的过程。香港和澳门在政治上与祖国的分离主要是外敌入侵的结果，而港澳地区在经济上与内地的脱离有外部的原因，也与内地的经济体制密切相关。如果说香港和澳门政治回归分别是在 1997 年和 1999 年开始的，那么港澳的经济回归则可以从内地经济的改革开放开始。正是中国内地的改革开放开启了港澳地区与内地的经济整合或经济一体化（Economic Integration）过程。美国经济学家巴拉萨（Balassa，Bela）认为：经济的整合既是一个过程，也是一种状态。就过程而言，它包括旨在消除各国经济单位之间差别待遇的种种措施，就状态而言则表现为各国之间各种形式的差别待遇的消失。[2]经济整合可分为两种形态：功能性整合和制度性整合。功能性整合指某一区域内各经济领域实际发生的阻碍经贸活动的因素的消除和经济的融合，它主要是自发的市场力量推动和引导的结果，反映了区域内经济发展的内在要求，具有不稳定性。制度性整合是通过区域内各成员建立的协议，并由特定的一体化组织管理机构加以指导和按照明确的制

1　甘长求. 香港对外贸易 [M]. 广州：广东人民出版社，1990，pp12-13.
2　贝拉. 巴拉萨（Balassa，Bela）. 经济一体化理论 [M]. 伦敦，1961,p1.

度安排的一体化过程。它反映了功能性整合的要求并将其制度化和法制化，使功能性整合的成果得到巩固并不断提高。因此，只有二者的紧密配合和相互促进，才能不断推进和深化区域经济合作与整合过程。诺贝尔经济学奖获得者丁伯根（Tinbeergen，1965）也提出了消极一体化和积极一体化的概念。消极一体化指在区域贸易自由化过程中产生的，只涉及消除歧视与流通限制等方面的经济整合过程。而积极一体化指通过修订已有法律与机构和设置新的法律与机构，以保障市场的有效运行和集团内宏观政策目标的实现。因此，区域经济整合就本质上而言就是通过开放和自由的产品和要素市场的建立，充分发挥市场在区域资源配置中的作用，尽可能实现商品和生产要素的自由流动，促进各地区之间产业分工、经济增长和共同发展。尽管香港和澳门与中国内地的经贸合作不同于国家之间的经济一体化，但是经济一体化的理论，仍然可以帮助我们理解和思考中国内地和港澳之间的经济关系的演变和发展。

二、中国内地与港澳经贸关系演进的三阶段

根据中国内地市场的开放程度不同和差异，我们可以将中华人民共和国成立后，中国内地与港澳的经济关系，分为三个时期。

第一时期，货物贸易主导阶段。从 20 世纪 50 年代至 70 年代末，中国内地市场基本是封闭时期，有限的货物贸易是港澳与内地经贸关系的主要纽带。中华人民共和国成立后特殊的国际政治和经济背景，以及相当长的一段时期发展思路的偏差使中国内地与国际市场处于隔离状态，加上西方国家的经济封锁，中国基本上只能同前苏联为首、以计划经济为特征的社会主义阵营国家，进行有限的以货易货的贸易。在这一时期香港几乎成为中国内地与国际市场联系的唯一通道，香港作为中国内地转口港的地位日渐下降。香港凭借自由港的地位、国际性的商贸网络和与中国内地特殊联系，承担了中国内地与国际市场之间有限的贸易转口港的作用。香港与中国内地的贸易额占

香港贸易总额的比重由 1950 年的 27.2% 不断下降到 1970 年的 8.8%。这一比例在 1980 年以后，开始明显上升。尽管如此，但是在这一时期中国内地一直在香港贸易总额中保持前 4 名的地位，大多数年份位于前 3 名；而在进口方面则保持在前 1—2 名的位置。[1]

第二时期，直接投资和货物贸易并进的阶段。这一时期从中国内地实现改革开放开始到中国加入 WTO 和 CEPA 签署为止。20 世纪 70 年代末，中国采取了改革开放的基本国策。中国内地的市场开放选择了符合自身国情的渐进式、局部开放的道路。这种局部对外开放可以从两个方面理解。从地域来看，首先是从沿海城市和地区的开放。改革开放初期建立的四个经济特区，其中三个放在广东、两个位于珠三角，紧邻港澳地区。从领域看，首先是直接投资市场的开放。在大力引进海外直接投资的同时，为了有利于国内本土工业的发展，对国内市场实现了不同程度的保护，特别是对一些技术含量较低、劳动密集产业的产品的内销市场实现了比较严格的限制。这是导致粤港之间"前店后厂"的产业分工模式的一种投资与贸易的制度安排。"前店后厂"的产业分工模式实际上是一种投入和产出"两头在外"的、"大进大出"的直接投资和贸易模式。在这一模式中，投资和贸易是互动的，正是投资和贸易相互补充和相互促进导致了粤港之间贸易量的高速增长，使香港自由港的制度优势得到了发挥，香港成为一个国际性的贸易、金融、物流和商贸服务中心。"前店后厂"合作模式是香港的体制、资金和它掌握的国际市场的优势与内地和珠三角地区劳动力、土地等资源优势，在中国内地市场局部开放条件下相结合的产物。

在这一时期香港成为内地改革开放和经济增长的一个发动机。截至 2003 年底，港资在中国内地实际利用外资中的比重高达 44.4%，远远高于其他国家和地区。2004 年中国香港地区是中国内地第四大贸易伙伴，名列在欧盟、

---

1 参见华润贸易咨询有限公司. 香港经济贸易统计汇编（1947—1987），p53.

美国和日本之后。[1]同时，中国内地在香港外来直接投资和香港对外直接投资中均名列首位。[2]2002 年中国内地与香港的贸易额占香港贸易总额的 42%，香港转口贸易的 90% 与中国内地有关。

第三时期，贸易和投资自由化阶段。以中国加入 WTO 为标志，中国内地市场进入了全面开放时期。在港澳与内地传统经贸合作框架内，中国内地市场的全方位开放将会对香港和澳门产生不利影响。CEPA 是在中国内地市场全方位开放的条件下，深化港澳与内地经贸合作关系，充分发挥香港的自由港功能和港澳服务业优势的制度安排；它是在"一国两制"前提和 WTO 框架下，主权国家和独立关税的自由贸易协议。货物贸易自由化、服务贸易自由化和投资便利化构成 CEPA 的基本内容，这标志着中国内地与港澳地区之间的经贸关系进入了一个新的历史阶段。最大限度地降低区域内商品和生产要素流动的障碍，使直接投资和间接投资、货物贸易和服务贸易、商品和要素会逐渐地自由和双向地流动，建立起开放商品和要素市场，是内地与港澳经济整合的新趋势。

三、区域经贸合作的两大成果：
制造业基地与服务业中心

广东和珠三角是中国内地经济与港澳经济的结合部，粤港澳之间的经贸合作见证了内地与港澳整合过程，导致了珠三角世界性制造业基地和香港国际性服务中心的形成。

1. 珠三角：世界性制造业基地的崛起。1978 年中国推行的改革开放政策以来，珠江三角洲凭借改革开放的制度创新优势和毗邻港澳的地缘优势，从

1　吴光正.CEPA 揭开内地与香港经贸关系新页［A］.香港经济年鉴 2004 年［R］.香港：香港经济导报出版社，2004，p13.

2　樊纲.长江三角洲与珠江三角洲经济发展与体制改革的比较研究［Z］.

农业社会的"鱼米之乡"成为世界性的制造业基地。

1980—2003 年，以当时价格计算珠江三角洲的 GDP 总量由 133.25 亿元增加到 11341.13 亿元，人均 GDP 由 786.36 元增加到 39782 元，平均每年分别增长 21.3% 和 18.6%。同期，珠江三角洲的产业结构发生着巨大的变化：第一产业占 GDP 的比重大幅下降，从 25.1% 下降到 4.15%，下降了 20.95 个百分点；从 1980 年到 1994 年以制造业为主体的第二产业在 GDP 中的比重上升了 15%，达到 50.2%；随后第三产业的比重上升，从 28.61% 上升到 43.47%，在 2003 年第二产业与第三产业在 GDP 中的比重基本持平。1980—2003 年，珠江三角洲的财政收入由 24.32 亿元增加到了 848.03 亿元，平均每年增长 16.7%。同期，对外贸易增长更为迅速，出口总额由 129.28 亿美元增加到 1450.56 亿美元，年均增长 11.08%。在经济飞速增长的同时，城乡居民的生活水平大幅度提高。从 1992 年到 2002 年十年间，农村居民纯收入由 1722.31 元提高到 5564.80 元；城镇居民可支配收入由 1940.43 元增加到 12241.93 元。2003 年的人均消费支出为 8239.39 元，收入的增长带来了消费结构的变化，其中花在食品上的人均消费支出为 3004.19 元，珠三角城镇居民的恩格尔系数达到 36.46%，已进入联合国粮农组织划定的富裕区。

经济发展是经济增长与结构变化的结果。珠三角地区能在 20 多年的时间里取得如此骄人的经济发展成就得益于制造业崛起推动的高速经济增长和经济结构的转型。珠三角地区制造业的发展与承接港澳地区的制造业的转移密切相关。从 20 世纪 80 年代开始，珠江三角洲地区利用毗邻港澳的区位优势和改革开放先行一步的制度创新优势，把握港澳和东亚地区产业转移的机遇从而迅速崛起。在广东和珠三角地区的外来直接投资中，港澳资本捷足先登，起到了重要的示范和带动效应。港资的流入在初期形成了香港与珠三角"前店后厂"的加工贸易模式，香港主要的制造业大约 80% 以上的工厂或加工工序转移到了广东，其中转移到珠三角的占 94%，这一迁移催生了珠江东岸地区加工工业的高速发展。港资启动了珠三角的工业化进程，导致了珠三角外向型经济的快速发展，同时也创造了众多间接经济效益，比如技术、知识和人力资本在珠三角的外溢效应，珠三角基础设施建设的发展，珠三角人们社会观念的转变。截至 2003 年 8 月广东引进海外直接投资 1200 多亿美元，其中 68.8% 来自香港。

外向型和集群式发展是珠三角制造业发展的两大特征。珠江三角洲特别是珠三角东岸的制造业是在开放的市场条件下，通过直接参与国际产业分工发展起来的。与发展中国家传统的进口替代工业化模式相比，它是后发性的经济成功地利用后发优势，在开放经济条件下实现工业化的一种模式。开放经济条件下工业化模式，不仅克服了传统进口替代工业化可能产生的外汇和市场的约束，以及由此引起的国际收支困难，而且为发展中经济创造了大量的外汇储备和开拓了国际市场。开放条件下的工业化模式的成功，最终取决于这些制造业的产业链在本土的延伸和研究与开发的本土化。这种制造业的产业本土化和研发本土化趋势在珠三角已经开始。同时，珠三角西岸地区的制造业发展却遵循着"进口替代—出口鼓励"的模式。例如，顺德、中山等地的家电产业最初就是依靠本地资本、国内市场发展起来的，并创出了自己的品牌。当这些产业的国内市场出现饱和状态时，它们迅速地进入国际市场，成功地实现了国内市场与国际市场的接轨。在我国区域经济的发展中，珠三角还是产业集群形成与发展最早的地区。以珠江三角洲东岸的东莞、深圳、惠州的电子及通讯设备制造业为主的全国最大的电子通信制造业基地，被称为"广东电子信息产业走廊"。以珠江三角洲西岸的珠海、中山、顺德、江门为中心形成的以家用电器、五金制品为主的产业带。以中部的广州、佛山、肇庆为中心形成的汽车、电气机械、钢铁、纺织、建材产业带。一项国内学者的研究成果，主要从政府与市场的关系、非国有经济的发展、产品市场的发育、要素市场的发育、市场中介组织和法律制度环境五个方面来量化考察中国区域的市场化程度，研究结果表明珠江三角洲是目前中国市场化程度最高的地区，其市场化的指数（NERI 指数）为 9.32（2002）。开放和不断完善的市场经济制度是珠三角经济增长和制造业发展的重要条件。

2. 港澳：国际性服务业中心的形成

根据世界银行的资料，按购买力平价计算，香港的人均 GDP 在 1994 年已达到 23892 美元，仅次于卢森堡、美国和瑞士，居世界第四位。2003 年香港服务业的产值占 GDP 的比例高达 84.66%。香港四大支柱行业是金融服务、贸易及物流、旅游、专业服务及其他工商支援服务。2002 年上述四大支柱产业的产值和就业量分别占 GDP 和总就业量的 12.2% 和 5.4%、26.5% 和 24.1%、3.0% 和 4.0%、11.5% 和 10.4%。[1]2000 世界经济论坛（WEF）竞争力排名中，香港的专业服务竞争力全球排名第二，仅次于美国。在 1999—2003 年期间，香港的服务输出在世界排名第十位或第九位，2002 年香港服务贸易总值为 3571.47 亿港元，服务贸易净输出为 1637.35 亿港元。2002 年香港的货物贸易总量为 31799.36 亿港元，其中转口贸易为 14295.90 亿港元，占总量的 44.96%，在世界排名第十位。货物贸易是香港 GDP 的 252%，如果将服务贸易包括在内则是 280%。[2] 上述数据表明香港经济对外部经济具有高度依赖，贸易和物流成为香港第一大支柱产业。香港第二大支柱产业是金融业。香港著名学者饶余庆教授根据 1995 年的数据资料，按照银行业、外汇市场、衍生工具市场、黄金市场和基金管理等指标，对香港金融业在国际上的地位进行了排名和比较分析，其结论是："香港是亚洲太平洋区第二大国际金融中心，全世界第四大国际银行中心，和全世界第六或第七大国际金融中心。香港不能和全球性的金融中心如纽约、伦敦和东京相比，但是香港至少和其他第二级的重要金融中心如法兰克福、巴黎、苏黎世、新加坡等齐名。"[3]

香港以其独特的营商环境成为跨国公司云集之地和国际商务服务中心。截至 2004 年 6 月 1 日，海外公司驻香港地区总部 1098 家，地区办事处 2511 家，当地办事处 2334 家。我们将以地区总部为例，按照母公司的注册地和营

1　香港经济年鉴 2004 年 [R]. 香港：香港经济导报出版社，2004，p542.

2　饶余庆. 香港国际金融中心 [M]. 香港：商务印书馆有限公司，1997，p79.

3　张俊义. 战后对外贸易与航运 [A]. 刘蜀永主编. 20 世纪香港经济 [M]. 香港：三联书店有限公司，2004，p191.

业范围、在港的主要业务范围和所负责管理的地区为标准，分析香港作为国际性总部经济的一些特点。按母公司注册国家或地区划分的地区总部公司结构特征为：美国 256 家，占 23.3%；日本 198 家，占 18%；中国内地 106 家，占 9.7%；英国 105 家，占 9.6%；德国 67 家，占 6.1%；法国 47 家，占 4.3%；荷兰 46 家，占 4.2%；瑞士 39 家，占 3.6%；新加坡 35 家，占 3.2%；中国台湾地区 29 家，占 2.6%；澳洲 18 家，占 1.6%；瑞典 16 家，占 1.5%；加拿大、丹麦、韩国和意大利各 15 家，分别占 1.4%。这些地区总部公司在香港的主要业务范围是：从事批发、零售及进出口贸易有 590 家，占总数的 53.7%；商用服务业有 247 家，占 22.5%；运输及有关服务业为 89 家，占 8.1%；金融及银行业为 69 家，占 6.3%；制造业为 67 家，占 6.1%。按照母公司的主要业务范围划分的地区总部公司为：制造业 434 家，占总数的 39.5%；批发、零售及进出口贸易业 357 家，占 32.5%；商用业 172 家，占 15.7%；金融及银行业 102 家，占 9.3%；运输及有关服务业 90 家，占 8.2%。按区内所负责管理的范围（香港以外）划分的地区总部公司为：负责管理中国内地的公司有 975 家，占 88.3%；管理台湾地区的为 472 家，占 43%；新加坡为 402 家，占 36.6%；泰国为 345 家，占 31.4%；韩国 339 家，占 30.9%；菲律宾 323 家，占 29.4%；马来西亚 320 家，占 29.1%；日本 304 家，27.7%；印度尼西亚 284 家，占 25.9%；印度 236 家，占 21.5%；澳洲 239 家，占 20.9%。调查表明影响跨国公司选择香港作为地区性总部或地区办事处的前 10 项因素，按重要程度依次排序为：资讯的自由流通、简单税制及低税率、廉洁的政府、不存在外汇管制、通讯运输及其他基础设施、政治稳定及安全、法治及司法独立、自由港地位、英语水平、中国内地商机。[1] 从上述资料可以看出香港是国际跨国企业覆盖亚太地区、特别是以中国内地为主的大中华经济区的一个商

---

[1] 《2004 年海外驻香港的地区代表按年统计调查报告》中华人民共和国香港特别行政区政府统计处。由于一个跨国公司的地区总部会管理一个以上的国家或地区的事务，因此，按区内所负责管理的地方划分的区域总部公司数目比总数要大。

贸服务中心。香港能成为这样一个国际商贸服务中心，除了其地理位置外，更为重要的是其经济和司法制度。

瑞士洛桑管理学院即将发表的《2005 年全球竞争力报告》显示，中国香港由 2004 年的第 6 位跃升至第 2 位，美国仍居首位，新加坡则由 2004 年的第 2 位降至第 3 位。美国传统基金会多年来一直将香港定为世界上最自由的经济体系。

第二次世界大战以后的近半个世纪中，香港的经济经历了两次重要的转型。

第一，工业化阶段。在第二次世界大战以前，香港主要是一个从事转口贸易的自由港，对外贸易是香港的主导产业，中国内地是香港对外贸易的主要对象。20 世纪 50 年代初，朝鲜战争爆发后，以美国为首的西方国家对中华人民共和国实行经济封锁和禁运。在美国的压力下，港英政府也参与了禁运行列，香港失去了与最大的贸易伙伴——中国内地开展贸易条件，使香港的转口港的地位和整体经济受到沉重打击。在这样一种情况下，香港被迫开始了工业化进程。内地大量的资本和劳动力的流入，加上发达的国际商贸网络，使香港外向型的、以劳动密集为特征的轻工业产品和日用消费品工业迅速发展起来。从 20 世纪 50 年代中期开始，以纺织品和制衣为主的出口加工业崛起，使港产品出口迅速增加，香港本地工业产品在对外贸易中的比重不断上升。70 年代初，香港港产品的出口占总出口的比重曾高达 80%。[1] 经过近 20 年的工业化发展，香港从一个以转口贸易为主的自由港成为以港产品出口为主的自由港。1970 年香港四大支柱产业及其在本地生产总值中的比重是：制造业为 30.9%；零售、批发、出口、酒楼、酒店业为 19.6%；社区、社会及个人服务业为 18%；金融、保险、地产及商业服务为 14.9%。1971 年上述四大支柱产业的就业在总就业中的比重分别为 47.7%、16%、14.7%、2.6%。从产值和就业两个方面看，在 1970 年前后香港经济的工业化水平达到了峰值。

---

1 香港经济贸易统计汇编 [Z]. 香港：华润贸易咨询有限公司编印，1988

进入 70 年代后，在纺织品和制衣的出口加工业继续保存主导地位的同时，香港的工业和经济结构开始向多元化方向发展。以电子、钟表、仪器、家用电器和化工等为代表的新兴工业得到了发展，与此同时，金融、运输、港口、仓储、码头、商贸服务等新兴的服务业迅速发展起来。这一时期尽管制造业仍然保持了快速增长，其比重开始下降，贸易、金融和商贸等服务业的比重上升。二战以后，香港以其工业化主导下的高速经济发展成为"亚洲四小龙"之一。但是，与韩国和中国台湾地区不同的是，香港地区的工业化是在一种完全开放的条件下实现的，出口加工业占有相当的比重。这是因为中国香港地区与韩国和中国台湾地区相比，工业化的产业结构和经济制度的初始条件完全不同。

第二，后工业化阶段。从 20 世纪 80 年代开始，随着中国内地的改革开放，香港的制造业向中国内地主要是珠三角地区迅速转移，香港开始了向国际金融、贸易和商贸服务中心的转型。香港不仅迅速恢复了转口贸易港的贸易中介地位，而且成为中国内地引进外资的重要窗口。20 世纪 90 年代初，中国内地对香港的进出口总值占内地进出口总额的比重曾超过了 35%；香港在内地的直接投资占内地实际利用外资的比重也曾一度超过 65%。[1] 香港与中国内地之间贸易与投资的这种互补与互动关系不断强化，使香港的转口贸易不断增长。2003 年香港的转口贸易值是港产品出口值的 13.3 倍，占商品贸易总额的 45.7%，是当年本地生产总值的 1.33 倍。制造业向内地的转移成就了珠三角地区工业的飞速发展，而珠三角地区生产能力的扩大和对外贸易的迅猛发展为香港的国际贸易和国际金融中心的发展提供了支撑，形成了对香港商贸服务的巨大需求。自 1980 年以来，香港的服务业年均增幅达到 16%，香港逐渐形成一个以服务业为主导的经济体系，进入了后工业化社会；与此同时珠三角的 GDP 从 1980 年的 119 亿元，增长到 2001 年的 8364 亿元，按可比价格计算增长了 20.6 倍，年均增长 16.3%。珠三角的制造业年均增长高于经济增长速度，成为经济增长的主要动力。珠三角从传统农业经济转变成为

---

1 陈多 . 港澳经济年鉴 2004[R]. 北京：2004，p686.

工业主导型经济，进入了工业化的后期阶段。香港向国际性服务经济中心的转型和珠三角向世界性制造业基地发展的过程在时间上的契合，来自于二者在发展中的内在联系，它是一个相互依存、相互促进的统一发展过程。

四、模式、内容和机制：经贸合作关系的三大转变

中国内地与香港和澳门关于建立更紧密经贸关系安排，将使中国内地与港澳以及粤港澳之间的经贸关系发生了新的变化。

从合作的模式看，功能性整合为主导的经贸合作将向功能性整合与制度性整合相结合、制度性整合为主导的方向发展，直接投资和货物贸易并进的合作模式将向建立开放和统一的商品和要素市场转变。改革开放以来内地与港澳之间的经贸合作主要是一种功能性的整合，港澳地区对内地的直接投资是占主导地位的合作形式，香港作为国际金融中心的融资功能弥补了中国经济起飞时期大规模投资所产生的资本积累的需求。CEPA 的实施将会使香港和澳门与中国内地的经济合作从直接投资发展到间接投资，从货物贸易发展到服务贸易，从商品和生产要素的单向的流动走向双向的流动。港澳与中国内地的经济合作迈向了制度性整合和建立统一和开放的商品和要素市场的新阶段。港澳和珠三角之间的合作模式也将会从"前店后厂"走向"统一市场"。

从合作内容看，以制造业为主体的合作将向服务业为主体的合作转变。改革开放以来，港澳对内地的投资主要以直接投资的方式，集中在制造业领域的合作。这种特点在粤港澳之间的经济合作中得到了充分的体现。香港有近 8 万多家企业在珠三角建立工厂和投资，雇佣了 1100 万左右的劳动力。由于珠三角具有廉价的土地和无限供给的廉价劳动力，企业的同样数量的投资在珠三角比在香港的生产规模要扩大 10—15 倍。珠三角的成本优势使大量的香港工业企业将生产过程转移到珠三角。同时，香港资讯的自由流通、简单税制及低税率、廉洁的政府、不存在外汇管制、发达的通讯运输及其他基础设施、法治及独立司法制度、自由港地位等优势使香港企业将市场营销、

贸易、资金和财务管理等活动放在香港，实现了在制造业领域垂直型的"厂"与"店"分工的模式。随着中国内地市场的开放，"前店后厂"这种比较单一的模式将会向多样化方面，甚至厂店合一的方向发展。但是，珠三角与香港和澳门在制造业和服务业的分工和合作架构不会改变。香港已经成为了一个以金融和贸易为主体的服务经济体系，服务业具有很强的国际竞争力。同时，香港与内地特别是珠三角之间已经存在着千丝万缕的社会、经济和文化的联系，中国内地服务业对香港的提前开放和更加优惠的安排，为香港经济的发展创造了更大的空间和腹地，为两地的互利合作提供了新的机遇。

从合作机制看，市场引导下的企业"自发性合作"将向市场引导、政府规制的"自觉性合作"转变。经济一体化是经济发展中分工、交换和市场范围扩大的内在要求和结果，市场经济的规则和政府之间的双边或多边的制度安排是推进经济一体化的重要手段，二者相互依存和相互制约。自发性合作主要是由市场自发引导的合作，不存在政府之间的制度性安排，和为了适应经济一体化的要求而对现有制度和法规的修改。因此，自发性合作又被称之为消极一体化。功能性的经济一体化或经济整合基本上是自发性合作模式。当功能性经济一体化发展到一定程度后，制度性一体化的要求就会产生，通过政府之间的贸易投资的保护和自由贸易协议建构更加完善和广阔的市场。因此，制度性一体化被称之为积极一体化。CEPA 是作为主权国家的中国内地与其独立关税区的香港和澳门之间的自由贸易协议，它必须符合 WTO 的经济规则和"一国两制"的政治承诺，体现市场机制和政府规制相互协调推进内地与港澳地区经济合作的特征。

五、几点结论

综上所述，本文得出以下几点结论。

中国内地经济的市场化程度和对外开放程度的发展是港澳与中国内地经济合作和经济一体化的制度条件。中国内地与港澳地区经贸关系的发展历史表明，随着中国内地经济市场化和开放程度的提升，香港作为国际性金融、贸易和商贸服务中心功能将会不断提高，其优势也可以得到不断发挥。

中国经济发展成就和巨大潜力是港澳繁荣和稳定的重要经济条件。香港发展成为国际性的贸易和金融中心过程首先是香港为了适应内外经济环境变化而不但实现制度创新的结果，从 20 世纪 60 年代末期开始的香港向国际性金融中心的演变就是如此。但是，改革开放以来中国内地经济的高速发展，为香港国际贸易和金融中心的形成创造了良好的条件和物质基础。香港为了适应中国内地经济开放和经济发展的需要，必须提高香港金融贸易中心的国际化水平，其中金融业的发展最为重要。

香港在未来中国经济的改革开放中能否进一步发挥独特的作用，取决于在 CEPA 框架下不断完善和创新合作机制。中国内地经济的全方位开放，会对香港的中介地位产生影响。我们需要在合作形式、合作内容和合作机制方面创新一种能使香港的自由港和法律制度与中国内地的经济和政治体制有机协调、互惠互利的经贸合作模式。如果做到了这一点，香港这颗东方明珠不仅会更加灿烂，而且会对祖国的发展做出更大的贡献。

参考文献

甘长求. 香港对外贸易 [M]. 广州：广东人民出版社，1990.

贝拉. 巴拉萨（Balassa，Bela）. 经济一体化理论 [M]. 伦敦，1961.

参见华润贸易咨询有限公司. 香港经济贸易统计汇编（1947—1987）.

吴光正. CEPA 揭开内地与香港经贸关系新页 [A]. 香港经济年鉴 2004 年 [R]. 香港：香港经济导报出版社，2004.

中华人民共和国香港特别行政区政府统计处. 香港：香港统计年刊 2003 年版 [R].

樊纲. 长江三角洲与珠江三角洲经济发展与体制改革的比较研究 [Z].

香港经济年鉴 2004 年 [R]. 香港：香港经济导报出版社，2004.

饶余庆. 香港国际金融中心 [M]. 香港：商务印书馆有限公司，1997.

张俊义. 战后对外贸易与航运 [A]. 刘蜀永主编. 20 世纪香港经济 [M]. 香港：三联书店有限公司，2004.

香港经济贸易统计汇编 [Z]. 香港：华润贸易咨询有限公司编印，1988.

陈多. 港澳经济年鉴 2004[R]. 北京：2004.

（本文刊载于《学术研究》2006 年第 2 期。）

香港与内地经贸合作与发展

陈丽君　彭国题*

〔**摘要**〕本文通过对回归后香港与内地之间投资、融资、贸易、旅游以及与此相关的法律政策进行总结分析，向读者全面展现了两地经贸合作与发展的规律和近况，并在此基础上展望两地经贸合作与发展的未来，提出了一些合理化建议。

〔**关键词**〕外商直接投资　香港　内地　经济合作

在香港回归祖国十周年之际，回顾和总结香港与内地的经贸合作，不仅可以从经济角度看到"一国两制"伟大实践的成绩，也可以了解两地经贸合作与发展的规律并从中吸取经验和教训，对进一步推动两地经贸关系有重要意义。

一、投资资本由回归前的香港向内地单向流动 为主转向回归后的双向流动

香港资本市场较内地发达，资本充足，而内地土地和劳动力成本低，市场潜力大，双方优势互补极为明显，成为两地资本要素合作的基石，从而使香港与内地在资本要素方面的合作成为两地经济合作中最稳固的合作，也使投资方面以香港对内地的投资为主，只是回归后内地对香港的投资增速加快，投资合作日益向双向投资方向发展。

＊ 陈丽君，中山大学港澳珠三角研究中心教授。

　彭国题，中山大学港澳珠三角研究中心硕士研究生。

1. 香港始终为内地最大外来投资者，投资数额不断增加，投资区域与领域不断扩大

内地改革开放之初，香港工商界便进入内地投资，从 1979 至 1982 年香港参加内地的项目数达 851 个，占当时内地外资项目 92.5%。之后香港对内地的投资逐年增加，到香港回归祖国的 1997 年，香港向内地直接投资已高达 1199.27 亿美元，占内地外资直接投资的 54.1%。回归后香港对内地的投资持续增长，2005 年内地吸收香港直接投资项目 14831 个，实际使用港资达 179.7 亿美元，占内地外资投资总额 45%，1998 至 2005 年的 8 年，香港对内地的直接投资达到 1396.17 亿美元，超过回归前 19 年之和，即使扣除物价等因素影响，回归后香港对内地投资力度也比回归前增长了约一倍，到 2005 年港资占在内地外资的比重仍达到 34.9%，保持为内地最大外来投资者地位。为满足在内地港资不断发展的需要，许多港资企业已开始在内地设立总部。

改革开放初、中期，香港对内地的投资区域高度集中于广东，港资在广东的直接投资占其在内地直接投资的 40.8%，其中制造业更高达 94%，上世纪 90 年代开始尤其是回归后，香港对内地投资向北向西尤其是长三角地区扩展。

港商对内地投资初期，行业上主要集中于制造业及酒店、出租车等投资少、技术低、回报期短、收益较高项目，上世纪 80 年代中期后，香港制造业的加工制造工序大规模向内地转移，留在香港的少数加工装配工序与第三产业融合，成为北移了的香港厂商和内地出口加工业的综合贸易支援中心，形成"前店后厂"格局。90 年代后，港资在内地的投资开始转向批发、零售、交通运输、仓储及房地产等第三产业。香港回归祖国后，港资对内地投资的领域进一步拓宽，包括对租赁、通讯、商务服务、专业服务等业，其中在通讯业方面，2004 年就直接投资 546 亿港元[1]。

---

1 2006 年《香港经济年鉴》。

2. 回归后，内地对香港的投资增长迅速，形成内地与香港双向投资格局

表 1　内地在香港投资情况表

年份	内地对香港投资存量 （亿港元）	内地对香港投资流量 （亿港元）	驻港总部或办事处 （个）
1997	1409.2	277.81	70+135
2004	10201.0	620	107+603

数据来源：1998 和 2005 年《香港经济年鉴》

由表 1 可见，无论从哪个数值看，香港回归后，内地对香港的投资均比回归前增加，其中 2002 年就有 1800 多家内地企业在香港投资，总额超过 280 亿美元，1997 至 2004 年 7 年时间内地对香港投资存量增加 8792 亿港元，是回归前存量的 6 倍多，几乎每年增加一倍。这表明，回归后香港与内地经济投资关系出现了较大变化，回归前以香港向内地投资为主，回归后内地资本也大量进入香港，形成双向投资格局，2004 年香港对内地的投资为1477.7 亿港元，约为内地对香港投资的 2.4 倍，与 1997 年的 5.8 倍相比明显大幅下降。可见，香港回归对香港与内地相互投资的影响，以内地对香港投资的影响相对更大。

二、香港已经成为内地融资中心

内地经济发展需要大量资金，而香港作为国际金融中心，有成熟的证券市场尤其是成熟发达的股票市场，香港作为中国的一部分，两地之间经济、社会、文化交流频繁，相互容易了解，内地大型国企在香港上市都会受到追捧，显示香港是内地企业集资、融资最佳地区。

表 2　内地企业在香港交易所上市情况表

时间	公司数（家）	成交额（亿港元）	占股份成交	市价总值（亿港元）	占股份总市价	备注
1997	37+62	13,414.4	38.19%	5,215.9	16.29%	表中数据是 H 股＋红筹股，主板与创业板合在一起的情况，其中公司家数是截至 2007 年 4 月 30 日数据。
2006	143+91	36,222.7	56.39%	63,153.7	47.67%	

数据来源：http://www.hkex.com.hk/data/chidimen/chidimen_c.htm

内地企业 1993 年首次赴港上市，利用香港发达的证券市场，筹集内地经济建设所需资金，到 2006 年为止，内地企业在香港筹集资金已超过 9000 亿港元。从表 2 可见香港回归前后内地企业在香港融资变化情况，回归后 H 股公司数量增速超过红筹股增速，表明在香港上市的内地企业已由原来以内地控股、境外注册型企业为主转向内地注册的企业为主；在港上市的中资企业又以超大型公司占主导地位，且基本集中于网络通信、能源、金融和交通设施四大产业。香港恒生指数服务公司自 1997 年 6 月 16 日起以 32 家香港中资企业股价变动为基准，推出"恒生香港中资企业指数"，掀起"中国概念股指数"的风潮，随后里昂证券公司也宣布推出反映中国概念股走势的"大中华指数"。从表 2 可见，中资上市公司总市值已由 1997 年回归时的占香港股市的 16%，发展为目前占香港股市的半壁江山。内地企业在港上市，既为内地筹集资金发挥了极为重要作用，香港被认为是"中国的华尔街"，同时也为香港带来了商机，有助于香港聚集大批国际金融机构和专才，对巩固香港国际金融中心地位及稳定香港金融市场发挥了重要作用。

三、香港与内地保持互为最大贸易伙伴格局

内地尤其是华南地区经济高速发展，不仅有大量产品与设备需要进出口，且需要与国际市场建立更多联系；而香港具有世界第一大货柜港，一流

的航空港及四通八达的海陆空立体交通网络，且有发达的服务业和一流的服务效率，因此两地在贸易和物流方面存在明显互补性，这些成为两地贸易和物流合作的基础。

1. 双方商品贸易合作不断发展

内地改革开放的 1979 年，香港与内地双边贸易已达 170 亿港元，香港成为内地最大贸易伙伴；1985 年两地双边贸易已占香港贸易总额的 25.7%，内地已成为香港第一大贸易伙伴。1979 至 1996 年，两地贸易额（包括转口贸易）年平均增长率为 30.4%。

表 3　香港与内地近 14 年贸易情况表　　　　　（单位：亿港元）

年份	港产品出口内地	占所有港产品出口比重（EM/TE）	内地商品经香港转口	它国或地区商品经香港转入内地	与内地有关转口占总转口货值比（EPTM/TEPT）
1993	633.7	28.4%	4,740.1	2,745.6	90.9%
1994	610.1	27.5%	5,458.3	3,228.4	91.6%
1995	635.6	27.4%	6,363.9	3,840.4	91.7%
1996	616.2	29.0%	6,835.1	4,177.5	92.9%
1997	638.7	30.2%	7,234.2	4,438.8	93.8%
1998	560.7	29.8%	6,912.2	4,073.7	94.8%
1999	504.1	29.6%	7,201.3	3,991.9	95.0%
2000	541.6	29.9%	8,495.2	4,888.2	96.2%
2001	495.5	32.3%	8,083.7	4,965.7	98.3%
2002	413.7	31.6%	8,639.7	5,718.7	100.4%
2003	367.6	30.2%	9,671.0	7,057.9	103.2%
2004	379.0	30.1%	11,354.7	8,506.5	104.9%
2005	446.4	32.8%	13,132.1	9,679.2	107.9%
2006	402.7	29.9%	14,612.9	11,159.4	110.8%

数据来源：1994—2006 年《香港经济年鉴》以及 http://sc.info.gov.hk/gb/www.censtatd.gov.hk

表4　香港与内地贸易中有关外发加工贸易的情况统计表　　（单位：百万港元）

年份	往内地港产出口货品		输往内地的转口货品		从内地进口的货品	
	外发加工贸易货值	外发加工贸易比重（PT/EHK）	外发加工贸易货值	外发加工贸易比重（PT/EPTM）	外发加工贸易货值	外发加工贸易比重（PT/IM）
1993	45,141	74.0%	115,037	42.1%	295,203	73.8%
1994	41,959	71.4%	139,221	43.3%	354,912	75.9%
1995	43,890	71.4%	173,722	45.4%	399,567	74.4%
1996	43,089	72.8%	179,235	43.2%	452,890	79.9%
1997	47,078	76.1%	197,809	44.7%	491,142	81.2%
1998	42,184	77.4%	179,089	44.1%	477,743	82.7%
1999	37,696	74.8%	197,890	49.6%	487,507	80.2%
2000	39,304	72.7%	242,929	49.7%	567,900	79.3%
2001	35,172	71.0%	224,381	45.2%	531,960	78.0%
2002	28,848	69.8%	248,801	43.5%	531,034	74.0%
2003	24,924	68.0%	301,223	42.7%	564,933	71.7%
2004	24,825	65.7%	361,610	42.5%	661,543	72.0%
2005	25,080	56.3%	363,402	37.6%	691,979	65.9%
2006	20,717	51.6%	389,224	34.9%	769,317	64.5%

数据来源：《香港经济年鉴》和 http://sc.info.gov.hk/gb/www.censtatd.gov.hk

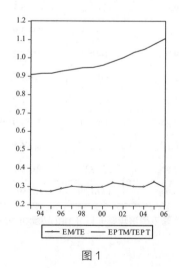

图1

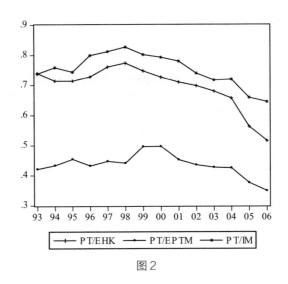

图2

香港回归后，内地始终保持为香港最大贸易伙伴地位，从表3、4与图1、2可见回归前后香港与内地之间贸易情况，在香港产品对内地出口及对内地出口的香港外发加工产品中，回归后与回归前相比，出口总量明显下降，但比例未下降，且略有上升，即由回归前的27—29%增至回归后的29—33%，可见香港产品对内地出口水平变化较小；而香港与内地转口贸易（包括外发加工贸易）方面，回归前后对比，无论绝对转口贸易量还是相对转口贸易水平都呈上升趋势，其中在香港转口贸易中与内地有关的贸易量均在90%以上，而最近5年这个比重已经超过了100%。香港转口贸易发展迅速主要得益于内地经济快速发展，内地进出口需求的增加直接促进了香港转口贸易量的增长，在两地贸易中占据半壁江山的外发加工贸易增长也是两地转口贸易上升的重要原因。

2003年6月，"内地与香港更紧密经贸关系安排"（CEPA）签署，两个阶段协议合共为1108项香港货物提供零关税优惠，约有95%香港输往内地的出口产品受惠，到2005年2月底涉及CEPA而从香港输往内地的零关税货物总值达14亿元，2005年内地与香港进出口贸易总额达到1367.1亿美元，比03年增长56.4%。

2. 服务贸易稳步提升且前景光明

表5 香港与内地间服务贸易情况表（估计值）

年份	香港对内地服务输出（EX）		香港自内地服务输入（IM）	
	百万港元	占输出总额百分比	百万港元	占输入总额百分比
1997	56,004	19.2	61,119	31.1
1998	67,728	24.9	61,887	32.0
1999	66,463	23.8	62,188	33.8
2000	72,642	22.9	59,386	31.0
2001	76,479	24.9	59,637	31.0
2002	94,547	28.2	60,876	30.5
2003	102,281	28.8	58,080	28.8
2004	116,787	27.4	65,960	27.4
2005	127,947	26.3	71,189	27.0

数据来源：1998—2006 年《香港经济年鉴》和 http://sc.info.gov.hk/gb/www.censtatd.gov.hk

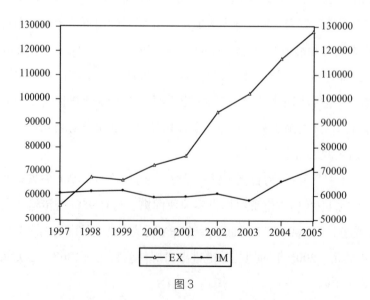

图3

从表 5 与图 3 可见，回归后香港对内地的服务贸易输出量增长迅速。2003 年 CEPA 签署，内地对香港已在 27 个领域放宽了市场准入条件，有些领域比内地对 WTO 的承诺更加优惠，其中对香港具有比较优势的领域如会展业、物流业已全部开放。这些为香港服务贸易向内地出口提供了极有利条件，到 2005 年 3 月香港已有 205 名建筑师、208 名房地产估价师获内地承认，从表 5 与图 3 可见，2003 年之后两地间尤其是香港对内地服务贸易输出量增长明显加快。由于香港与内地在服务业尤其是专业服务业方面互补性很强，双方服务贸易合作的前景很广阔。

四、香港与内地保持互为最大游客来源地格局

香港与内地地域相连，香港回归祖国后，与内地已同属一国，加上京九铁路、香港西北铁路建成通车，及即将通车的西部通道等等，都方便了内地与香港人员之间的交流。

早于内地改革开放之初的 1983 年 8 月，广东已开办"香港游"。回归后，内地进一步放宽内地居民赴香港旅游限制，1998 年 6 月内地每日赴港旅客人数放宽三成，该年内地到港游客 259 万，占全部访港游客的 27%（1997 年为 22%），2001 年元旦起取消了内地居民赴香港游配额，2003 年 7 月开放内地居民赴港自由行，广东中山、东莞、佛山、江门居民先行开放，8 月 20 日推广至广州、深圳、珠海，之后推广至北京与上海，2004 年 5 月 1 日推广至广东全省，目前全国已有 43 个城市居民可以个人游到香港。从表 6 与图 4 可见，回归以来内地与香港相互旅游人数增长迅速，双方互为对方最大旅客来源地。2005 年香港整体旅游收入突破 1000 亿元大关，其中内地客在港消费 400 多亿元。

香港至内地游客，1991 至 1995 年每年以 38.2% 的速度增长，占内地入境游客比重保持在 65% 左右，2001 年港人往内地每周最少 1 次以上的已高达 49 万人。2003 年皇岗口岸 24 小时通关后，港人到皇岗区置业比 2002 年上升 14%。从表 6 与图 4 可见，香港对内地旅游人数 2005 年已突破 7000 万大关。

表 6　香港与内地各自影响对方旅游业程度表

年份	内地来港旅游（THKM）				港人来往内地旅游	
	人次	占总来港人数比	消费金额（百万港元）	占来港旅游总消费比	人次（万）	占内地入境旅游人数比
1996	2,311,184	19.7%	13,746.00	18.4%	3643.74	71.3%
1997	2,364,223	21.0%	15,209.00	21.2%	4110.14	71.4%
1998	2,671,628	26.3%	16,034.13	26.0%	4636.24	73.0%
1999	3,206,452	28.3%	14,659.62	25.8%	5289.95	72.7%
2000	3,785,845	29.0%	14,012.31	30.8%	5855.97	70.2%
2001	4,448,583	32.4%	18,288.19	37.0%	5856.85	65.8%
2002	6,825,199	41.2%	22,993.58	50.6%	6187.94	63.2%
2003	8,467,211	54.5%	28,052.00	62.4%	5877.01	64.1%
2004	12,245,862	56.1%	33,378.00	57.8%	6653.89	61.0%
2005	12,541,400	53.7%	38,583.00	71.1%	7246.09	60.2%

数据来源：1997—2006 年《中国旅游年鉴》以及《香港经济年鉴》

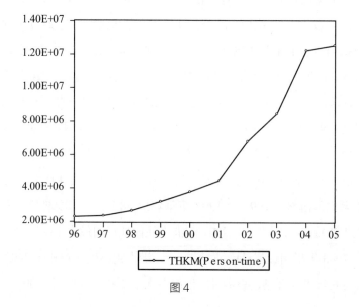

图 4

五、香港与内地经贸合作前景与对策

综上所述，自内地改革开放尤其是香港回归祖国后，香港与内地经贸合作发展迅速。内地改革开放早期，内地通过香港这一国际联系桥梁与窗口，拓展了与国际市场的联系，经济取得了迅速发展，这时期内地对香港经济依赖性较大；到上世纪 90 年代，双方经贸关系逐渐转向香港对内地经济后盾依赖性加大；到今天，香港对内地经济后盾的依赖性进一步加大。但是两地经济始终存在互补性，随着内地经济的继续高速发展，内地作为香港经济强有力后盾的作用将进一步加强，而香港作为服务业尤其是金融业高度发展的国际化大都市，其作为内地集资中心、物流中心及与国际联系中介地位仍将发挥不可替代的作用。内地进一步开放人民币业务、"9+2（香港与澳门）"泛珠江三角洲区域合作的开展、两地交通网络的进一步完善等等，将推动香港与内地经贸合作不断深入，而"内地与香港更紧密经贸关系安排"（CEPA）更成为两地经贸融合与一体化的推动机。从 1979 年我国第一部关于引进外资的法律《中华人民共和国中外合资经营企业法》开始，内地与香港经贸合作逐步走向法制化，之后《商标法》《外资企业法》《海关法》及《合作经营企业法》等作为补充相继出台，1991 年出台《外商投资企业和外国企业所得税法》，明确规定了对外资企业税收优惠政策，促使 1992 年香港对内地的直接投资比 91 年增长 200%，如果把香港回归前内地对外资的所有法律和政策看成是为双方建立经贸合作关系服务，那么香港回归后 CEPA 的出台就可以看成是为香港与内地经贸一体化服务，CEPA 及其三个补充协议包括了三次产业的几乎每个领域，其不仅方便香港产品、资金和人才投放内地，且包括了有助香港本土经济发展的辅助政策，可以说 CEPA 在内地与香港经贸关系发展历程中具有里程碑意义，为最终实现内地与香港经贸一体化铺平了道路，因此两地经贸合作前景广阔。当然两地经贸合作也存在问题，这些问题如不能及时解决，必然阻碍两地经贸合作顺利发展，目前急需解决的主要是在内地的香港低技术企业出路问题，以及内地对香港转口贸易发展问题。

香港需调整对内地投资的行业和区域分布，否则香港对内地的投资将会萎缩。香港对内地的投资四成集中广东，且绝大多数集中在较低技术行业，这种区域和行业布局已经不能适应内地经济发展，也不符合香港在内地投资长远利益。今年 4 月中国内地制定新的《企业所得税法》，内地从 2008 年起在税收优惠方面将由原来的区域优惠政策改为产业优惠政策，即取消《外资企业所得税法》中规定的对设在经济特区和开放区等区域的外资企业的税收优惠，改为对高新技术、环保、服务和安全等产业税收优惠。由此香港需改变对内地投资策略，包括尽可能选择国家鼓励发展的行业，以及进一步向广东以外地区扩展投资。如珠三角地区的加工制造业可考虑提升技术水平，也可考虑北移或西移，在区域性税收优惠政策被取消后内地中部地区的成本比经济已经发展起来的广东要优惠很多。

香港还需调整对内地贸易结构。随着内地与其他经济体联系的加强及内地港口的增加，内地与其他国家和地区之间的贸易将越来越多不经过香港转口，加上内地因不断扩大的贸易顺差而头痛，而在贸易顺差中很大一部分来自加工贸易出口，国家必定会在如何优化出口结构、理顺进出口关系上采取措施，这对香港与内地以外发加工贸易为主的转口贸易影响很大。为此香港必须重新定位与内地之间的贸易关系，如何继续发挥和保持香港港口优势，如何优化与内地之间的贸易结构成为香港政府与工商界的重要课题。

参考文献

[1] "香港与中国内地经贸合作的回顾与前瞻"，周维平，《港澳经济》1997 年第 2 期。

[2] "新时期香港与内地经贸合作的优势与角色定位"，吴敬琏，《宏观经济研究》2002 年第 5 期。

[3] "中国内地公司香港上市：实证分析与理论反思"，应展宇，《经济理论与经济管理》2006 年第 11 期。

[4] "95 年到 05 年香港对内地外发加工"，《香港统计月刊》2006 年 11 月。

[5] "CEPA 条件下内地与香港经贸关系的发展"，左连村，《学术研究》2006 年第 2 期。

[6] 《一国两制在港澳的实践与两岸统一研究》，陈丽君，香港天马出版有限公司 2006 年出版。

（本文刊载于《人民网》2007 年 6 月 7 日、《人民日报》2007-06-08 第 12 版、《纪念香港基本法实施十周年文集》，全国人大常委会香港基本法委员会办公室编，中国民主法制出版社 2007 年 10 月版，第 171-183 页。）

社会治理创新的路径遵循*

——基于内地与香港比较视角的探讨

刘祖云**

〔摘要〕社会治理创新，既要符合社会生活常理，也要符合社会发展常识。社会治理的社会化、法治化和人性化是社会治理创新的路径遵循。基于"重叠性"理论视角分析所反映出的香港社会结构分化及功能专化程度明显高于内地的现状，内地社会治理的社会化一方面应顺应社会结构分化的趋势推进社会组织的多样化发展，另一方面应顺应社会功能专化的趋势提升社会组织的专业化水平；基于"嵌入性"理论视角分析所反映的香港与内地法治化进程的不同及内地法治化有更多社会拖累的现状，内地社会治理的法治化应注重改善并培育滋养法治健康成长的社会土壤，必须根治权力任性、资本贪婪和人情绵缠这三个顽疾，必须根植平等意识、规范意识和程序意识这三种意识；基于"现代性"理论视角分析所反映的香港社会已经现代化而内地社会正在现代化并正在经历现代化"恶果"较为集中且频繁发生的社会转型期的现状，内地社会治理的人性化应通过同时加大制度文明和精神文明的供给来防止"毒奶粉""毒疫苗"等触犯道德和诚信底线的社会现象的滋生和蔓延。

〔关键词〕社会转型　社会治理　创新　路径遵循　内地　香港

---

* 基金项目教育部人文社会科学重点研究基地重大项目（17JJDGAT003）
** 刘祖云，哲学博士，中山大学粤港澳发展研究院教授，中山大学港澳珠江三角洲研究中心教授，中山大学社会学与人类学院教授，博士生导师；广东广州 510275。

在当下中国社会，社会治理创新的提法似乎成为一种时髦。笔者以为，社会治理创新，既要符合社会生活常理，也要符合社会发展常识。因此，笔者曾经就"社会转型与社会治理创新"这一问题发表拙见 [1]（P29-35）并做客讲座 [2]。在如何加强和创新社会治理这一问题上，中共十九大报告不仅直接提出了社会治理的社会化和法治化，而且多视角多层面地描绘并指出了社会治理的人性化。

笔者认为，社会治理的社会化、法治化及人性化，既是社会现代化的重要内容，也是社会治理创新的路径遵循。由于香港是现代化的先发地区而先行经历了社会转型，而内地是现代化的后发地区且正在经历社会转型，因此，从内地与香港比较视角探讨社会治理创新的路径遵循，对于内地社会治理创新具有重要意义。为此，下面初步探讨三个问题：一是社会转型与社会治理社会化；二是社会转型与社会治理法治化；三是社会转型与社会治理人性化。

一、社会转型与社会治理社会化

笔者曾经认为，在社会发展研究方面有三大著名理论：一是依据生产力状况特别是科学技术状况不同将前后相继的人类社会划分为前工业社会、工业社会和后工业社会；二是依据生产关系状况特别是生产资料占有状况不同将前后相继的人类社会划分为原始公有制社会、私有制社会和公有制社会；三是依据包括生产力和生产关系在内的社会结构状况不同将前后相继的人类社会划分为传统社会、转型社会和现代社会 [3]（P4-6）。由于上述三种理论是分别从不同角度解读人类社会发展，这三种理论实际上既相互区别又相互联系。

所谓社会现代化理论，就是上述第三种理论。社会转型与社会现代化这两个概念均来自这一理论，其本质都是揭示人类社会如何从传统走向现代，不同的是前者注重过程，后者强调走向。其实，社会现代化理论是基于将前后相继的人类社会划分为传统社会与现代社会，起初并没有转型社会这一提法，这一提法其实来自著名社会学家金耀基教授的研究。金耀基教授曾经描述转型社会的三个特征 [4]（p66-67）：一是异质性，即转型社会是传统因素与现代因素杂然并存的社会；二是形式主义，即转型社会是现代因素有其名不完全有其实的社会；三是重叠性，即转型社会是社会结构的分化与不分化及其功能的专化与普化相互重叠的社会。

上述第三个特征即重叠性表明，传统社会是社会结构不分化及功能普化的社会，现代社会则是社会结构分化及功能专化的社会，而从传统社会向现代社会转变的过程就是其社会结构不断分化及功能不断专化的过程。依据这一理论视角，仅从结构分化角度看，世界不同国家或地区至少可以划分为结构尚未分化、结构正在分化和结构较为分化三种类型。作为现代社会的中国香港显然处于结构较为分化的状态，而作为转型社会的中国内地显然处于结构正在分化的状态。

改革开放之前的中国内地社会，是一个相对封闭的社会，社会结构分化及功能专化程度较为低下。产生这一社会状况的原因，不仅因其社会发展程度不高，而且还因其实行的是政府包揽一切的高度集中的经济社会体制，这种体制使中国经济社会发展日益失去活力和动力。1978 年开始的改革开放实际上是针对这种体制的弊端而展开的：首先开始的经济方面的改革围绕建立充满活力的市场化治理体制而进行，改革的基本取向是政府让权于市场；随后进行的社会方面的改革围绕建立"社会福利社会办"[5]（P4-7）的社会化治理体制而进行，改革的基本取向是政府分权给社会。

社会治理的社会化改革，实际上是在社会结构的不同层面展开：

一是在社会宏观结构层面表现为有些社会治理职能不再由政府完全承担，即从政府为主体的一元化治理模式向政府为主体、政府为主导、政府为指导的多元化治理模式转变。这里，政府为主体的社会治理是指政府直接进行的社会治理，政府为主导的社会治理是指政府只是提供政策指导和资金支持的社会治理，政府为指导的社会治理是指政府仅提供政策指导的社会治理。

二是在社会中观结构层面表现为有些社会治理职能不再完全由社会职能组织或单位承担，即社会治理模式从"单位办社会"向"社会办单位"转变。

所谓"单位办社会"，就是企业办社会、学校办社会、机关办社会等社会现象的总称，是指就业者所在单位在给其就业者个人提供工作机会的同时，还给就业者个人及家庭提供从摇篮到坟墓的生存型、发展型及享受型福利。"单位办社会"显然是社会发展及社会分化程度不高的表现，将其社会职能剥离给社会是社会转型的大势所趋。

三是在社会微观结构层面表现为有些家政管理职能和家务劳动事项不再由家庭承担，而是外包给社区服务机构或中介服务组织。这一变化不仅是为了适应社会结构的分化及功能的专化，也是为了适应家庭规模的小型化和家庭结构的核心化。

与内地社会处于结构正在分化的状态不同，香港社会在宏观、中观及微观结构层面均处于结构较为分化的状态。这里撇开宏观和微观不谈，仅从中观结构层面比较香港与内地社会结构分化程度的不同。笔者认为，在中观结构层面，香港与内地社会结构分化程度不同的一种最直观表现就是高校与社会的相互关系模式不同。如果说香港是"社会办学校"，其高校与社会是一种有机联系状态，那么内地还是"学校办社会"，高校与社会还没有完全摆脱机械联系状态。尽管随着内地"高校后勤社会化改革"的推进而使其"学校办社会"的程度逐步降低，但"学校办社会"的负担仍然较重：香港高校是社会办食堂，内地高校则还是学校办食堂；香港大学校园只有师生个人寝室，内地大学校园除师生个人寝室外还有教师家庭住宅；等等。这些在一定程度上反映了中观结构的不分化。结构的不分化必然影响其功能的专化，也就是说，高校社会负担过重必然影响其专项功能即教学和科研功能的发挥。

其实，像高校这样的专业组织的专业功能的发挥，不仅会受到社会结构变动的影响，还会受到甚至更会受到其他社会因素的影响。譬如，在"金钱可以代替一切"的特定社会情形下，高校只能"以经济创收为中心，然后教学搞一点并科研搞一点"。再如，在"政治可以代替一切"的特定社会情形下，高校只能"以贯彻落实其特定政治任务为中心，然后教学搞一点并科研搞一点"。当然，这里只是涉及社会结构分化及其功能专化状况对高校教学和科研功能发挥的影响。

基于重叠性理论视角，中国内地社会治理的社会化，在其操作层面的首要任务是培育和发展社会组织：一方面应顺应社会结构分化的趋势推进社会组织的多样化发展，即培育和发展满足不同社会治理需要的多样化社会组织。社会组织的培育和发展不应对口政府的不同职能部门，而应基于社会治理的不同需要。譬如培育和发展垃圾治理、厕所治理、楼道治理、河道治理等满足不同社会治理需要的社会组织。不同社会治理需要，既是不同社会组织存在的依据，也是不同社会组织发展的原因。另一方面应顺应社会功能专化的趋势提升社会组织的专业化水平，即培育并提升社会组织满足特定社会治理需要的专业化水平。在此方面，社会组织发展的重点，不应是其组织自身的大而全或小而全，而应是通过提升其专业化水平加强其社会治理功能的针对性和有效性。

二、社会转型与社会治理法治化

法治，是一种现代社会治理文明。法治化，即人类社会从人治走向法治，不仅是社会转型的核心内容，而且是社会文明的重要标志。正因为如此，我们党从十八大以来就坚持全面依法治国，坚持法治国家、法治政府、法治社会一体建设[6]（P7），社会治理的法治化因此在全面依法治国的轨道上阔步前行。在此基础上，党的十九大报告进而明确提出了社会治理的法治化，社会治理的法治化因此展现出光明前景。

社会治理法治化是一项久久为功的社会系统工程。之所以"久久"才能"为功"，是因为社会治理模式的改变以及由此导致的人们习以为常的思维和行为方式的改变，是一个传统因素与现代因素此消彼长的社会进化过程。也就是说，社会治理的法治化，是社会与法治相互选择并相互调适的艰难而又漫长的历史过程。

行文至此，一项著名的学术研究不得不提，即嵌入性研究[7]（P8）。此项研究起初是探讨经济增长如何受制于社会因素的经济嵌入性研究，后来有学者将经济嵌入性研究延伸至法律嵌入性研究，并认为法律与社会的密切程度高于经济与社会的密切程度[8]（P7）。也就是说，相对于经济而言，法律更受制于社会。既然如此，那么法律又是如何受制于社会的呢？笔者认为，制约或影响法律乃至法治最为基本的社会原因是社会现代化发展程度的不同，因为法律乃至法治是一种现代社会因素，是社会发展到较高程度的产物。从这个意义上讲，作为现代社会的香港和作为转型社会的内地，其社会治理的法治化程度无疑存在差别。

首先仅用两个指数和一个评价来看看香港回归以来特别是近年来的法治状况：一是全球治理指数。根据世界银行每年颁布的全球治理指数（Worldwide Governance Indicators）[9]，香港地区在法治单项得分中长年保持在百分制的90分以上，是全球法治评分最高的地区之一。如在2016年的法治评分中，香港地区获评94分而位居世界第12名。二是全球法治指数。根据世界司法项目（World Justice Project）每年颁布的全球法治指数报告[10]，香港地区的法治指数一直居于全球前20名，是全球法治程度最完善的地区之一。如在2018年的法治指数排名中，香港地区位居第16名。三是香港居民评价。香港回归至今，香港居民对香港社会法治程度、司法制度公平程度和法庭公正程度的评价一直维持在较高水平，详情见图1[1]。

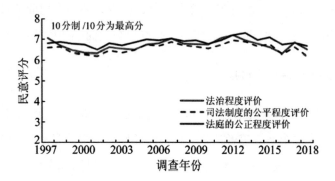

图1　香港居民对香港法治程度、司法公平程度和法庭公正程度的评价

1　数据来源自香港大学民意调查中心，由笔者整理制图。

如果说香港的法治建设成果丰硕并举世公认，那么内地的法治建设正全面展开且砥砺前行。1949 年以来特别是改革开放以来，我国内地的法治建设逐步提上议事日程并不断取得进展，党的十八大以来随着全面依法治国的推进，"科学立法、严格执法、公正司法、全民守法深入推进，法治国家、法治政府、法治社会建设相互促进，中国特色社会主义法治体系日益完善，全社会法治观念明显增强。国家监察体制改革试点取得成效，行政体制改革、司法体制改革、权力运行制约和监督体系建设有效实施"[6]（P137）。

尽管如此，但相对香港来说，内地在社会治理法治化方面还存在一些问题，"有法不依、执法不严、违法不究现象在一些地方和部门依然存在；关系人民群体切身利益的执法司法问题还比较突出；一些公职人员滥用职权、失职渎职、知法犯法甚至徇私枉法严重损害国家法治权威；公民包括一些领导干部的宪法意识还有待进一步提高"[11]。

导致上述问题存在的原因是多方面的，其中一个基本原因在于数千年人治历史的人治惯习还根深蒂固。相对香港社会而言，内地社会的法治化尚有更多的社会负担或社会拖累。因此，基于嵌入性理论视角，我国内地社会法治化的推进还有赖于社会建设，还有赖于改善并培育滋养法治健康成长的社会土壤。那么，如何通过社会建设来推进社会治理的法治化呢？笔者认为，作为滋养法治成长的土壤改善和培育工程，至少需要两个层面的艰巨努力，一是在行为层面必须根治三个顽疾，二是在思想层面必须根植三个意识。

（一）必须根治三个顽疾

基于近些年媒体曝光的权力腐败个案和笔者于 2014 年通过监狱访谈获取的 36 个权力腐败个案，笔者认为，权力的任性、资本的贪婪、人情的绵缠，既是影响我国社会健康运行和发展的三个顽疾，同时也是社会治理法治化的三个天敌。因此，随着社会转型的推进而不断根治这三个顽疾，既是社会治理法治化的必然要求，也是社会治理法治化的主要内容。

权力的任性是社会治理法治化必须根治的第一个顽疾。这里所说的权力，是指公共权力。权力的任性，是指权力的行使既不遵守相应的规范，也不接受相应的监督；既表现为权力的过量使用，也表现为权力的越界使用，尤其表现为公权私用。仅从党的十八大以来所揭露的大小权力腐败案例看，既有"高官"在其所管地区翻手为云和覆手为雨[12]，在其所辖天地经营以自己为核心的团伙或帮派[13]，也有"村官"在其村里称王称霸并利用各种机会肆无忌惮地中饱私囊[14]。因此，"加强对权力运行的制约和监督，把权力关进制度的笼子里"[6]（P388），并在此基础上不断扎牢这个笼子，进而根治权力的任性，无疑是社会治理法治化的首要任务。

资本的贪婪是社会治理法治化必须根治的第二个顽疾。资本的增殖是资本的本性，是资本的生存理由或生存逻辑。然而，资本的增殖是建立在其经济规律和社会规范基础上的增殖。而资本的贪婪，则是在资本的增殖过程中，既不依照经济规律，也不遵守社会规范，甚至有时还丧尽天良。作为社会批判理论的马克思主义及新马克思主义均深刻揭露并批判资本的贪婪：前者认为资本的贪婪导致了整个社会的不平等；后者进而认为资本的贪婪还带来了城市空间的不平等[15]（P1-7）。在当下中国社会"毒奶粉"[16]"毒疫苗"[17]等社会事件的发生，以及行贿受贿、偷税漏税等社会行为的猖獗，无不是资本贪婪的表现。2014年，笔者曾到监狱访谈了行政级别不同（从正科级到正厅级）和获刑程度不同（从刑期5年到死缓）的36个权力腐败个案[18]（P1-10），并因此发现：第一，每个案件都与金钱有关，即都是因其贪占金钱的数量不同而获得不同的刑期；第二，每个案件都与权力有关，即都是将公共权力作为获取个人利益的资本。在此，笔者看到了另类资本贪婪，即将本不属于个人的权力当作个人资本并借此大肆捞取个人利益。由此可见，根治资本的贪婪特别是根治另类资本贪婪，无疑是社会治理法治化的艰巨任务之一。

人情的绵缠是社会治理法治化必须根治的第三个顽疾。这里所说的人情，其实是一个中性词语，既可用于好的方面，如用于相互关心乃至相互帮助；也可用于不好的方面，如用于相互索取乃至相互伤害。人情的绵缠，是指人情用于不好的方面，是指人情的工具化和功利化，即将人情用于非法获取社会资源甚至不达目的誓不罢休。中国武汉有句俗语"痞子怕绵缠"，意思是死皮赖脸也惧怕胡搅蛮缠。如果采用本文的话语，这句话的意思就是，比起死皮赖脸的痞子，胡搅蛮缠的熟人更可怕。党的十八大以来所揭露的件件权力腐败案例表明，公权私用大致有两种形式，一种是直接的公权私用，即有些党政官员利用手中的公权为自己及家人谋取利益，另一种是间接的公权私用，即有些党政官员利用手中的公权为他人谋取利益进而自己也从中得到好处。而这后一种公权私用的发生，又大多是人情的绵缠所致。因此，克服并根治人情的绵缠，既是社会治理法治化的需要，也是反对和防止权力腐败的需要。

（二）必须根植三种意识

社会治理法治化的推进，不仅应在行为层面根治上述三个顽疾，而且应在思想层面根植平等意识、规范意识和程序意识。

社会治理法治化必须根植的第一个意识是平等意识。这里所说的平等，既不是指经济收入没有多与少之分，也不是指管理角色没有领导与被领导之别，而是指人人平等享有做人的权利和做人的尊严，是指人权和人格的平等。之所以首先必须根植平等意识，是因为平等意识是法律意识的前提和基础，只有真正意识到做人的权利和尊严并不因为物质财富的多少和政治权力的大小而有丝毫区别，才能真正认同法律面前人人平等。当然，根植平等意识并非易事，由于官本位体制和机制在中国社会延续了几千年，等级意识乃至特权观念不仅成为社会强势群体的群体观念，而且成为社会弱势群体的群体意识。一个"从"字表明，即便两人同行也要分个主从，一个"众"字显示，如果三人共事要有上下之分。因此，根植平等意识，既需要不断厘清平等的准确涵义，更需要不断根除根深蒂固且风情万种的等级意识和特权观念。

社会治理法治化必须根植的第二个意识是规范意识。这里所说的规范，是指人们共同认可并共同遵守的行为准则。随着人类社会发展程度的不断提高，先后产生了习俗、道德、纪律、法律等不同形式的社会规范。由于习俗、道德是非强制性和非制度化规范，而纪律、法律是强制性和制度化规范，社会规范的演进因社会异质程度的提高以及由此而导致的社会张力的增强而发生了两个方面的转化：一是发生了从非强制性到强制性的转化，二是发生了从非制度化到制度化的转化。从某种意义上讲，上述两个方面的转化，就是从人治向法治的转化。当下中国社会，社会转型行进至关键期或深水区，社会矛盾和社会问题交织重叠，因而需要强力推进法治，即需要"任何组织或个人都必须在宪法和法律范围内活动""任何组织或个人都不得有超越宪法和法律的特权"[6]（P138）"绝不允许以言代法、以权压法、逐利违法、徇私枉法"[11]。如果这些强制性规范要求真正成为每个组织和个人的规范意识进而成为其规范行为，那么就意味着我们的法治获得成功。

社会治理法治化必须根植的第三个意识是程序意识。从思想与行为的相互关系看，如果说平等意识是法律行为的前提，规范意识是法律行为的指令，那么程序意识则是法律行为的保证。以城市社会住房保障为例，无论是保障房的兴建，还是保障房的分配，任何一项涉及保障房决策的制定、执行、监督及评估，均应经历相应的程序。由于程序可以避免其治理的随意性而提高其治理的科学性，程序与否因而是区分人治与法治的重要标志。

三、社会转型与社会治理人性化

人性化概念，始于管理学研究。人性化管理，就是在管理过程中坚持以人为中心，其技术发展应围绕人的需要展开，人的因素既是管理的首要因素，也是管理的核心因素。人性化社会治理，在内涵和外延方面或许与人性化管理有所不同，但相同的是坚持以人为中心并一切从人的需要出发。笔者认为，党的十九大报告，无论是社会主要矛盾论述中关于人民日益增长的美好生活需求的表述，还是社会发展目标论述中关于使人民获得感、幸福感、安全感更加充实、更有保障、更可持续的论断，都充分体现了以人为中心并一切从人的需要出发的宗旨。

在加强和创新社会治理方面，党的十九大报告关于保护人民人身权、财产权、人格权的论述实际上也是从不同角度解读了坚持以人为中心并一切从人的需要出发：其一，保护人民的人身权的提法及报告中关于在幼有所育、学有所教、劳有所得、病有所医、老有所养、住有所居、弱有所扶上不断取得新进展的承诺实际上是在回应并满足人们生存的需要；其二，保护人民的财产权的提法实际上是对个人财富的增多回应并满足人们安全和发展的需要；其三，保护人民的人格权的提法实际上是对人们精神需求增强的回应并满足人们自尊的需要。

社会治理人性化无疑是社会现代化的重要内容，但社会治理的人性化与社会现代化并不会严丝合缝地同步前行，即社会现代化的某一时期或阶段可能会出现相左甚至相反的情形，可能会出现非人性甚至反人性的现象。至此，笔者自然想到一项社会学、历史学、哲学等学科均投入其中的现代性研究。现代性与现代化是相辅相成的一对概念，由于现代性经由现代化而产生，因此，现代化是动态性的"因"，现代性则是静态性的"果"[19]（P15-18）。不过，现代性研究的重点并不是现代性与现代化两者之间的关系，而是现代性的不同性质，即作为现代化"善果"和"恶果"的现代性[20]（P27-34）。有的研究将现代化导致的社会秩序的理性化视为"善果"的现代性，而将现代化导致的心灵秩序的感性化视为"恶果"的现代性。笔者则认为，无论在社会结构层面还是在社会心理层面，现代化既产生"善果"的现代性，也产生"恶果"的现代性。

在社会结构层面，作为现代化"善果"的现代性，主要表现为先进特性的获得，即在工业化、市场化、城市化、民主化、法治化、科学化等现代化过程中逐步获得工业、市场、城市、民主、法治、科学等先进特性作为现代化"恶果"的现代性，主要表现为代价性付出，具体又可概括为两个方面关系的恶化：一方面是人与自然关系的恶化，其典型表现是工业化在为人类社会发展作出巨大贡献的同时也在其特定时期或特定情形下破坏自然植被[21]（P225）另一方面是人与人关系的恶化，其典型表现是市场化在为人类财富增多作出巨大贡献的同时也在其特定时期或特定情形下破坏"社会植被"[21]（P226）。

在社会心理层面，作为现代化"善果"的现代性，一方面表现为个人在现代化过程中逐步养成乐于接受新的社会变革、新的生活经验、新的思想观念、新的行为方式等12个方面的个人思想和行为特质[22]（P25-30）另一方面表现为善良、仁义、诚信、尊严等人性观念的传承和升华。有关研究特别是哲学研究认为，正因为个人不顾一切地追求自己当下的感官性满足，才发生不顾别人甚至伤害别人的现象进而导致人与人关系的恶化，才发生污染甚至破坏环境的现象进而导致人与自然关系的恶化。

特别指出的是，作为现代化"恶果"的现代性，往往集中并频繁发生在社会从传统社会向现代社会过渡的社会转型期。所谓的社会转型陷阱，不仅表现在经济层面，即表现为中等收入陷阱；而且表现在社会层面，即表现为社会发展失衡、失调和失序[21]（P194-245）；还表现在心理层面，即表现为非人性甚至反人性现象的出现。中国内地居民近几年相继到香港批量购买奶粉[23]并于2018年开始带小孩到香港种疫苗[24]的现象表明：内地社会正在跨越转型陷阱，有时有人还处于较为野蛮地创造、分配和享受财富阶段；香港社会已经跨越转型陷阱，社会整体已处于较为文明地创造、分配和享受财富阶段。

基于现代性理论视角，鉴于社会转型期是现代化"恶果"较为集中且频繁发生的时期，中国内地社会的现代化，既要竭力避免并减少现代化"恶果"的发生，又要努力促进并加大现代化"善果"的产出。而从社会治理人性化角度看，中国内地社会近些年在官场出现的形形色色的权力腐败、在商场相继出现的"毒奶粉"和"毒大米"等社会事件以及在医院先后出现的"毒疫苗"和"毒盐水"等社会事件表明，现代化的"恶果"似乎恶劣到触犯道德和诚信的底线，曾经是以讲德行和讲诚信著称的伦理型社会正面临道德沦丧和诚信缺失的挑战。

在论及中国改革开放过程中出现的犯罪现象增多、不正之风蔓延等负面社会现象时，邓小平曾指出，不能一手硬而一手软，强调两手都要抓且两手都要硬。而他的"两手都要抓"因针对的问题不同有两层涵义：一层涵义是一手抓经济建设，一手抓法治建设[25]（P154）另一层涵义是一手抓物质文明建设，一手抓精神文明建设[26]（P620-621）。依据这一思路，借助当下时髦的"供给"一词，笔者认为，现代化"恶果"的较为集中且频繁出现，在一定意义上是因为物质文明、制度文明和精神文明这三个文明的供给在社会转型期出现不同步或不协调所致。具体来说，就是相对物质文明供给来说，制度文明和精神文明的供给显得明显滞后和严重不足。

制度文明供给的滞后和不足，在很大程度上是因社会转型而导致的规范重叠，即社会转型期是制度化规则与非制度化规则相互重叠。而且，制度化规则往往是先在其表、先有其名，然后才逐步由表及里、由名到实。因此，在社会转型过程中着力推进作为现代制度文明的制度化规则由表及里、由名到实的发展，进而使其制度化规则成为人们遵守的唯一规则，既是社会治理现代化的需要，也是有效治理社会转型期种种社会矛盾和社会问题的需要。

精神文明供给的滞后和不足，在很大程度上是因其社会转型导致的"规范真空"[27]（P384-386）。所谓规范真空，是指因原有规范失去作用的过程要快于新的规范发生作用的过程而出现的规范形同虚设状态。无论是观念还是信念，一旦遭到质疑乃至否定，很快就会失去作用。与此相反，即便是已被国家和政府认可甚至树立的观念和信念，实际发生作用还需要一个过程，还需要个人从思想上逐步接受并在自己的行动上逐步遵从的过程。因此，在社会转型过程中促进作为现代精神文明的社会观念和信念成为个人观念和信念进而成为个人行为，既是个人现代化的需要，也是从根本上防止各种非人性乃至反人性现象发生的需要。

其实，防止现代化"恶果"的发生，特别是防止社会转型期道德沦丧和诚信缺失等现象的滋生和蔓延，制度文明和精神文明的作用是相辅相成的。仅以社会诚信建设为例，当下中国内地的社会诚信建设，既需要制度文明建设，也需要精神文明建设，更需要这两个文明建设的相互补益和共同作用。具体来说，一方面，我们应该在制度层面建设或完善记载个人或集体诚信状况的诚信档案制度，个人或集体守信的社会认可及奖励制度，个人或集体失信的社会曝光及惩戒制度等有关制度；另一方面，我们应该在思想层面着力宣传并彰显守信的社会功能、失信的社会危害以及古今中外有关诚信的精彩思想及经典案例等。

最后还特别指出的是，我们的精神文明建设当然需要传承并创新中华民族的优秀传统文化，但有两个问题非常值得我们去进行思考与研究：一是如何真正"使中华民族最基本的文化基因与当代文化相适应、与现代社会相协调"[6]（P161）；二是相对内地而言，香港在社会治理方面为什么既成功吸收了现代文明，又成功地传承了中华民族的优秀传统文化。

参考文献

[1] 刘祖云. 社会转型与社会管理创新：一个新的分析视角. 晋阳学刊，2013，（5）.

[2] 刘云鹏. 刘祖云做客阳江大讲堂主讲社会转型与治理创新. 阳江市政府网，2017-08-31. [2018-09-23]http://www. yangjiang. gov. cn/xxgk/ywdt/yjyw/201708/t20170831-172769. shtml.

[3] 刘祖云. 发展社会学. 北京：高等教育出版社，2006.

[4] 金耀基. 从传统到现代. 广州：广州文化出版社，1989.

[5] 多吉才让. 关于社会福利社会化的几个问题. 中国社会工作，1998，（4）.

[6] 习近平谈治国理政. 北京：外文出版社，2014.

[7] 马克·格兰诺维特，理查德·斯威德伯格. 经济生活中的社会学. 瞿铁鹏，姜志辉译. 上海：上海人民出版社，2014.

[8] 张洪涛. 法律的嵌入性. 南京：东南大学出版社，2016.

[9] World Bank. Worldwide Governance Indicators. 世界银行官网，2018-08-01. [2018-09-24]https://data. world bank. org/data-catalog/worldwide-governance-indicators.

[10] World Justice Project. Annual Report 2016. 世界正义项目官网，2017-01-08. [2018-08-01]https://worldwsticeproject. org/our-work/publications/annual-reports/annual-report-2016.

[11] 习近平. 决胜全面建成小康社会夺取新时代中国特色社会主义伟大胜利——在中国共产党第十九次全国代表大会上的报告. 人民日报，2017-10-28.

[12] 霍小光，杨维汉. 薄熙来受贿、贪污、滥用职权案庭审纪实. 人民日报，2013-08-28.

[13] 媒体点名"三大帮派"代表人物. 京华时报，2015-01-04.

[14] 精心"布局"亦难逃惩处——安徽淮北市"巨贪村官"腐败案调查. 中国纪检监察报，2016-02-03.

[15] 刘祖云. 社会学视角的城市空间形塑：从香港到内地. 江苏社会科学，2017，（5）.

[16] 张焕平，李禹護，丁苗等. 二聚氨胺问题奶粉事件. 财新网，2008-09-16. [2018-09-24]http://special. caixin. com/event_0916/.

[17] 辛识平：疫苗"失信"比"失效"更可怕. 新华网，2018-07-22. [2018-09-24]http://www. gd. xinhuanet. com/newscenter/2018-07/22/cJ123161122. htm.

[18] 刘祖云. 权力惯习与权力腐败——基于对 36 个权力腐败个案的研究. 中国社会科学内部文稿，2014，（6）.

[19] 陈嘉明. "现代性"与"现代化"新华文摘，2004，（4）.

[20] 金耀基. 论中国的"现代化"与"现代性"——中国现代的文明秩序的建构. 北京大学学报（哲学社会科学版），1996，（1）.

[21] 刘祖云. 中国社会发展三论：转型·分化·和谐. 北京：社会科学文献出版社，2007.

[22] 阿列克斯·英格尔斯．从传统人到现代人——六个发展中国家中的个人变化．顾昕译．北京：中国人民大学出版社，1992.

[23] 内地客组团赴香港婴儿展扫货主要买奶粉．人民网，2015-08-07．[2018-09-24]http://hm. people. com. cn/n/2015/0807/c42272-27428534. html.

[24] 聚焦内地人赴港打疫苗热潮．环球网，2018-7-30．[2018-09-24]http://china. huanqiu. com/article/2018-07/12602682. html.

[25] 邓小平文选：第 3 卷．北京：人民出版社，1993.

[26] 中华人民共和国司法部．经济政策法规选编：1978. 12-1984. 10. 北京：人民出版社，1984.

[27] Émile Durkheim. Suicide：A Study In Sociology. New York：Free Press, 1979.

（本文刊载于《武汉大学学报》2018 年第 6 期，中国社会科学网 2018 年 11 月 9 日文萃转载，光明网 2019 年 4 月 25 日全文转载。）

澳门的"一国两制"与"人心回归"

袁持平 *

〔摘要〕自回归以来,"一国两制"在澳门得到成功的实践。"一国两制"取得成功的关键在于主权与人心的双回归。注重青少年的价值观培养是"一国两制"取得主权与人心双回归伟大胜利的重要一环,是坚持"一国两制",推进澳门与内地共同繁荣、稳定、发展的有效途径。澳门特别行政区从青年着手的"人心回归"工程表现尤为突出:不断完善与青年工作相关的制度建设,合理投放各类资源,多部门共同参与,增强政策执行力。未来,要在港澳地区推动国民教育,树立国家意识观念;鼓励青年积极参与社会事务,提升青年社会意识;适度推进普通话及历史教育,增进民族凝聚力;推进制度创新,实现港澳居民内地便利化发展;深化与内地的经贸合作,切实保障改善民生,增强港澳同胞对国家及全民族的认同感。

〔关键词〕澳门 一国两制 人心回归 国家认同感

国家主席习近平在庆祝澳门回归祖国 15 周年大会暨澳门特别行政区第四届政府就职典礼时说,"一国两制""澳人治澳"、高度自治方针和澳门特别行政区基本法在澳门社会广泛深入人心、得到切实贯彻落实,宪法和基本法规定的澳门特别行政区的宪制秩序得到尊重和维护,中央全面管治权有效

* 袁持平,中山大学粤港澳发展研究院教授、博导,港澳珠江三角洲研究中心副主任。研究方向为港澳经济、规制经济学、微观经济学。主要著作有《政府管制的经济分析》《澳门产业结构适度多元化研究》《澳门与横琴合作中的产业选择》等。

行使，特别行政区享有的高度自治权受到充分保障。[1] 2017 年，澳门经济总体稳定高速发展，本地生产总值高达 4042 亿澳门元，实际增速为 9.1%。此外，澳门同内地交流合作日趋深化，积极推进国家的发展战略，在多个领域与内地展开"先行先试"，如澳门大学横琴校区的建立、澳门对自身水域的管辖权和执法权、澳门单牌车可出入珠海横琴等。上述事实表明，中央政府给予了澳门很大的政策红利，促进了内地与澳门共同繁荣，这也是澳门坚守"一国"之本、善用"两制"之利的体现。

澳门在"一国两制"前提下
从主权回归到"人心回归"

自澳门回归以来，中央政府采取多项"挺澳""惠澳"措施，不仅为澳门的粮食等生活必需品提供保障，而且和澳门特区一起携手应对非典和国际金融危机。此外，内地开放自由行以及《内地与澳门关于建立更紧密经贸关系的安排》（Closer Economic Partnership Arrangement，CEPA）及其补充协议的实施，加强了内地和澳门之间的政治、经济、文化交流，为澳门"一国两制"的成功实施奠定了坚实的基础。[2]

主权回归是前提，人心回归是保障，两者需归一但并不等同。"一国两制"取得成功的关键在于主权和人心的双回归。相比于香港近年出现的"占中"事件以及"蝗虫论"等，澳门特别行政区政府的"人心回归"工程表现尤为突出。

早在 2000 年，澳门特区政府就开始大力弘扬中华传统文化，并在教育中注重对爱国主义情怀的培养。随后，澳门特区政府不断提出加强践行"一国

1　习近平：《坚持全面准确理解和贯彻"一国两制"方针才能走稳走实走远》，2014 年 12 月 20 日，http://www.xinhuanet.com//politics/2014-12/20/c_1113714943.htm

2　《澳门：伟大构想缔造的传奇故事》，新华网，2014 年 12 月 19 日，http://www.zlb.gov.cn/2014-12/19/c_127318519.htm

两制"和基本法，不断提升澳门市民的中华传统文化教育水平，进一步增强澳门市民的国家认同感与归属感。这些充分反映出，澳门特区强调社会个体对国家和民族认同的重要性，这也是澳门社会关注的重要议题。在这个过程中，人们意识到"一国两制"作为特别行政区产生和存在的前提条件，应当成为澳门国家观念培育的重要内容，这对塑造澳门的社会意识形态、提升公民整体素质有着重大意义。

国家主席习近平在庆祝澳门回归祖国 15 周年大会暨澳门特别行政区第四届政府就职典礼时发表讲话说："澳门同胞对国家的认同感和向心力不断加强，血浓于水的民族感情不断升华，爱国爱澳成为社会主流价值观。"[1]据澳门理工学院"一国两制"研究中心 2017 年 5 月所作的"一国两制"综合指标民意调查，"一国两制"（717 人，66.76%），"爱国爱澳"（675 人，62.85%），"关心社会，守望相助"（630 人，58.66%）处于澳门核心社会价值观的前三位，其中"一国两制"是最受澳门同胞认同的，同时，"爱国爱澳"也被高度认同，表明"一国两制"在澳门的实践极其成功，实现了主权与人心的双回归。在被问及自己作为中国公民是否自豪时，在 1052 位受访的澳门同胞中，对自己作为中国公民感到"非常自豪"和"比较自豪"的居民共 566 人，占 53.8%（2016 年中为 40.89%，增加了 12.91%），加上感觉"尚算自豪"的居民共 898 人，占 85.36%。这得益于近年来中国的综合国力迅速增强，中国在国际舞台上举足轻重。中国提出"一带一路"倡议并主导成立"亚投行"，获多个重要国家参与支持。正是有了"一国"的巨大优势，澳门特区才得以参与"一带一路"和粤港澳大湾区城市群发展战略，逐步发挥及完善自身优势。澳门居民中的中国公民对自己的身份认同感较高，体现了"一国两制"下的澳门居民国家认同和当家作主的满足感。

1　习近平：《坚持全面准确理解和贯彻"一国两制"方针才能走稳走实走远》，2014 年 12 月 20 日，http://www.xinhuanet.com//politics/2014-12/20/c_1113714943.htm

表 1 公共教育开支 （单位：百万澳门元）

年度	公共教育开支
2011	7961
2012	11360
2013	8024
2014	8580
2015	9515

数据来源：澳门特别行政区政府财政局

表 2 2011/2012—2015/2016 学年免费教育津贴
（各教育阶段金额单位：万澳门元/班；财政支出单位：万澳门元）

	幼儿	小学	初中	高中	财政支出
2011/2012 学年	57.0	60.0	77.0	87.0	116466
2012/2013 学年	60.5	64.0	82.0	93.0	123828
2013/2014 学年	75.5	80.7	100.8	114.3	155252
2014/2015 学年	81.0	89.5	109.0	124.0	176612
2015/2016 学年	88.0	97.1	118.0	134.2	200488

数据来源：根据 2011—2015 年《澳门教育年鉴》，2011—2014 年《教育暨青年局年刊》数据计算所得

表 3 2011／2012—2015／2016 学年"大专助学金计划"发放金额（单位：万澳门元）

	贷学金合计	奖学金	特别助学金	特殊助学金	补充资助	合计
2011/2012 学年	17605	1639	1753	480	436	21913
2012/2013 学年	19379	2023	2181	531	488	24602
2013/2014 学年	20517	2543	2537	483	590	26670
2014/2015 学年	20007	3335	2807	476	637	27262
2015/2016 学年	17935	2545	2351	312	355	28362
平均增长率	0.37%	9.20%	6.05%	−8.25%	−4.03%	5.29%

数据来源：根据 2011—2015 年《澳门教育年鉴》，2011—2014 年《教育暨青年局年刊》数据计算所得

澳门"一国两制"前提下"人心回归"的典型做法

由于青少年时期是价值观与意识形态形成的起步阶段，其价值观与意识形态会累积形成整个社会的价值观与意识形态，所以注重青少年的价值观培养是极其必要的，这也是"一国两制"取得主权和人心双回归伟大胜利的重要一环，是坚持"一国两制"，推进澳门与内地共同繁荣、稳定、发展的有效途径。

截至 2015 年，澳门教育暨青年局（简称教青局）公布的"澳门青年指标体系"数据显示，13—29 岁人口数为 156200，青年人口约占澳门整体人口的四分之一，是一个应当非常重视的群体。2013 年 12 月，澳门教育暨青年局推出《澳门青年政策（2012—2020）》（以下简称《青年政策》），其基本内容包括推动社会参与、促进身心成长、营造关爱氛围、增进社会流动四个方面。

本文以此为基础，结合相关数据与实地调研，总结澳门在"一国两制"前提下青年教育、"人心回归"的典型做法，进而结合最新的经济社会情况，提出澳门青年政策的改进空间，以期更进一步地促进澳门的人心回归，坚持"一国两制"，维护澳门与内地共同的繁荣、稳定、发展；并总结其发展经验，同时促进香港及台湾的人心回归。

将青年工作制度化，增强政策执行力。为推动培育青年的工作，澳门特区政府相关部门及社会组织不断完善与青年工作相关的制度建设，当中具体包括优化教育津贴制度与教育基金、颁布支持人才发展的施政方针与法规、制定关爱青年成长和发展的施政方针与法规、推行与澳门青年发展相关的资助计划，成立"青年政策"跨部门跟进小组等，为"澳门青年政策"相关项目的顺利实施提供资源和制度上的保障。

第一，优化教育津贴制度与教育基金。澳门特区政府设有教育发展基金和学生福利基金。2015/2016 学年，教育发展基金增设的资助项目包括：为低收入家庭的学生创造境外学习机会的"关爱学生境外学习资助计划"，以及"高中学生考取职业技能认证""学校暑期活动资助计划"和"横琴参观学习计划"等。学生福利基金主要支持的项目包括学费援助、膳食津贴及学习用品津贴、学生保险服务，以及牛奶和豆奶计划等，以此确保学生获得平等的机会，为学生创设一个安全和健康的学习环境。同时，为鼓励学生继续升读高等教育、培育澳门社会发展所需的专业人才，实施"大专助学金计划"，支持、鼓励家庭经济困难及成绩优异的学生继续升读高等教育课程。2015/2016 学年增加大专助学金的资助名额和金额，并放宽其贷学金申请人家庭人均收入的上限。此外，与银行合作推出"利息补助贷款计划"，向符合条件的学生给予利息补助。2012—2016 年，澳门特区政府持续提升上述多项津贴的发放金额，优化由各类基金推出和支持的计划项目，增大对教育工作方面的投入。

第二，颁布支持人才发展的施政方针与法规。澳门特区政府一贯坚持"教育兴澳""人才建澳"的施政方针，重视教育，注重培养具有国际竞争力的高素质人才。2016 年公布的《澳门特别行政区五年发展规划（2016—2020）》也提出，特区政府未来五年的发展战略之一是"教育兴澳、人才建澳"。

在非高等教育方面，澳门特区政府于 2011 年颁布《非高等教育发展十年规划（2011—2020 年）》，并于 2015 年系统检视该规划的执行情况。通过该规划的实施，致力于提升教育投入水平和效能、深化课程改革、优化持续教育、提升教师的专业能力、加强学生综合能力的培养。

第三，制定关爱青年成长和发展的施政方针与法规。2012 年 11 月 1 日，《规范进入娱乐场和在场内工作及博彩的条件》法例正式生效，禁止未满 21 岁人士进入娱乐场；此外，2016 年公布了通过第 10/2016 号法律修改的第 17/2009 号法律《禁止不法生产、贩卖和吸食麻醉药品及精神药物》，增加贩毒和吸毒罪的刑期，以及订定可以贩毒罪处分的毒品用量，有关法律于公布后的翌年初见成效。[1]

---

1 《澳规范赌博法例生效 1 年病态赌徒自我隔离不见成效》，中新网，2014 年 5 月 4 日，http://www.chinanews.com/ga/2014/05-04/6129805.sht

第四，推行与澳门青年发展相关的资助计划。因应青年发展需要，澳门教青局联同其他相关政府部门及社会组织于 2012—2016 年制订和实施了多项资助计划，以鼓励和推动青年发展教育工作，促进学生品德和能力培养，拓展对外交流合作。根据《粤澳合作框架协议》的内容，澳门特区政府于 2012/2013 学年设立"在粤就读澳门学生学费津贴计划"。同时，加深学生们对澳门的认识和归属感，培育其爱国爱澳情怀和公民意识。[1] 为培养中葡双语人才，特区政府定期组织中葡双方院校开展合作，研究设立相关人才培训及教研合作的专项资助，致力将澳门打造为中葡双语人才培训基地。[2] 自2013/2014 学年开始推行"培养葡语教师及语言人才资助计划"，资助高中毕业的学生赴葡萄牙修读葡西语学士及教育硕士、应用外语学士及（或）硕士课程，并与葡萄牙天主教大学达成合作共识，为赴葡升学的澳门学生举办葡语及葡萄牙文化预备课程，及格学生可直接升读该校上述课程。

第五，拓展对内地交流合作的资助计划。在促进与内地交流学习方面，澳门特区政府于 2016 年推出"千人计划"，每年遴选一千人赴内地交流学习；并配合人才培养的需要，于 2014 年推出"澳门优秀中学生培养计划"，组织中学生赴外地学习交流；为帮助学生了解横琴开发建设和未来发展，推出了"横琴参观学习计划"。[3]

合理投放各类资源，保证政策有效实施。依循人才培养的施政理念，围绕"澳门青年政策"的基本政策方向，澳门特区政府合理投放资源，满足"澳门青年政策"人才培养目标的切实需要，主要体现在以下几个方面。

首先，特区政府公共开支情况。澳门特区政府"公共教育"方面的开支

---

1 《教青局举办"在粤就读澳门学生学费津贴计划"启动仪式暨开课典礼》，澳门教育暨青年局，2015 年 7 月 20 日，https://www.gcs.gov.mo/showCNNews.php?DataUcn=90795&PageLang=C

2 《2015/2016 学年非高等教育和青年事务重点工作》，澳门新闻局，2015 年 8 月 31 日，https://mobile.gcs.gov.mo/pda_detail.php?DataUcn=91982&PageLang=CN

3 《澳门学生赴内地交流学习感受深加深认识祖国》，中新网，2016 年 10 月 20 日，http://www.chinanews.com/ga/2016/10-20/8038132.shtml

增加，由 2011 年的 79 亿澳门元，增至 2015 年的 95 亿澳门元。在"澳门青年政策"实施期间（2012—2015 年），澳门特区政府在该方面的总开支累计为 375 亿澳门元。（详见表 1）

其次，非高等教育的财政支出状况。澳门特区政府为符合条件的非高等教育领域学生提供免费教育津贴、学费津贴、书簿津贴、学费援助、学习用品津贴、膳食津贴、回归教育津贴等教育补助，为符合条件的高等教育领域学生提供贷学金、奖学金、特别助学金、特殊助学金、学习用品津贴、实习津贴等，确保澳门青年获得公平的受教育机会，促进培养青年形成良好身心素质。[1]2011/2012 学年—2015/2016 学年，用于免费教育津贴的财政支出依次为 116466 万、123828 万、155252 万、176612 万、200488 万澳门元（详见表 2），约占澳门各年财政总支出的 2.5%。用于免费教育津贴的财政支出的年均增长率为 14.6%，高于 2012—2015 年。澳门财政总收入和总支出的各年变动率平均值分别为 1.4% 和 13.4%，按每学年受惠学生平均人数（56333）分摊，人均每学年可获得免费教育津贴 2.7 万澳门元。免费教育津贴的受惠学生人数覆盖澳门幼儿、小学、中学注册学生总数的 80.2%。

可见，澳门特区政府对发展非高等教育的财政支持力度较大，幼儿、小学、中学各教育阶段每班免费教育津贴金额以及用于免费教育津贴的财政支出的增长速度较快，高于同期经济发展水平和财政收支水平。免费教育津贴的投入力度不断加大，受惠学生的覆盖范围较广。

再次，大专助学金计划的投入力度。学生福利基金中的"大专助学金计划"大幅提升投入力度，支持、鼓励家庭经济困难及成绩优异的学生继续升读高等教育课程，为澳门的发展培养所需的专业人才。2011/2012 学年—2015/2016 学年，"大专助学金计划"各类奖助学金各学年合计发放金额分别

---

[1] 崔世安：《2013 年度教育领域施政方针执行情况——澳门特区 2014 年施政报告中关于教育的论述（上）》，《世界教育信息》，2014 年第 12 期，第 60–67 页。《非高等教育委员会全体会议举行》，澳门教育暨青年局，2017 年 4 月 19 日，https://www.gcs.gov.mo/showCNNews.php?DataUcn=110777&PageLang=C

为 21913 万、24602 万、26670 万、27262 万、28362 万澳门元，年均增长率为 5.29%（详见表 3）。其中，贷学金发放金额较高，各学年发放金额分别为 17605 万、19379 万、20517 万、20007、17935 万澳门元，可见澳门特区政府对经济上有困难的、且要完成高等教育的学生的资助力度较大。

最后，鼓励终身学习的资助计划投入。澳门特区政府针对澳门青年发展的不同需要、提升个人素养和技能，推出"持续进修发展计划"；2011—2013 年推出第一阶段计划，为每位年满 15 岁的合资格澳门居民提供 5000 澳门元进修资助，使用资助超过 5.2 亿澳门元；2014—2016 年推出第二阶段计划，每位年满 15 岁的合资格澳门居民的资助金额增至 6000 澳门元，使用资助超过 7.4 亿澳门元。

多部门共同参与，提升政策执行力。为进一步落实和推动澳门青年政策，澳门特区政府在公布"澳门青年政策"后，随即设立"青年政策跨部门跟进小组"，小组成员来源于行政法务、经济财政、保安和社会文化等十多个部门，期望通过跨部门之间的沟通协作，提升青年政策的执行效果。

教育暨青年局在推动结社和义务工作方面开展的工作主要有以下几个方面。一是通过各项资助计划，包括"关怀青少年成长资助计划""青年社团年度活动资助计划"等，推动青年社团及民间社会机构组织访问贫苦、扶助弱势和提供社区服务的青年义务工作。二是推动青年义务工作方面：推广义务工作理念，推动学生参与义务工作，包括"义工 fun，你我都有份计划""暑期义工计划"和开通"青年义工资讯网"等。三是培育青年义工方面：建构义工培训课程框架，通过"青年义工培训计划"推动参与机构开设义工基础培训、服务实习及项目培训等相关课程，提升青年义工的素质。四是扩大义务工作范围方面：开展义工国际交流，组织人员及澳门青年社团代表前往韩国首尔、马来西亚及澳洲昆士兰黄金海岸等参加交流活动，推动及发展青年义务工作，学习不同的经验。五是实施义工嘉许计划，推出"青年义工奖励计划"，对积极参与的义工给予鼓励和嘉许。

在广开参与路径方面开展的工作主要有以下几个方面。一是拓宽青年议事空间，开拓青年参与社会的渠道，推出"与青年有约"的沟通活动。持续运作"青年资讯角""青年在线"，并推出"青年在线"手机版等，为青年提供社会参与信息。二是强化青年社会参与方面：针对前线的工作人员推出专业培训计划，加强前线青年工作者在"青年参与"方面的理论和实践培训；教育暨青年局网站播放宣传片，"青年在线"有"青年参与"宣传短片及"青年参与"小册子供下载，以此向青年及澳门社会各界人士传递参与信息。三是培养青年积极参与社会及提升参与能力方面：包括开展"社会影音院"系列活动、"共钻研，创明天"计划、"闪亮青年齐参与"校园推广计划、"校园记者计划"等，培养青年探索社会课题的兴趣及能力，鼓励在校青年积极体验社会。

注重品德成长方面开展的工作主要有以下几个方面。一是通过资助驻校辅导机构、委派驻校学生辅导员，为学生举办不同主题的预防性和发展性的辅导活动，以及开展个案辅导工作，从多方面协助学生预防偏差行为、提升自信、增强抗逆力等。二是青年成长的引导方面：分别于2012年和2014年举办了两届"感动人心.激活正能量—青年嘉许计划"，持续推行"亦师亦友"计划和健康生活系列活动，通过人生阅历较多的人士分享其人生事迹，正面引导青年的处事态度、价值观及个人成长；针对成绩或品行进步较大的后进生开展"勇闯高峰"青年成长计划。三是家庭品德教育方面：积极推行亲子教育，通过举办"百分百家长奖励计划"和"家长学园"计划，鼓励家长积极参与家长教育活动，并借此建立家长互相学习及交流的平台，让学生能在家长的培养下，从小建立正确的品德价值观；制作"醒目家长学堂"电台节目，传递家长教育信息。四是青年的品德及价值观教育方面：推出国防教育营及中学生户外教育营活动，让青少年通过体验团体生活、营地生活，提升纪律性，从而培养德育观及爱国爱澳精神。五是法制教育和国家观念方面：主要有基本法和法律问答比赛、摊位游戏设计比赛、基本法条文硬笔书法比赛、校园推广基本法计划比赛等，以及举办《澳门特别行政区基本法》及澳门法律讲座、"普法欢腾"青少年法律推广系列活动。2016年，"青年政策跨部门跟进小组"成员共同协作举办"普法新 TEEN 地"青少年推广月活动，加大了对青少年的普法力度。

其他部门，如民政总署，于 2012—2014 年开展创建和谐小区系列主题活动，通过"好公民家族"协助，在小区执行公民教育和小区服务，培养青少年关心社会事务及社区建设的意识，建立互助、尊重、关爱社会的精神。

澳门"一国两制"前提下"人心回归"未来的培育路径

国家主席习近平在庆祝澳门回归祖国 15 周年大会上的讲话中说："实践证明，只要坚持全面准确理解和贯彻'一国两制'方针、严格按照基本法办事，坚持集中精力发展经济、改善民生，坚持包容共济、促进爱国爱澳旗帜下的广泛团结，'一国两制'实践就能沿着正确方向走稳、走实、走远；澳门就能拥有更加美好的明天。"[1] 在"一国两制"前提下，实现主权和人心的双回归才是港澳同内地共同繁荣的关键。借鉴澳门在青年群体中培育"人心回归"及"爱国爱澳"观念的示范作用，在"一国两制"前提下，未来港澳居民的国家观念及社会责任感可以从以下方面进行培养。

推动国民教育，增强国家认同感。未来，要推动国民教育、引导青年的价值观走向、树立国家意识观念，需进一步设法使港澳青年深刻了解城市在国家中的定位，使他们将面对的实际生活与工作需求相结合，将个人发展与国家发展紧密联合在一起，增强对国家及全民族的认同感。鼓励青年社会参与，提升青年社会意识。澳门特区政府各部门非常重视青年的参与，鼓励青年积极参与社会事务。一方面，从"澳门青年政策"实施的情况来看，现有的青年及青年家庭参与"澳门青年政策"开展的活动较多，活动的内容也比

---

1 习近平：《坚持全面准确理解和贯彻"一国两制"方针才能走稳走实走远》，2014 年 12 月 20 日，http://www.xinhuanet.com//politics/2014-12/20/c_1113714943.htm

较丰富。另一方面，根据"澳门青年指标"数据显示，在"澳门青年政策"实施期间，青年选民登记人数有所提高，参与决策的意向增强；同时，参与义工的青年亦显得积极。青年是港澳发展的未来主人，有必要提高他们参与港澳社会事务的积极性，鼓励他们用行动体现他们对社会的承担精神。

适度推进普通话及历史教育，增进民族凝聚力。首先，普通话有助于形成整个民族沟通的桥梁。伴随港澳回归，普通话对于中国人固有的文化意义已为港澳同胞所认识。在现行法规下，学校可自主安排设立普通话课或以普通话教中文。其次，通过正确的历史教育，增强民族自豪感与认同感，这是全民族不可或缺的凝聚力。增加与内地交流，深入了解内地、热爱内地。实践与交流是深入了解内地最简单、直接的方式。尤其要更多地带领澳门青少年进入内地，让他们直接感受中国历史及传统文化，游览祖国的山川湖海，目睹国家的经济发展及国防实力，从青少年时期培养港澳同胞对祖国的认同感。推进制度创新，实现港澳居民内地便利化发展。区域合作仅仅依靠市场引导是有限的，港澳与内地的人心回归与社会整合必须从制度衔接与制度创新机制入手，以粤港澳大湾区为实验区，以福利对接为目标，利用跨境交通设施对接的便利，把港澳资本和技术人才吸引到广东来。社会保障制度的新机制应能够保障人才及其家庭长期跨境生活的福利需求，当制度环境能够吸引越来越多的港澳居民到广东居住，三地的社会融合就会自然实现。因此，未来发展需要从建立区域政府联合组织和跨区域社会保障制度两个层次突破，完善粤港澳合作的顶层设计，创造全新的制度机制和跨境生活空间，实现港澳居民内地发展的便利化。

深化与内地的经贸合作，切实保障改善民生。政治稳定是经济繁荣的保障，经济繁荣又能进一步促进政治的稳定，因此未来中央政府应该更加注重深化港澳与内地的经贸合作。同时，民生是政治稳定、经济可持续发展的关键，政府必须致力于为居民提供安全的住所、安心的医疗及安稳的社会支援，以确保经济社会的平稳发展。首先，确立平稳而有效的土地、住房政策。以置业为主导，完善多样化住房政策；提高土地利用效率，尽可能在保证居民安居乐业的前提下，为创新科技和各项新兴产业提供空间。其次，落实自愿医保，完善基层医疗系统。面对老龄化趋势，必须及时完善医疗设施及相关制度，实现"老有所属、老有所养、老有所为"的目标。最后，提供合理和可持续的社会福利制度，为长者、在职贫穷家庭、残疾人士、妇女以及有需要的人士提供适当的扶助。

（本文刊载于《学术前沿》2018 年 11 月。中山大学粤港澳发展研究院博士研究生杨继超对本文亦有贡献）

城市社团与国家

——澳门的社团网路与国族认同

黎熙元 *

〔摘要〕本文认为澳门社团发展的特殊性是促进澳门居民国族认同形成的一个重要原因。地缘性社团和行业性社团的交织以及跨行业社团的联合实现了社团网路整体的扩展，并在其交织、重组、"拟政府化"的过程中把来自各地的"家乡人"直接带入城市和国家的组织建构和国族话语当中。但是加入社团、表达爱国并不是唯一可行的策略选择，因此澳门居民的国族认同也呈现出多元倾向。

〔关键词〕移民　城市社团　国族认同　澳门

2005 年澳门特区政府进行居民生活素质综合调查当中有一个专案是测量澳门人的认同。按照这一项调查数字，澳门居民当中认同自己为澳门本地人、中国人、既是中国人也是澳门人的比例分别为 37.5%、41.1%、20.2%。有关调查也显示，香港居民对这三项认同的比例分别为 44%、22%、34%；台湾居民分别为 43.2%、7.7%、42.9%。[1] 从数字比较来看，澳门居民的国族认同比本地认同强，这一点较香港和台湾更明显。据说"香港人讲法治、澳门人讲爱国、台湾人讲民主"。港澳台三地都是以华人为主体的社会，在本地社会结构和制度结构上虽然有明显差异，但其历史文化也有不少相似之处。

---

* 作者单位：中山大学港澳珠江三角洲研究中心。

1 资料引自郝志东，〈社会科学的责任：论当前澳门的社科研究〉，载〈澳门研究〉总第 33 期（2006 年 4 月）：第 118-129 页。

如今在国族认同上澳门居民呈现出较为显著的特点，使我们有兴趣了解其中的因由。从人口的结构特征来看，澳门的人口统计资料反映，直到 1991 年仍有超过 50% 的澳门居民在澳居住的年份不超过 14 年，移民主要来自中国内地，可见澳门是内地居民的一个新移民区。相对强烈的国族认同特征，可以简单地解释为占人口主要成分的新移民对本源民族国家的相关记忆依然比较清晰。但移民对本源国家民族保持强认同并不是必然的，如果把非新移民的澳门居民考虑在内，这种人口结构的解释就显得过于粗略。澳门居民所呈现的强国族认同应有其更深刻的社会文化根源。本文意图从澳门社团及其活动来考察地方社团在澳门居民的国族认同作为一种"想象共同体"建构过程所扮演的角色。所使用的分析资料来自澳门三大社团（澳门中华总商会、澳门街坊总会、澳门工联会）网站资讯中心、澳门基金会出版的历史文献资料、《文化杂志》、部分《澳门宪报》和澳门政府人口统计资料。对澳门社团的分类统计资料主要引自娄胜华著《转型时期澳门社团研究——多元社会中法团主义体制解析》。

一、家乡、城市和国家

美国学者顾德曼（Bryna Goodman）1995 年出版了一本著作题为《家乡、城市和国家——上海的地缘网路与认同》。该书详细叙述了 1855—1937 年间居住在上海市各地移民组成的同乡会的组织结构及其活动的历史资料，重组出移民怎样在上海这样一个陌生的旅居地通过同乡会的方式建构出"想象共同体"的历史图景。顾德曼视野中的上海与外乡移民，与澳门及其居民的状况颇为类似，大批移民涌入、社会结构及制度结构在现代化过程中存在许多空隙、经历殖民与反殖民的民族主义时期、民间团体发育而且活跃。顾德曼认为，与现代城市组织团体相比较，由于同乡认同融合了土地、祖先、文化、语言等因素，因而有助于形成和强化更大的中国政治组织，对现代民族主义的形成也起了重要作用。同乡会也具有实用性，旅居者得以借助它来增强对旅居地的适应力和控制力。[1]

安德森（Benedict Anderson）提出"想象共同体"这一概念时是把它作为"国家"一词的文化意义的代用语来使用的。安德森把"国家"定义为"一个想象的政治共同体，具有天然的有限性和主权性质"。[2] 所谓"想象"是指即使在最小的国家中，其成员与大部分其他成员事实上极少或从不来往，互相不了解，只是在心里构想所有成员都生活于同一个共同体的图景。所谓"共同体"是指国家总被构想为一种深刻的、平等同志式关系，即使每个国家都存在剥削和不平等，这种兄弟友爱的强烈情感有可能驱使其成员为之赴汤蹈火。[3] 对于旅居他乡或者他国的移民来说，作为实体的家乡或者国家在空间上相对于自己的生活区域是遥远的，他们与家乡人的接触是极为有限的。家乡的人、家乡的事对移民日常生活并没有实质的影响。霍尔（Stuart Hall）认为，移民是多种文化混合的产物。这种文化"混合性"保留了对来源地及其传统的强烈认同和强大联系，虽然移民很少有回到过去、或返回家乡的实质行为。在这个意义上，移民是"有家不归"或"无家可归"的人。[4] 但是，移民的日常生活却必须实质地处理两方面的问题。一是怎样尽快适应移居地的生活，提高自己对移居地生活的控制能力；二是怎样界定自己的身份，在陌生人当中辨认出自己是谁。这种身份定义对于旅居于存在族群歧视的地方的移民来说往往显得更加迫切。出于这两种考虑，建构同乡、同族裔的组织并透过这些组织的活动加深对本源群体身份的认同就往往成为移民选择的适应方式。

同乡组织或族裔组织等地方性社团的活动或仪式是构成国家民族表达体

---

1 顾德曼，《家乡、城市和国家——上海的地缘网路与认同 1853—1937》，宋钻友译（上海：上海古籍出版社，2004），第 230 页。

2 Benedict Anderson, Imagined Communities: Reflections on the Origin and Spread of Nationalism, Revised Edition（London: Verso, 1991），p. 6.

3 Benedict Anderson, Imagined Communities: Reflections on the Origin and Spread of Nationalism, Revised Edition（London: Verso, 1991），p. 7.

4 Stuart Hall. "Culture communityandnation," in David Bosevell and Tessica Evans（eds.）Representingthe Nation: A Reader-Histories, Heritage and Museums（London: Routledgc, 1999），p. 43.

系的一个重要组成部分。民族国家不仅仅是一个政治实体，它也是一个象征的结构或者说表达的系统。这个系统生产出国家作为一个"想像共同体"的概念，并通过对这种想象的认同把国家公民组织成一个"主体"。[1]但是，国家的意念建构并进一步变成全体公民的认同需要经历一个比较曲折的过程。伊文思（Jessica Evans）指出，"想象共同体"的重点只能被构想为一个特别的、被选中的风格，在被建构出来的庆典、传统、博物馆和纪念物中形成清晰的、象征的形式。[2]用本纳特（Tony Bennett）的话来说，这是一种"地域的占据者被历史化同时历史的主体被地域化"的过程。[3]

地方性社团在内部结构正式化、理性化以及跨组织联合的过程中也建构了国家的意义。顾德曼认为上海移民同乡会活动的意义在于把中国人都具有同一认同的话语从各乡带进了都市。同时，地方性社团在国家的实质创建过程中也至关重要，原因是重建国家的运动总是建立在跨地区组织的发展及其与地方性组织联合的基础上。换句话说，国家在民间社会扎根的过程，也是地方性社团理性化和国家化的过程。

身份认同问题总是在身份或位置发生变化或者面对挑战时受到关注。国际学术界对身份认同特别是包括国族认同的讨论是在文化全球化的背景中展开的。学者们注意到，全球化过程和地方化过程是并行的，卷入其中的国家民族在其文化认同方面同样经历这个双重过程。霍尔认为全球化有助于推动民族国家迈向经济、政治和文化的跨国整合，弱化（而非摧毁）民族国家，从而形成跨越本位的新型关系，互相开放地方经济，同时，全球化也强化了

---

1 Stuart Hall. "Culture communityandnation，" in David Bosevell and Tessica Evans（eds.）Representingthe Nation: A Reader-Histories, Heritage and Museums（London: Routledgc，1999），p. 38.

2 Jessica Evans. "Introduction: Nation and representation" in David Bosevell and Tessica Evans（ads.）Representing the Nation: A Reader-Histories, Heritage and Museums（London: Routledge，1999），p. 2.

3 Tony Bennett, The Birth of the Museum: History, Theory, Politics（London: Routledge，1995），p. 141.

国家内部的地方性结盟和认同。[1]

  澳门自 16 世纪中期始成为欧洲传教士和商人在东亚活动的落脚点。1887 年 12 月 1 日中葡双方签订《中葡和好通商条约》之后，葡萄牙正式取得对澳门的管治权。但澳门政府对澳门的统治却一直都是不完整、不彻底的，其实行的政治制度基本上是一个以总督为代表的、由一批流动性很大的外来官僚控制的体系，华人参与的机会极少。1990 年，《澳门组织章程》根据中葡签订"联合声明"的要求进行修改，华人对立法会以及行政机构的参与才渐渐增多。占有 96% 人口的华人社会是由华人社团管理、控制的，华人社团构成另一个非正式的、但同样有效而且长期存在的社会控制的权力体系，在澳门的教育和社会福利中担当重要角色。社团是澳门华人社会的自治组织，他们与中国官方联系密切，接受其指示，[2] 澳葡当局处理本地华人事务或与中国官方联络时，必须通过本地华人精英协助。前澳督罗必信对此深有体会："我们认为，一个是应始终尊重中国利益，接受他们在地方行政中的参与，另一个也许就是葡萄牙在那里仅以一个象征的形象保持其最低的尊严，关于这一点，如果说并非不可，然则亦实难办到。"[3] 社团不但在华人社会自治方面担当了重要角色，在澳门的民间反殖民运动中担当了重要角色，在建构现代澳门人的文化认同方面也担当了重要角色。

二、移民与城市社团

  内地移民是 1950 年以前香港和台湾人口增长的主要因素。但自 1950 年

---

1 Stuart Hall. "Culture communityandnation," in David Bosevell and Tessica Evans（eds.）Representingthe Nation: A Reader-Histories, Heritage and Museums（London: Routledgc, 1999），p. 37.

2 黎熙元，《难以表述的身份——澳门人的文化认同》，〈二十一世纪〉，2005 年 12 月号，第 20 页。

3 见《前澳督罗必信回忆录》，载〈文化杂志〉中文版第 15、16 期合刊（澳门：澳门文化司署出版，1993 年第 3 季），第 3-7 页。

以后内地移民逐渐减少。相对来说，内地移民向澳门迁移数量一直都是稳定增长的。根据澳门政府人口统计资料计算，1991 年澳门居民中有 180489 人在内地出生，其中居留年期在 4—14 年之间者超过 40%；1991—2005 年来自中国内地的合法移民累计 42680 人，照此估计至 2005 年出生于内地的人口占总人口 48.89%，其中超过 4 成居住年份不足 14 年。也就是说，现今澳门居民接近一半是 1980 年前后才移居澳门的。

表 1　近年澳门移民与人口增长

	获准居澳的外地人士	获准进入之非本地劳工	年末留澳外地人士	留澳非本地劳工	来自内地的合法移民	居澳总人口（千人）
1991	7558	11331	11932	17094	1579	363.8
1992	5771	9728	17514	21088	1447	378
1993	2026	10256	19305	25324	1445	390.1
1994	1852	14562	20900	31206	1667	403.6
1995	1797	16163	22186	35286	1921	415
1996	1465	7124	22636	29900	1857	415.2
1997	1485	9223	23519	29723	1937	419.4
1998	1179	11389	24081	32013	2521	425.2
1999	973	9988	24290	32183	4984	429.6
2000	1127	7334	24414	27221	2919	431.5
2001	2359	7542	26183	25925	4621	436.7
2002	4092	7720	29726	23460	3110	441.6
2003	2791	10746	32167	24970	2451	448.5
2004	7279	15553	39028	27736	6885	465.3
2005	11395	27160	50159	39411	3335	488.1

资料来源：澳门政府统计暨普查局的人口统计资料。www.dsec.gov.mo

表 1 反映了 1991 年以后的移民情况，直至 2005 年，移民澳门的人口以及在澳工作、尚未获得居留权的劳工人数目各年总量虽有摆动，但基本上呈上升趋势。移民在陌生的社会环境中通常都会遇到社会适应的问题，因此，

在许多国家和地区，政府都有相应的策略来协助、或限制移民的活动。在民间社会，应对移民的组织及其行动方式、价值取向就更为多种多样，有视移民为弱势群体而给予支援、协助的群体组织；也有视移民为就业生存威胁、想方设法排挤他们的群体和组织。而移民本身为了安身立命也会积极寻求社会支持。因此，人口移入大幅增加时，社会组织也会迅速成长，尤其是当有某一相同来源地的移民占较大比重时，族裔组织或同乡会性质的组织就会大量增加。这一现象今日在美国、加拿大、澳洲等地方都能够观察到。澳门社团组织的成长也呈现同样的趋势。如表2所示，当澳门本地经济增长快，进入澳门的外来人口数量增加迅速时，澳门社团数量的增加速度也呈现出同步趋势，尤以1991—2001年间增加最快（净增加1142个）。

表2　澳门的社团成长与人口、经济增长趋势

	社团累计数	获合法化的非法移民	获准进入的非本地劳工	来自内地的合法移民	GDP（亿澳门元）
1900—1979	277				
1980—1989	768	47552			
1991	841	1675	11331	1579	303.3
1992	929	1675	9728	1447	395.2
1993	1027	1675	10256	1445	451.9
1994	1126	1675	14562	1667	501.1
1995	1218	1675	16163	1921	553.3
1996	1393	1675	7124	1857	552.9
1997	1482		9223	1937	558.9
1998	1580		11389	2521	519
1999	1724		9988	4984	490.2
2000	1837		7334	2919	497.4
2001	1983		7542	4621	498

资料引自：澳门政府统计暨普查局的人口统计资料及娄胜华《转型时期澳门社团研究》第118、123页

顾德曼观察到 1853—1937 年的上海城市社团发展以同乡会最为显著。这种地缘网路在城市的不同领域具有不同的影响力。但同乡会如何能够跨越地方利益的藩篱从而整合到城市和国家？顾德曼指出上海的地方同乡会在结构、功能上都能够因应国家及城市政治、经济的需要而作出改变。倘若我们把顾德曼笔下的上海视为前现代化时期的城市，则 1980 以后的澳门已经完全进入现代化。澳门的社团发展也呈现出与上海不同的发展，在移民增加的同时同乡会也增加，但是跨地缘的行业组织的发展更突出。娄胜华根据澳门身份证明局社团登记资料进行统计分类得出 1999 年澳门的世俗性社团分类及数目如下：工商类 91 个，工会类 99 个，专业类 62 个，教育类 46 个，文化类 241 个，学术类 78 个，慈善类 65 个，社区类 85 个，乡族类 115 个，联谊类 107 个，体育类 460 个，政治类 7 个，其他 57 个。根据娄胜华的说明，工商社团包括行业性商会（例如出入口商会、地产商会）、地域性商会（例如澳门中国企业协会、澳门葡籍企业家协会）、联合商会（例如澳门厂商联合会、澳门中华总商会）；工会类社团包括行业性工会（例如茶楼工会、酒业公会）、联合性工会（例如澳门制造业工会、澳门工会联合会）；专业类社团指由新兴行业的专业人士组成的团体，例如牙医协会、公务员协会；教育类社团功能与教育活动相关的团体如教师协会、学校联会；文化类社团指从事文化活动的团体例如诗社、文学社；艺术类社团例如粤剧社、歌咏团；学术类社团例如澳门社会科学学会、医学会；慈善类社团括慈善基金组织和从事非营利服务的或志愿机构；社区类包括街坊会、业主联会等社区性组织；乡族类社团包括宗亲会和同乡会；联谊类社团指同学会、校友会等；体育类指由相同体育活动兴趣人士组成的团体如羽毛球会、足球会；政治类社团之从事政治活动的团体，如澳门公民协会、新澳门学社；其他类社团是指那些功能不明、登记时资料不全的团体。[1] 上述分类显然是按社团的功能来区分的。如

1　娄胜华著《转型时期澳门社团研究——多元社会中法团主义体制解析》（广州：广东人民出版社，2004），165-173 页。

果我们仅从组织是否具有地缘性质来区分，那么上述 13 个类别中只有乡族类社团显然是地缘性质的。宗亲会和同乡会在数量上位列第三，在澳门的发展历史最长，有的宗亲会在 19 世纪后期已经成立，一些比较有实力的宗亲会在 20 世纪上半期就已经开展福利性质的社会活动，如办学、建公共墓地等。但是，根据娄胜华的资料，72% 的乡族社团是在 1981 年以后成立的，这类地缘性质的社团不但没有随着城市的发展而实现更大规模的跨地域联合，反而越分越小，例如福建籍同乡会出现以村镇为界的同乡会。[1] 由此可见，地缘性社团在 1980 年以后澳门的城市快速成长、人口聚集的过程中并没有出现跨越地方利益界限的联合，进而融入到更大范围的、非地方性现代城市组织中。[2]

然而，20 世纪 60 年代以后澳门的地缘性网路和非地缘性网路却出现了互相交织，乡族社团的成员同时参与多个社团、具有多里社团身份。上面提过，澳门的商会包括行业性和地缘性商会，地缘性商会以相同祖籍为基础，如中国企业协会、福建总商会、台商总商会等，行业性商会以相同行业经营活动为基础，例如毛织毛纺厂商会、出入口商会，由于地缘性商会的成员经营的行业各有不同，这样他们也需要加入相应的行业性商会，地缘性商会和行业性商会就形成了会员网路的交织。地缘性、行业性商会还通过联合性商会实现更大范围的网路交织。澳门厂商联合会是澳门制造业厂商的联合组织，包括纺织业、玩具业、五金制品、瓷器等多个行业的集体会员，其成员的产品出口占全澳年总出口的 85% 以上。澳门中华总商会是一个更大的联合组织，包括了制造业和商业等更多行业的团体会员、商号会员和个人会员，其领导人在华人社会和澳葡政府官员当中都具有相当声望，它在澳门华商界所具有的地位甚至比厂商联会更高。与基层市民和移民联系最密切的澳门工

---

1 Benedict Anderson, Imagined Communities: Reflections on the Origin and Spread of Nationalism, Revised Edition (London: Verso, 1991), p. 131.

2 娄胜华提到在 20 世纪 60 年代曾有一个"氏族同乡联合总会"的组织，被列为"乡族社团之首"，但至 20 世纪 80 年代末已难寻其活动踪迹。

联会，1999 年下辖 49 个基层工会，占 1999 年社团总数不足 5%，其会员却有 6 万余，占澳门劳动人口近四分之一；从中我们能够窥测到：澳门居民加入社团的比率较高，多重社团成员身份重迭的比率也较高。不但如此，商业网络也与社会、文化、政治网路交织。许多商业性社团的成员也是其他多种类别社团的成员，例如崔德祺先生，是澳门同善堂主席、澳门中华总商会副主席、多个业余球会的会长，马万祺先生任澳门中华总商会会长、镜湖医院慈善会主席、中华教育会副会长、也是一些球会、诗社的重要领导人。娄胜华有这样的描写："澳门 7 大华人社团的理、监事存在高频率的'执事关联'现象，同时担任 2 个社团理（监）事职务的人数达 39 人，其中人 2 职者 29 人，只有 2 人没有兼职。"[1] 领导人的社团位置交叉状况尚且如此，社团成员的身份位置交叉状况则可想而知。从这一点我们比较容易理解，澳门千分之四点五四的社团密度是如何可能的。[2]

三、移民与社团的生存策略及其对国族认同的表达

从上面的资料中我们能够清楚看到移民的数量与社团数量同步增长，却看不到历代移民为什么都倾向于选择加入社团，不但加入一个，而且加入多个。香港也是一个移民社会，加入社团的香港居民比率却低得多。与其他地区相比较，澳门社团具有比较特殊的角色地位和社会功能。附录 1 是当前澳门首三大社团：澳门工会联合会、澳门中华总商会和澳门街坊总会 2005 年下半年至 2006 年上半年的主要活动专案清单（其中街坊总会网站只存有

---

1 Benedict Anderson, Imagined Communities: Reflections on the Origin and Spread of Nationalism, Revised Edition（London: Verso, 1991），p. 292.

2 不少分析者认为澳门的社团密度在华人社会中算是很高的，高于台湾、香港和中国内地。根据中国民政部网站的文献资料，2000 年内地社团密度为万分之 1.45；而根据浙江省委党校公共管理教研部吴锦良的资料（《国内外民间组织发展状况及趋势》，载金华市科学技术协会网站）计算，台湾 2000 年的社团密度约为万分之 1.7。澳门社团的高密度不但反映出社团成员的重合程度较高，也暗示出参加社团具有某种必要性。

2006 年的资料）。从专案清单来看，三个社团的主要日常活动可以分为以下三个主要类型：（1）公益活动，包括慈善和维权活动，前者如捐款、设立慈善基金、举办教育培训、养老托幼等专案；后者如就某项关涉本群体权益的问题向政府提出意见等。对外宣传活动。（3）中国政治节日、民间节日庆祝活动。三大社团均以本地公益活动项目为主，尤其是作为基层人士组织的工联会和街总，其公益活动包括慈善与福利服务和维权两方面。街坊总会的活动比较倾向于前一类，工联会的活动比较倾向于后一类。社团对公共利益的重视、对公共事务频繁参与表明他们在澳门民间与政府之间、社会各阶层之间的权力竞争当中起着积极的作用。社团公共品的供品量与供给方式反映出社会资源的获得与利用。由于多种历史原因，澳葡政府一直未能对澳门社会实施全面强势的管治，它所选择的控制方式是与某些家族、社团、或阶层结盟，[1] 而不是现代国家普遍地、彻底地实现对个人控制的方式，[2] 也不试图建立一个覆盖全体居民的教育、医疗、福利保障网，及健全的行政和法律仲裁体系；其结果造成了权力和资源在不同群体之间分割，各种境外政治势力意图通过社团加强对澳门控制的行动进一步加深了权力和资源的分割程度。这种分割的典型表现就是多位学者们所称的"民间社团功能拟政府化"。[3] 谭氏宗亲会和何氏宗亲会早在 19 世纪末就开始购置公共墓地、捐资助学，济贫等活动。附录 1 所载三大社团附设机构大多数为福利性的非营利机构，主要集中于教育、医疗、养老和社区服务中心。从名称来看，工联会所举办的项目最具团体成员福利性质——劳工子弟学校和工人医疗所。同样，中华总商会也为其会员提供多种商业利益或营商有利条件，使其会员数量迅速增加。[4]

---

1 黎熙元，《难以表述的身份——澳门人的文化认同》，《二十一世纪》，2005 年 12 月．第 18-21 页

2 吉登斯，《民族．国家与暴力》，胡宗泽、赵力涛译（北京：三联书店，1998），第 229 页

3 娄胜华，《论澳门民间社团功能的"拟政府化"现象》，载《澳门 2004》（澳门：澳门基金会出版，2004），第 371 页

4 同注 19，第 240 页

不仅如此，多种社团的成员还联合组织大型慈善机构如镜湖医院、同善堂等。虽然这类慈善机构、或服务机构如今可能已经改变其会员制的公共品供给方式，转变为向全民提供服务的机构，但它们所起的社团角色示范作用是不可估量的。而且，即使时至今日，社团能够代理政府事务的机会也是不均等的，例如工联会可以代办移居澳门国内退休职工生存证明，中华总商会可以参加与内地官方的区域经济合作会谈。从这一点来说，对澳门居民来说，加入社团是一种生存发展的策略，对新移民来说则尤其如是。

社团怎样把中国人国族认同的话语带入城市、并以此型构出澳门人——中国人的自我主体？我们从三大社团的日常活动来考察（见附录 2），澳门工联会是拥有成员最多的社团组织，澳门中华总商会是被称为澳门最具政治经济影响力的社团、澳门街坊会是最重要的基层组织社团，与居民的空间距离最近。比较三个社团网站所载最近数月的主要活动清单，粗略计算，在资料报道的 2006 年 1—4 月内，[1] 公益类活动工联会有 2 项（工联吁企业先聘本地人、工联劳工法例修订重点关注），总商会有 3 项（参与 "4·09 全民清洁日" 活动、妇委会成员拜会行政长官何厚铧先生、举办 "2006 澳门工商业座谈会"），街坊会 10 项（街总吁警民合作打击罪案、街总坊众促打通西北交通网、街总吁增建社屋经屋、街总副理事长梁庆球吁加强社会服务纾民压、街总倡加强照顾弱势社群、街总倡新马路改单行线、街总吁赌公司加强员工德教、街总促落实八小时工作制、街总拟设关注旧区重整委员会，冀深入了解居民诉求、台山坊会敬老 500 长者聚餐）；对外宣传类活动，工联会 1 项（庆祝成立 56 周年晚会），总商会 1 项（参与 "中国文化常识推介日" 活动）；街总 1 项（庆祝成立 22 周年晚会）；节日庆祝活动总商会 1 项（马万祺会长举行春茗），街坊会 4 项（北区社团联合举办龙狮贺新岁活动、提柯街坊会举办万家欢乐贺元宵、新马路坊会举办灵犬献瑞贺新岁、下环坊会醒狮贺岁带动区内热烈气氛）。

1　由于工联会资料只有 2006 年 1—3 月，所以在计算时候加入 2005 年 12 月的内容。

社团的对外宣传活动，剔除对本组织的宣传专案，其他宣传专案大都带有比较浓厚的政治色彩，其中又以强调国族认同的意念最为清晰，而中国民间节日、政治节日的庆典本身就具有国族认同的内涵。工联会2005年7月—2006年3月间关于认识祖国、热爱祖国的活动有3项，分别是抗战胜利纪念晚会、举办国情研究课程和捐助内地贫困学生。同期总商会的同类活动有2项，推介中国文化活动和庆祝澳门回归祖国六周年。街坊会的节日庆祝活动则是关于中国农历新年中诸节日的。由于各社团的报道者判断社团大事的观念不尽相同，有些活动专案在上述清单中没有列出来。根据工联、中总、街总的年度工作报告，三个社团在比较重要的政治节日如"十一"国庆、澳门回归、民间节日，如春节、中秋节等一般都会举行或大或小的庆祝活动，三个团体也经常组织成员访问内地，邀请内地团体到访澳门。即使在公益专案中，也常传递"血浓于水"资讯，例如社团所设基金资助内地贫困儿童、为内地灾民捐款等。社团还有许多对国族认同的象征表述，例如三个社团的宗旨或工作方针均突出"爱国爱澳、团结市民"的字句（见附录3）。社团举行的重要仪式总是邀请代表中国政府的领导人出席并主礼，特首对社团的赞扬用语，总把"爱国"与"爱澳"连在一起，并把"爱国"置于"爱澳"之前。

澳门工联会、中华总商会、街坊总会是三个特色不同、市民基础不同、成员阶层不同的团体，从他们的活动专案清单中我们也能看到三个团体表达爱国的方式是不同的。工联会较多通过展览、讲座、表演等形式来展示、叙说、阐释国家民族观，与内地的公民教育方式非常相似。中总的表达方式颇具实质性，借助于组织本身的经济政治实力，中总通过与内地官方、或者代表澳门民间与外国访问团进行频繁的外交活动来展示澳门与国家在政治和经济上的一体性。街总则主要举行中国民间的一般庆典，通过文化符号来展示中国人都认同的资讯。虽然特色不同，但三个团体的发展策略显然都是：立足本地，面向祖国。澳门社团为什么都选择这样的发展策略不是本文所要讨论的问题，本文在此需要指出澳门社团所表达的国族认同的一个重要特点。关于华人国族认同的分析通常都把"中国人认同"进一步细分为两个不同的层面——"文化中国认同"和"政治中国认同"。[1] 根据澳门历史文献记载，国民党和共产党两种政治势力曾经在 20 世纪上半期的澳门社会活动和社团活动中展开过激烈的政治竞争，虽然政治主张不同，两者在号召澳门居民、引导社团成员是都强调以中国、中国人、中国文化为主体的国族概念和认同。但是 1966 年"一二·三"事件后，国民党在澳门的公开活动被禁止、组织被取缔，其政治实力也大大削弱。事件的结果显示出中国共产党在澳门具有强大的政治影响力和控制力。这样，澳门社团所表达的国族认同，不仅仅是关于"同宗同源"的、对"文化中国"的一般认同，而且是关于对当前的国家民族、执政党以及现政权的认同，即对"政治中国的认同"。如果我们比较关于香港和台湾居民国族认同的研究资料，就能够发现这一明显的分别——香港、台湾居民更倾向于把"中国人"理解为"文化中国"。

那么，社团所表达的认同与市民的认同是相同的吗？澳门居民生活素质调查所得资料没有区分回答者对"中国人"含义的理解有什么不同，目前也没有详细的资料能够用以分析，故而尚需进一步调查研究。但我们可以提出两项间接的资料作为理解的起点。（1）澳门基金会在 20 世纪末至 21 世纪初 10 余年中把澳门最具代表性的文学作品结集出版，当中包括小说、散文、诗歌、评论等，除澳门中华总商会会长马万祺先生的旧诗偶有涉及之外，一众文学作品基本不见与"政治中国"认同有关的主题。这项资料至少表明，与社团的集体表达不同，澳门作家在个人自主地表达情感时，对"政治中国"的情感表达显然不占主要地位。（2）从各社团网站所载之各年活动专案清单来看，社团所举办的中国民间节日庆典仪式在 1999 年澳门回归之前及之后变化不大，但关于"政治中国"认同的公开宣传、教育活动在回归之后则明显增多，澳门社团与内地团体、部门互访的频率明显增多，澳门社团对内地政

---

1 Gordon Mathews, Heung Gong Yahn: On the past, present, and future of Hong Kong identity"（2003）. 潘毅、余丽文编《书写城市：香港的文化与身份》（香港：牛津大学（中国）出版社，2003），第 51-73 页。

治经济活动的直接参与也明显增多。可见，澳门社团"政治中国"认同表达的强化是与回归之后的澳门政治气氛以及澳门与中国的政治关系越来越密切直接相关的。此外，"血浓于水"的价值观有时也会呈现出相对性，随着内地劳工进入澳门的数量越来越多，澳门居民对内地人的态度也变得谨慎，2006年"五一劳动节"澳门一些工会发起规模较大的示威，抗议政府不采取严格的限制外劳输入政策。当事件涉及本地人生存利益时，同国同乡的分类就会被进一步划分为澳门本地人与外地人。

四、结论

近现代的澳门是一个移民不断流入、流出的社会，新移民构成了社团成长最重要的动力。地缘性社团并没有实现跨地域的联合。但是，通过地缘网路和行业网路的交织、跨行业社团的联合从而实现社会网路整体的进一步扩展，具有特别地缘身份的个人、地缘性社团就能够整合到现代城市的组织网路当中。社会学意义上的传统个人及社团在此过程中也就相应地被卷入现代化和理性化的过程。

澳门人爱国的表现与澳门历史的结果以及社团在其中所扮演的政治角色有很大关系。社团活动通过象征性或实质性地参与国事、节日庆典、互助等形式，在"同属一国"的意识建构中扮演了重要的创作者角色，为市民建构出"想象的共同体"。但表达国族认同只是社团谋求发展的方式或策略之一，社团的功能或存在意义是因人而异的。对新移民来说，国族认同是一种策略，通过它来寻求一种个人的建构，以能够在陌生的环境中生存；对旧移民或本地权贵来说，认同也是一种策略，用以获得更多权力和利益、并借之扩展自己的事业。因此，国族认同作为一个社会团结的文化因素，并非天生地必然存在、或不存在，也不是必然地是传统的或现代的，而总是与必要性和实用性相关的。同样地，国族认同作为一种表达，对于社团和对于个人也不是必然地必要、或不必要的，而是与实用性相关的。澳门居民生活质素调查所提供的资料，其实并不能证实澳门人的国族认同在事实上比其他地方更强，只能表明有相对较多的人愿意表达出自己所属的中国国民身份。本文指出澳门社团发展的特殊性是促成澳门居民愿意选择国族认同表达的一个重要原因，而且澳门社团也在其交织、重组、"拟政府化"的过程中把来自各地的"家乡人"直接带入现代城市和国家的组织建构和国族话语当中。但是，加入社团并不是唯一可供选择的生存策略，而爱国社团也不是澳门唯一可供选择的社团种类，因此爱国社团的教化作用是有限的。政府的调查资料也反映出有近四成的居民只认同自己为"澳门人"而没有提及"中国人"。正如霍尔指出：国族认同服从"多个好过一个"的原则，总是处于变化的、永不完结的建构过程中。[1]

附录 1　三大社团的附设机构

工联会下辖部门或机构：

劳工子弟学校（中学部）、劳工子弟学校（小学部）、劳工子弟学校（幼稚园）、业余进修中心、工联职业技术中学、工人医疗所（正所）、工人医疗所（下环分诊所）、工人医疗所（黑沙环分诊所）、工人医疗所（佑汉分诊所）、工人托儿所、望厦托儿所、凼仔童真托儿所、松柏之家、望厦老人中心、工联健颐长者服务中心、九澳老人院、工联佑汉活动中心、工联台山社区中心、工联青年中心、工联北区职工服务中心、工联北区综合服务中心、工人体育场（办公室）、工人康乐馆、工人剧团、工联旅游部、工人武术班、工联职业转介服务部、服务业职工活动中心制总、建总职工活动中心、工联会员家属联谊会、工联文娱中心、工联饮食服务厨艺培训中心

---

1 Stuart Hall, "Who needs 'Identity'?" In Questions of Cultural Identity, Stuart Hall and Paul Du Gay（eds.）(London: Sage Publication, 1996), p. 4.

澳门中华总商会附设机构：

商训夜中学——创办于 1947 年

青洲小学——创办于 1951 年

阅书报室——创办于 1948 年

澳门街坊总会的附设机构与承办社会福利专案：

街坊总会直接开办了社区、家庭、老人、青年和托儿等 13 个服务中心，此外还积极推动属会开展多元化服务，现属下基层街坊会共设有 12 个老人中心、10 个学生自修室、3 所小学、3 间诊疗所、2 间托儿所，初步形成了一个涵盖全澳社会的服务网。

附录 2　三大社团的主要活动目录

2005 年 7 月至 2006 年 3 月澳门工联会的主要活动目录：

《工会团体基本权利法》以一票之差未获本届立法会通过工联决定来届续力争再提案（2005 年 6 月 30 日）

工联权委主任林香生促正视外劳黑工扰乱本澳正常的人力资源供求关系问题（2005 年 7 月 2 日）

制造业总工会拜访经济财政司司长（2005 年 7 月 12 日）

工联社会服务图片暨机构作品展（2005 年 7 月 29 日）

青少年就业选择与前途座谈会（2005 年 7 月 10 日）

工联国情研究课结业（2005 年 7 月 21 日）

职工水上嘉年华（2005 年 7 月 30 日）

由工联与法务局合办的"劳工法例问答比赛"完满结束（2005 年 7 月 31 日）

工联转送慰问金予外劳火灾家属（2005 年 8 月 3 日）

工联纪念抗战晚会吸引大批居民（2005 年 8 月 14 日）

工联倡建立完善劳动关系法规（2005 年 9 月 12 日）

工联拜访经济财政司司长谭伯源，递交完善社保制度意见书。（2005 年 8 月 11 日）

工联北区综合服中心开幕（2005 年 9 月 3 日）

工联向政府递交电费附加费请愿信（2005 年 9 月 6 日）

工联将设内地贫困地区助学及会员子弟奖学基金（2005 年 9 月 17 日）

工联总会与医务界联合总会合办澳门市民健康日之"关注都市病"活动（2005 年 11 月 27 日）

工联职工参加公益金百万行（2005 年 12 月 11 日）

庆祝成立 56 周年文艺晚会（2006 年 1 月 14 日）

工联劳工法例修订重点关注（2006 年 2 月 2 日）

工联吁企业先聘本地人（2006 年 3 月 2 日）

工联负责人参加人大、政协会议报告会（2006 年 3 月 21 日）

澳门中华总商会 2005 年 7 月至 2006 年 4 月主要活动目录：

国家商务部投资促进局代表团来访（2005 年 7 月 1 日）

举办《公共地方总规章》解释（2005 年 7 月 6 日）

中华全国工商业联合会女企业家商会代表会来访（2005 年 7 月 15 日）

埃及驻港澳总领事苏玛亚·萨阿德大使访问中总（2005 年 7 月 15 日）

出席成都泛珠三角区域联席会议（2005 年 7 月 24 日）

中总青委及妇委联合主办医学常识讲座（2005 年 8 月 23 日）

澳门地产发展商会领导层来访（2005 年 8 月 24 日）

澳门鲜鱼行总商会一行来会访问（2005 年 8 月 24 日）

中总组团访问吉林（2005 年 8 片 26 日）

中总青委及妇委联合主办"世遗文化之旅"（2005 年 8 月 27 日）

韩国多位工商企业负责人访问本会 2005 年 8 月 27 日）

柳州市政府代表团来访（2005 年 8 月 29 日）

河南省登封市政府代表团访问中总（2005 年 9 月 6 日）

本会组团往韩国首尔出席第八届世界华商大会（2005 年 10 月 9 日）

本会组团赴穗出席第 98 届广交会（2005 年 10 月 14 日）

江门市赴澳门社团考察学习团访问本会（2005 年 10 月 19 日）

葡萄牙青年企业家协会代表团来访（2005 年 10 月 20 日）

参加由澳门贸促局主办的第 10 届"澳门国际贸易及投资展览会"（2005 年 10 月 20 日）

许世元理事长欢迎葡国中总代表团到访（2005 年 11 月 15 日）

组团往港出席香港中总 105 周年晚宴（2005 年 11 月 18 日）

向澳门日报读者公益基金会捐款（2005 年 12 月 5 日）

中华海外联谊会代表团来访（2005 年 12 月 13 日）

举行庆祝回归六周年酒会（2005 年 12 月 19 日）

中央驻澳联络办何晓卫副主任等访问中总（2006 年 1 月 9 日）

特区政府举行"2005 年度勋章、奖章及奖状颁授典礼"。本会多位人士获奖（2006 年 1 月 20 日）

马万祺会长举行春茗（2006 年 2 月 7 日）

揭阳市政府代表会访问中总（2006 年 2 月 9 日）

河南省海外联谊会会长曹维新一行访问中总（2006 年 2 月 19 日）

劳工事务局孙家雄局长等访问中总受到热情接待（2006 年 2 月 20 日）

宁夏回族自治区办公厅主任左军等访问中总（2006 年 2 月 21 日）

陕西省委副书记杨永茂等访问中总（2006 年 2 月 24 日）

举办"2006 澳门工商业座谈会"（2006 年 2 月 28 日）

关岛华商总会负责人来访（2006 年 3 月 2 日）

参与"中国文化常识推介日"活动（2006 年 1 月 8 日）

粤港澳商会负责人在澳门举行高层圆桌会议（2006 年 3 月 17 日）

妇委会成员拜会行政长官何厚铧先生（2006 年 3 月 24 日）

参与"4·09 全民清洁日"活动（2006 年 4 月 9 日）

组团参加第 99 届国出口商品交易会开幕仪式（2006 年 4 月 14 日）

广东省公安民警医疗救助基金会代表团来访（2006 年 4 月 19 日）

傅茨瓦纳共和国驻华大使来访（2006 年 4 月 26 日）

澳门街坊总会 2006 年 1 至 4 月主要活动目录：

街总负责人考察老城区（1 月 2 日）

街总庆祝成立 22 周年举行酒会各界嘉宾云集到贺气氛热烈特首盛赞街总成绩有目共睹

特首访街总望厦社区中心，与长者亲切交谈了解情况北区社团联合举办龙狮贺新岁活动

街总举行资深街坊工作者春茗并贺区天香副会长获勋章殊荣

提柯街坊会举办万家欢乐贺元宵

新马路坊会举办灵犬献瑞贺新岁

下环坊会醒狮贺岁带动区内热烈气氛

台山坊会敬老 500 长者聚餐

街总拟设关注旧区重整委员会，冀深入了解居民诉求（1 月 17 日）

街总促落实八小时工作制（1 月 27 日）

街总吁赌公司加强员工德教（2 月 10 日）

街总倡加强照顾弱势社群（2 月 12 日）

特首行街总爱国爱澳沟通民众（2 月 12 日）

街总倡新马路改单行线（2 月 20 日）

坊会负责人巡视新口岸区（2 月 24 日）

街总副理事长梁庆球吁加强社会服务纾民压（3 月 16 日）

街总吁增建社屋经屋（4 月 2 日）

街总坊众促打通西北交通网（4 月 5 日）

台山坊会冀打通西北道路网（4 月 22 日）街总吁警民合作打击罪案（4 月 26 日）

附录 3 三大社团的宗旨或工作方针

澳门中华总商会的宗旨是：拥护"一国两制"，团结工商界，坚持爱祖国、爱澳门，维护工商界正当权益，做好工商服务工作，促进与外地之商业联系，为澳门特别行政区社会安定、经济繁荣而努力。

澳门工会联合总会第 29 届理事会的工作方针："壮大工会力量，争取职工权益，参与特区建设，扩大爱国团结，促进社会稳定和发展"

澳门街坊总曾成立的工作方针：领导各区街坊会和直属中心机构继续发扬爱祖国、爱澳门的精神，广泛团结坊众，坚持"团结坊众、参与社会，关注民生、服务社群"，努力维护居民的合理权益，大力拓展多元化的社团服务工作。

注：附录资料来自三大社团网站：www.acm.org.mo，www.home，macau.ctm.nct.

（本文刊载于《国家认同与两岸未来》澳门大学出版中心 2008 年版。）

澳门特别行政区行政法规
立法监督问题研究 *

郭天武　陈雪珍 **

〔摘要〕澳门特别行政区成立以来，行政主导体制在制定法规方面发挥了重大作用，却带来行政法规监督上的难题。通过中央对行政长官的监督，缺乏透明性及有效性；通过立法会制定的法律对行政法规的规制，虽符合现代民主之义，但由于行政长官权力性质的双重性、行政法规内容的相对独立性以及法律与行政法规效力位阶的模糊性，法律监督模式在澳门作用有限。因此，有必要在澳门特别行政区建立健全以审查行政法规是否符合《基本法》为主要内容的司法审查模式，并进一步规范和细化司法审查的主体和相关程序。

〔关键词〕《基本法》行政法规　监督　司法审查

《澳门特别行政区基本法》（以下简称《基本法》）实施以来，行政主导的政治体制在澳门回归后的建设中发挥着至关重要的作用，但也带来了如何监督和制约行政权力的难题。尤其对于行政机关制定的行政法规，鉴于其在澳门特别行政区的特殊地位，现有的各种监督方式都显得捉襟见肘。从澳门特别行政区的《行政诉讼法典》到《关于订定内部规范的法律制度》，虽然对行政法规的地位及监督问题有所涉及，但对于行政长官制定行政法规的监督问题仍缺乏明晰性，不能有效解决现有问题。

---

* 本文是国家社科基金项目"香港基本法实施问题研究"（08CF013）的前期成果。特此感谢国家社科基金资助。
** 作者单位：中山大学法学院。

根据《澳门组织章程》的规定，澳门原有法律体系的渊源有法律、法令、训令和批示。因此，《基本法》中首次出现的"行政法规"成为广受争议的概念。有学者认为，行政法规等同于澳门特别行政区回归前的训令和批示；也有学者认为，行政法规是特别行政区原有法律渊源体系之外的一种新的法律渊源。澳门终审法院法官在解释《基本法》中行政法规的概念时，认为它源于我国《宪法》中的行政法规概念，并与我国内地的行政法规具有相同的地位和属性。《基本法》中出现"行政法规"字眼的条文共有五处，分别是第 8 条关于制度基本不变的规定、第 11 条关于现有法律不得与《基本法》相抵触的规定、第 50 条关于行政长官制定行政法规的职权的规定、第 58 条关于行政长官制定行政法规须征询行政会的意见的规定以及第 64 条关于政府草拟行政法规的规定。尽管这些条文都使用了"行政法规"这一表述，"行政法规"所指的含义和范围却不尽相同。本文所讨论的行政法规，仅指第 50 条第 5 项、第 58 条、第 64 条第 5 项规定的行政法规，即澳门特别行政区成立后，出于行政管理的需要，由特别行政区政府草拟，行政长官制定并颁布执行的规范性文件。

一、特别行政区行政法规的中央监督模式

（一）由中央监督行政法规立法的可能性

根据《基本法》的规定，中央与特别行政区的关系是中央与地方的关系，在"一国两制"的理论指导下，在保持我国单一制国家体制的基础上，中央授予澳门特别行政区高度自治权。但"自治不能没有限度，既有限度就不能'完全自治'，'完全自治'就是'两个中国'，而不是一个中国。"[1]因此，澳门特别行政区的自治权不具有绝对的独立性和闭合性，必须受到中央的必要和

---

1 《邓小平文选》第三卷，人民出版社 1993 年版，第 30 页。

合理的监督。

根据《基本法》的规定，一方面，行政长官是特别行政区的首长，由中央政府任命，对中央负责。这就决定了行政长官制定行政法规的权力受中央监督。中央政府有权向行政长官发出指令，要求行政长官"执行中央人民政府就本法规定的有关事务发出的指令"。[1] 另一方面，全国人大常委会拥有对《基本法》的最终解释权，若涉及行政法规是否违反《基本法》的争议时，也可提请全国人大常委会解释《基本法》，通过《基本法》解释权的行使保证行政法规不违反《基本法》的规定。与特别行政区法律一样，行政法规同样受全国人大常委会的监督。

所以，行政长官制定行政法规的权力受中央监督乃中央与地方关系的必然结果，澳门特别行政区虽然享有明显高于我国其他地方的自治权，但中央有权对行政长官的活动进行监督，以保证《基本法》在澳门的有效实施。

（二）中央监督方式的局限性

通过中央对行政法规进行监督，可以作为一种辅助方式，但不易在日常的行政法规审查中发挥良好的效果。首先，基于政治等方面的考虑，中央在对待港澳问题上一直保持谦抑的态度，很少直接进行干涉。其次，根据《基本法》有关中央与特别行政区的职权划分，"全国的政权形式与特别行政区地方政权形式是全局与局部的关系，中央不干预特别行政区自治范围的事务"[2]。特别行政区的地方性事务由特别行政区自己管理，若行政法规只是针对澳门特别行政区的自治事项进行规定，实为中央力所不能及。再次，通过中央对行政长官的直接监督缺乏透明性，难以保证让各界信服；通过全国人大常委会对《基本法》的解释进行监督，又不一定能保证及时有效地发现问题；最

---

1 参见《澳门特别行政区基本法》第 50 条第 12 项。

2 肖蔚云：《行政长官制是单一制下新的澳门特别行政区地方政权形式》，骆伟建、王禹主编：《澳门人文社会科学研究文选》（基本法卷），科学社会文献出版社 2009 年版，第 223 页。

后，全国人大常委会在发现行政法规与《基本法》不符的情况下，应当通过何种程序进行监督，是直接宣布行政法规无效，还是像立法会制定的法律一般，由其自行修改，都缺乏具体和具有可操作性的程序性规定，难免在实践中造成困惑而难以实行。

二、特别行政区行政法规的法律监督方式

（一）立法权制衡行政权的合理性基础

"为了防止滥用权力，必须通过事务的统筹协调，以权力制约权力。"[1]由代表人民主权的代议机关对行政权进行制约是现代民主的应有之义，对于强调效率优先，强调上行下效，掌握大量社会资源的行政权，如果没有有效的权力机构对行政权及时限制纠正，任由行政权毫无边界地扩大，自由便不复存在，民主便难以求存。因此，"在一个自由国家里，尽管立法权不应钳制行政权，它却有权且应该有权审查它所制定的法律的执行情况"。[2]由民主产生的立法机关对行政权力进行监督，以实现权力对权力的制约，是法治国家的通例。通过立法会制定的法律对行政法规进行监督具有其存在的合理性基础。

（二）法律监督方式的局限性

相较于香港特别行政区，行政主导的体制在澳门特别行政区得到更加全方位的体现。这虽然有力保障了初创阶段的稳定，但也带来对行政权力，尤其是对行政长官制定行政法规的权力进行监督制衡的难题。

1. 行政长官权力性质的双重性

立法权是指国家有权限的机关制定由国家强制力保证实施的规范性文件

---

1 （法）孟德斯鸠：《论法的精神》（上卷），商务印书馆 2010 年版，第 166 页。

2 （法）孟德斯鸠：《论法的精神》（上卷），商务印书馆 2010 年版，第 172 页。

的权力。[1] 早期分权理论赋予议会制定规范性文件的权力，政府则作为议会立法的执行机关，充当"守夜人"的角色。[2] 随着经济的发展，政府承担起越来越多的社会管理职能。社会分工越来越细，复杂严格的制定程序和专业技术知识的缺乏使得议会难以胜任日益繁重的立法任务。"将立法权委托行政机关或其他实体行使已势在必行，委托立法由此产生。"[3] 于是，议会开始将部分立法工作委托政府进行。"把行政机关看成仅仅是立法指令之执行者的行政法理论就不再令人信服了。由于国会（或任何规则制定者）没有能力给出精确的指令或设定毫无异议的目标，以便行政机关将来对具体情形作出有效决定，所以，行政机关高度自由裁量权的产生是不可避免的。"[4]

故而，在目前的社会中，立法权不再由立法机关独享，"制定法律的机构，除立法机关以外，尚有其他机关"[5]。议会不是"行使国家立法权的绝对唯一的主体"[6]。立法机关和立法主体成为两个不同的概念。例如，在葡萄牙宪法中，国家的立法职能由议会和政府共同行使；[7] 法国宪法也规定，议会制定法律，在法律事项外，由政府制定条例[8]。当然，政府不因为行使了立法职能而变成立法机关。"从权力分立的理论和原则来说，一个国家或地区不可以存在两个或以上的立法机关，凡行使立法职能的机构都可以称为立法主体，但是在这些主体中，只能有一个立法机关或称为代议机关。"[9]

---

1 参见《牛津法律大辞典》"立法职能"条目，光明日报出版社 1988 年版。

2 大多数西方国家基于权力分立思想构建政治体制，使行政、立法、司法权力分别由不同的机关执掌。在 17—18 世纪资本主义发展早期，社会经济简单，社会问题较少，政府的职能有限，"管得最少的政府便是最好的政府"是当时流行的政府评价标准。只有立法机关可以制定法律规范，由行政机关实施，行政机关仅仅是立法指令的执行者。

3 马怀德主编：《中国立法体制、程序与监督》，中国法制出版社 1999 年版，第 73-76 页。

4 （美）理查德·B.斯图尔特：《美国行政法的重构》，商务印书馆 2002 年版，第 63 页。

5 朱志宏：《立法论》，三民书局 1985 年版，第 6 页。

6 周旺生主编：《立法研究》（第一卷），法律出版社 2006 年版，第 89 页。

7 参见《葡萄牙共和国宪法》第 115 条、164 条、167 条、168 条、172 条、201 条。

8 参见《法兰西共和国宪法》第 34 条、37 条。

9 骆伟建：《"一国两制"与澳门特别行政区基本法的实施》，广东人民出版社 2009 年版，第 84 页。

葡萄牙宪法采取国会和政府分别行使立法权的体制，这一体制延伸至澳门。根据《澳门组织章程》，立法职能由立法会和总督行使，也就是常说的"双轨立法体制"[1]，两个不同的主体享有相同性质的立法权，彼此独立。特定的历史条件造就了澳门特别行政区行政长官权力性质的双重性，《基本法》对《中葡关于澳门问题的联合声明》（以下简称《联合声明》）的变动更加证实了这一观点。《联合声明》附件一第 3 条规定："澳门特别行政区的立法权属于澳门特别行政区立法机关。""澳门原有法律、法令、行政法规和其他规范性文件，除与《基本法》相抵触或澳门特别行政区立法机关作出修改者外，予以保留。"《基本法》第 67 条规定："澳门特别行政区立法会是澳门特别行政区的立法机关。"第 17 条规定："澳门特别行政区享有立法权。"第 8 条规定："澳门原有的法律、法令、行政法规和其他规范性文件，除同本法相抵触或经澳门特别行政区立法机关或其他机关依照法定程序作出修改者外，予以保留。"通过两者的对比可以发现，《联合声明》的表述具有排他性，容易被理解为除了立法机关外，其他机关均无立法权，只有立法机关才能对原有法律、法令、行政法规和其他规范性文件作出修改。《基本法》的表述则变更为立法权属于特别行政区，立法机关制定法律，行政机关制定法规，第 8 条增加"其他机关"作为立法主体。可见，在目前的澳门特别行政区，立法会不是唯一享有立法权的机关。

因此，《基本法》的规定为行政长官的立法权留下了一定的空间。行政长官既是澳门特别行政区的首长，也是特别行政区政府的首长，具有双重身份。其身份的双重性决定了其权力性质的双重性。从澳门特别行政区法律渊源的历史沿革和《基本法》规定的措辞来看，行政长官制定行政法规的权力，并不一定归属于行政权性质，可以简单地由立法会制定的法律进行审查监督。

---

1 "单轨立法"与"双轨立法"的说法在澳门虽然十分流行，但还没有一个明确界定"单轨立法"与"双轨立法"的概念与标准。通说认为，澳门回归前，立法职能由总督和立法会行使，所以就是双轨立法；现行《澳门特别行政区基本法》没有明确规定立法职能由立法会和行政长官行使，所以是单轨立法。

2. 行政法规调整范围的相对独立性

《基本法》仅明确规定，澳门立法会是澳门的立法机关，有权依照《基本法》规定和法定程序制定、修改、暂停实施和废除法律；澳门行政长官是澳门特别行政区的首长和政府首长，有权制定行政法规并颁布执行。但《基本法》没有规定法律和行政法规各自的调整对象。

为进一步解决这个问题，澳门特别行政区第 13/2009 号法律《关于订定内部规范的法律制度》（以下称为《澳门立法法》）对澳门各规范性文件的调整范围作出规定。根据《澳门立法法》第 4 条，行政法规包含两种类型：一是行政长官的独立行政法规，二是行政长官的补充性行政法规。独立行政法规是行政长官直接依据《基本法》而非一般法律的授权而制定的，可以就法律没有规范的事宜设定初始性的规范；补充性行政法规是为执行法律而制定的，只能规定执行法律所必需的具体措施，不具有独立的调整范围。与补充性行政法规不同的是，独立行政法规有自己的调整范围，可独立于法律规定相关事宜。《澳门立法法》也对独立行政法规和法律各自的调整范围进行了分工，第 7 条规定了七项属于独立行政法规规范的内容。[1] 问题在于，该法第 7 条对法律和独立行政法规的分工，是否意味着这些事项专属于行政法规，而不能由法律进行调整？

《澳门立法法》第 5 条规定，立法会有权就澳门特别行政区自治范围内的"任何事宜"制定、修改、暂停实施和废除法律。从字面上理解，"任何事宜"显然应包含第 7 条规定的由独立行政法规规范的内容。然而，这种理解

---

1 分别是：(1) 充实、贯彻和执行政府政策的规范；(2) 管理各项公共事务的制度和办法；(3) 政府的组织、运作及其成员的通则；(4) 公共行政当局及其所有的部门及组织单位的架构和组织，包括咨询机关、具法律人格的公共部门、公务法人、公共实体、自治部门及基金组织、公共基金会、其他自治机构及同类性质机构的架构及组织，但不包括属于立法会、法院、检察院、审计署及廉政公署的机构或纳入其职能或组织范围内的机构，以及对基本权利和自由及其保障具有直接介入权限的机构，尤其是刑事调查机关；(5) 行政会的组织、运作及其成员的通则；(6) 行政违法行为及其罚款，但罚款金额不超过 50 澳门元；(7) 不属于本法第六条规定的其他事项。

和"独立行政法规"这一表述方式似有矛盾。笔者认为，不能简单地从字面上理解"任何事宜"与"独立行政法规的事项"的关系，而应该从实质内容上理解两者的关系。

就内地政治体制而言，全国人民代表大会不仅是国家的立法机关，还是权力机关，其他国家机关由它产生并对它负责。但澳门特别行政区的立法会仅是澳门的立法机关，行政长官作为特别行政区的首长，享有广泛的权力，从《基本法》第四章关于政治体制的安排上看，行政长官位于立法会之前，其地位显而易见。所以，综合澳门特别行政区"行政主导"体制来理解，独立行政法规有其保留事项是合理的。根据《基本法》第 75 条的规定，凡涉及公共收支、政治体制或政府运作的法案，立法会议员不能提出；凡涉及政府政策的法案，议员在提出前必须得到行政长官的书面同意。"当行政长官已经制定了行政法规或认为应该制定行政法规，政府不会向立法会提出法案进行立法，从立法程序上排除了冲突。"[1] 可见，《基本法》在实质意义上赋予了独立行政法规相对保留事项。一般而言，行政法规和法律有各自相对独立的规范内容，法律不可能涵盖和指导行政法规的各项规定，进而对行政法规的合法性作出判断。

3. 法律与行政法规效力位阶的模糊性

大多数学者认为，由于议会一般由人民选举的议员组成，是人民的代议机关，议会采取辩论或多数决议制，具有更高的民主性，因此，"法律为国家意思中的法律效力最强者"，"以法律形式表现之国家意思，优先于任何其他国家意思表示"。[2] 有学者据此认为，澳门特别行政区行政法规在澳门法律体系中的位阶也低于法律，当行政法规与法律发生冲突时，应一概以法律为准，并以《基本法》第 11 条第 2 款中规定的"法律、法令、行政法规和其他规范性文件均不得同《基本法》相抵触"为依据。笔者认为，这种看法是值得商榷的。

1　骆伟建：《论澳门特别行政区立法法的几个问题——与内地立法法的比较分析》，《社会科学》2010 年第 3 期，第 76 页。

2　参见胡建淼主编：《公权力研究——立法权.行政权.司法权》，浙江大学出版社 2005 年版，第 132 页。

确定不同规范性文件之间的效力，主要有两种标准。一是以立法主体的地位和性质确定效力等级，中国宪法即属于这种类型，全国人民代表大会是国家最高权力机关，所以，它制定的法律的地位高于其他规范性文件。我国《立法法》对规范性文件的位阶作出了明确规定：根据第 79 条，法律的效力高于行政法规、地方性法规、规章；根据第 88 条，当行政法规与法律发生冲突时，全国人大常委会有权撤销同宪法和法律相抵触的行政法规。由此可见，我国《立法法》明确规定行政法规不得与法律相抵触。法律效力优先于行政法规具有绝对性。二是以是否行使宪法授予的立法职能为标准确定效力等级，无论是立法机关还是行政机关，只要行使宪法授予的立法职能，制定的规范性文件无高低之分。如法国宪法和葡萄牙宪法，就以立法权的分工为基础，法律和法令（条例）均仅对宪法负责，任何一方违反宪法规定的立法事项都无效。[1]

前文已述，澳门特别行政区的政治体制不同于中国内地，对行政法规地位的理解不能脱离《基本法》规定的政治体制。"以立法主体的地位高低来决定规范的地位和效力的原则与澳门的政治体制不适应，也难以运用，[2] 对于补充性行政法规，是为执行法律，依据法律而订定的，当然不能抵触法律的原有规定。但独立行政法规是行政长官直接依据《基本法》而非一般法律的授权制定的，且从实质上具有独立的调整范围，其效力并不低于法律。

《澳门立法法》第 3 条规定："一、澳门特别行政区的法律、独立行政法规、补充性行政法规及其他内部规范性文件须在符合《基本法》的前提下方为有效。二、法律优于其他所有的内部规范性文件，即使该文件的生效后于法律。"从第 2 款来看，确实是确立了法律优先原则。但是，结合第 1 款来

1　例如，《法国宪法》第 34 条规定："法律均由议会通过。"第 37 条规定："不属于由法律规定的范围事项，其特点由条例来规定。"第 40 条规定："在立法过程中，如果发现某提案或修正案不属于法律范围或与第 38 条的授予相抵触，政府可不予接受。……宪法委员会可应任何一方的请求，在八天内予以裁决。"

2　骆伟建：《论澳门特别行政区立法法的几个问题——与内地立法法的比较分析》，《社会科学》2010 年第 3 期，第 77 页。

分析，法律优先原则是相对的不是绝对的，因为规范性文件须在符合《基本法》的前提下有效。也就是说，即使独立行政法规和法律就同一问题作出了规定，如果立法会通过某项违反《基本法》的法律，行政长官制定的独立行政法规与该法律相抵触却符合《基本法》的规定，那能因为行政法规与法律相抵触而宣布其无效吗？显然不能。所以，《基本法》在澳门的优先地位是绝对的，法律的优先地位则是有条件的。当行政法规与法律不符时，并不能直接判断哪个有效，而最终的判断标准应为是否符合《基本法》。

综上所述，从《基本法》对《联合声明》的改动来看，澳门特别行政区立法会是澳门特别行政区的立法机关，但不是唯一享有立法权的机关。澳门特殊的政治体制导致澳门特别行政区的立法制度具有一定的特殊性，行政长官制定行政法规的权力，在一定意义上是一种与立法会立法权并驾齐驱的立法权。在此基础上，结合对《基本法》的理解，根据《澳门立法法》的规定，澳门特别行政区法律、行政法规之间的效力位阶并不如想象一般清晰，"法律保留"事项的不确定性成为行政长官制定行政法规随意性滋生的温床。因此，仅依靠立法机关与行政机关制约与被制约关系的构建，仅依靠法律对行政法规进行制约，难以取得我们所欲达成的效果。

三、特别行政区行政法规立法的司法审查进路

（一）特别行政区法院审查行政法规的必然趋势

根据《美国法律辞典》，司法审查是指法院审查政府的行为以决定其是否在宪法的界限之内的权力……司法审查授权法院审查政府的行为，包括那些立法机关和行政机关的行为，并且在必要时宣告这些行为违宪。[1] 本文所称

---

1 （美）彼得·G. 伦斯特洛姆编：《美国法律辞典》，中国政法大学出版社 1998 年版，第 20–21 页。

的澳门特别行政区的司法审查，特指澳门法院对法律和行政法规等抽象性规范文件是否符合上位法，尤其是《基本法》而进行审查的活动。

通过上文的分析，澳门特殊的行政主导政治体制带来的是对行政长官制定的行政法规难以监督的问题。通过内部上下级之间的监督，通过中央政府对行政长官的监督，缺乏透明性及有效性；通过立法会制定的法律对行政法规的规制，虽符合现代民主之义，行政法规一般不得与法律相抵触，但法律在澳门的优先地位并不是绝对的，法律与行政法规在内容上具有相对独立性，使法律审查并不能包容所有的行政法规。对行政法规的监督能否另辟蹊径？

"宪政的基本前提是政府应当受到限制。这些限制在不应被政府干预所侵犯的普通人权的要求中被奉为神圣。"[1]但"光有宪法不能算有宪政，只有宪法得到切实实施才会有宪政。"[2]在澳门，《基本法》向有"小宪法"之称，我们姑且不论这一名称是否恰当，可以肯定的是，《基本法》在澳门特别行政区具有不可动摇的根本性地位，《基本法》必须得到有效实施。能否实施的关键，并不在于我们有多大的决心与意愿，而在于制度的保障，司法审查便是《基本法》实施的核心制度保障。据统计，在全世界 142 部成文宪法中，明文规定司法审查的就有 40 个，暗含规定的有 24 个。也就是说，在全世界现有 64 个国家实行这种宪法监督方式。[3]作为"最小危险部门"，澳门法院应当是澳门公权力机关中，最适合于制约立法权和行政权的主体。司法权固有的特征使其最有可能保证对正义的信守，"对颇具侵犯性和扩张性的立法权和行政权实施中立的矫正，以修复它们自身对公正的背离"[4]。

---

1 斯特凡·冯·森格、埃特林：《欧洲地区比较宪政研讨会讨论摘要》，宪法比较研究课题组编译：《宪法比较研究》（3），山东人民出版社 1993 年版，第 139 页。

2 童之伟、姜光文：《日本的违宪审查制及其启示》，《法学评论》2005 年第 4 期，第 110-117 页。

3 参见 Hencvan Maarsveen and Ger Vande Tang, Written Constutions Oceana Publication, N. Y., 1987, p. 77.

4 汪习根主编：《司法权论》，武汉大学出版社 2006 年版，第 19 页。

（二）特别行政区法院审查行政法规的可能性

1.司法审查——《基本法》解释权的逻辑节点

澳门法院是否享有对行政法规的司法审查权，应当从《基本法》中寻找答案。《基本法》虽没有明确规定法院拥有对《基本法》的审查权，但也没有否认这项权力，对此，需要通过对《基本法》的全面分析寻找答案。

根据《基本法》第 143 条，"全国人民代表大会常务委员会授权澳门特别行政区法院在审理案件时对本法关于澳门特别行政区自治范围内的条款自行解释"，但是享有解释《基本法》的权力是否就意味着拥有审查其他法律是否符合《基本法》的权力？这在逻辑上并没有必然联系。应当说，对《基本法》的解释权是司法审查的前提，但有了解释权，并不必然能推导出司法审查权的存在。结合《基本法》第 11 条第 2 款，《基本法》在澳门享有最高地位，任何法律、法令、行政法规和其他规范性文件，均不得与《基本法》相抵触。据此可以认为，与《基本法》条文相违背的法律法规不得适用。既然澳门法院享有《基本法》的解释权，必能解释行政法规是否与《基本法》的原意相抵触，如若发现行政法规不符合《基本法》，该行政法规自然是不能适用的。但能不能据此宣布行政法规无效，则不能从《基本法》找到明确答案。

《基本法》赋予澳门法院对自治条款的解释权，虽然不能推导出澳门法院的司法审查权，但"至少可以保证基本法没有禁止法院行使司法审查权，并为法院承担此项职能预留了必要的空间"[1]。美国是司法审查制度的创始国，《美国宪法》也没有明确规定法院的司法审查权，只是在第 6 条第 2 款规定："本宪法与依照本宪法制定的合众国法律，及以合众国的权力所缔结或将缔结的条约，均为全国的最高法律，即使与任何州的宪法或法律有所抵触，各国

---

1 何超明：《论澳门特别行政区司法制度的主要特征及运作》，《中山大学法学论坛》2002
  年第 12 期。

法官均应遵守。"由于澳门特别行政区的任何法律、法令、行政法规或其他规范性文件均不得同《基本法》相抵触[1]，法院在审判过程中通过对《基本法》的解释，对行政法规行使司法审查权的可能性是存在的。

2. 司法传统——历史角度的考察

支持澳门法院拥有司法审查权的观点认为，根据《基本法》第 19 条第 2 款规定的"澳门特别行政区法院除继续保持澳门原有法律制度和原则对澳门法院审判权所作的限制外，对澳门特别行政区所有的案件均有审判权"，回归前的澳门法院就有违宪审查权，回归后的澳门也理应享有对立法行为、抽象行政行为的司法审查权。

澳门回归前，根据《葡萄牙共和国宪法》第 207 条，对正在审判的诉讼，法院不得适用违反宪法规定的法律规范，或违反宪法原则的法律规范，澳门法院也有对不符合宪法的法律的拒绝适用权。第 118-A99 号共和国总统令规定澳门法院拥有原专属于葡萄牙宪法法院的权力，但当澳门总督和澳门立法会彼此认为对方制定的规范性文件违反宪法或者《澳门组织章程》时，只能向葡萄牙宪法法院提出诉讼。所以，除去澳门总督和澳门立法会向葡萄牙宪法法院提起诉讼的情况，法院应当是有根据普通当事人在诉讼中提出违宪审查请求而作出附带性审查的权力的。

虽然澳门回归后，法律制度、法院的组织都发生了本质的变化，澳门原有的违宪审查制度不可能再原封不动地套用于现有的司法制度，但历史的传承为司法审查这一制度在澳门的存续创造了至关重要的条件。

3. 实践先行——特别行政区法院的探索

根据《澳门特别行政区行政诉讼法典》，法院拥有对行政机关施政行为的审查权，澳门特别行政区法院有审查行政法规是否违反法律规定，以及在

1　参见《澳门特别行政区基本法》第 11 条。

条件成就时宣告违法的行政法规之规范失去普遍约束力的权力。[1] 在司法实践中，澳门中级法院和终审法院在多个司法案件的判决中明确表示，在对行政行为所提起的司法上诉中，法官可以对一个行政法规的合法性作出附带审理，"如果法院在审理案件中可以解释基本法，肯定可以得出某些法律规定或行政法规违反基本法的结论，在此情况下，必须执行基本法第11条中的规定。因此，不能适用那些违反《基本法》规定的原则的那些法规，但该法第143条规定除外"[2]。澳门法院的实践虽不能证明司法审查的合理性基础，法院判决书中对司法审查权的承认并不代表司法审查制度在澳门特别行政区的确立，但为未来制度的建构提供了有益探索及实践经验。

（三）终审法院审查模式的具体制度构想

综上所述，虽然《基本法》并没有直接规定法院对行政法规的监督职能，但基于维护澳门法律体系一性的需要和不得违反《基本法》规定的要求，法院应有权对行政法规是否符合《基本法》作出审查判断。虽然关于澳门各级法院的司法审查权在理论上仍需进一步探讨，但自回归后，澳门各级法院依据《基本法》的有关规定，在行使审判职能的过程中，结合澳门原有法律法规，通过多个典型案例逐渐明确了法院对行政法规的监督，以及司法权对立法权和行政权的制约。但目前没有相关立法对司法审查制度作出明确规定，因此，有必要对此问题进行充分探讨并且加以规范。

合宪性审查模式大致分为两种类型：一是欧陆模式的主要审查，二是美国模式的附带审查。目前，澳门法院的司法审查权仍处于探讨阶段，澳门法

---

1 《澳门特别行政区行政诉讼法典》第88条规定："对规范提出争议系旨在宣告载于行政法规之规范违法，而该宣告具普遍约束力。"第90条规定："对在三个具体案件中被任何法院裁定为违法之某项规范，又或属无须透过行政行为或司法行为实施即可立即产生效力之规范，得请求宣告其违法。如声请人为检察院，得请求宣告该等规范违法而无须符合上款所之要件。"

2 参见澳门特区中级法院28/2006号案件判决书。此外，17/2004号案件判决书，22V2005号案件判决书也有所涉及。

院对行政法规的审查应是权利救济不得已而为之的手段。所以，在澳门的司法审查，应以附带审查模式进行构建，对行政法规是否符合《基本法》的审查只能作为具体争议内容的一部分而不能作为主要争议问题提出来。

由于对行政法规的附带审查都是在一般案件中提起的，由熟悉案件情况的各级法院对行政法规进行及时的审查，有利于迅速有效地解决问题。同时，为了保证审查结果的统一性及权威性，涉及司法审查内容的案件应最终提交到终审法院，由终审法院作出终局性判断。若审查的内容涉及中央人民政府管理的事务或者中央和澳门特别行政区的关系，应由终审法院提请全国人大常委会进行审查。

《基本法》赋予澳门终审法院终审权，对于自治范围内事项的条款效力的最终审查权也应当由终审法院享有，由其宣告相关违反《基本法》的行政法规条款无效。同时，为切实保证司法监督的效果，这一司法裁决应具有普遍效力而非仅适用于个案，相应的行政法规条款自此无效。

行政法规是当代社会行政权力膨胀、社会管理日趋专业化的必然产物，特别是在行政主导的澳门特别行政区，其存续有其合理性和必要性。但是，行政法规需要受到必要的规制。行政法规在澳门特别行政区的地位和规范内容的相对独立性，决定了对行政法规的审查应当以其是否符合《基本法》为主要标准；司法机关作为"最小危险部门"，是目前权力分立体制下最适宜审查行政法规合法性特别是是否符合《基本法》内容的权力机关。未来的立法和司法实践中，逐渐明确司法机关对行政法规"违宪审查"的职权和程序，将为行政法规的进一步规范化和体系化发挥重要作用。

（本文刊载于《当代港澳研究》2011 年 9 月 30 日。）

香港金融服务双向贸易及其决定因素*

关红玲　欧阳艳艳**

〔摘要〕首先综合比较了香港金融服务的世界地位，然后分析了香港金融服务的行业与市场结构，最后利用 2000—2008 年香港与 21 个国家和地区金融服务进出口的面板数据，计算了香港金融服务双向贸易指数（GL）与竞争力指数（RCA），并就双向贸易决定因素建模。研究发现：中国香港最大金融服务出口市场依次是美国、英国、新加坡与日本，四国合计占其出口接近 60%；中国香港地区与英美等欧美国家双向贸易指数（GL）低，呈垂直分工，而与亚太地区的泰国、马来西亚、印度、日本等双向贸易指数较高，呈水平分工。通过实证研究得出决定香港金融服务双向贸易的主要因素依次为金融行业规模、货物贸易集中程度、市场规模以及地理接近性。由此对香港与其贸易伙伴在金融服务中呈现不同分工模式的现象进行了很好的解释，并得出几点有利于巩固香港金融中心地位的启示及政策建设。

〔关键词〕香港　金融服务　双向贸易　水平与垂直分工

一、问题的提出

2008 年美国《时代》周刊提出"纽伦港"（Nylonkong）的概念，彰显了

---

* 2011 年度广东省社会科学规划项目（GD11CTQ01）；2012 年区域和国别研究培育基地中山大学港澳台研究中心项目；国家社会科学基金青年项目（11CJL042）；中国博士后科学基金项目（20100480807）；中央高校基本科研业务费专项资金（10wkjc05）

** 关红玲（1968— ），女，广东广州人，管理学博士，中山大学港澳珠三角研究中心副教授（广州 510275）；欧阳艳艳（1982— ）女，福建漳州人，经济学博士，中山大学国际商学院讲师（广州 510275）。

香港国际金融服务的实力。根据 2011 年 9 月公布的《全球金融中心排名指数》，香港以总分 770 分再次位居伦敦（774）、纽约（773）之后名列世界金融中心第三[1]。香港目前是全球第 15 大、亚洲第 3 大国际银行中心，全球第 6 大外汇市场，全球第 7 大股票市场[2]。根据联合国相关统计数据，2008 年香港金融服务贸易的出口额达 118.2 亿美元，位居世界第 6 位，亚洲第 1 位[3]。

作为面向世界、背靠经济快速崛起的中国内地的香港金融服务业，一直以来在中国改革开放中发挥着重要的桥梁作用；同时，维护香港的繁荣稳定，巩固香港国际金融中心的地位也是中国的基本国策。2011 年 8 月国务院副总理李克强访港，宣布中央支持香港经济社会发展的六大项政策措施，其中第 2 项就是针对香港金融业的。因此，探讨香港与世界各大经济体之间金融服务的密切程度及其决定因素具有十分重要的意义。

对于香港金融业的研究可以归纳为以下方面：首先，从国家或地区产业与行业的视角：（1）香港金融业发展历程、金融中心形成与评价研究（饶余庆，1993；冯邦彦，2002；周天芸，2008；张丽玲等，2007）。（2）对香港金融市场、机构及其制度的相关研究（林江，2003，2010；冯邦彦，2004；周开国，2009；陈平等，2011）。其次，从区域经济合作视角：香港与内地金融业合作、比较以及内地借鉴研究（陈恩，1997；冯邦彦，2006）。再次，从国际服务贸易视角，研究香港金融服务的竞争力（曹瑛，2009；黄桂良，2009 等）。

目前研究在以下方面有待深入：一是香港作为一个服务经济体，服务贸易顺差弥补货物贸易巨大逆差，对香港经济增长起重要促进作用；但目前研究仅限于从服务贸易视角研究其竞争力，却缺乏以服务贸易视角深入分析香港金融服务出口结构特征、双向贸易以及其决定因素。二是目前产业

---

1 Z/Yen Group, THE GLOBAL FINANCIAL CENTRES INDEX, Financial Centre Futures, September, 2011.

2 香港贸易发展局：《香港经济成就指标》，http://www.Hktdc.com/info/mi/sb/tc/，访问日期：2012-02-22。

3 根据联合国 UN Service Trade database 数据整理。

内贸理论为探寻上述问题提供了很好的分析视角与工具；但对于中国香港、新加坡这些依赖外部经济的新兴经济体，其金融服务的双向贸易特征及其决定因素，鲜有关注。国外对服务业双向贸易（即产业内贸易）及其决定因素的经验研究大致分为两类：（1）单项服务业的研究，包括：运输服务（Kierzkowski，1989），国际电话服务（Tang，1999），美国保险服务（Li，Moshirian & Sim，2003），美国金融服务（Moshirianetal.，2005）；（2）多项服务业的研究，包括：弗兰考思（Francois，1993）研究了美国与28个国家的所有服务业，李和洛德（Lee & Lloyd，2002）研究了20个OECD成员9项服务业，思齐等（Sicheietal.，2006）研究了南非一美国10项服务业。三是国内研究服务业双向贸易的成果不多，涉及双向贸易决定因素的研究更少，这一定程度是由于数据的难以获取造成的。程大中（2008）和陈双喜（2010）分别研究了中美和中日多项服务业双向贸易及其决定因素；陈秀莲（2011）就中国区域间双向贸易水平与决定因素作了研究；单项服务业有韩立岩对美国保险业（2009），胡颖对美国旅游服务业的（2008）研究。目前国内从这一视角对香港金融服务双向贸易及决定因素的研究尚未见到。

双向贸易（Two Way Trade）研究，源于20世纪60年代以来出现的发达国家间进出口相同或类似产品的现象，而双向贸易现象在发达国家贸易总额占比了超过60%[1]。在"新贸易理论"框架下，经济学家（Linder，1961；Balassa，1966；Krug-man，1981等）认为需求的多样性和规模经济是导致双向贸易的主要原因，即资源禀赋、收入水平相似的国家会就同类产品或服务进行贸易。

这一理论的提出是对以比较优势为基石、认为只有资源禀赋差异大国家间才出现贸易的传统贸易理论（HOS模型）的有力补充。实际上双向贸易的研究，揭示了两种并存的国际分工模式：一种是水平分工，它是建立在规模

---

1 资料来源：Grubel & Lloyd, Intra-industry Trade: The Theory and Measurement of International Trade in Differentiated products. London: Macmillian Press Ltd, 1975.

经济和需求的多样性基础上的；另外一种是垂直分工，是基于要素差异的优势互补。在经验研究方面，克鲁勃和洛德（Grubel & Lloyd，1975）提出测量双向贸易的指数 GL，GL>0.5 为基于规模经济与需求多样性产生的贸易，即"双向贸易（又称产业内贸易）"；GL<0.5 为基于要素差异产生的贸易，称"产业间贸易"。这一指数被广泛使用，经济学家在此基础上，进一步研究影响双向贸易指数的决定因素。

双向贸易研究开始主要集中在货物贸易，但 20 世纪 80 年代后被应用于发展迅猛的国际服务贸易。经济学者尝试从国家以及行业层面，将规模经济、需求多样性、地理接近性、外国直接投资（FDI）、制度（市场自由度与贸易壁垒）、货物或服务贸易集中度、贸易不平衡性等因素，作为决定服务业的双向贸易因素进行实证研究。

有鉴于此，本文采用联合国服务贸易统计数据库（UN Service Trade database）中香港与 21 个国家和地区的金融服务贸易面板数据，对香港金融服务出口的世界地位、行业、市场结构特征进行描述，最后就它与 21 个国家和地区双向贸易特征及其决定因素进行深入分析。

二、香港金融服务及其双向贸易的特征

双向贸易（Two Way Trade）又称产业内贸易（Intra-Industry），指"差异化相近的、相互替代的产品（服务）之间的贸易"（Grubel & Lloyd，1975:86）。如上所述，双向贸易的研究揭示了两种并存的国际分工模式：一种是水平分工，它是建立在规模经济和需求多样性基础上的；另外一种是垂直分工，是基于要素差异的优势互补。下面就香港金融服务的世界地位、行业与市场结构、其与贸易伙伴双向贸易特征及显示性比较优势指标进行全面分析。

（一）香港金融服务的世界地位

对于金融服务世界地位的评价有多个角度。香港金融管理局（张丽玲

等）根据 5 大金融市场的规模——股票、债券、信贷（以银行体系为代表）、外汇、衍生工具，对全球主要金融中心进行排名，香港居于第 6 位（详见表 1）。根据这一研究，香港在股票市场表现突出，外汇市场也不俗，银行体系表现尚可，债券市场则是软肋。其中新股上市集资金额在全球比达 12.9%，仅次于英国的 16.9%、美国的 16.3%，这充分反映回归后内地经济对香港金融服务的促进作用；外汇成交额占全球 4.2%，银行海外资产占全球 2.3%，本土债券市场占全球 0.1%，衍生工具市场成交金额占全球 2.7%。

表 1 2008 年世界金融服务出口排名、2006 年世界金融集中度及
2008 年 9 月 GFCI 排名

排名	出口（亿美元）	排名	金融活动集中度（标准分）	排名	GFCI 得分
1	英国 696	1	美国 100	1	伦敦（英国）791
2	美国 610	2	英国 90.6	2	纽约（美国）774
3	卢森堡 429	3	日本 32.7	3	新加坡 701
4	瑞士 194	4	德国 23.0	4	中国香港地区 700
5	德国 135	5	法国 22.1	5	苏黎世（瑞士）676
6	中国香港地区 118	6	中国香港地区 13.2	6	日内瓦（瑞士）645
7	新加坡 100	7	荷兰 10.9	7	东京（日本）642
8	爱尔兰 97	8	瑞士 9.9	8	芝加哥（美国）641
9	西班牙 57	9	新加坡 9.9	9	法兰克福（德国）636
10	日本 55	10	意大利 9.6	10	悉尼（澳大利亚）630
11	印度 41	11	澳大利亚 8.6	11	波士顿（美国）625
12	比利时 40	12	西班牙 8.2	12	多伦多（加拿大）624

数据来源：UN Service Trade Database，CITY of LONDON，THE GLOBAL FINANCIAL CENTRES INDEX，September，2008；张丽玲等，2007

另一个比较有影响的评价体系就是伦敦市政局发布的《全球金融中心排名指数》（GFCI）。该指数根据金融人才可获得、监管环境、容易参与国际金融市场、商业基础设施便利等 14 项指标进行评价。根据其 2008 年 9 月公布

的指数，香港以总分 700 居全球金融中心排名第 4 位。伴随国际金融危机蔓延，伦敦与纽约地位下滑，而作为世界经济增长动力的亚洲，其许多国家金融中心评分大幅上升。2011 年 9 月该指数显示，香港从 2008 年的 700 分，上升到 770 分稳居世界金融中心第 3 的宝座。

事实上从金融服务对本土经济贡献来衡量，金融服务净出口是一个比较客观的标准。根据联合国服务贸易统计数据库（UN Service Trade Database）数据，2008 年香港金融服务贸易出口居全球第 6 位，亚洲第 1 位；进口居全球第 12 位，亚洲第 3 位。从表 1 可以看出中国香港金融服务出口为 118 亿美元，与英国的 696 亿、美国的 610 亿差距比较大；但在亚洲，中国香港（118亿）与新加坡（100 亿）已大大超越了日本（55 亿）。不过对于中国香港这个规模比较小的城市经济体，与美英这些规模比较大国家比较确有不公，有研究将金融服务出口与 GDP 相比，这样中国香港金融服务出口的世界地位就与美国相当，但也还是次于英国与瑞士。

综上所述，香港金融服务世界地位不可小觑，以软实力看，世界排名第3；以硬指标看，世界排名第 6；以对本土经济贡献看，世界排名第 6（若将金融服务出口占 GDP 比重衡量香港地位将更高）。

（二）香港金融服务的行业与市场结构

1. 香港金融服务行业结构

金融服务指的是不包含保险的金融中介和辅助服务[1]。香港统计局提供金融服务项下二级分类：投资银行服务和其他金融服务[2]。从表 2 可见：第一，

---

1 联合国、欧洲共同体委员会、国际货币基金组织、经济合作与发展组织、联合国贸易和发展会议、世界贸易组织：《国际服务贸易统计手册》，2002 年，第 42 页。

2 投资银行服务指：合并及收购服务、机构财务及创业资金及相关服务；其他金融服务指：中央银行服务、存款服务、信用及财务租赁服务，股票经纪服务、商品经纪服务、股票交易程序及结算服务，投资组合管理服务、信托服务、保管服务、财务顾问服务、外币兑换服务、金融市场营运服务，以及其他金融中介的支持服务。《香港服务贸易统计报告 2002》，附录乙，第 58 页。

香港金融服务中投行服务的比例甚小，只有1%左右，而其他金融服务出口占比达到98%—99%；第二，香港金融服务中的投行服务比例有下降趋势。

有研究（谢国樑，2009）指出，世界金融体系伴随经济主体发展大致从低到高经历三个阶段：（1）银行主导阶段（经济主体以中小企业为主，主要靠银行融资）；（2）资本市场主导阶段（企业壮大，利用股市、债市集资）；（3）证券化阶段（经济体已积累较多财富，企业依靠证券化手段加速资金运转，从事资产并购及业务重组，管理资产风险）。虽然金融危机爆发使人们对金融证券化进行反思，但这仍是未来的发展趋势。

在证券化阶段，投资银行担当着重要创始机构的角色。因此投行服务的比重被视为金融体系向更高阶段发展的方向标。目前英美两国率先进入证券化阶段。美国是世界最大的银行和投行中心、股票及证券交易中心；英国是全球最大基金管理中心、外汇交易中心。香港是个高度国际化的银行中心；而且回归后其金融服务重心从银行主导向资本市场主导转变。1997年香港认可金融机构的借贷总额为当年GDP的302%，超过当年股市市值与GDP比重（235%）；而2006年底香港股市市值占GDP比重上升至906%，银行业贷款与GDP比重下降至173%。因此香港金融服务中投行的服务出口比重较低可以理解。

表2　香港金融服务出口的行业结构　　　　单位：百万港元

	2000年		2005年		2008年	
	出口值	比重	出口值	比重	出口值	比重
金融服务出口	20 859	100%	49 158	100%	38 226	100%
投资银行服务	375	1.8%	328	0.7%	324	0.8%
其他金融服务	20 484	98.2%	48 830	99.3%	37 903	99.2%

数据来源：香港统计局：《香港服务贸易统计报告2000—2008》

2.香港金融服务市场结构

从表3可见，从2000年与2008年比较看，第一，香港金融服务的主要出口市场结构没有太大变动。前四大出口市场依次为美国、英国、新加坡和日本，而中国内地名列第 7 位。第二，香港金融服务的出口市场越来越集中，2000 年前 10 的出口市场占香港金融服务总出口 49.67%，而到了 2008 年前 10 大出口市场占香港金融服务总出口高达 73.3%，其中美国市场份额增加幅度最大，从 18.65% 增加至 29.5%，占中国香港地区金融出口的 30%。而在亚洲，新加坡与日本变化不大，中国内地和韩国也有大幅提升。

表 3　2000 年、2008 年香港金融服务主要出口市场结构　单位：亿美元

	出口市场	2000 年总额	占比	出口市场	2008 年总额	占比
	世界	43.71	100.00%	世界	118.2	100.0%
1	美国	8.15	18.56%	美国	34.89	29.05%
2	英国	5.67	12.97%	英国	22.83	19.3%
3	新加坡	2.51	5.74%	新加坡	6.09	5.2%
4	日本	1.46	3.34%	日本	4.52	3.8%
5	韩国	1.08	2.47%	卢森堡	4.5	3.8%
6	爱尔兰	0.76	1.74%	韩国	4.13	3.5%
7	中国内地	0.6	1.37%	中国内地	3.85	3.3%
8	卢森堡	0.53	1.21%	法国	2.68	2.3%
9	瑞士	0.48	1.10%	澳大利亚	2.07	1.8%
10	荷兰	0.47	1.08%	瑞士	1.07	0.9%
	其他	22	50.33%	其他	31.57	26.7%

数据来源：UN Service Trade Database，2000—2008 年

（三）香港金融双向贸易及其竞争力分析

上述分析可知香港金融服务举世瞩目，而其与各伙伴国间贸易分工关系怎样？各自竞争力如何？下面分别用 GL 指数（双向贸易）、RCA 指数（显示性比较优势）进行分析。

1. 香港金融服务双向贸易指数（GL）

GL 指数是 1975 年克鲁勃（Grubel，H.G.）和洛德（Lloyd，P.J.）提出的测量双向贸易指数。具体公式 $GL_i = 1 - \dfrac{|X_i - M_i|}{(X_i + M_i)}$，其中，$GL_i$ 表示 i 产业的双向贸易指数，X_i、M_i 分别代表在一定时期（通常为 1 年）i 产业的出口额与进口额。$0 \leqslant GL_i \leqslant 1$，$GL_i$ 越接近 1，说明双向贸易的程度越高；GL_i 越接近 0，说明双向贸易的程度越低。一般双向贸易指数大于 0.5，则认为该产品贸易模式是以产业内贸易为主要形式，呈水平分工，反之则是以产业间贸易为主，呈垂直分工。

在 UN Service Trade Database 中，我们挑选 2000—2008 年间与香港金融服务关系密切的 21 个国家（香港对这 21 个国家和地区金融出口总和占香港金融总出口的 67%），计算结果如表 4。

表 4　2000—2008 年香港金融服务对 21 个国家和地区的出口比重、
GL 和各国 RCA 指数比较

序号	香港贸易伙伴	出口比重平均	GL 平均	RCA 平均
1	泰国	0.50%	0.83	/
2	马来西亚	0.44%	0.80	0.08
3	印度	0.47%	0.78	0.35
4	比利时	0.37%	0.68	0.80
5	德国	0.89%	0.67	0.60
6	日本	3.99%	0.67	0.66
7	印度尼西亚	0.37%	0.66	0.30
8	新加坡	5.82%	0.63	1.24
9	中国澳门地区	0.39%	0.63	0.06
10	菲律宾	0.28%	0.59	0.18
11	中国内地	2.28%	0.56	0.03
12	法国	1.78%	0.54	0.19
13	澳大利亚	1.16%	0.51	0.37

续表

序号	香港贸易伙伴	出口比重平均	GL 平均	RCA 平均
14	瑞士	1.22%	0.34	3.67
15	加拿大	0.26%	0.32	0.45
16	韩国	3.12%	0.31	0.44
17	美国	25.05%	0.31	1.39
18	英国	16.49%	0.29	2.85
19	意大利	0.12%	0.18	0.22
20	荷兰	0.23%	0.13	0.20
21	卢森堡	1.66%	0.10	9.12
	中国香港地区	/	/	1.57

数据来源：UN Service Trade Database，2000—2008 年

第一，总体而言，从 2000—2008 年的平均值看，香港与大部分亚太地区的伙伴国（地区）双向贸易指数（以下简称 GL 指数）较高，呈水平分工状态；而与欧美大部分国家的 GL 指数较低，呈垂直分工状态。当然其中有个别例外，如欧洲比利时和德国与香港的 GL 指数较高（0.68、0.67），而亚洲的韩国与香港的 GL 指数较低（0.31）。第二，与香港 GL 指数较高的，依次是泰国（0.83）、马来西亚（0.80）、印度（0.78），这意味着香港与这些国家金融服务出口值与进口值相当，但这些国家在香港金融服务总出口比重很少，3 国总和还不到 2%。而占香港金融出口总额第 1、第 2 大的美国（25.05%）、英国（16.49%）与香港 GL 指数很低。

2. 香港及其贸易伙伴的金融服务竞争力

GL 指数较高显示两者金融服务双向贸易水平较高，大致呈水平分工；而 GL 指数较低显示贸易伙伴间，一方对另一方出口大于进口，或者进口大于出口，呈垂直分工。但该指数却不能判断两国间那一方竞争力更优胜，所以我们借助 RCA 指数进一步分析香港与其贸易伙伴间的竞争力。

RCA 指数，是通过一国的市场占有率的高低来反映该国的产业国际竞

争力，它体现一国服务出口在国际上的比较优势。RCA＝（X_{ij}/Y_j）／（X_{iw}/Y_w），其中，X_{ij}表示 j 国的 i 类服务贸易行业出口额，Y_j表示 j 国所有服务贸易出口总额，X_{iw}表示世界 i 服务贸易行业出口额，Y_w表示世界所有服务贸易出口总额。RCA>1 表示 j 国该服务出口高于世界平均水平，具有比较竞争优势，RCA 越大竞争优势越明显；RCA<1 则表示具有比较劣势。

从表 4 可知，香港的显示性比较优势在 22 国（地区）中排名第 4，第 1 位是卢森堡 9.12，第 2 位是瑞士 3.67，第 3 位是英国 2.85，第 5 位是美国 1.39，第 6 位是新加坡 1.24，余下 16 国指数均低于 1，具有比较劣势。而中国香港与卢森堡的双向贸易指数 GL 为 0.1，与瑞士的 GL 为 0.34，与英国的 GL 为 0.29，与美国的 GL 为 0.31，与新加坡的 GL 为 0.63。而马来西亚的 RCA 为 0.08，但与中国香港的 GL 指数为 0.80；印度的 RCA 为 0.35，但与中国香港的 GL 指数为 0.78。

由此就出现一个有趣的问题：为什么香港作为金融服务有明显国际比较优势的地区，与欧美金融强国的双向贸易水平低，即呈垂直分工，而与有比较劣势的大多数亚洲国家双向贸易水平高，呈水平分工呢？

三、影响香港金融服务双向贸易的因素假说与模型设定

为探寻上述问题的答案，我们有必要进一步分析香港与其伙伴金融服务双向贸易的决定因素。

（一）双向贸易决定因素的假设

基于已有的经验研究，结合香港现状，我们考虑以下 5 大因素作为影响香港及其金融贸易伙伴的双向贸易的解释变量：（1）市场与行业规模的差异；（2）对香港直接投资；（3）两国（地区）之间的货物贸易密集度；（4）贸易不平衡；（5）地理的接近性。

假设 1：香港与伙伴国（地区）市场规模（GNI）、行业规模（FM）差

距与两国（地区）间金融服务双向贸易（GL）负相关。

由于香港是一个依赖外部需求的微型经济体，所以本文放弃了需求相似的假设。而基于迪西斯和诺曼（Dixit & Norman，1980）、兰卡斯特（Lancaster，1980）、弗尔维和科尔兹科夫斯基（Falvey & Kierzkowski，1987）的研究认为：双向贸易份额与国家规模差异负相关，因为国家规模和产业规模的相似性可以反映规模经济以及提供差异性产品和服务之能力的相似性。

假设 2：伙伴国（地区）对香港投资规模（FDI）与两国（地区）间金融服务双向贸易（GL）呈负相关。

理论界对 FDI 与贸易关系有两种看法：一是互补关系；另一种是替代关系。前者如马库森和维纳布斯（Markusen & Venables，1998；2000），他们认为，跨国公司通过在东道国设立机构而克服贸易成本，从而跟母国公司发生公司内贸易，促进了双向贸易。琼斯等（Jonesetal.，2002）认为，如果 FDI 是为了分段生产，则会提高双向贸易水平。后者如 Markusen（1984；1985）指出，当跨国公司打算进入目标国多个市场时，母公司的商标与技术将发挥类似公共产品的效应，使企业通过投资能比出口更小成本进入目标国多个市场。凯夫斯（Caves，1981）认为，对外投资就是在当地生产有针对性的差别产品而替代出口。巴拉萨和鲍文斯（Balassa & Bauwens，1987）的研究证明 FDI 与双向贸易间负相关。本文认为：第一，香港是个国际金融机构的汇聚地，全球最大 100 家金融机构有 70 家在香港营运，所以这里用来自香港金融贸易伙伴的外来直接投资来测量。第二，香港是"金融转口埠"（饶余庆，1993），跨国公司来港投资，其目标市场是亚洲多个国家，尤其是中国内地，特别是 CEPA 实施加大了中国内地对香港服务业的开放力度，引来更多跨国公司驻港，因此本文判断伙伴国（地区）对香港投资替代了对香港的金融服务出口，从而出现香港对其大投资伙伴国（地区）的金融出口远远超过从其进口。所以我们认为对香港的 FDI 与两者间双向贸易呈负相关。

假设 3：香港与伙伴国（地区）的货物贸易集中度（TIN）与两国（地区）

间金融服务双向贸易（GL）正相关。

莫斯瑞、李和辛（Moshirian，Li&Sim，2005），程大中（2008）研究表明，货物贸易通常需要相关金融保险、运输、信息等服务支撑，所以两国间货物贸易密集程度高，金融服务贸易双向贸易的水平也会高。

假设 4：香港和伙伴国（地区）货物及服务贸易不平衡（TIM）与两国（地区）间的金融服务双向贸易（GL）负相关。

如果一国货物或服务贸易失衡，会导致双向贸易指数被低估。所以阿奎诺（Aquino，1978），李和李（Lee & Lee，1993）把贸易失衡作为双向贸易的解释变量。李和洛德（Lee&Lloyd，2002），李、莫斯瑞和辛（Li，Moshirian&Sim，2003）的研究结果表明贸易失衡规模越大，双向贸易的水平越低。

假设 5：香港和伙伴国（地区）间的距离（DIS）与两国（地区）的金融服务双向贸易（GL）负相关。

巴拉萨（Balassa，1985），弗兰考思（Francois，1993）研究表明，距离对两国（地区）间双向贸易呈负相关。香港大学中国发展国际研究中心赵晓斌博士认为，从金融地理学观点，香港是跨国公司亚太地区的总部，它具有熟悉亚太地区文化，同时又是亚太地区信息交汇地，因此是亚太地区金融中心。因此推断香港与亚洲地区以外贸易伙伴的金融服务双向贸易水平较低。

（二）模型设定

基于上述讨论，我们提出影响香港及其贸易伙伴金融服务双向贸易的经验模型：

$$LnGL_{it} = \alpha_0 + \alpha_1 LnGNI_{it} + \alpha_2 LnDIS_{it} + \alpha_3 LnFM_{it} +$$
$$\alpha_4 LnFDI_{it} + \alpha_5 LnTIN_{it} + \alpha_6 LnTIM_{it} + \varepsilon_{it}$$

GL 为双向贸易指数，计算方法参见上文。本文参照 Balassa and Bauwens（1987）对 GL 进行对数转换：$Ln[GL_{it}/(1-GL_{it})] = \beta' Z_{it} + u_{it}$。

GNI 为以购买力平价计算的香港与贸易伙伴的国民收入差距，以衡量市场规模相似性。

FM 是香港与贸易伙伴的货币 M2 占 GDP 比重的差距，参考奥特里怀（Outreville，1999），以衡量金融行业规模相似性。

FDI 是伙伴国（地区）对香港的外向投资。

TIN 为香港与贸易伙伴货物贸易密集程度。TIN 的计算公式参照 Grubel and Lloyd（1975），Lee and Lee（1993）：$TIN = \dfrac{X_j + M_j}{X_t + M_t}$，$X_j$ 表示从香港向 j 国的货物出口总额，M_j 是香港从 j 国进口的货物总额，X_t 是从香港出口世界货物总额，M_t 是香港对世界进口总额。

TIM 是香港与贸易伙伴国（地区）的货物及服务贸易失衡程度。TIM 计算公式参照 Lee and Lee（1993）：$TIM = \dfrac{|X_j - M_j|}{X_j + M_j}$，$X_j$，$M_j$ 与上述含义相似，只不过这里分别是货物和服务贸易的出口与进口。

DIS 为香港与贸易伙伴国（地区）间的距离。

2000 年至 2008 年香港与 21 个伙伴国（地区）金融服务贸易进出口数据来自联合国服务贸易统计数据库（UN Service Trade Database）；GNI、FM 数据来自世界银行数据库（Worldbank Data）；关于香港外来投资的数据，经向香港统计处查询，得知并无如此细分到国家及行业数据，我们使用联合国（UNCTAD）中 21 个国家和地区外向投资替代；计算 TIN 及 TIM 涉及的货物贸易数据同样来自 UNCTAD，香港与伙伴国（地区）距离是通过 GOOGLE-EARTH 软件测量香港与各国经济中心城市的距离。

四、影响香港金融业双向贸易之因素的计量分析

（一）数据描述与处理

本文采用 2000—2008 年香港与 21 个伙伴国（地区）金融服务贸易的面板数据进行回归，各变量的描述性统计见表 5。

表5 变量的描述性统计（2000—2008）

变量	观测值	均值	标准差	最小值	最大值
$LnGL_{it}$	178	−0.8049077	0.6756747	−3.611918	0
$LnGNI_{it}$	189	26.84805	1.790835	22.37528	30.27493
$LnFM_{it}$	179	4.91021	0.5077192	1.680828	6.007141
$LnDIS_{it}$	189	8.312987	1.205759	4.154499	9.469988
$LnTIN_{it}$	183	−4.123478	1.332176	−8.661826	−0.751827
$LnFDI_{it}$	189	6.125945	1.791233	1.648659	9.546813
$LnTIM_{it}$	183	−1.514886	1.21888	−9.817906	−0.2726921

（二）回归结果及分析

为了更好地考察各影响因素的相互作用关系，该部分考虑了三种形式的方程。方程（1）仅考虑市场规模差距、金融行业规模差距、双边地理距离和货物贸易集中度的影响；方程（2）在方程（1）的基础上又考虑了伙伴国（地区）对香港的投资；方程（3）则是进一步考虑了货物与服务贸易不平衡的影响。由于固定效应是指个体影响与解释变量相关，随机效应指个体影响与解释变量不相关，而固定效应不能反映出各伙伴国（地区）与香港地理差距不同所产生的作用，因此本文采用随机效应，并对系数进行了标准化处理，这样可以真正比较出各个自变量在回归方程中的效应大小。实证结果见表6。

表6 香港与21个伙伴国（地区）金融服务贸易回归结果

解释变量	（1）	（2）	（3）
$LnGNI_{it}$	−0.2060419** （−2.46）	−0.0707313** （−2.45）	−0.0721618*** （−2.50）
$LnFM_{it}$	−0.2486726** （−2.54）	−0.2752356*** （−2.75）	−0.2915335*** （−2.77）
$LnDIS_{it}$	−0.1029147*** （−2.64）	−0.1024277*** （−2.63）	−0.1087104*** （−2.77）

续表

解释变量	（1）	（2）	（3）
LnTIN$_{it}$	0.1285845***	0.1232739***	0.1158298***
	(3.28)	(3.13)	(2.91)
LnFDI$_{it}$		−0.0317254	−0.0327413
		(−1.20)	(−1.24)
LnTIM$_{it}$			(−1.19)

注：* 表示通过 10% 显著性检验；** 表示通过 5% 显著性检验；*** 表示通过 1% 显著性检验

首先，从表 6 可见，香港和金融贸易伙伴间的市场规模差距（LnGNI$_{it}$）、金融行业规模差距（LnFM$_{it}$）与他们间的双向贸易呈负相关，并在 1% 水平上是显著的。这应验了我们的第 1 个假设，就是香港与贸易伙伴的市场规模以及金融行业规模水平差距越小，其双向贸易的水平越高。因为市场规模与行业规模的相似性反映两国（地区）提供差异性服务能力的相似，从而为追求规模经济而促进了双向贸易。

其次，来自香港贸易伙伴的外来投资（LnFDI$_{it}$）确实与他们间的双向贸易呈负相关，但是变量不显著。我们认为这是由于数据局限性，因为这不是香港贸易伙伴对香港的投资，更不是对香港金融业的投资。但这也部分证实了我们的第 2 个假设，就是香港外来投资与其和伙伴的双向贸易负相关，即伙伴国（地区）对香港的 FDI，替代了对香港的金融出口，因此就表现为对香港投资规模大的贸易伙伴，对香港进口额高于出口。

第三，香港和贸易伙伴的双边货物贸易集中度（LnTIN$_{it}$）与他们间的双向贸易呈正相关，且在 1% 水平上显著，说明如果两伙伴国（地区）之间货物贸易密集程度高，金融服务贸易双向贸易的水平则较高。这完全证实了我们第 3 个假设。这说明香港这个金融中心目前仍是为美欧亚间形成的货物贸易分工网络体系服务的。

第四，香港和贸易伙伴间的货物和服务贸易不平衡程度（LnTIM$_{it}$）对他们间金融双向贸易的影响为负，但统计上不显著。不过这还是符合我们的预期，就是根据国内外大量经验研究证明的：贸易不平衡会降低双边的双向贸易水平。

第五，香港与贸易伙伴间的双边地理距离（LnDIS$_{it}$）对他们的金融双向贸易的影响为负，且在 1% 水平上显著。说明两伙伴国（地区）的地理距离越小，金融的双向贸易的水平越高，这验证了我们的假设 5。

综上所述，6 个自变量中 4 个显著，分别是市场规模 GNI、金融行业规模 FM、货物贸易集中度 TIN 以及距离 DIS。比较各自变量对因变量的解释能力从高到低依次为：−0.292（FM）；0.116（TIN）；−0.109（DIS）；−0.072（GNI）；−0.045（TIM）；−0.033（FDI）。也就是说，金融业规模差异是影响香港与贸易伙伴间双向贸易水平首要因素，其次为货物贸易的集中度，再次为距离的远近，随后是市场规模。而货物及服务贸易不平衡以及 FDI 的影响解释力较低，同时统计上不显著。

五、总结与探讨

（一）总结

本文通过上述理论与实证研究得出以下主要结论：

第一，从软实力和硬指标的比较得出香港是一个不可小觑的国际金融中心。GFCI 排名世界第 3 位、金融服务贸易出口总额以及 5 大金融市场的集中度居世界第 6 位。从其金融服务的行业结构看，投行服务比例较小，这与香港金融体系处于银行主导向资本市场主导阶段、尚未迈向金融体系证券化阶段有关。香港金融服务主要市场是美国和英国，其次是新加坡与日本，前两者占其出口比重 49%，后两者合占其比重 9%。

第二，从香港与贸易伙伴金融服务的双向贸易指数 GL 看，香港与大多数欧美国家的指数比较低，而与亚洲地区国家和地区 GL 指数较高，显示与欧美国家金融贸易大致呈垂直分工，而与亚洲国家多数呈水平分工。从显示性比较优势指数 RCA 看，22 个国家或地区中有 6 个金融服务竞争力高于世界水平，其中香港排名第 4 位。这就出现一个有趣的现象：香港与金融服务国际竞争力较强的贸易伙伴（新加坡除外），双向贸易水平也较低，呈垂直分工；而与亚洲大多数国际竞争力低于世界水平的国家，双向贸易水平较高，呈水平分工。

第三，通过对香港与贸易伙伴金融服务的双向贸易决定因素的分析，我们可以较好地回答上述问题。（1）香港与贸易伙伴金融服务的双向贸易主要决定因素是两国（地区）的金融行业规模。所以香港与金融行业规模相似的亚洲以及部分欧洲国家的双向贸易指数水平较高，而与美国、英国这些金融行业规模较大的国家双向贸易水平较低，当然市场规模也是一个显著的影响因素。（2）这种双向贸易的水平还取决于两国（地区）的货物贸易集中度。货物贸易关系密切，金融双向贸易水平也较高。亚洲目前是世界制成品主要出口区（Lall，2000），区内已形成一个制造业国际生产网络，所以中国香港与制造网络中的亚洲国家泰国、马来西亚、日本、新加坡金融双向贸易的水平也较高。（3）距离的远近也造成香港与欧美金融强国的双向贸易水平低，与亚太地区国家金融双向贸易水平高。这同时也以实证印证了香港是亚太地区的国际贸易中心，是"金融转口埠"的说法。（4）美国、英国等世界知名金融机构大量进驻中国香港，导致 FDI 替代出口的现象。我们翻阅《驻港海外公司年度调查报告》，发现从 2001—2008 年，美国及英国的驻港公司数量平均占驻港海外公司的 24%，而这些公司有 10% 是从事金融服务的机构。根据《国际服务贸易统计手册》的居所原则[1]，这些公司都属于香港公司，其对外提供服务视为香港金融出口。可以推断香港金融业的外来投资，替代这些投资国对香港金融的出口，因此造成英美等国与中国香港金融服务双向贸易

---

1 金融服务贸易涉及服务贸易的跨境供应（cross-border）、商业存在（Commercial presence）、自然人存在（presence of nature persons），但主要以第 1 种模式为主。而在经济体内提供跨境服务的公司是居民还是非居民，依据的是居所的概念。即只要在香港登记的金融机构都属于香港公司，其对非居民提供的服务属于出口。

指数偏低。但可惜由于数据的局限，这个变量不显著。

第四，巩固香港金融服务中心地位的两点启示。（1）由于测量金融规模的变量是 M2 与 GDP 比重的差距，所以可以说香港发达银行体系当前仍是决定香港与贸易伙伴金融双向贸易的重要因素。（2）香港作为一个货物贸易中心，对香港作为亚太地区国际化金融中心有促进作用。由于香港本身经济体系狭小，是"金融转口埠"因而其金融体系的升级完善必须密切配合经济腹地的经济转型，才能维持香港金融中心的地位。

（二）政策建议

从本研究结论看，大力推进香港人民币离岸市场的发展，既能配合内地人民币国际化需求，同时又能进一步提升香港作为国际金融中心的地位。

目前香港已形成人民币离岸市场，表现为三个方面：（1）2011 年人民币存款同比增长 87%，达 5885 亿元；（2）扩大结算试点后，香港凭借其贸易商及银行在全球拥有广泛的客户网络，使经香港处理的跨境人民币贸易结算量同比增加 4.2 倍；（3）2011 年人民币债券发行量达 1079 亿，同比增长 2 倍，另外可交割人民币远期、人民币保险产品、人民币计价黄金等投资理财产品相继推出[1]。

香港的人民币较宽的资金出路，将吸引更多与内地进行贸易的境内外企业在香港市场结汇，把贸易项下的人民币闲置资金存放香港，从而有利于舒缓内地外汇储备持续上升的压力，减轻人民币升值压力。另外，香港人民币离岸市场，可帮助人民币国际化中发现其在国际市场的价格，包括利率与汇率水平；帮助人民币建立其在国际市场的计价、交易以及作为国际储备货币的功能；同时为国家判断人民币国际化所涉及的金融风险，制定相关发展战略提供实战依据。

---

[1] 数据来源于张颖：《香港人民币离岸市场进一步发展的机遇与挑战》，《中银经济月刊》2012 年第 4 期。

另一方面，人民币逐步走向国际化，将有助于吸引经营人民币离岸业务的外资银行和金融机构汇集香港，使香港成为全球人民币离岸业务量较多、品种较齐全的人民币离岸中心及离岸人民币集散地，有助于进一步强化香港在全球金融中心的竞争优势。

目前人民币离岸市场局限在于：人民币海外流量太少；人民币债券二级市场交易仍不方便；高回报人民币品种少。

为此建议：（1）适当拓宽境内人民币流出渠道。例如企业以人民币对外直接投资。（2）简化人民币贸易结算手续，提高效率。（3）加快金融创新，拓展高回报的人民币产品。如建立人民币二级债券市场、引入人民币股票交易系统、设计人民币避险工具等。具体可利用粤港金融合作"先试先行"的政策优势，探讨两地合作，比如广东民营企业可通过"先行先试"的方式到香港发债，包括发人民币债券及用人民币上市集资等。

（三）研究局限

第一，由于 UN Service Trade Database 的金融服务统计只有 1 位码，而没有行业细分，而香港统计处提供的金融服务数据虽有行业细分，但并无行业细分下香港与各贸易伙伴的数据。最终我们使用 UN Service Trade Database 的 1 位码数据。因此会导致：（1）计算双向贸易可能产生分类汇总的问题（大卫·格林纳伟，2000），从而使结果可能出现偏差。（2）不利于深入分析金融服务项下投行和其他金融服务的分工状况。

第二，由于香港贸易伙伴对香港金融投资数据不可获得，本研究使用了替代数据，这影响了变量的显著性，从而不可避免地降低了研究质量。

第三，由于样本的限制，本研究没有把体现香港作为亚太金融中心优势的制度、文化以及语言放入模型，这也是值得今后进一步完善的地方。

第四，香港与内地的金融关系随着中国开放日益重要，但这里却没有深入探讨。这是因为虽然在目前数据来看，随着内地与香港关系日趋密切，两地金融进出口贸易呈上升趋势，但是从香港金融出口市场看，中国内地占比仍很少，2000—2008 平均只有 2.3%，远低于美国的 25%、英国的 17%，也低于新加坡（6%）与日本（4%）；而且与香港的双向贸易处于中等水平（0.56）。因而，限于篇幅与数据，文章没有深入探讨。

参考文献

Aquino, A. . Intra-Industry Trade and Inter-Industry Specialisation as Concurrent Sources of International Trade in Manufactures, Weltwirtschaftliches Archiv, Bd. 114, H. 2, 1978.

Balassa, B. , American Direct Investments in the Common Market. Banca Nazionale de Lavoro Quarterly Review, 1966, 74 : 121-146.

Balassa, B. , Bauwens, L. Intra-industry specialisation in a multi-industry framework. The Economic Journal, 1987, 97（5）: 923-939.

Balassa, B. , Intra Industry Trade Among Exporters of Manufactured Goods in Greenaway and Tharakan, 1985.

Caves, R. E. Intra-Industry trade and market structure in the industrial countries. Oxford Economic Papers, 1981, 33（1）: 203-223.

Dixit, A. K. and Norman, V. , The Theory of International Trade, Cambridge University Press, 1980.

Donghui Li, Fariborz Moshirian Ah-Boon Sim: The determinants of intra-industry trade in insurance services, Journal of Risk and Insurance, Jun 2003, 70（2）: 269.

Falvey, R. , & Kierzkowski, H. Product Quality, Intra-Industry Trade and (Im) Perfect Competition. In Kierzkowski Henryk（Ed.）, Protection and Competition in International Trade. Essays in Honor of W. M. Corden, 1987 : 143-161. Oxford : Blackwell.

Francois, J. , Explaining the Pattern of Trade in Producer Services, International Economic Journal, 1993, 7,（3）:23-31.

Grubel, H. G. & Lloyd, P. J., Intra-industry Trade : The Theory and Measurement of International Trade in Differentiated Products. London : The Macmillan Press Ltd, 1975.

James R. Markusen, Lars E. O. Svensson, Trade in Goods and Factors with, International Differences in Technology, International Economic Review, 1985, 26（1）: 175-192.

Jones, R. W., Kierzkowski, H. & Leonard, G. Fragmentation and intra-industry trade. In P. J. Lloyd and Hyun-Hoon

Lee（Eds.）. Frontiers of Research in Intra-Industry Trade, Palgrave Macmillan. 2002 : 67-86.

Kierzkowski, H. Intra-Industry Trade in Transportation Services. in P. K. M. Tharakan and J. Kol（eds.）, Intra-Industry Trade : Theory, Evidence and Extensions. London:

Macmillan, 1989 : 92-100.

KrugmanP., Intra-Industry Specialization and Gains from Trade. Journal of Political Economy, 1981, 89: 959-973.

Lancaster, K. J., Intra-Industry Trade under Perfect Monopolistic Competition, Journal of International Economics, 1980, 10: 151-175.

Lee, H. H and Lloyd, P. J., Intra-Industry Trade in Service, in P. J. Lloyd and Lee. H. H（eds）, Frontiers of Research inIntra-Industry Trade, London: Palgrave Macmillan, 2002: 159-179.

Lee, H., and Y. Lee, Intra-Industry Trade in Manufactures, Welwirtschaftliches Arvhiv, 1993, 129: 159-171.

Linder, S., An Essay on Trade and Transportation, Stockholm : Upsala, 1961.

Markusen, J. R. and Venables, A. J. Multinational Firms and the Theory of International Trade. Journal of International Economics, 1998, 46: 183-203.

Markusen, J. R. and Venables, A. J., The Theory of Endowment, Intra-Industry and Multinational Trade. Journal of International Economics, 2000, 52: 209-234.

Markusen, J. R., Multinationals, multi-plant economics, and the gains from trade. Journal of International Economics, 1984: 16, 205-226.

Moshirian, Li and Sim, Intra-Industry trade in financial services, Journal of International Money and Finance, 2005, 24: 1090-1107.

Outreville, Financial Development, Human Capital and Political Instability, UNCTAD Discussion paper, 1999.

Sanjaya Lall. The Technological Structure and Performance of Developing Country, Manufactured Exports, 1985-1998.

QEH Working Paper Series-QEHWPS44, June 2000.

Sichei, M., Harmse, C. and Kanfer, F.. Determinants of South Africa-US Intra-Industry Trade in Services, Mimeo, 2006.

Tang, L., Intra-Inudstry Trade in Services: A case Study ofthe International Telephone Industry. Drexel University, mimeo, 1999.

曹瑛. 内地与香港金融服务贸易竞争力的比较及启示. 国际经贸探索, 2009, (11).

陈恩. 香港金融贸易中心地位会被上海取代吗? 经济前沿, 1997, (4).

陈平等. 香港金融机构集聚分析. 当代港澳研究, 2011, (1).

陈双喜. 中日服务业产业内贸易实证研究. 国际贸易问题, 2010, (8).

陈秀莲. 中国服务业的产业内贸易水平与影响因素的区域特征分析. 商业经济与管理, 2011, (7).

程大中. 中美服务部门的产业内贸易及其影响因素分析. 管理世界, 2008, (9).

英大卫. 格林纳伟主编, 冯雷译. 国际贸易流量的实证分析. 国际贸易前沿问题, 北京: 中国税务出版社, 2000. 冯邦彦. 香港金融业百年. 香港: 三联书店 (香港) 有限公司, 2002.

冯邦彦. 香港金融衍生工具市场的发展及对内地的启示. 经济纵横, 2004, (5).

冯邦彦 . CEPA 框架下粤港澳金融合作与广东的对策研究 . 特区经济，2006，（1）.

韩立岩 . 保险服务业产业内贸易及其影响因素的实证分析 . 保险研究，2009，（2）.

黄桂良 . 香港金融服务贸易国际竞争力研究 . 南方金融，（4）.

胡颖 . 国际旅游服务业产业内贸易的影响因素 . 国际经贸探索，2008，（11）.

林江 . 影响港元汇率的货币政策因素分析 . 国际金融研究，2003，（10）.

林江 . 港元稳定机制研究 . 北京：社会科学文献出版社，2010.

饶余庆 . 走向未来的香港金融 . 香港：三联书店（香港）有限公司，1993.

谢国樑 . 细数香港金融中心 10 年 . 香港回归后社会经济发展的回顾与展望 . 广州：中山大学出版社，2009.

张丽玲等 . 评估香港的国际金融中心地位 . 香港金融管理局季报，2007，（12）.

周开国 . 香港股票市场的微观结构研究 . 北京：北京大学出版社，2009.

周天芸 . 香港国际金融中心研究 . 北京，北京大学出版社，2008.

（本文刊载于《中山大学学报（社会科学版）》2012 年，第 5 期第 52 卷，总 239 期，201-211。）

香港居民的代际收入流动性研究[*]

——来自香港人口普查的证据

李小瑛　魏洲 ^{**}

〔**内容摘要**〕本文利用代际收入弹性考察香港居民代际收入流动及其动态变化，以及高等教育扩张对香港居民代际收入流动的影响。实证结果表明：第一，2001 至 2006 年，香港居民代际收入流动增强，但在 2006 至 2011 年间，其降低至较 2001 年更低水平。第二，香港居民收入的底层和上层趋于凝固，底层凝固主要源于父代失业家庭的子代，面临的就业机会减少；上层凝固表现为最高收入家庭代际收入弹性系数持续走高。第三，高等教育扩张并未显著提升香港居民代际收入流动，父代高收入，其子代接受高等教育的机会更多，同时高等教育的回报率也显著较高。

〔**关键词**〕代际收入流动　香港　高等教育

一、引言

收入分配、贫困代际传递和财富传承是社会科学的重要议题，长期以来备受学者、政策制定者和民众的关注。收入分配的全面分析，既包括同代人

* 本文感谢国家自然科学基金青年科学基金项目（项目批准号：71303266）、教育部人文社会科学重点研究基地、中山大学港澳珠江三角洲研究中心基地自设项目、中山大学港澳台研究中心、港澳与内地合作发展协同创新中心，以及中山大学青年教师培育项目的资助。文责自负。

** 李小瑛，教育部人文社科重点研究基地、中山大学港澳珠江三角研究中心，港澳与内地合作发展协同创新中心讲师。研究方向：区域经济学。广州，510275；魏洲，中山大学港澳珠三角研究中心硕士研究生。研究方向：区域经济学。广州，510275。

不同家庭之间的收入不平等，即通常用基尼系数所衡量的横向收入不平等，也包括相同家庭不同代际之间的收入不平等，即通常所说的代际流动（Becker and Tomes，1979）。Becker and Tomes（1986）建立经济学模型解释代际收入问题，认为父母收入和子女收入之间的依赖性主要是通过父代投资于子代的人力资本和子代从父代所继承的先天性特征这两种途径来实现的。其后，Mulligan（1997）通过引入能力异质性对 Becker and Tomes（1979）模型进行补充和完善。

许多学者根据理论模型展开实证分析，测算不同国家或地区代际收入弹性，即考察父母的收入增加 1% 时，子女收入增加的百分比。代际收入弹性值越大，父母收入对子女收入的影响就越大，代际流动越小；反之亦然。

Lau（1982）从政治经济学的视角探讨了 70 年代香港社会阶级结构的转变。Lee（1982）对 20 世纪 70 年代香港社会阶层流动的研究发现，香港社会阶级结构相对开放，获得社会地位的先赋性因素，如家庭、性别、籍贯、宗教和出身等，对个人地位跃升的重要性下降，而教育等自致性因素的作用不断加强。1987 年曾荣光分析了香港特区政府统计处 1981 年人口普查数据指出，香港社会流动机会存在阶级"封闭性"。吕大乐和黄伟邦（1998）分析了 1989 年全港住户 20—64 岁男户主抽样调查数据，研究发现虽然香港社会整体流动机会很多，但"低层"人士要跃升到"上层"阶级仍十分不易，这表明香港社会是一个开放的、机会与不平等并存的社会。黎熙元（2008）分析了香港中文大学亚太研究所的电话访问资料，结果表明，不管是代际职业地位流动还是代内职业地位流动，要实现跨阶层的流动（比如从中层到上层的流动）概率仍相对较少。

已有的研究大都是立足于研究代内收入不平等、代际阶层、职业的流动等，对于香港代际收入流动的研究，尤其是基于大样本数据的实证研究并不多见。对于香港回归以来的收入代际流动的动态变化，有必要采用一致的数据和方法来进行估计并进行动态比较，以发现香港代际收入流动的变动趋势，以及回归以来香港高等教育扩张政策对代际收入流动的影响（Wu，2007）。

本文采用 2001、2006、2011 年香港人口普查百分之一样本数据进行实证研究，并计算代际收入弹性，拟回答如下问题：第一，2001—2011 年间，香港的代际收入流动如何变动？第二，教育扩张能否通过影响教育机会和劳动力市场机会，改善香港代际收入流动？

二、数据和描述性统计

本文的数据来自香港人口普查百分之一样本数据，各年的调查问卷涉及香港住户中个体的社会经济特征变量，如收入水平、受教育程度、行业及职业类型、年龄、住房等。基于本文的研究目的，我们将样本限制在父代和子代的经济活动身份均为从事经济活动的人口，保留正在就业、有意愿和能力寻找工作的人，剔除学生、退休人士等。由此得到父代和子代信息的配对样本分别为 2001 年 4561 对，2006 年 4486 对，2011 年 4785 对。

本文中的收入为个体每月主要职业收入。设置性别虚拟变量（MALE），MALE 取 1 为男性，取 0 为女性。在受教育水平方面，采用最高完成教育程度来衡量受教育水平，设置虚拟变量（HEDU）来表示最高完成教育程度是否为高等教育，当 HEDU 取 0 时表示最高完成教育为高中以下，当 HEDU 取 1 时，表示最高完成教育为高等教育。

表 1 为变量描述性统计。从收入来看，2001 年，子代月收入均值为 10651.45 港元，父代月收入均值为 13589.26 港元，子代月收入占父代月收入的比例为 78.38%。2006 年，子代的月收入均值降至 9555.80 港元，父代月收入均值略有上升至 13852.5 港元，子代月收入占父代月收入的比重为 68.98%。2011 年，子代月收入均值和父代月收入均值分别为 11829.06 港元和 16198.47 港元，均较 2006 年有所回升，子代月收入占父代月收入的比重为 73.03%。

表 1　变量描述性统计

年份	2001	2006	2011
男性虚拟变量（1 = 男性，0 = 女性）	0.43 (0.49)	0.45 (0.5)	0.46 (0.5)
子代年龄（年）	24.8 (5.76)	24.94 (5.84)	25.93 (5.92)
父代年龄（年）	53.18 (8.21)	53.66 (7.77)	54.98 (7.51)
高等教育虚拟变量（高等教育 =1，其他 =0）	0.36 (0.48)	0.32 (0.46)	0.45 (0.5)
子代收入（HK$）	10651.45 (8323.279)	9555.8 (7939.735)	11829.06 (9416.498)
父代收入（HK$）	13589.26 (14256.8)	13852.5 (15861.7)	16198.47 (17669.25)
配对样本（对）	4561	4486	4785

数据来源：2001、2006、2011 年香港人口普查百分之一样本数据

　　从年龄看，子代和父代的平均年龄在 2001 年大约为 25 岁、53 岁，在 2006 年大约为 25 岁、54 岁，2011 年大约为 26 岁、54 岁。从子代的性别来看，男性子代要略多一些，但是也没有出现男女失衡，女性比例大致在 45% 左右。从子代的受教育程度来看，子代完成高等教育的比例由 2001 年的 36% 上升到 2011 年的 45%。

三、香港代际收入弹性的估计

　　我们采用代际收入弹性（Intergenerational Income Elasticity，IIE）来描述香港各年的代际收入流动及其变动趋势，常见方法是利用子代的收入对父代的收入进行最小二乘法估计。理想的收入变量是父代和子代在一个生命周期的收入或者永久性收入，但永久性收入资料几乎不可能获得，所以实证研究中往往采用短期收入进行估计。早期关于美国代际收入流动的研究往往面临采用短期收入替代持久性收入带来的向下偏误问题，所得的代际收入弹性在 0.2 或以下（Behrmanand Tkubma，1985）。Solon（1992）通过加入父代和子

代的年龄和年龄平方，减弱了短期收入波动和生命周期波动影响，所得的收入弹性在 4.0 附近。

本文参考 Solon（1992）的计量模型来研究香港代际收入流动，得到如下回归方程：

$$lnyMsit=\beta_{0t}+\beta_{1t}lny_{fit}+\beta_{2t}age_{sit}+\beta_{3t}age^2_{sit}+\beta_{4t}age_{fit}+\beta_{5t}age^2_{fit}+\epsilon_{it} \tag{1}$$

其中 t=2001，2006，2011，i 代表不同的家庭，s 对应子代，f 对应父代，y 为收入，用父代和子代每月主要职业收入来衡量。ϵ_{it} 为随机误差项，age 和 age^2 对应年龄和年龄平方，β 则表示代际收入弹性系数。

利用最小二乘法（OLS）估计香港居民代际收入弹性，结果如表 2 所示。我们发现香港代际收入弹性在 2001—2011 年这十年间出现了略微上升，在 2006 年到 2011 年之间出现了较快的上升。以子代收入对父代收入的弹性为例，2001 年父代对子代的收入弹性为 0.1575，先是下降到 2006 年的 0.1137，后又上升到 0.1662，超过 2001 年的水平。此外，平均来看，父代对儿子的代际收入弹性高于对女儿的代际收入弹性，即父代与儿子之间收入的代际传递性高于与女儿之间收入的代际传递。为了保持前后一致，后文计算代际收入弹性时不区分子代性别对代际收入弹性的影响，计算的是父代对子代的代际收入弹性。

表2　2001－2011 年香港居民每月主要职业收入的代际弹性

父代与子代的代际收入弹性	子代	儿子	女儿
2001 年	0.1575 (0.0120)	0.1860 (0.0163)	0.1258 (0.0178)
2006 年	0.1137 (0.0122)	0.1269 (0.0168)	0.0998 (0.0177)
2011 年	0.1662 (0.0137)	0.1899 (0.0188)	0.1231 (0.0200)

注：***p < 0.01，**p < 0.05，*p < 0.1

为了判断香港代际收入流动水平，我们将香港代际收入弹性与其他国家和地区进行比较。需要注意的是，我们估计香港收入代际弹性系数时采用的是短期收入数据，即每月主要职业收入，回归方程仅仅控制了生命周期带来的偏误，而无法去除短期收入的波动带来的向下偏误。Behrman and Taubman（1985）利用单年数据估算出的美国父亲和儿子之间的代际收入弹性系数为0.2，即在使用同样方法的情况下，2011 年香港的代际收入弹性与美国早期采用单年收入估计的代际收入弹性接近，均在 2.0 左右。此外，Chettyetal.（2014）的研究发现，近 20 年来，美国的代际收入流动并没有出现大幅的变动，由此推断香港目前的代际收入流动与美国代际收入流动相似，但比欧洲尤其是北欧国家的代际收入流动性要低。[1]

不同收入阶层居民的代际收入流动可能存在差异。表 3 第（1）至（5）列给出了香港居民的代际收入弹性的分位数回归结果，回归方程仍为方程（1）。

表 3　香港不同收入阶层收入代际传递和父代就业状况对子代就业状况的影响

因变量	子代主要职业月收入的对数					子代失业虚拟变量
收入分位数 / 就业状况	（1）10 分位 OLS	（2）25 分位 OLS	（3）中位数 OLS	（4）75 分位 OLS	（5）90 分位 OLS	（6）Logit 回归边际效应（均值处）
2001 年	0.1712*** (0.0312)	0.0953*** (0.0134)	0.0913*** (0.0093)	0.0893*** (0.0135)	0.1049*** (0.0219)	0.0611*** (0.0195)
2006 年	0.0119*** (0.0261)	0.0409*** (0.0154)	0.0598*** (0.0097)	0.0632*** (0.0120)	0.0896*** (0.0191)	0.0702*** (0.0224)
2011 年	0.0697*** (0.0316)	0.0718*** (0.0130)	0.0929*** (0.0106)	0.1153*** (0.0142)	0.1500*** (0.0210)	0.0897*** (0.0270)
自变量	父代主要职业月收入的对数					父代失业虚拟变量

数据来源：作者根据 2001、2006、2011 年香港人口普查百分之一样本数据计算所得。所有的回归方程中均包含了父代和子代年龄以及年龄的平方，以及常数项。OLS 回归直接汇报的是回归系数，Logit 回归汇报的是变量对失业概率的边际效应（在均值处取值）

---

[1] Harknettetal（2003）的研究表明，加拿大和瑞典等北欧国家代际收入流动性最高，德国次之，美国、法国和英国三国流动性较低。

我们发现，2001 年，收入分布的两端香港居民的代际收入流动均较低。最低收入阶层代际收入弹性最高，为 0.1712，其次是最高收入阶层，为 0.1049，这表明当年香港社会贫困和富有的代际传递性均十分显著，中间收入阶层的传递性相对较低，在 0.09 左右。

2006 与 2001 年相比，整体的代际收入流动性均有所提高，尤其是低收入阶层的代际收入弹性大幅度降低到 0.0119，即从 2001 到 2006 年间香港社会贫困的代际传递性显著降低。

2011 与 2006 年相比，收入分布两端代际弹性再次上升：最高收入阶层的代际弹性系数升至超过 2001 年的水平，为 0.1500；最低收入阶层的代际收入弹性相比 2006 年有回升，但仍旧比 2001 年要低。

失业是导致城市贫困的最重要因素（Corcoran and Hill，1980），因此我们采用代际收入弹性类似的方法考察父代失业对子代失业概率的影响。因变量为子代是否失业的虚拟变量（失业 =1，就业 =0），自变量采用父代是否失业的虚拟变量（失业 =1，就业 =0）进行 Logit 回归，根据方程（1）的设定，控制父代和子代年龄及其平方项。

表 3 第（6）列是子代失业对父代失业的 Logit 回归结果，系数是各个变量对子代失业概率的边际影响（在变量均值处估计）。我们发现，父代如果失业，子代失业的可能性显著增加，并且从 2001 到 2011 年父亲失业对子代就业的不利影响效应越来越大。2001 年，来自父亲失业家庭的个体失业概率比来自父亲未失业的家庭的个体失业概率高出 6.11%，2006 年这一概率上升至 7.02%，2011 年这一概率进一步上升到 8.97%。

通过分析不同分位数的代际收入弹性，以及考察父代失业对子代失业状况的影响，我们发现，香港社会的最上层代际传递持续增强，底层贫困群体失业代际传递增大，有阶层趋于凝固的特征。

四、高等教育能否改善香港的代际收入流动？

根据人力资本理论，个人通过获得更好的教育机会能够实现收入提升（Schultz，1961），因此高等教育被看作重要的向上流动渠道。但有学者的研究发现教育也具有复制社会生产关系，维系代际之间职业稳定的功能（Becker and Tomes，1986）。香港从 20 世纪 90 年代开始实行高等教育扩张，并实现了高等教育从精英化向大众化的转变（Wu，2007）。我们关心的问题是：香港高等教育扩张能否提高香港代际收入流动？要回答这个问题，可以考察两个方面：第一，父代收入如何影响高等教育机会？第二，父代收入如何影响高等教育回报率？可能的情况有：

如果父代的收入显著提高个体的高等教育机会和高等教育回报率，则父代收入通过同时影响高等教育机会和劳动力市场机会实现代际收入传递；

如果父代的收入显著提高个体的高等教育机会，但不影响高等教育回报率，则父代收入主要通过影响高等教育机会不均等影响代际收入传递；

如果父代的收入不影响个体的高等教育机会，但会影响子代教育回报率，则父代收入主要通过影响劳动力市场机会不均等影响代际收入传递。

（一）父代的收入对子代教育机会的影响

我们采用 Logit 模型来分析影响个体高等教育机会的因素，如方程（2）所示。

$$P_t\ (HEDU=1) = \frac{\exp\ (x\beta_t)}{1+\exp\ (x\beta_t)},\ t=2001，2006，2011 \tag{2}$$

其中 HEDU 为接受高等教育的虚拟变量，X 为影响个体接受高等教育的因素。

父代对子代的影响可以细分为经济资本、社会资本、文化资本这三个相互关联的方面（Boudieu，1986；Coleman 1988），三者相互联系。如果希望考察在父代教育和职业相同时，父代收入上升对子代获得高等教育机会的净效应，我们选择控制父代的教育、职业以及个体的性别、兄弟姐妹个数。由于性别和家庭兄弟姐妹的人数会影响个体的受教育程度，因此回归中控制了性别虚拟变量（MALE）和家庭人口（UHSIZE）。如果我们希望考察父代的收入对子代获得高等教育机会的总效应（父代的教育和职业通过影响父代收入而影响个体获得高等教育机会），此时则不需要控制父代教育、职业，只控制个体性别虚拟变量（MALE）和家庭人口（UHSIZE）。在表 4 中我们分别报告了这两种情形得到的回归结果。

如表 4 所示，无论是否控制父代的教育和职业，父代的收入都将显著提高子代获得高等教育的机会。2001 年，父代的收入对子代获得高等教育的总效应最大为 0.1613，即在 2001 年父代收入提高 1%，子代高等教育的概率上升 12.26%；2006 年父代收入对子代获得高等教育机会的影响下降至 0.1047，到 2011 年又上升至 0.1508。

表 4　香港父代收入对子代获得高等教育机会的影响：边际效益（均值处），LOGIT

自变量 / 控制变量	2001 年		2006 年		2011 年	
	获得高等教育的概率		获得高等教育的概率		获得高等教育的概率	
父亲月收入对数	0.1226***	0.1613***	0.0380***	0.1048***	0.0541***	0.1508***
	(0.0117)	(0.0620)	(0.0125)	(0.104)	(0.0151)	(0.0117)
控制父代教育、职业	是	否	是	否	是	否

数据来源：2001、2006、2011 年香港人口普查百分之一样本数据。
注：父亲的受教育程度分成学前 / 未受教育、小学、初中、高中、专上非学位课程，专上学位课程六类，其中学前 / 未受教育是参照组；父亲的职业分为管理及行政人员、专业人士、文员及销售、技术工人、非技术工人和不能归类人员六类其中非技术工人是参照组。回归时均控制了性别、兄弟姐妹数和常数项，括号中是标准误，***p < 0.01，**p < 0.05，*p < 0.1

控制了父代教育和职业通过收入对个体高等教育机会的间接影响之后，收入的净效应在各年均有明显下降，这表明父代的教育、职业可以通过影响父代收入间接影响子代高等教育的机会。2011 年父代收入对子代高等教育机会产生的影响中，有三分之一是父代收入的净效应，有三分之二来自于父代教育和职业的间接影响。

总体而言，高等教育机会在来自不同阶层子代之间分配不均等，父代拥有较高的收入、教育和较高的职业地位都有利于提高子代获取高等教育的机会，这是高收入家庭实现收入代际传递的渠道之一。

（二）父代收入对子代教育回报率的影响

父代利用高收入所带来的资源提高子代接受高等教育的机会，这种代际收入传递机制并不会直接扭曲劳动力市场运行机制。父代还可能通过影响子代的高等教育回报率维持高收入的代际传递。如果后一种影响机制存在，这种代际收入传递则意味着劳动力市场不公平，由此导致的人力资本配置扭曲将降低经济运行效率。

我们采用明瑟工资方程（Mincer，1974）计算个人教育收益率。为了考察父代的收入对子代教育回报率的影响，我们仍将样本按照父代的收入划分成四组：最低收入（Q1）、中下收入（Q2）、中上收入（Q3）和最高收入（Q4），对三年的数据分别进行最小二乘法的回归分析。回归方程如下：

$$lny_t = \alpha_{0t}+\alpha_{1t}HEDU+\alpha_{2t}Q_2HEDU+\alpha_{3t}Q_3HEDU+$$
$$\alpha_{4t}Q_4HEDU+\alpha_{5t}age+\alpha_{6t}age^2+\varepsilon_t \tag{3}$$

其中 t=2001，2006，2011。因变量 lny 是子代收入的对数。HEDU 是接受高等教育的虚拟变量，对应系数 α_{1t} 为最低收入阶层子代的高等教育回报率。Q_iHEDU，i = 2，3，4 代表不同的收入阶层与高等教育虚拟变量的交乘项，对应系数 α_{2t}，α_{3t} 和 α_{4t} 代表相应的收入阶层子代的高等教育回报率与最低收入阶层子代高等教育回报率的差异。

回归结果如表 5 所示。第（1）行高等教育虚拟变量的回归系数代表最低收入阶层子代的高等教育回报率，2001 至 2011 年显著上升。第（2）到（4）行的系数分别代表中下收入阶层、中上收入阶层和最高收入阶层的高等教育回报率与最低收入阶层高等教育回报率的差异。第（2）和（3）行的系数不显著，意味着中等收入阶层子代的教育回报率并不显著高于最低收入阶层子代的高等教育回报率。第（4）行的回归系数显著为正数，意味着最高收入阶层子代的教育回报率显著高于其他阶层子代的教育回报率，这意味着，即使有均等的高等教育机会，最高收入阶层因为获得高等教育而提高的收入也比其他阶层高出近 20%，尽管这个差异在 2011 年略有降低，但差异依然高达18%。

不同收入阶层子代的高等教育回报率的分析结果显示：中等收入阶层及以下家庭子代的高等教育回报接近，有逐年上升的趋势，2011 年上升至32.3%；最高收入阶层的子代的教育回报率比其他收入阶层显著高出大约20%，即来自最高收入家庭的子代接受高等教育比其他收入阶层家庭的子代接受高等教育有额外的回报。最高收入阶层通过同时影响子代的高等教育机会和高等教育回报率实现代际收入传递，其中最高收入阶层对子代高等教育回报率的影响，将导致不同家庭背景个体劳动力市场就业和收入的不公平，一定程度降低了经济效率。

表5　香港父代收入对子代高等教育机会回报率的影响：OLS

	2001 年	2006 年	2011 年
	子代月收入对数	子代月收入对数	子代月收入对数
（1）高等教育虚拟变量	0.199*** (0.0295)	0.333*** (0.0327)	0.323*** (0.0325)
（2）中下收入阶层 * 高等教育虚拟变量	0.0408 (0.0370)	0.0160（0.0420）	0.0647 (0.0409)
（3）中上收入阶层 * 高等教育虚拟变量	0.0556 (0.0388)	0.00121 (0.0432)	0.0205 (0.0408)
（4）最高收入阶层 * 高等教育虚拟变量	0.212*** (0.0348)	0.202*** (0.0393)	0.180*** (0.0377)

数据来源：同表 1

注：三年的回归中均控制了个体的年龄、年龄平方和常数项，括号中是标准误，***P < 0.01，**P < 0.05，*p < 0.1

五、结论

香港是最具代表性的自由经济体，回归以来香港经济取得了快速发展，但是收入不均等现象越来越严重，尤其是社会阶层之间流动性变弱，导致香港社会矛盾加剧。本文利用 2001、2006、2011 年香港人口普查百分之一样本数据，采用代际收入弹性考察香港代际收入流动在 2001 至 2011 年间的变化趋势。我们发现，从 2001 至 2011 年，香港收入不平等持续上升的同时，代际收入流动经历了先上升后下降的过程，尤其是从 2006 到 2011 年之间，香港的代际收入流动快速降低。此外，我们发现，香港居民收入的底层和上层趋于凝固，底层的凝固主要源于父代失业家庭的子代，面临的就业机会减少，上层的凝固表现为最高收入家庭代际收入弹性系数持续走高。

对于香港高等教育扩张对代际收入流动的影响，我们主要从父代收入对子代高等教育机会和高等教育回报率两方面进行考察。首先，高等教育机会的分配是不均等的，父代拥有较高的收入、教育水平和职业地位都有利于提高子代获取高等教育的机会，这是高收入家庭实现收入代际传递的渠道之一。其次，最高收入阶层的子代的教育回报率比其他收入阶层显著高出大约 20％，这意味着，来自最高收入家庭的子代接受高等教育，比其他收入阶层家庭的子代接受高等教育有额外的回报。总体而言，香港的最高收入阶层通过同时影响子代的高等教育机会和高等教育回报率实现代际收入传递，其中对子代高等教育回报率的影响，将导致不同家庭背景个体的劳动力市场就业和收入机会的不公平，一定程度降低了经济效率。

（本文刊载于《亚太经济》2014，（05）：143-148。）

香港政治文化的嬗变：
路径、趋势与启示*

夏瑛　管兵**

〔摘要〕梳理回归前后香港政治文化的历史嬗变，可将自香港沦为英国殖民地以来，香港政治与社会系统的关系划分为三个阶段，其政治文化也相应地呈现三种不同形态：第一阶段，政治与社会系统呈现"低度整合"的关系结构，该时期的政治文化由"地域型"开端并逐渐转变为基于政治系统"输出"机制的"依附型"。第二阶段，政治与社会系统在港英政府自上而下的政治动员下接触并互动，该时期的政治文化，除延续以往的"依附型"特征以外，逐渐凸显民众对政府"输入"机制的认知、评价与参与。第三阶段，政治与社会系统的关系在社会自下而上的参与式压力下联系得更加紧密，政治文化由"依附型"逐渐转向"参与型"。

〔关键词〕香港　政治文化　政治系统　社会系统　地域型　依附型　参与型

政治文化是政治学研究中的重要分析工具。作为客观政治系统在人们主观信念世界中的价值映射，政治文化既直观反映某一地区民众在特定历史时期的普遍政治性格，又同时呈现相应的客观政治结构[1]。其分析功能的"双效

---

* 中山大学港澳台研究中心、中山大学港澳与内地合作发展协同创新中心、教育部人文社会科学重点研究基地中山大学港澳珠三角研究中心资助

** 夏瑛，中山大学中国公共管理研究中心、中山大学政治与公共事务管理学院、中山大学港澳与内地合作发展协同创新中心副教授（广州 510275）；管兵，中山大学中国公共管理研究中心、中山大学政治与公共事务管理学院讲师（广州 510275）。

1　Gabriel Almond and Sidney Verba, *The Civic Culture：Political Attitudes and Democracy in Five Nations*, Princeton University Press, 1963, pp. 13-15.

性"使其成为学者们时常垂青的分析工具。

　　本文聚焦于香港政治文化，循历史脉络对回归前后香港政治文化的嬗变做出系统梳理。政治文化研究对分析香港当前复杂的政治生态意义重要。它一方面可以帮助我们更好地了解香港治理过程中公众的角色和地位，从而更好地理解香港政治与社会系统之间的关系；另一方面，对于近些年频繁发生的香港政治与社会的各种热点事件，通过政治文化的视角去分析，将有助于我们破解各种迷思，通过事件及民意等表面现象，透视其更深层面的政治和社会基础。而从历史视角看待香港政治文化的嬗变，可以让我们更清楚地看到香港未来的发展方向。

　　有关香港政治文化的研究多活跃于香港本土学者中间。从 20 世纪七八十年代开始，香港的社会学与政治学学者便开始尝试通过现代社会调查方法了解香港人政治参与和政治文化的普遍形态，形成了香港研究中一系列具有奠基性的研究观察，如"功利家庭主义"[1]"个体主义"[2]"边界政治"[3]"专注的旁观者"[4]等。对香港政治文化的研究一直持续到回归以后，研究形式则更加多样化与精细化。除了延续传统方式对港人政治参与模式和政治价值观做整体呈现之外，新的专题化研究课题也逐渐形成。其中，对重要政治参

1　Siu-kai Lau, *Society and Politics in Hong Kong*, Hong Kong：Chinese University Press, 1984.

2　Siu-kai Lau, Society and Politics in Hong Kong, Hong Kong：Chinese University Press, 1984.

3　Siu-kai Lau, Society and Politics in Hong Kong, Hong Kong：Chinese University Press, 1984.

4　Siu-kai Lau and Hsin-chi Kuan, The Attentive Spectators：Political Participation of the Hong Kong Chinese, *Journal of Northeast Asian studies*, 1995, Vol. 14, No. 1, pp. 3-24.

与行为（如"七一游行"[1]）或社会运动事件做专门研究[2]以及有关港人身份认同的讨论[3]，逐渐成为回归后与香港政治文化密切相关的研究热点。这些研究出自不同时期，从不同角度呈现香港政治文化在各个时期的独特特征以及贯穿前后的稳定要素。本文尝试在已有研究的基础上对香港政治文化研究做纵向梳理，总结香港政治文化在不同历史时期的独特表现形态，呈现各个时期相应的政治与社会系统的关系结构。

一、香港政治文化的分析框架

对政治文化的经典界定来自于阿尔蒙德与沃巴[4]。他们认为，一个国家的政治文化就是这个国家的成员对于客观"政治目标"的"政治取态"。"政治取态"有三个维度：包括"认知性"的，指民众对"政治目标"的认识与了解程度；"情感性"的，指民众对"政治目标"的直观喜恶之情"评价性"的，指民众对"政治目标"的功能及表现的理性评价。那么何谓"政治目标"？两位学者认为，"政治目标"指一国具体的政治制度、构成这一政治制度的

1 如 Joseph M. Chan and Francis L. F. Lee, Mobilization and Protest Participation in Post-handover Hong Kong: A Study of Three Large-scale Demonstrations, *Hong Kong Institute of Asia-Pacific Studies Occasional Pape*r, No. 159, 2005.

2 如 Ngok Ma, Social Movement, Civil Society and Democratic Development in Hong Kong, paper presented at the Conference on Emerging Social Movements in China, University of Hong Kong, March 2005. Ho-fung Ho and Iam-chong Ip, Hong Kong's Democratic Movement and the Making of China's Offshore Civil Society, *Asian Survey*, 2012, Vol. 52, No. 3, pp. 504-527. 夏瑛：《从边缘到主流：集体行动框架与文化情境》，《社会》2014 年第 1 期。

3 如 Mathews Gordon, Eric Kit-wai Ma and Tai-lok Lui eds., *Hong Kong, China: Learning to Belong to A Nation*. NewYork: Routledge, 2008. Francis L. F. Lee and Joseph Man Chan, Political Attitudes, Political Participation, and Hong Kong Identities after 1997, *Issues and Studies*, 2005, Vol. 21, No. 2, pp. 1-35. 王家英：《公民意识与民族认同：后过渡期香港人的经验》，Occasional Paper, No. 63, 香港亚太研究所，1997 年。

4 Gabriel Almond and Sidney Verba, *The Civic Culture: Political Attitudes and Democracy in Five Nations*, Princeton University Press, 1963.

各个具体机构以及在这一政治制度下的民众的自我观。也就是说，所谓政治文化，是指在某个地区某个特定的历史时期内，民众对该地区的整体政治制度、具体政府机构以及个体在该制度下的角色与作用的认识、喜恶与评判。

那么，如何来确定"构成政治制度的各个具体政治机构"？阿尔蒙德与沃巴借用伊斯顿的"政治系统"分析方法，通过政治过程的"输入"和"输出"功能来划分不同的政府机构。"输入"指社会向政治系统表达与传送各种需求及其对不同政治力量的政治支持。社会需求经由政治系统内部的行政过程转变为相应的公共政策；而政治支持则经由政治系统内部的政治过程转变为具体的权力机构与行使权力的具体角色。政治系统完成这两项基本转变之后，将结果以公共政策的形式（包括公共政策的出台与执行）向社会"输出"。由此"输入"与"输出"两项机制建立起了政治系统与社会系统之间的联系，也"创制"了相应的政府机构与角色。在阿尔蒙德与沃巴看来，负责"输入"机制的主要机构有政党、利益集团和传播媒介；而涉及"输出"机制的主要机构包括官僚与法院系统。因此，政治文化既体现民众对政治制度的一般性评价，同时也包括他们对构成政治制度的具体政治过程，即"输入"与"输出"过程、过程中的具体制度载体及其运作表现的认识、喜恶与评价。

根据这种定义，阿尔蒙德与沃巴总结了三种类型的政治文化。"地域型"的政治文化，存在于疏离的政治与社会系统的关系结构下，民众对各种类型的"政治目标"（包括抽象的与具体的政治制度以及政治制度之下个体的角色）均缺乏基本认识与判断。"依附型"的政治文化，存在于政治系统对社会系统自上而下的控制结构之下，民众对"政治目标"的认知、偏好与评价主要集中在政治系统的"输出"端及其表现。政治系统通过"政绩"建立与维系其合法性，而民众对政治系统的认知与态度也主要基于政治系统的政绩表现；对政治系统"输入"机制以及政治系统中个体角色与地位的认识都比较模糊。"参与型"的政治文化，则存在于由社会系统自下而上主动推动的政治一社会互嵌互动的关系结构下，民众不再仅仅关注政治系统的"输出"，而对其"输入"机制以及民众个体在政治系统中的角色与作用都有了积极的认知、理解与评价；这样的政治取向又进一步促使民众主动积极地投身政治过程，以掌握"输入"程序与实质，保证"输出"质量与效果。民众的政治参与因此更加积极。

阿尔蒙德与沃巴对政治文化所做的这一界定对分析香港的政治文化及其变迁有着重要的借鉴意义。从殖民地时期到特区政府时期，香港的政治制度发生了质的变化，政治与社会系统之间的客观关系结构也经历多次变化。在香港研究中，学者们普遍将香港分为三个历史阶段。

第一阶段从香港成为英国殖民地开始到 20 世纪 70 年代。在这个阶段，香港的政治与社会系统高度疏离，甚少互动。民众普遍缺乏对个体以及政治系统的认知、偏好与判断，基本体现"地域型"政治文化。到 70 年代，本土公民社会初现雏形，政治—社会系统的边界逐渐被打破，民众对政治系统的认知、评价与期待有所提高，但主要集中于其"输出"机制；相应地，港英政府维系合法性的主要途径是通过构建"政绩"合法性而非通过建立民主程序。因此，这个阶段的政治文化从"地域型"转向"依附型"。

第二阶段开始于 20 世纪 80 年代，终于 1997 年香港回归中国。这个阶段常被学者称为"过渡期""转型期"或"去殖化"时期。这个阶段的突出特点是港英政府为在香港实现"光荣撤退"而主动进行一系列激进的民主政制改革。这些改革形成强大政治动员力，促使本土社会迅速政治化。民选程序的部分建立让民众对政治系统"输入"机制的认识、兴趣以及参与度都迅速提高。政治文化虽总体维持"依附型"，但其重心开始转向政治系统的"输入"机制。公民个体的公民意识、政治效能感以及政治参与都有所提高。

第三阶段是九七回归以后的特区政府时期。经历"过渡期"的快速政治化，回归后的香港政治文化在整体上向"参与型文化"发展。民众对政治系统的整体认识、对政治系统中涉及"输入""输出"机制的具体政府机构与政府角色以及个体在政治系统的角色与地位，都有了更加丰满的认识、更强烈的情感偏好以及更理性的评价。民众的政治参与水平也普遍提高。

随着政治与社会系统之间的关系由最初的彼此疏离、边界明确到后来的边界被打破并频繁互动，香港的政治文化也经历从"地域型"转向基于政治系统"输出"机制的"依附型"，又转向兼顾政治系统"输入"与"输出"机制的"参与型"。在每一个历史阶段，政治系统、社会系统，双方关系结构以及与此关联的政治文化都在延续和传承的基础上产生着新的变化。在下文的分析中，我们将在阿尔蒙德与沃巴的政治文化框架下，梳理香港在三个历史阶段中政治与社会系统之间的关系结构以及相应的政治文化的具体特征。

二、"地域"文化与基于"输出"机制的"依附"文化

在殖民地时期的前一百多年时间中，香港被认为是一个"没有政治""没有社会"的地区。港英政府与华人社会之间边界清晰，几乎互不干预[1]。一方面，对于英国而言，香港仅是其进行对华贸易、获取经济利益的转口港[2]。英国只希望通过最小投入维系香港稳定以便于其专心于经贸获利，并无心治理香港，对当地华人社会也甚少过问。另一方面，香港在 20 世纪 70 年代之前被称为"难民"社会，当地人口中的大多数是从内地和其他地区主动迁徙过来谋生的华人[3]。这些华人视香港为"借来的地方"或他们生活的"救生艇"[4]。为了谋生，他们多安于本分，不敢造次，因担心被港英政府驱逐而主动远离殖民地政治系统。政治与社会系统的相互远离造就了两者之间"低度整合"的结构特征[5]。政府只通过"行政吸纳"即任命少数商界精英进入行政局与立法局

1　Siu-kai Lau, *Society and Politics in Hong Kong*.

2　刘蜀永：《英国对香港的政策与中国的态度（1948—1952 年）》，《中国社会科学》1995 年第 2 期。

3　吕大乐：《四代香港人》，香港：进一步多媒体有限公司，2007 年。

4　J.Stephen Hoadley, Hong Kong is the Lifeboat: Notes on Political Culture and Socialization, *Journal of Oriental Studies*, 1970, Vol. 8, No. 1, pp. 206-218.

5　Siu-kai Lau, *Society and Politics in Hong Kong*, pp. 157-182, 67-86, 103.

参与公共决策的有限接触方式来联系社会，维系稳定[1]。当冲突发生的时候，"强力压制"而非民主协商是港英政府采取的主要策略。

这样的政治社会系统关系造就了殖民地时期香港特有的"功利家庭主义"政治文化：港人既是功利务实的，仅关注物质利益；又是个体为先的，只关注个体及家庭利益，缺乏"社群"意识与公共情怀[2]。与这两个特征紧密相联的是港人对政治活动的冷淡反应。大部分港人对政治既无兴趣又觉"无力"。其"难民心理"又让他们天生惧怕政治，主动远离政治[3]；而港英政府的疏离式管治又事实上封闭了华人政治参与的有效渠道。

刘兆佳对殖民地时期香港政治文化的这一经典论述得到了同行研究的佐证。如成名认为，80 年代之前的香港人重视三大价值，分别为"稳定""物质或经济利益"以及"公民自由"[4]。"稳定"同时也是港人评价港英政府合法性的核心标准之一。20 世纪 70 年代的一项调查显示，近六成港人认为政府的主要职责是维持社会稳定，而非实现政治民主与社会公平[5]。20 世纪 80 年代初的一项调查发现，有超八成的受访港人将公民自由列为其最珍视的价值[6]。港人的这些价值偏好直接影响他们对政府合法性的定义与判断。对于香港人而言，只要政府能够进行良好治理，保证社会的"稳定""繁荣"与"自由"，那么无论其通过何种方式组织（即使是专权的港英政府）都可接受。港人对政府合法性的这些评价同样也反映其理性务实、物质为先以及个体中心的文化特征。

1　Ambrose Yeo-chi King, Administrative Absorption of Politics in Hong Kong：Emphasis on the Grassroot Level, *Asian Survey*, 1975, Vol. 15, No. 5, pp. 422-439.

2　Siu-kai Lau, Society and Politics in Hong Kong, pp. 157-182, 67-86, 103.

3　Norman Miners, *Government and Politics of Hong Kong*, Oxford University Press, 1991, p. 32.

4　Sing Ming, Democratization and Economic Development：The Anomalous Case of Hong Kong, *Democratization*, 1996, Vol. 3, No. 3, pp. 343-359.

5　Siu-kai Lau, *Society and Politics in Hong Kong*, pp. 157-182, 67-86, 103.

6　Joseph Yu-shek Cheng ed., *Hong Kong：In Search of a Future*, Oxford University Press, 1986, p. 101.

这些研究从不同角度呈现出殖民地时期香港政治文化的基本形态。根据阿尔蒙德与沃巴对政治文化的经典定义，将政治文化理解为特定时期内一国国民对政治系统、政治过程以及个体的认知、情感与评价取态，那么殖民地时期香港的政治文化大致体现以下特征。

其一，殖民地时期特定的政治社会系统的关系结构使港人对政治系统及其输入、输出过程缺乏兴趣与深刻的认识，也难对港英政府产生亲密的情感维系与依赖；然而在评价方面，殖民地时期尤其是二战后香港的"稳定"与"经济腾飞"让港英政府在民众中间获得一定的认受性。对于当时的港人而言，一个好的政治系统并不必要通过民主的程序组织与运作，而只要保证其治理结果能够为社会带来"稳定""繁荣"与"自由"。

其二，就对个体的认识而言，港人多以个体主义而非集体主义视角来定位自我，他们普遍缺乏对政治的兴趣及"政治效能感"；认为个体存在的要义在于实现个体及家庭的物质宽裕，公共的、政治的事务非个体所应关心之事。

其三，就对个体与政治系统间关系而言，港人普遍认为两者应保持适度疏离，保持各自的独立性；任何自上而下或自下而上的干预，若非为避免基本社会秩序之紊乱则均不必要。

由此看来，殖民地时期香港的政治文化确实与当时"低度整合"的政治与社会系统关系紧密关联。有学者认为正是这样的政治文化保证了香港在二战后的稳定与发展[1]。从香港此后的发展来看，虽然政治系统与社会系统之间的关系经历巨大变化，然而"物质主义""个体主义""政治冷漠"以及重"稳定自由"等本土政治文化中的主要元素并未因此而经历结构性的变动。但不同时期下新的文化因素也依次显现，逐步引导着整体政治文化的嬗变。

值得一提的是，虽然学界普遍以 1980 年作为分界线将香港殖民地时期分为两个阶段，两阶段间政治与社会系统间关系的转变实际从 20 世纪 70 年代或更早的 60 年代中后期便已开始。转变的动量主要来源于香港本土社会自下

---

1 Siu-kai Lau, *Society and Politics in Hong Kong*, pp. 1-17.

而上的行动。转变之所以在这个阶段发生，与这个时期香港人口结构的重大变化密切相关：第一代在香港土生土长且在香港接受高等教育的香港人在这十年间陆续进入青年时代。相对于上两代香港人，70 年代的香港青年具备明显的本土身份意识，对港英政府的统治不再不闻不问。他们开始组织压力团体，发起社会运动，向港英政府表达不满与诉求。"保卫钓鱼岛运动"、争取中文为法定语言的运动、"反贪污、抓葛柏"运动等都在华人社会激起了不小的影响，取得了一定的社会与政治动员效果。70 年代因此被学者认为是香港本土公民社会形成的时期[1]。

面对来自公民社会的压力，港英政府不得不调整其管治策略，加强与本土社会的联系与沟通，并试图培养港人对港英政府的认同感。在 70 年代，政府推出多项改革措施，包括成立廉政公署治理腐败问题[2]，在基层社区建立居民互助委员会，建立各级公共咨询机构联络民众，开放部分政治参与渠道，建立公共房屋制度等。港英政府希望通过这些行政手段吸纳本土社会的诉求，稳固其对香港的政治控制。当然这些开放政治机会的改革措施在客观上也的确活跃了香港华人社会的政治参与，尤其是社区基层层面的政治参与[3]。

不少学者认为港英政府在 70 年代的"善政"是因本土社会运动施压所致，但也有学者通过对英国解密档案的分析发现，港英政府之所以如此突然且急切地打造亲民高效的"好"政府形象，是希望在即将到来的有关香港前途问题的中英谈判中增加其与中国政府讨价还价的筹码，以试图延长其对香港的殖民统治[4]。但无论是显性的自下而上的压力还是隐性的自上而下的企

---

1 吕大乐：《那似曾相识的七十年代》，香港：中华书局，2012 年。

2 赵岚：《20 世纪 90 年代以来香港的廉政建设及其启示》，《政治学研究》2009 年第 1 期。

3 Michael E. Degolyer and Janet Lee Scott, The Myth of Political Apathy in Hong Kong, *Annals of the American Academy of Political and Social Science*, Vol. 547, 1996, pp. 68–78.

4 强世功：《中国香港：政治与文化的视野》，北京：三联书店，2010 年，第 272-299 页；李彭广：《管治香港：英国解密档案的启示》，牛津：牛津大学出版社，2012 年。

图，20 世纪 70 年代都的确是香港政治与社会系统间关系的转折期。从那时开始，政治与社会系统的"边界"开始模糊，互不干预的格局逐渐打破。

三、基于"输入"机制的"依附型"文化的生成

1979 年，邓小平对来京拜访的时任港督麦理浩表示了中国将如期收回香港的决定。此后，港英政府便开始在香港进行快速且密集的政治制度改革[1]。英国人计划利用回归之前的时间，在香港的政治系统中建立起"民选"机制，以此钳制中国并实现其在香港的"辉煌退场"[2]。港英政府自上而下的政治动员根本性地重塑了香港原有的政治与社会系统关系，"低度整合"的结构被彻底打破。政治与社会系统关系中的两个变化尤其重要。

其一，公民社会愈发活跃，并催生以本土政党为主体的、独立的政治社会。港英政府的政制改革为公民社会的发展提供了有利的政治机会结构。80 年代中，各类政治团体纷纷成立，试图向港英政府施压并迫其加快政制改革的进程[3]。1986 年，包括主要参政团体、公民社会组织及基层邻里组织等在内的 96 个民间团体组成"民主促进会"（简称"民促会"），共同发起一系列社

---

1 1981 年，港英政府发布第一个民主政制改革文件，提出将于次年在地区层面设立民主代议性质的区议会，区议会中有三分之一的议席由年满 21 周岁的香港永久居民投票选举产生，剩下的议席则通过政府委任与政府官员直接出任的方式产生。1984 年，中英签署《联合声明》，明确香港将于 1997 年 7 月 1 日回归中国。同年，港英政府发布第二及第三份政制改革文件，明确将在 1985 年的立法局选举中首次引入选举机制——新增 12 个代表香港主要行业与职业的"功能组别"议席及 12 个由市政局与区域市政局议员互选产生的"选举委员会"议席。在第三份政改文件中，港英政府也同时宣布，将考虑在 1988 年的立法局选举中增加直选议席，由香港选民一人一票直接选举产生。在 1987 年的政改报告中，港英政府宣布将于 1991 年对立法局选举中首次加入部分直选议席。

2 刘兆佳：《香港的"非殖民地化"：英国对管治能力与光荣撤退的觅寻》，《广角镜月刊》1996 年第 284 期。

3 如，汇点（成立于 1983 年）、太平山学会（成立于 1984 年）、香港励进会（成立于 1984 年）以及民协（成立于 1986 年）纷纷成立。这些政治团体积极投身于各种有关香港民主化改革的讨论与社会运动中，加速了香港本土政党政治的形成。

会运动，要求港英政府于 1988 年的立法局选举中引入直选机制 [1]。这场运动为本土公民社会组织争取了动员大众与相互合作的宝贵经验，同时也成功塑造了多位民主派政治明星。在此之后，公民社会与草根政治以前所未有的速度高速发展 [2]，各类政治团体迅速政党化。1990 年，香港首个本土政党"香港民主同盟"（简称"港同盟"）成立 [3]。此党以推进议会全面民主为目标，并在后来发展成为民主派最大党"民主党"。"港同盟"成立不久便参与香港历史上的首次立法局直接选举，并获得很好成绩 [4]。此后，为了在议会中抗衡民主派力量，本土建制派力量也酝酿组党。1991 年，立法局部分委任议员和工商界议员成立"启联资源中心"，试图应对民主派进入议会后的挑战。1992 年，末代港督彭定康在香港推出一系列激进的民主政制改革措施，进一步催化了香港本土公民社会与政党政治的发展。1993 年"启联资源中心"改组为"自由党"，从此成为本土政党体系中代表工商界利益的主要政党。1992 年，本地左派组织，包括左派工会和地区左派组织骨干成员，组成"民主建港联盟"（简称"民建联"），民建联后来发展成为香港本土政党体系中党员最多、资源最丰富、实力最强的政党之一。1994 年，亲政府的商界人士组成"香港协进联盟"（简称"港进联"），港进联于 1997 年吞并自民联，成为香港除自由党以外又一个代表商界利益的政党 [5]。有学者认为，1991 至 1997 年间是香港政

---

1 "八八直选"运动的背景之一是港英政府于 1985 年的政制改革文件中表示"可考虑"于 1988 年的立法局选举中直选部分议席。

2 Shiu-hing Lo, Democratization in Hong Kong: Reasons, Phases and Limits, *Issues and Studies*，1990，Vol. 26，No. 5，pp. 100–117.

3 "港同盟"由当时的三大政治团体，汇点、太平山学会和民协的成员组成。

4 在 1991 年的首次立法局直接选举中，港同盟一举拿下 18 个直选议席中的 12 个席位。而同一时期，建制派政党的议席几乎为零，仅有一个由保守商界人士组成的"香港自由民主联会"（简称"自民联"）参与 1991 年的立法局选举，然而其所派出的 5 位候选人全数落选。

5 但是，港进联在 2005 年被民建联吞并。学界将民建联的这一做法解读为其试图争取工商界选票的一个重要举动，在此之前，民建联主要吸收基层及中产阶层的选票。

党政治发展最劲的几个年头[1]。经过近十年的发展，至回归之前，独立的本土政治社会成型[2]。

其二，20 世纪 90 年代中后期，公民社会团体开始与本土政党分道扬镳，导致香港形成特有的"缺乏桩脚"的政党体系以及"独立行事"的公民社会。80 年代，公民社会中的活跃力量多通过组织化与制度化的渠道行动，其中的一部分逐渐向政党方向发展。然而从 90 年代开始，公民社会却与从中发展而来的政党力量出现裂隙。自发性的、直接行动式的、远离主流政治力量的"新型"社会运动出现[3]。这些"新型"社会运动多以"议题"为导向[4]，关注草根阶层利益。由于议题的多变性与广泛性，它们逐渐与稳固于中产阶层利益的政党产生隔阂与分歧，并最终分道扬镳。公民社会组织缺乏对政党的信任，对其保持敬而远之的谨慎态度。两个部分以完全不同的逻辑行动，基本上相互独立运行。这种状态一直持续至今。

无论公民社会与政治系统之间关系如何，20 世纪八九十年代港英政府自上而下的政治动员的确活跃了本土社会的政治参与。香港 2002 年"社会发展调查指数"（Social Development Index 2002）对 1986 年至 2000 年香港整体社会政治经济情况的调查发现，总体来说，香港社会在这 14 年间，民众政治参与表现比以前活跃[5]，公民社会的力量也有显著的提高[6]。随着政治参与的提高，

1　马岳：《香港政治：发展历程与核心课题》，香港：香港亚太研究所，2010 年。

2　关信基：《香港政治社会的形成》，《二十一世纪》1997 年总第 41 期。

3　Ngok Ma, Social Movement, Civil Society and Democratic Development in Hong Kong, paper presented at theConference on Emerging Social Movements in China, University of Hong Kong, March 2005.

4　Stephen Chiu and Tai-lok Lui, *Hong Kong: Becoming a Chinese Global City*, Routledge, 2009, p. 13.

5　政治参与的增加主要体现在人们更多地通过传统政治参与渠道进行参与，如投票或参与议员竞选活动。参见：Richard J. Estes, Quality of Life in Hong Kong: Past Accomplishments and Future Prospects, *Social Indicators Research Series*, Vol. 25, 2005, pp. 183-229.

6　"公民社会的力量"，在这里指在数量及社会支持这两个维度都不断扩展的各种公民社会组织及机构。

香港的政治文化也发生了新的变化。

首先，港人在实际行为维度依然延续低度参与，但在认知维度的参与水平有所提高。刘兆佳和关信基于 1993 年所做的调查发现，虽然整体而言香港人依然是政治冷漠且消极参与的，然而在一些具体的维度上，如对政治现象的兴趣、对政治信息的获取等方面却都发生了不可小觑的变化 [1]。学者使用了一个非常形象的比喻——"专注的旁观者"（attentive spectators）来形容 20 世纪 90 年代的香港人。所谓"专注"，指香港人非常关注各类政治新闻及政治信息，体现出浓厚的政治兴趣，并具备较强的掌握政治信息的能力；因此在认知维度上，香港人是高度参与的。然而，这种"参与"也仅限于认知维度，在行为层面，港人却极少发生实际的政治参与行为。在研究者列出的 17 项政治参与方式中，超过九成受访者表示在过去 3 年从未进行过任何类型的政治参与 [2]。因此，港人虽"关注"政治，但仅仅是旁观者，而非行动者。之所以出现"认知参与"的活跃，在研究者看来，主要是因为香港高度发达的传媒环境为民众获取各类政治信息提供了极为便利的条件；在很多情况下，无处不在的电视与报刊传媒让民众不得不接触各类政治信息。因此，港人在认知维度上的高度介入，很大可能并非其主观主动所致，而是客观环境使然。在实际行为层面，港人依然低度参与，政治冷漠的文化特性并未改变。

其次，港人逐渐形成"片面民主观" [3]。这种"片面民主观"体现在以下几个方面。第一，港人开始对"民主"形成概念，但其理解却与"民主"的普遍涵义有明显偏差。一方面，当被泛泛地问及是否支持"民主"时，市民多表支持；然而，当被问及何谓"民主"时，大部分市民表示一个"民主"的政府

1 Siu-kai Lau and Hsin-chi Kuan, The Attentive Spectators: Political Participation of the Hong Kong Chinese, *Journal of Northeast Asia studies*，1995，Vol. 14，No. 1，pp. 3-24.

2 同上。研究者发现有 89.7% 的受访者表示过去 3 年未参与过"游行、集会、静坐"。除此之外，对于其他 16 种政治参与方式，均有超过 9 成的受访市民表示从未采取过相关方式表达不满与政治诉求。

3 Hsin-chi Kuan and Siu-kai Lau, The Partial Vision of Democracy in Hong Kong : A Survey of Popular Opinion, *The China Journal*，Vol. 34，1995，pp. 239-264.

即一个"愿意听取民意"的政府，而非西方经验的"民选"政府。换言之，只要政府积极、有效、持续地咨询民意，它就是民主的、好的政府；民选与否，并不必须。第二，港人对"民主"的态度体现明显的工具理性。当被问及"民主"可为社会及个体带来何种好处的时候，大部分港人表示"民主"可保证个体自由及家庭福祉。换言之，人们之所以支持"民主"，主要是因为他们认为"民主"可让政府更高效及更多回应民意，从而保证和改善个体及家庭的实际利益，甚至整个社会的繁荣与稳定。第三，港人对"民主"的理解与态度进而呈现香港政治文化中的"精英主义"与"父权主义"特征。"精英主义"体现在民众相信政府应由精英组成，在港人看来，精英具备实现良好治理的责任和能力，是可信赖的群体。"父权主义"则体现在民众期待并相信政府会像一位仁慈且负责的父亲那样照顾其辖下的子民。"精英主义"与"父权主义"紧密关联，两者均体现民众主动疏离政治的心态，他们并不认为普通民众是政治生活的主体，政治乃是精英之事；同时，他们主动消解了普通民众参与政治的动机和必要性，认为政府总是能像父亲一般体恤民情、回应民意、照顾民利。这些发现从另一角度进一步刻画了港人政治冷漠的文化特征。

从这些"新"特征不难看出，实际上，整体而言，香港政治文化中的"政治冷漠""个体主义"及"功利物质主义"等主流特征并未改变。90 年代的另一项调查也发现，绝大多数港人依然从未通过任何方式参与过政治，而作为参与人数最多的选举与游行示威两种方式，也分别仅有约半数及不足两成港人参与过[1]。

对港人政治参与行为的其他研究也发现，即使港人参与政治，其动机与方式也呈现"功利物质主义"及"个体主义"等特征。如一项对内地、香港以及台湾地区的比较研究发现，相对于其他两个地区，香港的政治参与多以个人为载体，甚少通过组织的或制度的方式进行；港人普遍缺乏或主动抗拒

---

1 王家英：《公民意识与民族认同：后过渡期香港人的经验》，Occasional Paper, No. 63, 香港亚太研究所，1997 年。

组织与社团联系[1]。促使港人进行政治参与的主要原因依然是"个体"及"物质"导向的。港人多围绕一些与自己切身利益密切相关的、非常具体的民生议题，如住房问题进行政治参与，而个体政治效能感的提高也是促使其参与政治的重要因素。这两项却都带有强烈的个体主义色彩。

四、从"依附型"向"参与型"转变

"九七"回归让香港的政治与社会系统关系发生质的变化。港人不再是殖民地统治之下的"寄居者"，而成为中央"港人治港"方针下真正的以及唯一的主体。回归后香港经济与社会方面的结构性变化对政治与社会系统关系以及政治文化也产生深远影响。

回归后的香港进入后工业社会。从 20 世纪 80 年代开始，香港开始产业结构调整，制造业陆续迁至内地。到回归时，香港的产业结构已高度单一化，服务业几乎占据本土产业的所有空间。而服务业内部在用人门槛及收入方面的高度两极分化，导致最底层阶层及青年人阶层的机会及收入骤减。整体经济发展变缓以及就业市场的单一及饱和，不仅让有效就业机会减少，同时也极大地缩窄了社会阶层"向上流动"的空间。贫富悬殊加剧，底层民众生活困难[2]。人们对资本及管治的质疑与不满也因此提高。

在这种情况下，政府依然延续新自由主义的治理哲学，市场化与私有化的步伐有增无减。为了降低行政成本，政府开始对核心公共服务以及部分公共设施进行市场化改革。这一举措引起了中下阶层市民的不满与反对，并由

---

1 Hsin-chi Kuan and Siu-kai Lau, Traditional Orientations and Political Participation in Three Chinese Societies, *The Journal of Contemporary China*, 2002, Vol. 11, No. 31, pp. 297-318.

2 参见王绍光、夏瑛：《再分配与收入不平等——香港案例对中国大陆的启示》，《比较》2010 年第 4 期。

此引发了一系列全新的保障基层民生、抗议资本主义的新型社会运动[1]。本土公民社会逐渐分化出一派以维护草根民生利益为主的全新的政治力量，他们后来成为本土政治中举足轻重的一部分。

社会对资本主义的反思与抗拒逐渐凸显。这与回归前的全面支持完全不同。港人对政府新自由主义治理哲学的质疑逐渐发展成为对政商关系的批判。多项调查均显示，当被问及政商关系时，大部分港人认为香港的政商关系过于密切，商人阶层极大地影响着甚至把持着政府的公共决策过程[2]。2005年，世贸组织在港召开会议，招来了国际反全球化势力的激烈反对，他们连续多日在香港开展抵抗全球化的社会运动。这些社会运动让不少香港人重新思考香港"深度"资本主义的合理性，也带出了一批后来主导香港"新社会运动"的青年社运群体。

在这些新的结构环境下，港人的政治参与和政治文化也发生微妙变化。

首先，港人政治参与水平与殖民地时期相比显著提高。从 2003 年开始，由普通市民在一些重要纪念日（如"七一"回归纪念日、元旦等）自发组织并参与的"游行"逐渐成为市民理性表达诉求的常规性政治参与方式[3]。港人的"游行"文化具备两个突出特征。其一，其方式"温和"且"理性"，参与

1　如 2004 年，政府试图将公共房屋区域的停车场、商场以及其他设施交由一个房地产信托基金"领汇"以完全市场化的方式加以管理。这一举措招致部分港人的强烈反对，他们生怕租金上涨，生计难以维系，开始了一场漫长的反"领汇霸权"的运动。这场运动中的核心参与者后来组建了本土政党体系中首个明确代表草根阶层的政党"社会民主连线"。

2　如，2006 年的香港社会指标调查显示，有超过六成受访港人认为商界精英对政府公共决策的影响力"大"（占 22%）与"很大"（占 44%），只有 5% 认为影响力"小"或"很小"。另外，有 82.4% 的受访市民认为香港存在"官商勾结"现象，且很严重。参见：Ngok Ma, Value Changes and Legitimacy Crisis in Post-industrial Hong Kong, Asian Survey, 2011, Vol. 51, No. 4, pp. 687-712。

3　2003 年的游行是参与人数最多的一次，此后"七一"游行的人数逐年下降，参与人数与民调所显示的市民对政府施政的不满意度成正比。有学者统计，"七一"游行的"基本盘"（即核心参与者）约有 3 万人次。而在这个"基本盘"中，有相当一部分来自各种政党组织及公民社会团体，作为市民个体的稳定参与者的数量有限。

游行的市民均自觉遵守公共秩序，用和平理性的方式表达诉求。有学者因此称回归后的"游行"为"礼貌政治"，意指港人在政治表达过程中表现出理性克制的个性：他们自觉避免冲突的产生，自觉遵守社会纪律，自觉维护有序的社会秩序[1]。港人的"温和理性"在其他研究中也得到佐证。1999 年的一项针对青年人政治态度的研究就发现，青年港人在政治取态上保守温和，他们抗拒激烈的、对抗性的政治参与方式，追求稳定，反对冲突；他们主张通过主流政治渠道（如投票）进行政治参与，而不主张通过"游行抗议"的方式表达诉求，哪怕它是"和平"的[2]。从这些方面我们可以看到香港政治文化中的"稳定"情节以及港人"保守理性"个性的延续。其二，港人对"游行"的参与依然体现鲜明"个体主义"，缺乏组织与社团联系。陈韬文与李立峰对香港"游行"政治的研究发现，参与"游行"的市民多为单独或与亲朋好友一起前往游行，他们很少经由公民社会组织或其他政治团体的动员与组织参与"游行"[3]。这种参与方式与回归前的情况相似。

那么，市民为何参与"游行"？相关研究认为"相对剥夺感"理论最能解释港人上街游行的原因。数据调查显示，市民参与游行的主要原因在于他们对当前社会经济状况以及对政府管治质量存在不满。也就是说，由于香港政府管治不力，导致香港整体社会经济发展状况下滑，造成个体及家庭的情况也因此变得更糟糕，这些客观情况让港人产生所谓的"相对剥夺感"与怨恨情绪，由此选择走上街头表达不满，并向政府表达改善管治的诉求[4]。也就是

1　Denny Kwok-leung Ho, Polite Politics: *A Sociological Analysis of an Urban Protest in Hong Kong*, Ashgate, 2000.

2　Wing-on Lee, Students'Concepts and Attitudes toward Citizenship: The Case of Hong Kong, *International Journal of Educational Research*, No. 39, 2003, pp. 591-607.

3　Joseph M. Chan and Francis L. F. Lee, Mobilization and Protest Participation in Post-handover Hong Kong: A Study of Three Large-scale Demonstrations, *Hong Kong Institute of Asia-Pacific Studies Occasional Paper*, No. 159, 2005.

4　Joseph M. Chan and Francis L. F. Lee, Mobilization and Protest Participation in Post-handover Hong Kong: A Study of Three Large-scale Demonstrations, *Hong Kong Institute of Asia-Pacific Studies Occasional Paper*, No. 159, 2005.

说，港人参与游行的最原初动机更多来源于其个体或家庭的实际经济利益的损失，而非对民主价值的真实追求或对公民权利与责任的有意践行。在此方面，香港政治文化中的经济理性再次凸显。

其次，回归后香港政治文化中的另一个（或许为更重要的）因素体现在港人"本土身份"的形成，以及因此而形成的一系列"本土运动"。回归与"港人治港"的治港思路增强了香港人，尤其是青年人的主体意识。学者对回归后港人政治价值的研究发现，回归后的香港人，尤其是青年港人开始显著地关注"后物质主义"政治价值；环保、身份、文化等也逐渐形成议题进入本土政治场域。本土身份的形成在本土社会运动中也有清晰呈现。从 2003 年开始，以青年人为核心，围绕旧建筑、老街区的保护的"本土运动"兴起。这些运动以新的参与者、新的价值、新的行动方式迅速为港人所知，并被本土学者称为香港的"新社会运动"[1]"本土运动"的兴起让人们看到一个清晰独立的香港"本土身份"的形成[2]，青年人所要保护的并非历史古迹而已，更包括建筑背后的集体记忆[3]。因"本土身份"而强化的港人的政治主体性也促使其更谨

---

1 "本土运动"的"新"体现在多个方面。首先，其发起者与参与者多为年轻人，"本土运动"实现了香港本土社会运动中的代际更替。其次，就抗争的议题而言，旧的社会运动较关注某个具体社会群体或某个具体政策议题下的物质利益；而这些青年人担起的新社会运动所体现的则是青年一代"本土身体观"的觉醒，他们要捍卫的不是某一项具体的利益，而是所谓的"香港人所共有的集体回忆"。他们之所以保护古建筑与旧街区，是因为在他们看来，这些古建筑和旧街区记载了香港人或某个社区内所有成员的共有经验与共同回忆，它们维系了人与人之间情感上的纽带，创造了个体对于一个社群的本土归属感，是本土身份得以形成的根基。政府却在"发展主义"的单一逻辑下拆除这些建筑而不理会港人对这些古老建筑的情感维系。他们因此起来反对，认为老建筑创造了所有香港人的共有经验，也是香港人本土身份的根基，政府一己并无权力在不照顾港人情感的情况下擅自拆除老建筑。再次，就抗争的手段而言，如前所述，旧式社会运动，包括 2003 年开始的港人游行政治都自觉地控制在"礼貌政治"的界线内，人们习惯于使用温和理性的方式来表达诉求。然而，由这批青年人所带动的新社会运动则开始使用港人并不多见的较为激烈的冲突性抗争策略，比如故意冲出警察为维持秩序所限定的活动范围，故意与警察发生肢体冲撞，以制造激烈冲突的画面等。

2 Agnes S Ku, Making Heritage in Hong Kong: A Case Study of the Central Police Station Compound, *The China Quarterly*, Vol. 202, 2010, pp. 381-399.

3 强世功：《中国香港：政治与文化的视野》，第 272 页。

慎地审视香港当前的政治与社会安排，更积极地思考香港社会应该如何组织以及如何实现理想社会。这些自省式的主动思考于是促使香港人更积极地参与政治。

五、讨论与结论

从上文的分析可知，从殖民地时期到特区政府时期，香港的政治与社会系统关系经历了数次大的变迁（如图 1 所示）：从殖民地早期的"低度整合"，到"过渡时期"政治与社会系统的"边界政治"的打破，再到"特区政府时期"政治与社会系统的深度互嵌与频繁互动。每一次变化都进一步拉近本土政治与社会系统，两系统之间的联系与互动机制亦发展得更加复杂与完善。

政治与社会关系结构的变迁同时伴随着政治文化的嬗变：从殖民地初期"难民心态"主导下的"地域型"政治文化，到殖民地中后期基于政治系统"输出"机制的"依附型"政治文化，经由"过渡时期"的政治化过程而向政治系统的"输入"机制转移，并在回归后向"参与型"的政治文化转变，市民对政治系统、政治过程以及个体角色的理解更加全面与深刻。当然，与世界上的其他地区一样，香港的政治文化同样体现"地域型""依附型"以及"参与型"三种文化类型的整合，在嬗变过程中，政治文化结构中的主流部分在上述三种类型中依次转换。当前的香港政治文化正处于由"依附型"主导向"参与型"

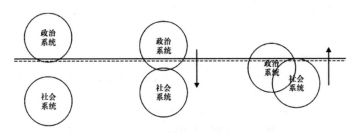

图 1　殖民地时期以来香港政治与社会系统关系的变迁

主导转化的过程当中。在这个阶段，虽已有不少民众体现"参与型"文化特征，但社会中的多数民众依然处于"依附型"文化的范围之内。这一正在发生的变迁过程尤其体现两个特征。

首先，总体而言，香港的大部分民众依然保持政治冷漠、经济理性、务实功利、个体主义等"依附型"文化特征，全局性的、变革性的政治文化变迁尚未发生。然而，另一方面，政治参与活跃的民众的比例也在不断提高。同时，由于本土社会分化的加剧，一部分较为激进的社会与政治力量出现。他们试探性地使用激进的、制度外的、破坏港人一向重视的"法治"与"稳定"理念的手段进行社会与政治运动，开始打破香港政治文化中理性、温和、重秩序的"铁律"。他们的出现在本土社会掀起了热烈讨论，一些本土学者甚至由此推论香港社会已然全面"激进化"[1]。然而，最近一项有关香港人对"激进"政治行为的态度调查表明，实际上绝大多数市民并不支持"激进"政治行为。整体而言，香港社会依然"温和"。但这种整体的"温和"延续的同时也隐藏着潜在的危机，表现在，青年人已在心态上表现出对"激进"政治行为的接受与认同，而部分中产阶层则已通过实际行动来支持甚至践行"激进"主义。这一研究更重要的发现是，导致"激进"主义可能在港生长的温床主要是市民对目前经济状况以及政府施政不力的不满，其次则是本土身份意识下强烈的政治主体性认知[2]。这一发现同以前的相关研究一致，港人的经济理性依然是促使其打破传统模式参与政治的主要动机；在这一方面，其政治参与依然是被动的、情境式的，唯经济利益受损或相对剥夺感强化后方才为之。所不同的是，本土身份意识下的政治主体性逐渐成为推动港人主动地、积极地投身政治的重要因素。

1　Joseph Yu-shek Cheng, The Emergence of Radical Politics in Hong Kong: Causes and Impact, *China Review*, 2014, Vol. 14, No. 1, pp. 199-232.

2　Ying Xia and Bing Guan, Demystifying "Radical Politics" in Hong Kong: Evidence from a Territory-wide Survey, paper presented at the Conference at The Role of Hong Kong and Macau in China's New Era, Guangzhou: Sun Yat-sen University, November 2013.

其次，港人本土意识的形成与深化已为既定事实，并且是一个不可逆的历史过程。香港回归以及"港人治港"的制度安排无疑唤醒与增强了港人的主体意识。港人本土身份的强化在社会运动场域的表现同样显著。大约从2003年开始，香港开始出现一系列以本土身份为主要议题的新式社会运动。新一代青年人成为这些社会运动的主要组织者、参与者以及支持者。在不到十年的时间内，这些运动无论在规模、频率、影响力还是对抗性等诸方面都有提升。港人的主体性在这些运动中清晰显现。青年人愈来愈强烈地表达他们作为主体者对香港政治与社会生活的设想以及对目前各种安排的不满。本土意识的增强毋庸置疑地强化了港人的参与意识与实际参与行为，是香港当前政治文化中不可忽略的因素。

针对香港政治文化的这些特征，政府治理也需做出相应调整，具体而言：

第一，改善政府施政质量，完善政治系统"输出"机制。香港当前政治文化中的"依附型"依然表现明显，市民的政治态度与其对政府"输出"机制的"功利性"评判依然紧密相联。也就是说，特区政府的施政体系是否能够快速、有效、充分回应民意，是否能够保证香港的"繁荣""稳定""法治"与"自由"，是否能够提高福利水平解决贫富差距等社会问题，以及是否能够保证并提高民众个体及家庭的生活质量，依然是特区政府"合法性"的主要来源，同时也是防止少数激进势力向社会更大范围蔓延的重要手段。上文所提及的有关民众对"激进"政治的态度调查就显示，民众对特区政府施政的不满成为他们可能支持并采取"激进"政治行为的最主要原因。由此而言，"激进"或"极端"的舒缓器不仅仅在于政制发展。政府管治的改善同样能够有效缓解民怨，间接弱化政制发展过程中的尖锐矛盾。因此，特区政府须在治理能力上下功夫，改善公共行政过程，提高管治质量，着力改善民生。

第二，循序渐进改革"输入"机制，引导市民有序参与。香港当前政治文化的另一特点是正向"参与型"文化转变。民众对政府"输入"机制的认识与理解早已深化，其参与欲望也显著提高。对于这一变化，特区政府需从

"行政"与"政治"两条途径完善"输入"机制，有效吸纳民众的参与意愿。一方面，完善现有行政咨询制度，拓宽并加固公民在公共决策过程的参与权；另一方面，在政制发展方面，加强与社会各界的对话沟通机制。政府只有在制度上开放更多机会与渠道，为社会提供有序政治参与的制度环境，才不致淤积社会上不断增加的政治参与的需求并导致政府—社会秩序的不协调。

第三，正视港人本土意识，更新治港理念。香港人，尤其是青年香港人已具备强烈的本土身份意识，这种本土身份意识促使他们渴望对香港事务享有更多参与权。特区政府亟需发挥其积极作用，建立以特区政府为核心的、制度化的政治沟通与协商制度。一方面，特区政府应积极向社会释放开放性、包容性的沟通信号，通过一定的机制积极且广泛地吸纳社会各方有关政制发展的意见；另一方面，通过合理的安排，在中央政府、特区政府以及本土精英之间建立信息沟通与协商制度。让本土民意既有顺畅表达渠道，又有行之有效而非敷衍了事的沟通协商机制。

（本文刊载于《中山大学学报（社会科学版）》2015 年第 6 期，第 55 卷，总 258 期。）

改革开放与香港的法治秩序

——一种法理学的观察视角 *

叶一舟 **

一、引言

今年是改革开放的第四十个年头，也是香港回归祖国的第二十一年。改革开放与香港回归是 20 世纪发生在中国的两件大事，二者间有着密不可分的联系。改革开放与香港回归都是中国在一个特定的时代中，为了实现国家的现代化而诞生的产物。这一特定时代的精神至今仍在展开，仍需要通过原理性的研究来予以把握。香港回归二十一年来的法治变迁，正是上述时代精神发展的重要延伸。因此，把香港回归二十一年来的法治变迁放在国家改革开放的历史大背景来观察，对于理解过去和当下乃至于未来的一些问题而言，别具意义。申言之，以改革开放之精神与理路观察"一国两制"及香港的法治实践，可以看出回归后的香港法治秩序建构必然是一个二元建构的过程。在此过程之中，合作与融合才是真正的主题，而非对抗。阐明这一点，不仅有助于把握新时代"一国两制"的发展方向，更有助于改进相关配套制度的设置。

* 本文是教育部人文社会科学研究青年基金项目"粤港澳大湾区协同立法机制研究"（项目号：18YJC820082）的阶段性成果。感谢深圳大学基本法研究中心卢雯雯副研究员为本文的写作完成所提供的帮助。
** 中山大学粤港澳发展研究院副研究员。

二、作为改革开放产物的"一国两制"

有学者总结，中国通过改革开放逐步实现对外开放的四个主要步骤，分别是创办经济特区、开放沿海港口城市、建立沿海经济开放区、开放沿江及内陆和沿边城市。[1] 在中国走向开放的历程中，无论是在开端还是深入推进阶段，始终伴随着一个城市的身影，这个城市就是香港。毫无疑问，改革开放与香港之间有着千丝万缕的联系。探析改革开放与"一国两制"之间的关系，可以从历史联系与制度联系的两个维度展开。

（一）历史联系

改革开放与"一国两制"是同一个时代背景下紧密相连的两件大事。傅高义认为促成中国走向改革开放的转折点有三个，分别是 1978 年 5 月至 9 月的谷牧出访和四化建设务虚会，1978 年 9 月 13 日到 20 日邓小平在广州、四川和东北的调研，1978 年 11 月 10 日到 12 月 15 日的中央工作会议。[2] 诚然，上述三个转折点对于改革开放的最终诞生起到了突出的作用，但中国政府实际上在 1978 年间还进行了许多重要的外访考察工作。其中，国家计委和外经贸部对香港的访问，直接促成了深圳经济特区的横空出世。[3] 除此之外，在 1977 年的 11 月 11 日，邓小平听取了一个汇报称，"每年都有成千上万的年轻人冒着生命危险从陆路或水路逃往香港"。[4] 在这一时间段所发生的这些事情，后被称为"大逃港"。而"大逃港"在某种程度上也推动了改革开放政策的出台。

由于广东紧邻香港，广东与香港两地间的人员流动十分频繁。即便是在新中国成立初期，社会主义阵营与资本主义阵营尖锐对立的时候，以毛泽

1　参见毕竟悦：《中国四十年社会变迁》，清华大学出版社 2018 年版，第 94-96 页。

2　参见［美］傅高义：《邓小平时代》，冯克利译，三联书店 2013 年版，第 222 页及以下。

3　同上注，第 221 页。

4　同上注，第 387 页。

东、周恩来为代表的国家领导人仍决定把香港作为珍贵的对外交流窗口予以维持和利用。因此，在 1947 年至 1950 年，据估计约有 200 万人经罗湖桥从内地前往香港。[1] 另有资料显示，在 20 世纪 60 年代到 70 年代，从宝安边防一带偷渡逃往香港的人数接近 20 万。邓小平正是听取了关于这一情况的报告后，反思过去的政策问题，促成了习仲勋出任广东省省委书记，并最终决定性地影响了一系列改革开放政策的出台以及在广东的先行先试。[2]

在 1979 年 4 月进行的中央工作会议期间，邓小平明确表达了广东可以先搞一个新的体制，要"杀出一条血路来"，而谷牧等人在随后的一些场合里也以此为精神强调广东要借助毗邻港澳的优势，学习一些新做法，为全国的体制改革积累经验，并力争追上港澳。[3] 可见，香港对改革开放的设计与诞生而言，具有非比寻常的意义。

反过来，当中英两国就香港问题进行磋商时，改革开放对"一国两制"最终被创造性地运用于香港和平回归而言，起到了关键的作用。"一国两制"的提出，最初是希望解决台湾问题。叶剑英在 1979 年所发表的"有关和平统一台湾的九条方针政策"谈话中明确提出"特别行政区"的概念，可视为我国政府首次对"一国两制"设想的阐述。[4] 但"一国两制"被投入实践，真正用于解决领土回归、国家统一的问题，还是首先在香港实现的。为了以和平的方式实现香港回归祖国，国家许下庄严承诺，在香港实行"一国两制"，并保持五十年不变。为何以和平方式解决香港问题如此重要？为何承诺"五十年不变"？其中的考虑与改革开放有十分密切的联系。一方面，和平的方式最有利于保持香港在回归后的繁荣稳定，维护两地民众之间的同胞情谊与团结，符合国家及香港的实际情况和根本利益。邓小平曾在一次讲话中明确指出：

---

1 参见陈秉安：《大逃港》，广东人民出版社 2010 年版，第 13-15 页。

2 同上注，第 342-349 页。

3 参见曹普：《改革开放史研究中的若干重大问题》，福建人民出版社 2014 年版，第 139-143 页。

4 有关这一段历史的详细叙述，可参见王禹：《论恢复行使主权》，人民出版社 2016 年版，第 35-37 页。

中国面临的实际问题就是用什么方式才能解决香港问题……只能有两种方式，一种是和平方式，一种是非和平方式。而采用和平方式解决香港问题，就必须既考虑到香港的实际情况，也考虑到中国的实际情况和英国的实际情况，就是说，我们解决问题的办法要使三方面都接受。如果用社会主义来统一，就做不到三方面都接受。勉强接受了，也会造成混乱局面。即使不发生武力冲突，香港也将成为一个萧条的香港，后遗症很多的香港，不是我们所希望的香港。[1]

另一方面，通过实施"一国两制"来实现香港的和平回归，并承诺五十年不变，在根本上也有利于国家的改革开放事业。彼时的中国刚刚走出长年的政治动荡，国家建设重心全面转向经济建设，改革开放初见成效，国家亟需一个安稳的环境以得到更长时间的发展。因此，中央政府不希望再看到国家乱，也不能承受国家再乱。邓小平在《政治上发展民主，经济上实行改革》的讲话中强调，"我们把争取和平作为对外政策的首要任务。争取和平是世界人民的要求，也是我们搞建设的需要。没有和平的环境，搞什么建设！"[2]不难看出，在香港实施"一国两制"不仅是新中国成立初期所定下的"长期打算、充分利用"的方针政策的发展，也是国家改革开放的环境所需。香港需要继续扮演着一个中国对外交往的窗口，一个推动国家现代化发展的助力点。所以，一个长期繁荣稳定的香港既能拉动周边内地城市的经济发展，也有利于国家维护和平稳定的环境。反过来说，倘若香港不是以和平方式回归，或者在回归后是萧条的、动荡的，那么定然不利于国家发展甚至会危及国家来之不易的平稳环境。

"五十年不变"的承诺与改革开放也有直接的联系。邓小平曾对撒切尔夫人说，"我们讲'五十年'，不是随随便便、感情冲动而讲的，是考虑到中国的现实和发展的需要"。[3]邓小平在此处所说的现实和发展的需要具体指的是什

---

1 《邓小平文选》（第三卷），人民出版社 1993 年版，第 101-102 页。
2 《邓小平文选》（第三卷），人民出版社 1993 年版，第 116-117 页。
3 同上注，第 103 页。

么？实际上就是彼时正在开展的改革开放事业：

> 中国要真正发达起来，接近而不是超过发达国家，那还需要三十年到五
> 十年的时间。如果说在本世纪内我们需要实行开放政策，那么在下个世纪的
> 前五十年内中国要接近发达国家的水平，也不能离开这个政策，离开这个政
> 策不行。保持香港的繁荣稳定是符合中国的切身利益的。[1]

可见，改革开放与"一国两制"都服务于中国的现代转型，致力于让中
国的现代化发展在一个和平、安定的大环境中进行。因此，无论是从国家整
体的发展还是香港自身的繁荣稳定来看，实施"一国两制"，保持香港的资
本主义制度与生活方式不变，都是最佳选择。正如饶戈平总结，"'一国两制'
是中国改革开放时代的产物，其初衷是为了解决历史遗留的台湾、香港、澳
门问题，维护领土完整和国家统一、促进国家现代化建设"。[2]

（二）制度联系

改革开放与"一国两制"之间还有一层更深层次的联系，亦即制度维度
的联系。中国实行改革开放以来，在政治、经济与法律层面上进行了许多制
度改革与创新的工作。当中的一些工作，例如，经济特区的设立，对国家原
有的治理思维与治理模式实际上具有突破性意义。国家治理犹如编织术，在
横纵相间的组织结构中，国家理性或位于最高位的主权意志，得以在整个领
土范围之内直接通达、上行下效。一个自上而下、一以贯之的均质化的法律
体系，既是这样一个国家有机体在法律规范层面的体现，也是实现有机体顺
畅运行的必要手段。[3]

---

1 同上注，第 102-103 页。
2 饶戈平：《"一国两制"思想的发展 从邓小平到习近平》，载紫荆网：http://hk.zijing.
 org/2018/0730/761510.shtml，2018 年 8 月 2 日访问。
3 凯尔森在其著作《纯粹法理论》及《法与国家的一般理论》中所论述的法律体系在此
 具有典范意义。

然而，在改革开放的过程中，中国在制度改革上的诸多创举，却与上述理路不尽相同。改革开放开创出来的新理路，可被归纳为以下三个要点：第一，在不影响国家主体制度的前提下，国家基于特定目的容许甚至主动制造局部相对于主体的差异或例外；第二，由于局部相对于主体的差异或例外所造成的问题，由主权者的意志直接形成规范予以调整；第三，容许局部相对于主体的差异或例外的根本目的，是为了让主体与局部获得足够的空间在互动中共同发展，并在某个阶段融合为一个更为完善、优越的秩序。

曾有学者总结，"中国改革的目标模式体现着包容型智慧……包容与混合正是中国独有的思维方式，也是中国改革不同于世界任何一个国家的独特哲学气质"。[1]这一说法固然不错，却也并未能抓住深层次的逻辑。如前所述，邓小平让广东省在改革开放当中要勇于探索新体制、"杀出一条血路来"，并给予政策上的支持。显然，要探索新体制，进行制度创新，要杀出一条血路，就不能因循守旧，不能受缚于旧制度、旧体制的条条框框。因此，将不可避免地出现局部相对于主体的差异或例外。邓小平不仅预见到了这点，更展现出了高度的自信与胆识。在中央政府研究出台特区相关政策时，邓小平曾对谷牧说："要杀出一条血路来。不要怕局部出现资本主义，解决局部的问题我们有经验。"[2]尽管深圳等特区的相对差异或例外属性并未跃然于纸面，也没有形成充分的理论自觉，但对于身处于其中的行动者而言，却是不言而喻的。正如傅高义在其著作中记述的那样，"北京各部委发出的一个又一个的指示，最后都会加上一句广东和福建'概不例外'"。[3]处理香港回归问题的时候，邓小平的上述理念得到了更为完善的发展。在会见撒切尔夫人时，邓小平明确提出：

1　李拯：《中国的改革哲学》，中信出版社 2018 年版，第 37 页。
2　刘向东主编：《对外开放起始录》，经济管理出版社 2008 年版，第 7 页，转引自曹普：《改革开放史研究中的若干重大问题》，福建人民出版社 2014 年版，第 141 页。
3　[美]傅高义：《邓小平时代》，冯克利译，三联书店 2013 年版，第 405 页。

　　我还想请首相告诉国际上和香港的人士，"一国两制"除了资本主义，还有社会主义，就是中国的主体、十亿人口的地区坚定不移地实行社会主义……主体是很大的主体，社会主义是在十亿人口地区的社会主义，这是个前提，没有这个前提不行。在这个前提下，可以容许在自身身边，在小地区和小范围内实行资本主义。我们相信，在小范围内容许资本主义存在，更有利于发展社会主义。[1]

　　随后，通过香港基本法的制定与实施，邓小平的上述思想首次转变为法律实践。《香港特别行政区基本法》第 5 条规定，"香港特别行政区不实行社会主义制度和政策，保持原有的资本主义制度和生活方式，五十年不变"；第 8 条规定，"香港原有法律，即普通法、衡平法、条例、附属立法和习惯法，除同本法相抵触或经香港特别行政区的立法机关作出修改者外，予以保留"。此外，还有一些关于政治、经济、教育及文化等方面的规定，在此不做枚举。从宏观角度看，这些法律规定使香港特区相对于国家的主体制度而言有三个主要方面的差异或例外，即实行资本主义、享有高度自治权、实行普通法制度。

三、"一国两制"的法理挑战与探析

　　邓小平曾对香港基本法起草委员会的委员们说，"世界历史上还没有这样一个法，这是一个新的事物"。[2] 从邓小平的角度来看，"一国两制"的设计既体现出中国共产党的胆识和勇气，也突显了中国特色社会主义的先进性。[3] 但如何把握新事物下的新秩序，则带来了法理上的全新挑战。当中产生的问题，例如是否存在剩余权力、中央管治权与特区高度自治权的关系、人大释法的方式与性质等，已经得到了较为完满的回答，但还有一些问题仍未有令

1　《邓小平文选》（第三卷），人民出版社 1993 年版，第 103 页。

2　同上注，第 215 页。

3　同上注，第 217 页。

人满意的答案。其中，最为重要的一个问题便是宪法与基本法的关系。[1]而该问题作为现象反映出一个更为深层次的困难，即以国家主体制度保持不变为前提，容许局部相对于主体的差异或例外合法存在，使一些原本具有典范地位的法学理论在回应相关问题时都不同程度地失效了。

在制定香港基本法的时候，关于我国宪法与香港基本法之间究竟是什么关系的问题曾引发过广泛讨论。按照法理的一般原则，宪法作为国家根本大法，在一国法律体系中具有最高的地位，是制定所有其他法律的最终依据。因此，其他法律都是宪法的下位法。然而，在宪法与基本法的关系上，却产生了一些不同的观点。其中，有两种观点具有较大的影响力。

第一种观点认为，宪法与基本法的关系属于上位法与下位法的关系。此种观点主要立足于一个基本事实，即基本法是根据宪法制定的。例如，许崇德先生认为，在我国法律体系的效力位阶中，港澳两个特别行政区的基本法"是由全国人民代表大会制定的基本法律。其地位仅低于宪法而高于其他的规范性文件，包括行政法规、地方性法规和规章等"。[2]亦有学者指出，"无论从《宪法》的有关规定，还是从基本法的有关规定，都不难看出《宪法》是基本法的立法依据，基本法是以《宪法》为根据制定的法律"。[3]然而，上述论断却在两个方面遭到诘难。

第一个方面，是如何解释宪法与基本法在一些条文上存在冲突或抵触的问题。由于"一国两制"的安排，香港特区保留资本主义的生活方式，那么宪法中有关社会主义制度的条文便与基本法的一些规定有所出入。例如，《宪法》第 1 条规定"社会主义制度是中华人民共和国的根本制度"，第 24 条规定"反对资本主义的、封建主义的和其他的腐朽思想"等。这些质疑在基本

1　时至今日，关于宪法与基本法的关系问题，仍有新的理论尝试出现。参见朱世海：《宪法与基本法关系新论：主体法与附属法》，载《浙江社会科学》2018 年第 4 期。

2　许崇德：《港澳基本法教程》，中国人民大学出版社 1994 年版，第 16 页。

3　焦洪昌：《港澳基本法》，北京大学出版社 2007 年版，第 25 页。

法起草阶段就已经出现并有具体资料记载，在此不做赘述。[1]

第二个方面的诘难本质上是第一个方面的延伸，即宪法在特别行政区适用的问题。详言之，宪法是一个国家的根本大法，在全国范围内具有最高效力，而其最高效力必须在实施中通过某种方式体现。曾有一种观点认为，除了《宪法》第 31 条，其他条文都不适用于特别行政区。此种观点遭到了王叔文先生的批评。王叔文指出，"我国宪法作为国家的根本大法，应适用于香港特别行政区"，"宪法具有最高效力，在全国范围内适用，为世界各国宪法所公认"。[2]然而，除了指出宪法作为整体适用于香港特别行政区，王叔文也承认，要明文规定"宪法哪些条文适用于香港特别行政区，哪些条文不适用……困难是很大的，很难办到"。[3]主张宪法作为整体适用于特别行政区而部分不适用的代表学者，还有肖蔚云先生。[4]

尽管主张宪法与基本法的关系为上位法与下位法关系的观点在学界取得了非凡的影响力，并基于宪法作为国家根本大法的基本原理以及整体主义的立场，确立了宪法在特别行政区整体适用但部分不适用的基本论述。以此为出发点，王叔文与肖蔚云两位先生进一步阐发出判断宪法哪些条文在特别行政区适用及哪些不适用的基本原则，[5]为后续的相关探讨提供了初步框架。然而，却一直未能在具体的适用模式上给出更进一步的回应。实践也证明了难以具体识别哪些宪法条文适用于特别行政区，宪法在回归后的特别行政区的日常法治运作中也未见扮演突出角色。[6]为此，另一种理论即宪法与基本法的

---

1 相关讨论参见邹平学：《香港基本法实践问题研究》，社会科学文献出版社 2014 年版，第 58-61 页。

2 王叔文：《香港特别行政区基本法导论》，中共中央党校出版社 1990 年版，第 66-67 页。

3 同上注，第 68-69 页。

4 参见肖蔚云：《论香港基本法》，北京大学出版社 2003 年版，第 47-50 页。

5 这些原则的具体内容参见王叔文：《香港特别行政区基本法导论》，中共中央党校出版社 1990 年版，第 69-71 页；肖蔚云：《论香港基本法》，北京大学出版社 2003 年版，第 49-50 页。

6 Johannes Chan, C. L. Lim: Law of the Hong Kong Constitution (second edition), Sweet & Maxwell, 2015, pp. 50-51.

"一般法—特别法论"应运而生。

第二种观点认为，宪法与基本法的关系是一般法与特别法的关系。在上位法—下位法论面对适用方面的问题时，以许崇德先生为代表的一种观点认为，宪法通过基本法在特别行政区得到实施，[1] 而非整体适用但部分不适用。宪法与基本法的一般法—特别法论内生于上述观点，并反过来重新定义宪法与基本法之间的关系。[2] 此种理论的主要观点是，基本法是宪法的特别法，不是由代议机关制定的法律。因此，在适用上，基本法作为特别法优先于作为一般法的宪法。例如，王振民主张，"中国宪法在特别行政区发挥作用的主要方法和形式是通过它的特别法——特别行政区基本法"。[3] 此外，"特别行政区基本法属于宪法之下、一般法律之上的'基本法律'，它的效力来源于宪法，并仅次于宪法"。[4] 另有学者认为，基本法在内容上涉及公民的基本权利义务及国家权力的制度设计，在功能上涉及基本人权保障、国家权力的正当组织及重大社会利益平衡等功能，在修改权上又限定了唯有全国人大有权修改基本法，因而不能认为基本法是宪法的下位法。[5] 而从法理上来说，由于基本法是面向特定的人、事项和空间所另行做出的针对性制度安排，符合判断特别法的标准，应被界定为宪法的特别法。[6] 除了上述两位学者，学界也有其他学者支持用一般法与特别法的框架来定性宪法与基本法的关系。[7]

然而，对于宪法与基本法的一般法—特别法论，学界存在不同观点。例如，殷啸虎认为，从法源和效力的角度来看，基本法制定的依据在于宪法，

---

1 参见许崇德：《港澳基本法教程》，中国人民大学出版社 1994 年版，第 262-263 页。

2 参见曹旭东：《宪法在香港特别行政区的适用：理论回顾与实践反思》，载《政治与法律》2018 年第 1 期。

3 王振民：《"一国两制"实施中的若干宪法问题浅析》，载《法商研究》2000 年第 4 期。

4 同上注。

5 参见李琦：《特别行政区基本法之性质：宪法的特别法》，载《厦门大学学报》（哲学社会科学版）2002 年第 5 期。

6 同上注。

7 参见李浩然：《一国两制：宪法在特别行政区的适用》，载《中国社会科学报》2010 年5 月 27 日。

所以毫无疑问是宪法的下位法。[1] 朱世海也认为，"基本法是宪法的特别法的观点会给人以误导，即基本法就是特别行政区的'宪法'或'小宪法'，这非常不利于宪法效力在特别行政区得到肯认"。[2] 除此之外，从一般法与特别法自身的法理依据以及我国现行法律规定的角度来看，宪法与基本法的一般法—特别法论也是值得商榷的。

首先，在我国现有的法律体系内，并不存在一个独立层级的"基本法律"。我国《立法法》第 87 条规定，"宪法具有最高的法律效力，一切法律、行政法规、地方性法规、自治条例和单行条例、规章都不得同宪法相抵触"；第 88 条规定，"法律的效力高于行政法规、地方性法规、规章。行政法规的效力高于地方性法规、规章。"；第 89 条规定，"地方性法规的效力高于本级和下级地方政府规章。省、自治区的人民政府制定的规章的效力高于本行政区域内的设区的市、自治州的人民政府制定的规章"。从《立法法》的规定可以看出，在我国的法律体系内，并不存在一个独立称之为"基本法律"的层级。宪法之下即为法律，亦即由立法机关按照法定的立法程序行使国家立法权制定的法律规范。

即便《立法法》的第 7 条规定，"全国人民代表大会制定和修改刑事、民事、国家机构的和其他的基本法律。全国人民代表大会常务委员会制定和修改除应当由全国人民代表大会制定的法律以外的其他法律"，也不能就此得出结论说，在我国的法律体系的层级内，存在一个独立的"基本法律"层级位于宪法之下。因为，《立法法》第 7 条之所以如此规定，很大程度上是因为实际工作上需要而进行的职能划分。1982 年宪法规定全国人大及其常委会共同行使国家立法权，根据彭真的宪法修改草案报告，目的是加强人大制度、适应繁重的立法工作需求。[3]《立法法》将特定范围的立法限定为全国人大的立

1　参见殷啸虎：《论宪法在特别行政区的适用》，载《法学》2010 年第 1 期。

2　朱世海：《宪法与基本法关系新论：主体法与附属法》，载《浙江社会科学》2018 年第 4 期。

3　参见张春生主编：《中华人民共和国立法法释义》，法律出版社 2015 年版，第 35 页。

法权限，缘由是"这些法律在国家和社会生活中具有全局的、长远的、普遍的和根本的规范意义"。[1]因此，无法得出在我国法律体系的层级结构内，宪法之下还有独立的"基本法律"这一层法律规范。这一理解也是与《立法法》的其他条文融贯的。

其次，一般法与特别法的划分，只适用于法律而非宪法。我国《立法法》第 92 条规定，"同一机关制定的法律、行政法规、地方性法规、自治条例和单行条例、规章，特别规定与一般规定不一致的，适用特别规定"。由于在我国的实在法用语中，"宪法"和"法律"都具有专属的意思，所以根据《立法法》第 92 条的规定，宪法这一层级并没有一般法与特别法一说。实际上，个别论者也注意到了宪法层面上没有一般法与特别法的说法，并提出了为自己辩护的理由。[2]然而，其所提供的理由似乎更接近于学者的个人见解，并没有十分牢固的实在法基础。

笔者讨论前述两种理论的目的，并非为了提供某种替代性的理论，而是把它们当作现象予以反思。作为一种现象，其反映出原本具有典范意义的理论在不同程度上失灵甚至捉襟见肘，人们无法依据它们依葫芦画瓢般地给出完满的答案。类似现象也在改革开放的过程中存在，有关"良性违宪"的学术争鸣就是很好的例子。[3]"密纳发的猫头鹰要等到黄昏到来时，才会起飞"，[4]在"一国两制"所引起的一系列法律现象上，原有典范理论所提供的智

1　同上注，第 36 页。

2　参见李琦：《特别行政区基本法之性质：宪法的特别法》，载《厦门大学学报》（哲学社会科学版）2002 年第 5 期。

3　相关讨论可参见郝铁川：《论良性违宪》，载《法学研究》1996 年第 4 期；童之伟：《"良性违宪"不宜肯定——对郝铁川同志有关主张的不同看法》，载《法学研究》1996 年第 6 期；张千帆：《宪法变通与地方试验》，载《法学研究》2007 年第 1 期。诚然，从法律规范运行的基本逻辑来说，违宪就是违宪，不因其是良性抑或恶性而在效力层面产生实质性的区别。但亦不可否认的是，被称为"良性违宪"的相关行为在效力上却未因违宪而遭受灭损。但无论如何，从这些争论中不难看出，一些过往被视为典范的理论或毋庸置疑的命题，在被运用于解释改革开放中出现的一些法律现象时，都遭遇到了不同程度的困难，或者一些之前习以为常的结论显得不那么理所应当。

4　[德]黑格尔：《法哲学原理》，郑安庆译，人民出版社 2016 年版，第 15 页。

慧未能帮助我们完整地把握实践内含的真正逻辑。正如陈端洪所言，"一国两制"的智慧在于破除了一国一制的"法执"，"充分尊重特定地区的历史，进而容纳制度的差异性，同时对未来抱持乐观态度，相信时间可以弥合制度的裂隙"。[1]可以说，"一国两制"的提出与实践标志着我国国家治理能力与治理体系朝着现代化的目标向前迈进的重要一步。

从法哲学的角度来说，"一国两制"并没有执拗于单一制国家的主权法理，而是在其之上有创新和发展，超越了片面强调一国之法秩序与法体系必然均质的认识，容许、承认局部异质的合法性。为此，全国人大在通过香港基本法的同时，还罕见地以决定的方式宣告了香港基本法的合宪性。[2]但值得注意的是，这种容许和承认具有三个条件：第一，承认并维护主体制度，并以主体制度作为局部秩序建构的根本基础；第二，主体和局部之间的问题，由主体协调和决定，香港基本法第158条的作用便在于此；第三，容许、承认局部异质的合法性的根本目的，在于让主体和局部在未来的某个阶段共同融入到一个更为完善、优越的秩序之中，因而有五十年的时间意识。代表主体秩序的主权者并没有缺席，也没有时刻在场，而是有条件地隐而不显。只有在主体与局部之间发生需要协调的问题或局部的发展偏离了预先设定的根本目的时，主权者才显露真身。因此，香港的法治秩序必然是一个二元建构的秩序。

四、香港法治秩序的二元建构

陈弘毅认为，香港回归、中国对香港恢复行使主权，其法律意义便是一次基础规范的转移，《中华人民共和国宪法》成为了香港法制的效力来源。[3]尽

1　陈端洪：《"一国两制"的智慧》，载《中国法律评论》2015年第3期。

2　相关讨论参见韩大元：《中华人民共和国宪法与香港特别行政区基本法共同构成香港宪制的基础》，载《纪念香港基本法实施十周年文集》，中国民主法制出版社2007年版，第84-86页。

3　参见陈弘毅：《香港特别行政区的法治轨迹》，中国民主法制出版社2010年版，第10页。

管通过凯尔森（Kelsen）的基础规范理论能解释香港法治秩序的合法性最终来源，但香港法治秩序的建构却并非是一元的。在笔者看来，香港法治秩序的建构是一个二元建构的过程。在此过程中，合作而非对抗是整个秩序的主题，尽管其中不乏碰撞与争议，但其核心主题仍是在碰撞中寻求平衡。

早在 1993 年，雷蒙·瓦克斯（Raymond Wacks）便已指出，"一国两制"所牵涉到的主要法理问题之一，是行使资本主义的地区在主体制度为社会主义的国家之下所面临的法治秩序同一性问题。与革命的情形不同，《香港特别行政区基本法》第 8 条的规定确保了香港在回归前的大部分原有法律能得到延续，但作为整体的法治秩序同一性问题却难以如此简单地回答，也难以理解为同时存在两个基础规范。[1] 于兴中则从哈特的理论出发，认为香港回归意味着香港法治秩序中的"最终承认规则"发生了变化，但新的"承认规则"的内容却远非不言自明。[2] 依据"一国两制"的精神与香港法治的实践，"香港法的'最终承认规则'存在于'一国两制''港人治港''高度自治'及'五十年不变'等由《基本法》认可适用于香港的特殊宪法原则与香港政府官员、法律人员及其他工作人员对上述宪法原则的认同与接受之中"。[3] 与前人的理论相比，上述观点摆脱了偏执于一端的视野，拒绝从某种一元论的视角来理解香港的法治秩序。正如于兴中所言，仅认为香港法的"最终承认规则"来自于香港基本法或中华人民共和国宪法，都会导致对"一国两制"的割裂理解，而其所总结的"最终承认规则"则既涵盖了来自国家的宪法原则，又涵盖了香港自身的法治实践。[4] 此外，甚至有学者以多元论的视角来审视香港法

---

1 See Raymond Wacks, "One Country, Two Groundnormen? The Basic Law and Basic Norm", Hong Kong, China and 1997, Raymond Wacks（ed）, Hong Kong University Press 1993, pp. 169–179.

2 参见于兴中：《法治与文明秩序》，中国政法大学出版社 2006 年版，第 287-288 页。

3 同上注，第 308 页

4 参见于兴中：《法治与文明秩序》，中国政法大学出版社 2006 年版，第 310-311 页。

治秩序的结构。[1]

在理解"一国两制"时，二元论的视角恰恰反映出理论研究不断朝着忠实于"一国两制"内在精神的方向推进。"一国两制"自身的设计决定了二元互动才是其真正的法治建构模式，宪法与基本法共同构成香港特区的宪制基础、中央全面管治权与特区高度自治权有机结合等说法都是对此的表达。如陈端洪所言，"一国两制"是一个新式学堂，超越了现代国家的同质性原则，以基本法的形式在中国宪法的大厦边建了一个别院。[2]在此新式学堂中，"我们要区别正常的对峙行为与敌对行为，在对峙中寻求动态平衡，发展协商机制，减少对抗，增加合作"。[3]不同与革命的情形，"一国两制"摒弃了必须要用一种秩序完全取代另一种秩序的思维，以面向未来开放的时间意识，为香港回归后建构新的法治秩序留下充足空间。详言之，"一国两制"通过允许相对于主体制度的局部差异或例外，使在一国统一的主权之下能合法地容纳异质性的秩序，而主体与局部二元因此得以通过互动与合作来融合出一个更为符合双方根本利益的秩序。综观过去的二十一年，倘若对此二元建构的过程进行较为适恰的概括，或许便是：在碰撞中寻求平衡。而香港回归后的司法实践切实地反映出了这一点。

如前所述，香港在回归后的法治秩序是一个二元建构的秩序，在碰撞中寻求平衡是其法治变迁的主要基调。具体到司法领域，此二元建构的一端是全国人大常委会，另一端则是香港特区终审法院，二者的互动形成了香港法治发展的动力机制。尤其是关于合法性判准的问题，实际上是引起诸多司法争议的核心。其中，争议最大的当属终审法院在 1999 年吴嘉玲案中所做的判决。在该案的判决中，终审法院推翻了上诉法庭在马维锟案中所做的结论，

---

1 See Cora Chan, "Reconceptualising the Relationship between the Mainland Chinese Legal System and the Hong Kong Legal System", *Asian Journal of Comparative Law*, Vol. 6, 2011, pp. 28-29.

2 参见陈端洪：《理解香港政治》，载《中外法学》2016 年第 5 期。

3 同上注。

认为香港法院有权审查全国人大及其常委会的立法行为是否符合香港基本法。[1] 此判决作出后，立即引发巨大争议，中央政府认为该判决所宣告的规则不仅是对主权权威的挑战，同时也存在合宪性方面的问题。最终，香港特区政府向终审法院提出申请，要求终审法院就吴嘉玲案判决中涉及全国人大及其常委会的内容做出澄清。对此，终审法院罕见地接纳了申请，并做出补充性判词，声明香港特区法院对基本法的解释权来自于全国人大常委会授权，人大常委会根据基本法第 158 条所作的解释对香港特区法院具有约束力，终审法院"没有质疑全国人大及人大常委会依据《基本法》的条文和《基本法》所规定的程序行使任何权力"。[2] 在香港回归初期，终审法院试图通过宣告规则的方式来为新的法治秩序奠定合法性的终极判准，但迎来的却是全国人大常委会基于主权法理所做出的明确回应。一方面，这反映出普通法传统与大陆法传统之间的差异；另一方面，也可以理解为新的法治秩序当中发生的关于合法性判准为何的碰撞与磨合。

在经历了回归初期一段时间的碰撞与磨合后，一种新的平衡在此之上逐渐形成。在刘港榕案中，终审法院确认，全国人大常委会解释基本法的权力是一项常设性权力，即便在终审法院未提请释法的情况下，全国人大常委会亦可自行决定进行释法，并对香港所有法院都有约束力。[3] 更为重要的是，终审法院同时认定，全国人大常委会的释法具有溯及力，其效力溯及至基本法生效之日。尽管后来的庄丰源案[4]再次引起有关基本法解释的争议，但相关争议的焦点集中在法律解释方法的层面上。全国人大常委会除了对此表示关注外，未采取其他后续行动。

2016 年梁颂恒、游蕙祯二人因在候任议员宣誓仪式中宣扬"港独"及

1　Ng Ka Ling v The Director of Immigration（1999）2 HKCFAR 4.

2　Ng Ka Ling v The Director of Immigration（1999）2 HKCFAR 141.

3　Lau Kong Yung v The Director of Immigration（1999）2 HKCFAR 300.

4　The Director of Immigration v Chong Fung Yuen（2001）4 HKCFAR 211.

侮辱国家而引起司法复核案件，针对原审法庭的判决，二人以三权分立及其下的不干预原则为由提出抗辩。终审法院总括性地回顾了过去一系列关键判例，指出了在香港当前的宪制框架下的权威性基本原则。这些权威性原则包括，全国人大常委会解释基本法的权力是宽泛和不受制约的，其所作的解释"是在一个有别于香港特别行政区实行的普通法体制的法律体制里进行的解释，此类解释包括可以对法律做出阐明或补充的立法解释"，效力直接溯及至 1997 年 7 月 1 日。此论述可视为是香港法院对香港回归后的宪制秩序框架的总括式确认与说明。为此，有学者总结，"可以看出香港法院对人大释法效力的问题依然遵循先例并采取了克制的姿态……认为不仅要遵从'一国两制'和《基本法》确定的宪政框架，而且要尊重大陆法传统对人大释法的理解，而不能仅仅从普通法的角度出发"。[1] 尽管此次人大释法在香港社会里也引起了一些争议，折射出仍有部分人不接受香港基本法确立的新宪制秩序以及不同法律制度对同一问题的不同理解。[2] 但根据法院最终的判决来看，香港的法治秩序发展至今，已经在中央的法律权威与自身的法治运行之间取得了较好的融合与平衡。

五、结语

理解"一国两制"以及香港在回归后的法治秩序离不开对改革开放以来国家治理的新理路的把握。改革开放与"一国两制"所包含的直面、包容主体制度之下的局部差异的理念，既是中国特色社会主义的自信与优越性的体现，也是国家治理能力与治理体系现代化的重要组成。把握这一点，有助于

1　朱含、陈弘毅：《2016 年香港立法会选举及宣誓风波法律评析——历史和比较法的视角》，载《法学评论》2017 年第 4 期。

2　相关分析参见林峰：《一个释法，两种反应——对全国人大常委会就香港〈基本法〉第五次释法的法理剖析》，载朱国斌编著：《第五次人大释法：宪法与学理论争》，香港城市大学出版社 2018 年版，第 36–38 页。

我们理解基本法下的香港法治秩序，确保"一国两制"不忘初心、行稳致远。通过本文简要的回顾，可以看出香港的法治在回归后的二十一年里经历了一个动态变迁的过程。保留普通法传统实际上并不意味着法治发展的僵化或停滞不前；相反，在以主权法理为依归的人大释法与遵循普通法司法规则的终审法院的互动之下，一幅新的法治图景被绘就。在此崭新的法治图景下，有两方面的认识尤为重要。一方面，任何单一的大陆法或普通法知识在新的法治秩序下都面临着不同程度的失效。另一方面，对于一些新产生的、似乎有违常规的现象，则应以"一国两制"所蕴涵的改革、试验理念为出发点进行理解。而这其中的原理，则有待更进一步的研究予以揭示。

（本文刊载于《中国法律评论》2018 年第 5 期。）

全面管治权理论：粤港澳大湾区法治基石

王禹*

〔摘要〕"一国两制"是粤港澳大湾区建设的硬核。"一国两制"既是粤港澳大湾区建设的制度优势，也在某些方面构成严重的法律冲突和体制阻碍。我国是单一制国家，中央对香港、澳门特别行政区和内地9个城市都具有全面管治权。粤港澳大湾区建设是国内法上的区域合作，全面管治权是粤港澳大湾区法治建设的法理基础。全面管治权理论在大湾区法治建设的路径可以概括为区际法路径和区制法路径。随着粤港澳大湾区建设的逐步推进和深入发展，有必要构建一套"一国两制"下的区际法与区制法理论体系。

〔关键词〕"一国两制" 粤港澳大湾区 法治建设 全面管治权

粤港澳大湾区建设是国内法上的区域合作

粤港澳大湾区是指由香港及澳门两个特别行政区，联同广州、深圳、佛山、东莞、惠州、中山、珠海、江门及肇庆9个广东省城市组成的城市群。这11个城市，面积达5.6万平方公里，覆盖人口达6600万，2017年GDP首破10万亿，相当于我国经济总量的14%。粤港澳大湾区既是我国未来经济发展的重要基础，也是国家建设世界级城市群和参与全球竞争的重要空间载体，其目标是建成与美国纽约湾区、旧金山湾区和日本东京湾区比肩的世界四大湾区之一。

---

* 中山大学粤港澳发展研究院教授、博导。研究方向为中国宪法和港澳基本法。主要著作有《论恢复行使主权》《国家认同与制度建设》等。

湾区原意是一个地理概念，后引申为描述沿海口岸众多海港和城镇所构成的港口群和城镇群，其衍生的经济效益被称为湾区经济。[1] 湾区经济不仅含有经济繁荣和品质生活的意思，而且还有经济合作和产业集群的内涵。1994 年，香港科技大学创校校长吴家玮最早引入湾区概念，提出建设以香港为核心、对标旧金山的"香港湾区"（深港湾区）。他从旧金山湾区的经济特征出发，强调核心城市对大都会区域的辐射作用，利用国际资本、科技创新推动区域经济升级。[2] 2005 年国务院发布的《珠江三角洲城镇群协调发展规划（2004—2020）》以及 2009 年粤港澳三地政府颁布的《大珠江三角洲城镇群协调发展规划研究》和 2010 年《环珠三角宜居湾区建设重点行动计划》开始使用"湾区"的概念。2015 年，国家发展改革委、外交部、商务部联合发布《推动共建丝绸之路经济带和 21 世纪海上丝绸之路的愿景与行动》，正式将粤港澳大湾区发展列为"一带一路"倡议内容。2017 年，国务院首次把大湾区写入政府工作报告。2017 年 7 月，在国家主席习近平的见证下，国家发展和改革委员会主任何立峰、广东省省长马兴瑞、香港特别行政区行政长官林郑月娥、澳门特别行政区行政长官崔世安共同签署了《深化粤港澳合作推进大湾区建设框架协议》（以下简称《大湾区建设框架协议》）。

《大湾区建设框架协议》确立了 7 个合作重点，包括"推进基础设施互联互通""进一步提升市场一体化水平""打造国际科技创新中心""构建协同发展现代产业体系""共建宜居宜业宜游的优质生活圈""培育国际合作新优势"以及"支持重大合作平台建设"。党的十九大报告重申"要支持香港、澳门融入国家发展大局，以粤港澳大湾区建设、粤港澳合作、泛珠三角区域合作等为重点，全面推进内地同香港、澳门互利合作"。国务院 2018 年政府工作报告明确提出将出台实施粤港澳大湾区发展规划纲要。2018 年 8 月 5 日，粤港

1　陈德宁、郑天祥、邓春英：《粤港澳共建珠江口湾区经济研究》，《经济地理》，2010 年第 10 期。

2　李幼林：《"湾区经济"的上海启示》，《中国经济特区研究》，2017 年第 1 期。

澳大湾区建设领导小组全体会议在北京召开。国务院副总理韩正担任小组组长，香港特别行政区行政长官林郑月娥、澳门特别行政区行政长官崔世安作为小组成员参加了会议。

我国宪法对地方政府之间是否可以签订合作协议以及可以签订什么样的协议没有规定，目前也尚未有专门的区域合作法或中央与地方关系法来对区域合作协议作出规定。[1] 香港基本法第 95 条和澳门基本法第 93 条仅是对特别行政区可以与全国其他地区的司法机关进行司法方面的联系和相互提供协助作了原则性规定，也没有对特别行政区可与全国其他地区签订合作协议作出规定。香港基本法第 151 条和澳门基本法第 136 条规定香港、澳门特别行政区政府可以"中国香港""中国澳门"的名义，单独同世界各国、各地区及有关国际组织保持和发展关系，签订和履行有关协议，并不包括特别行政区与内地政府签订的各种协议。

"一国两制"是粤港澳大湾区建设的硬核。"一国两制"既是粤港澳大湾区建设本身的制度优势，也在某些方面构成严重的法律冲突和体制阻碍。在粤港澳大湾区建设之前，粤港澳三地已经形成了 CEPA 模式的合作机制，即在 WTO 规则下的更紧密贸易、服务、投资和技术合作安排。问题在于：粤港澳大湾区建设是否继续以 WTO 的国际规则为法律基础。大湾区与 CEPA 的区别在于：第一，CEPA 的目的在于促进港澳与内地的经贸交流和合作，大湾区建设的目的在于以"一国两制"港澳优势和广东省发达地区的经贸条件，"努力将粤港澳大湾区建设成为更具活力的经济区、宜居宜业宜游的优质生活圈和内地与港澳深度合作的示范区，携手打造国际一流湾区和世界级城

1　有关区域合作的宪法问题分析，可参见叶必丰：《区域经济一体化的法律治理》，《中国社会科学》，2012 年第 8 期；《区域经济一体化法制研究的参照系》，《法学论坛》，2012 年第 4 期；《我国区域经济一体化背景下的行政协议》，《法学研究》，2006 年第 2期；何渊：《论我国区域法律治理的合宪（法）性控制及宪法修改》，《南京社会科学》，2015 年第 5 期；《论行政协议》，《行政法学研究》，2006 年第 3 期等。

市群"[1]。第二，大湾区建设是在支持港澳融入国家发展大局的背景下发生的。CEPA 本质上是 WTO 框架下自由贸易协定的国内版，其目的是促进不同关税区内部的自由贸易。CEPA 是将港澳视为政治上的"一国"，而在经济上视为"两国"。这种安排是香港、澳门基本法设立的港澳自治原则和 WTO 成员间权利义务的逻辑结果。[2] 粤港澳大湾区的合作范围、程度和模式应该超过 CEPA。如果仅仅是一个加强版的 CEPA，就不可能建立一个高度融合的、一体化的大湾区。[3] 因此，粤港澳大湾区建设不能继续适用国际规则，将港澳和内地在经济上视为两个不同的"国家"。

粤港澳大湾区建设是国内法上的区域合作，应当从这个角度入手探讨粤港澳大湾区的法治建设问题。

粤港澳大湾区法治建设的问题、难点和理论困境

粤港澳大湾区建设难点远远超越世界上其他湾区：第一，粤港澳大湾区存在着两种制度。香港和澳门实行原有的资本主义制度，而广州、深圳、佛山、东莞、惠州、中山、珠海、江门及肇庆实行社会主义制度；第二，粤港澳大湾区存在着三种法域、三种货币、三个海关，香港保留原有的判例法传统，澳门保留原先的欧洲大陆法系传统，广东的 9 个城市实行社会主义法律制度，香港和澳门都有自己独立的海关系统，香港发行港元，澳门发行澳门元，广东的 9 个城市流通人民币；第三，行政级别不对等，香港和澳门是直辖于中央人民政府的特别行政区，属于省级单位，而广州、深圳、佛山、东莞、惠州、中山、珠海、江门及肇庆是属于广东省的地市级单位；第四，合

---

1 见《深化粤港澳合作推进大湾区建设框架协议》第 2 条"合作目标"。

2 莫世健：《粤港澳大湾区的法律框架构想：融合、创新与共赢》，《粤港澳大湾区法律论坛论文集》，2018 年 6 月 2 日。

3 同上注。

作主体的权限范围不一样，香港和澳门实行高度自治，享有行政管理权、立法权、独立的司法权和终审权，而广东的 9 个城市仅享有一定权限的地方立法权，其中深圳、珠海属于经济特区市，广州属于省会市，佛山、东莞、惠州、中山、江门及肇庆属于一般的设区的市，其地方立法权也不完全相同。[1]

粤港澳大湾区建设的难点就在于法治建设，而法治建设的复杂性集中体现在法律制度上的差异。在既有的区域法治的框架下，如何实现既有规则的整合，在理论上可能有两种思路：（1）中央立法式，即由中央自上而下地为粤港澳大湾区立法，而区内的 11 个城市则依法办事，这种方式的问题在于以经济协作为主要标的的粤港澳大湾区建设内容属于特别行政区高度自治范畴，中央难以为特别行政区直接立法，也不符合将相关立法放在基本法附件三的全国性法律实施的条件；（2）地方立法式，即由粤港澳大湾区的 11 个城市进行协商，从而各自立法，解决彼此出现的冲突问题，这种方式的问题在于特别行政区享有高度自治，而内地的 9 个城市在诸多领域没有自主权，缺乏与港澳进行协商达成共识的法制条件。[2] 因此，这两种思路都缺乏现实的操作性。

2017 年签订的《大湾区建设框架协议》存在以下特点：（1）签署主体为国家发展和改革委员会、广东省人民政府、香港特别行政区政府及澳门特别行政区政府四方，且四方共同签署是在国家主席的见证下，签署主体在身份上表现为国家部委、地方政府及特区政府的复杂组合；（2）大湾区协议是平等协商的结果，而非某一主体制定后交各方执行；（3）大湾区合作的内容十分广泛，涉及建设交通、能源、产业发展、科技教育、国土资源、环境保护、民生保障、文化交流等多个方面。[3] 然而，2017 年签订的《大湾区建设框架协议》还存在着一些问题。第一，大湾区合作法律依据模糊。我国宪法不仅缺乏区域合作的法律框架，而且香港、澳门基本法也没有相应规定，对于

---

1 《粤港澳大湾区立法栏目主持人按语》，《地方立法研究》，2018 年第 4 期。

2 董晓、张强：《粤港澳大湾区的特异性与协调发展合作治理之法律问题》，《粤港澳大湾区法律论坛论文集》，2018 年 6 月 2 日。

3 张亮、黎东铭：《粤港澳大湾区的立法保障问题》，《地方立法研究》，2018 年第 4 期。

《大湾区建设框架协议》的法律性质和地位应当怎样认定缺乏明确的法律条文。第二，大湾区合作的权限程度不清。《大湾区建设框架协议》虽然规定大湾区合作有四方参与，但在四方合作权力的范围、程度及限度上却缺乏直接的规定。第三，大湾区合作的法律效力不明。《大湾区建设框架协议》对本身涉及的效力内容只作了以下规定："本协议自四方代表正式签署之日起生效，有效期五年。经四方协商同意，可对本协议进行修正和展期。"对于所产生的效力性质、范围以及责任等问题没有直接说明。[1]

大湾区规划和发展的协调机制本质上是一系列市场化的制度安排，核心是基于统一规则的市场准入和市场监管。[2] 推动粤港澳大湾区建设，当务之急是破除生产要素自由流动障碍，克服不利于融合发展、不利于更大范围有效配置资源的硬件制约和制度瓶颈。最重要的是交通、关检、人员和规划"四通"，从而实现人流、物流、资金流高效互联互通，增强粤港澳大湾区发展活力和竞争力。[3] "一国两制"目前的宪制架构安排，还不能实现上述内容的自由流动。因此，粤港澳大湾区法治建设，必须在遵循宪法和基本法所规定的"一国两制"框架下进行，既要保持特别行政区的高度自治，又要有助于促进内地与港澳，特别是粤港澳大湾区内部开放性和统筹性的形成和生长。[4]

粤港澳大湾区法治建设的难点就在于既要维持香港、澳门特别行政区实行的"一国两制"框架，还要整合大湾区内 9 个城市相关制度和体制。这就需要一种内地和港澳都能接受、认可的法制基础和法律理论并以一种稳定的可操作的方式予以推行。

---

1 张亮、黎东铭：《粤港澳大湾区的立法保障问题》，《地方立法研究》，2018 年第 4 期。

2 李幼林：《"湾区经济"的上海启示》，《中国经济特区研究》，2017 年第 1 期。

3 黄奇帆：《"一国两制"背景下"三税区三法律三货币"是粤港澳湾区最大潜力所在、动力所在、特色所在》，在粤港澳大湾区发展论坛上的演讲，2018 年 8 月 22 日。

4 董皞、张强：《粤港澳大湾区的特异性与协调发展合作治理之法律问题》，《粤港澳大湾区法律论坛论文集》，2018 年 6 月 2 日。

全面管治权理论在粤港澳大湾区法治建设的意义、作用和功能

全面管治权概念是在 2014 年《"一国两制"在香港特别行政区的实践》白皮书里被正式提出的。其主要内容可以概括为：（1）中央对包括香港特别行政区在内的所有地方行政区域拥有全面管治权；（2）中央拥有对香港特别行政区的全面管治权，既包括中央直接行使的权力，也包括授权香港特别行政区依法实行高度自治；（3）对于香港特别行政区的高度自治权，中央具有监督权力。全面管治权的概念是与单一制的国家结构形式紧密相连的。在单一制国家，"从严格的法律意义上来说，所有权力都是属于中央政府的"[1]，只是中央为了管治地方的方便，在全国范围内划分行政区域，把权力授予地方；地方的权力并非其本身所固有。在这种国家结构形式下，中央对地方具有全面的管治权力。然而，如果在联邦制国家，联邦与属邦的权力由宪法明确予以划分，联邦的权力甚至是属邦让渡其部分主权而形成的，属邦未让渡出来的剩余权力归属邦所有和行使。在这种国家结构形式下，就谈不上联邦对属邦的全面管治权：属邦内部的事务由属邦自行管辖和治理。[2]

我国是单一制国家，全面管治权理论在我国宪法里有坚实的法律基础。我国宪法规定全国人大常委会有权撤销省、自治区、直辖市国家权力机关制定的同宪法、法律和行政法规相抵触的地方性法规和决议，县级以上的地方各级人民代表大会常务委员会撤销下一级人民代表大会的不适当的决议，国务院"统一领导全国地方各级国家行政机关的工作，规定中央和省、自治区、直辖市的国家行政机关的职权的具体划分"，"地方各级人民政府对上一级国家行政机关负责并报告工作，全国地方各级人民政府都是国务院统一

---

1 ［英］戴维·M·沃克：《牛津法律大辞典》，李双元等译，北京：法律出版社，2003 年，第 1133 页。
2 王禹：《"一国两制"下中央对特别行政区的全面管治权》，《港澳研究》，2016 年第 2 期。

领导下的国家行政机关，都服从国务院"，这就是全面管治权的典型法律表达。[1] 在我国单一制国家结构形式下，中央对香港、澳门特别行政区和粤港澳大湾区内其余 9 个城市都具有全面管治权。

全面管治权理论在粤港澳大湾区法治建设的意义、作用和功能表现在以下几个方面。

第一，全面管治权理论可以为粤港澳大湾区的法治建设提供解决区际法律冲突合作的法律基础。在"一国两制"下，粤港澳大湾区 11 个城市存在着异常复杂的区际法律冲突。（1）多法系的法律冲突：香港保留原先的普通法法系，澳门保留原先的大陆法法系，而内地的 9 个城市实行社会主义法律制度。（2）高倾斜的法律冲突：香港和澳门实行高度自治，而内地 9 个城市的行政级别为省级下辖的地级市单位，仅有一定的立法权限，而其中又有经济特区市、省会市和一般的较大的市的分别。（3）异质性的法律冲突：香港和澳门实行原有的资本主义制度，而内地 9 个城市实行社会主义制度，法律冲突的背后还体现出两种社会制度的不同性质。

法律冲突的本质是两种权力的碰撞。国际法律冲突是两种主权的碰撞，而联邦制下的区际法律冲突是两种带有主权因素的属邦权力的碰撞。我国的区际法律冲突是两种非主权性的权力的碰撞，是两种地方权力的碰撞。这些地方权力都是在中央授权下形成的，都来自中央的授权并对中央负责。这就使得拥有全面管治权的中央可以通过授权及授权监督等方式对粤港澳大湾区法治建设中遇到的难题进行统一的协调、指导和领导。

第二，全面管治权理论可以为粤港澳大湾区的法治建设提供构建区域法律合作的法律基础。香港和澳门回归前分属于英国和葡萄牙管治，它们之间的关系是以两个国家的名义由港英政府和澳葡政府按照国际关系的一些原则来处理。[2] 香港和澳门回归后，两地都成为直辖于中央人民政府的特别行政区，其关系

---

1 见中国 1982 年宪法第 67 条第（八）项、89 条第（四）项、104 条、110 条等。

2 王振民：《中央与特别行政区关系——种法治结构的解析》，北京：清华大学出版社，2002 年，第 220 页。

发生了根本性变化，不再带有国际因素，而是成为一个主权国家内部两个相邻的特别行政区域，有关国际法原则应该不再适用。我国内地各省、自治区和直辖市与特别行政区的关系，是主权国家内部地方与地方的关系，它们都是我国单一制结构形式下的地方单位。其区别只是一般地方与特殊地方。这些地方单位分别在自己的管辖范围内推行和实施各自政策，并分别对中央人民政府负责。

粤港澳大湾区 11 个城市的法律关系为单一制的府际关系，而非联邦制下的府际关系。全面管治权理论为我国中央领导地方各级政府提供了政治基础和法律条件。粤港澳大湾区涉及的政府关系有：（1）中央与广东省、香港特别行政区、澳门特别行政区的关系；（2）广东省与香港特别行政区、澳门特别行政区的关系；（3）香港、澳门与内地 9 个城市的关系。粤港澳大湾区的法治建设超越了跨省际的行政区域合作，应当由中央予以统一指导或协调。

第三，全面管治权理论可以为粤港澳大湾区法治建设提供进行区内法律整合的法律基础。粤港澳大湾区的 11 个城市分属于不同的关税区，有不同的法律和行政体系，粤港澳大湾区城市群的规划就是要在"一国两制"平台下进行许多全新的"跨制度"尝试。[1] 所谓法律整合，是指在原有的各自规则和体制的基础上，整合出一套各方都能接受的规则体系。《大湾区建设框架协议》提出的推进基础设施互联互通、进一步提升市场一体化水平、打造国际科技创新中心、构建协同发展现代产业体系、共建宜居宜业宜游的优质生活圈、培育国际合作新优势、支持重大合作平台建设等七项重点合作领域，无不需要在法律体制和经济政策方面予以统筹协调才能有力推进，并需要建立高层次的合作平台和有效的合作机制。

粤港澳大湾区多方合作主体的权力都属于中央授权下的地方权力，而非独立自主的固有权力。根据我国宪法单一制原则所必然延伸出来的全面管治权理论，不仅是我国设立省级行政区域和广东省内 9 个城市的依据，也是我国设立香港特别行政区和澳门特别行政区的依据。在粤港澳大湾区法治建设

1　李幼林：《"湾区经济"的上海启示》，《中国经济特区研究》，2017 年第 1 期。

的过程中，全面管治权理论可以为跨省际的制度整合提供坚实的法理基础。

全面管治权在大湾区法治建设中的路径探索：
区际法与区制法

区域法治发展本身就存在着"多样性的特质"，这些"多样性特质"并非互不相关、绝对排斥，它们彼此之间存在紧密关联，共同为国家法治发展这个"具体总体"所统摄。[1] 粤港澳大湾区里的 11 个城市在社会制度、法律体系、经济发展、社会结构、历史进程、文化传统和地理环境等方面存在着巨大差异，这就使得粤港澳大湾区的法治建设和法治发展更加呈现出"多样性特质"。然而，在我国单一制国家结构形式下，这些多样性特质是在中央政府对 11 个城市都具有全面管治权的基础上运作的。

香港基本法和澳门基本法对香港、澳门回归后与内地如此紧密的合作和交流可能是始料未及的。香港基本法第 95 条和澳门基本法第 93 条仅是规定香港、澳门特别行政区可与全国其他地区的司法机关通过协商依法进行司法方面的联系和相互提供协助，但对于其他方面的合作，如经贸合作、高等教育学位证书的相互承认、双重征税和防止偷税漏税、证券管理、环境保护等，没有任何明文规定。香港、澳门基本法既没有规定这些合作应当按照什么程序来操作，也没有规定这些合作可以签订什么样的协议。

香港、澳门回归后，在港澳与内地合作方面，"中央政府一直扮演重要角色，一度是合作的主导者，甚至是包办者"[2]。如全国人大常委会通过授权，为内地与港澳之间的合作提供法律基础，化解法律适用难题；国务院通过制定国民经济和社会发展规划，定位港澳地区的战略地位，等等。粤港澳大湾区

1　公丕祥：《区域法治发展的概念意义——一种法哲学方法上的初步分析》，《南京师大学报》（社会科学版），2014 年第 1 期。

2　朱孔武：《粤港澳大湾区跨域治理的法治实践》，《地方立法研究》，2018 年第 4 期。

建设的合作不仅是"一个国家"下两个乃至两个以上的地方政府的合作，而且还是"一个国家"下社会主义与资本主义两种制度的合作，复杂性远远超越以往的区域合作。粤港澳大湾区是"一国两制"溢出的制度红利，也是特别行政区、经济特区、自由贸易试验区、单独关税区等制度的叠加，其必然产生许多新的法律问题和制度的创新。[1]

全面管治权理论在大湾区法治建设的路径可以概括为区际法路径和区制法路径。这里讲的"区际法"和"区制法"，是就广义意义上的"法"而言的，既包括"硬法"，也包括"软法"，既包括有明确效力的法律文件，也包括具有行政指导性质的政府规划。

第一，区际法路径。所谓区际法，是相对于国际法的概念而言的，是指在一个统一的国家里因存在着不同的法域或不同的法律制度，对应产生的不同协议、安排和合作机制等不同形式的规范性文件。制定区际法，是区际法律冲突的一种消极反应和自然行为。在粤港澳大湾区建设过程中，既存在中央政府主导下的纵向府际合作，也存在着地方自主下的横向府际合作。[2]因此，区际法可以分为一般区际法和特殊区际法。

一般区际法。一般区际法，是指香港特别行政区和澳门特别行政区作为一个地方政府与我国内地地方政府制定的区际法。既包括香港、澳门特别行政区与内地省级单位签订的各种合作协议，也包括香港、澳门特别行政区与内地地级市政府签订的合作协议；既包括两个主体单独签订的协议，也包括两个以上的主体共同签订的协议。香港、澳门特别行政区与内地省级单位签订的合作协议有《粤港合作框架协议》（2010 年 4 月 8 日签订）和《粤澳合作框架协议》（2011 年 3 月 6 日签订）等。两个特别行政区签订的合作协议有《关于持永久性居民身份证入出境及互免填报入出境申报表协议》（2009

---

1 杜承铭：《粤港澳大湾区跨法域治理的法治基础问题的若干思考》，《香港基本法澳门基本法研究会 2018 年年会论文》，2018 年 8 月 12 日。

2 朱孔武：《粤港澳大湾区跨域治理的法治实践》，《地方立法研究》，2018 年第 4 期。

年 11 月 24 日签订）、《关于移交被判刑人的安排》（2005 年 5 月 20 日签订）、《关于香港特别行政区与澳门特别行政区相互认可和执行仲裁裁决的安排》（2013 年 1 月 17 日签署）等。多个主体签订的合作协议如泛珠合作有 11 个成员，包括香港特别行政区和澳门特别行政区，以及四川省、江西省、海南省、云南省、贵州省、湖南省、福建省、广东省、广西壮族自治区，2014 年这 11 个成员发布了《泛珠三角区域深化合作共同宣言》（2015—2025 年）。这些都属于一般区际法。在大湾区法治建设的过程中，可能产生的区际法包括：（1）香港、澳门特别行政区与内地间的区际法；（2）香港特别行政区与澳门特别行政区间的区际法；（3）内地 9 个城市间制定的区际法。

特殊区际法。在"一国两制"下，区际法不仅仅是指香港、澳门特别行政区与广东省或内地几个城市签订的各种协议和安排，也包括香港特别行政区与中央有关部门签订的协议或安排。这是由在一个国家实行两种不同的制度决定的。在一般情况下，地方政府的权力来自中央，地方不能与中央进行平等谈判并签订协议，考虑到两种制度的差异，由中央有关部门代表社会主义制度与代表资本主义制度的香港特别行政区和澳门特别行政区签订协议。如我国内地与香港、澳门特别行政区有关司法协助的安排，在内地主要是以最高人民法院发布司法解释的形式呈现。[1] 如 CEPA 是由香港、澳门特别行政区与商务部签订的。《大湾区建设框架协议》则由广东省、香港特别行政区和澳

1　如《最高人民法院关于内地与香港特别行政区相互委托送达民商事司法文书的安排》（1998 年 12 月 30 日最高人民法院审判委员会第 1038 次会议通过，法释 [1999]9 号）；《最高人民法院关于内地与香港特别行政区相互执行仲裁裁决的安排》（1999 年 6 月 18 日最高人民法院审判委员会第 1069 号会议通过，法释 [2000]3 号）、《最高人民法院关于内地与澳门特别行政区法院就民商事案件相互委托送达司法文书和调取证据的安排》（2001 年 8 月 7 日最高人民法院审判委员会第 1186 次会议通过，法释 [2001]26 号）、《内地与澳门特别行政区关于相互认可和执行民商事判决的安排》（2006 年 2 月 1 日最高人民法院审判委员会第 1378 次会议通过）、《关于内地与澳门特别行政区相互认可和执行仲裁裁决的安排》（2007 年 9 月 17 日最高人民法院审判委员会第 1437 次会议通过）、《最高人民法院关于内地与香港特别行政区相互认可和执行当事人协议管辖的民商事案件判决的安排》（2006 年 6 月 12 日最高人民法院审判委员会第 1390 号会议通过，法释 [2008]9 号），等等。

门特别行政区以及国家改革和发展委员会共同签署。[1] 这些都属于特殊区际法。

特殊区际法与一般区际法的区别在于：一般区际法仅是地方合作主体签署的各种协议性的法律文件，而特殊区际法则必须由中央部门参与签署，中央是其中一方当事人。特殊区际法往往是一般区际法的制定依据，即在特殊区际法产生后，一般区际法应当根据特殊区际法来制定。如 2012 年由香港特别行政区政府和广东省人民政府签署的《粤港合作协议》，其前言部分就指出其中一个目的就是落实《内地与香港关于建立更紧密经贸关系的安排》（CEPA）及其补充协议。这里的《粤港合作协议》即属于一般区际法，而《内地与香港关于建立更紧密经贸关系的安排》及其补充协议则属于特殊区际法。

第二，区制法路径。这里的区制法，是指粤港澳大湾区制度法。香港特别行政区、澳门特别行政区与内地 9 个城市签订各种协定只能形成区际法，而不能形成大湾区制度法。形成大湾区制度法的必然性在于：第一，目前大湾区内部的区域性基础设施缺少利益共享机制和配套政策支持，处于相互分割的状态，且存在着重复建设、布局不合理的问题。"城市群空港、铁路站线、港口资源的统一规划与整合还没有付诸实践"，城市总体规划、经济发展规划、土地利用总体规划等衔接不够，也缺乏相互间密切联系，有必要进一步予以整合。[2] 第二，大湾区内部立法主体多，权限不一，既有特别行政区立法权，也有经济特的立法权，还有设区的市的立法权，一些跨境法律合作如高新科技、互联网等涉及国家安全、体制等问题，非大湾区内部能够处理。[3] 区制法是粤港澳大湾区内 11 个城市协同发展与合作治理在法治建设上的

---

1 CEPA 的全称为《内地与香港关于建立更紧密经贸关系的安排》（2003 年 6 月 29 日签订）及《内地与澳门关于建立更紧密经贸关系的安排》（2003 年 10 月 18 日签订）。

2 林先扬：《粤港澳大湾区城市群经济外向拓展及其空间支持系统构建》，《岭南学刊》，2017 年第 4 期。

3 邹平学、冯泽华：《改革开放四十年广东在粤港澳法律合作中的实践创新与历史使命》，《粤港澳大湾区法律论坛论文集》，2018 年 6 月 2 日；杜承铭：《粤港澳大湾区跨法域治理的法治基础问题的若干思考》，《香港基本法澳门基本法研究会 2018 年年会论文》，2018 年 8 月 12 日。

必然要求和更高体现。

区制法可以分为区制规划法和区制强行法。区制规划法。所谓区制规划法，是指由中央有关部门对大湾区建设提出规划。从区域合作的历史经验来看，传统的区域合作可能产生的问题往往是地方政府的保护主义、机会主义，出于对本地利益的保护，限制了资源合理配置、竞争良性进行的实现，最终悖反于区域合作与区域发展的初衷。[1] 区际法本身是合作各方在自愿平等基础上签署的合作协议，无论是一般区际法，还是特殊区际法，都需要多方的协调，制定成本高，而且可能形成区域本位主义和地方保护主义等问题。

粤港澳大湾区建设是国家的一项发展战略。既然是国家发展战略，国家就有权力和责任制定发展规划。因此，大湾区建设可以在全面管治权理论下，通过顶层设计，综合考虑大湾区内部不同法律制度的差异，提出统一的发展规划。《大湾区建设框架协议》提出编制的《粤港澳大湾区城市群发展规划》[2]，就是区制规划法的体现。区制规划法还包括我国在历次国民经济和社会发展规划里都提到的对港澳在国家发展战略中的地位和定位等。

区制强行法。我国目前调整区域合作和区域发展主要是依靠政策性制度安排，这些政策性制度基本上以通知、意见、方案或规划等形式发布，如国家层面出台关于区域协调发展的若干意见的政策性文件以及战略性规划，然后再由省级政府出台关于贯彻国家区域发展意见和规划的政策性文件，而法律法规的制度性安排却严重缺失和滞后，因而出现区域发展政策性制度和法规性制度、约束性制度和协商性制度失衡等问题。[3] 粤港澳大湾区建设就现有的合作性质而言，仅是一种政策行为，各方是否最终履行协议内容取决于各方的自觉性，这种协议的无约束力正是粤港澳法律合作中多个领域迟迟难以深化和推进的根本原因。所谓区制强行法，是指在大湾区建设过程中，考虑

---

1 汪伟全：《地方政府竞争秩序的治理——基于消极竞争行为的研究》，上海人民出版社，2009 年，第 156 页。
2 《深化粤港澳合作推进大湾区建设框架协议》第 11 项"完善协调机制"。
3 朱未易：《试论我国区域法制的系统性构建》，《社会科学》，2010 年第 10 期。

到区制规划法仅仅属于"软法"的效力，因而在宪法和基本法规定下，在尊重和维护香港、澳门特别行政区高度自治的前提下，由全国人大或全国人大常委会对某一问题进行统一立法。

区制强行法既在内地的 9 个城市实施，也在香港特别行政区和澳门特别行政区实施。有一种意见认为，探索建立自由贸易港是深化粤港澳合作的优先选择，并建议由全国人大制定并颁布《自由贸易港法》。[1] 又有一种意见提出，在商事领域可以尝试推进制定粤港澳台四地统一商法典或统一商业规则。[2] 还有一种意见建议制定《区域合作法》作为统一规范，以符合区域合作的本质内涵与满足其外延需求。[3] 由于香港基本法第 18 条和澳门基本法第 18 条对全国人大及其常委会制定的法律是否可以在特别行政区实施作了严格限制，即必须列于附件三后才可以在当地实施，列入附件三的法律限于国防、外交和其他不属于特别行政区自治范围内的法律，大湾区建设过程中涉及的经济和法律方面的合作，绝大多数属于香港、澳门基本法已经授权特别行政区予以高度自治的事。因此，制定区制强行法的范围是很窄的，只有在超出特别行政区自治范围外的事务，而且又属于大湾区建设的必要事项，才可以写入这里所指的"区制强行法"。

结语

随着粤港澳大湾区建设的深入发展，在"一国两制"宪制安排下，香港、澳门与内地 9 个城市的关系势必通过签订一系列的协议等方式予以推进。如何在目前"一国两制"宪制安排下，通过区域一体化强化"一国"，进一步成

---

1 苏捷揉：《浅谈粤港澳大湾区建设背景下打造自由贸易港的法治化途径》，《粤港澳大湾区法律论坛论文集》，2018 年 6 月 2 日。
2 吕海蓉：《粤港澳台法律共同体的构建路径探索》，《粤港澳大湾区法律论坛论文集》，2018 年 6 月 2 日。
3 张亮、黎东铭：《粤港澳大湾区的立法保障问题》，《地方立法研究》，2018 年第 4 期。

功将香港和澳门纳入国家治理体系，以及支持港澳融入国家发展大局，保障香港和澳门在 50 年后加强和国家的向心关系，这是粤港澳大湾区法治建设的重要使命。

"一国"是两制的基础和前提。在粤港澳大湾区建设的过程中，法治建设的任何模式、程序和方向都不能偏离"一国"要求。粤港澳大湾区法治建设需要一种坚实的法理基础，才能稳步推进。这种理论就是全面管治权理论。无论是香港特别行政区和澳门特别行政区，还是广东省的 9 个地级市，这 11 个城市都是我国单一制下的地方政府，其权力都是来自中央的授权，由中央人民政府统一领导。大湾区的协同发展和区域合作是建立在一个统一的单一制国家内，而非联邦制国家结构形式下。中央对大湾区的 11 个城市都具有全面管治权。

全面管治权理论推进大湾区法治建设的路径有一般区际法、特殊区际法、区制规划法和区制强行法。这里讲的区际法与区制法，既包括"硬法"，也包括"软法"。无论是区际法，还是区制法，都必须以宪法和基本法为依据，严格按照宪法和基本法办事。随着"一国两制"实践的发展及大湾区内部整合态势的强化，特殊区际法和区制规划法的重要性将越来越突出，而一般区际法将越来越多地根据特殊区际法和区制规划法制定。区制强行法的制定则必须遵循香港、澳门基本法第 18 条对有关全国性法律在特别行政区实施的规定。

（本文刊载于《学术前沿》总 157 期，2018 年 11 月 29 日。）

粤港澳大湾区高等教育融合发展：
理念、现实与制度同构*

许长青　卢晓中 **

〔摘要〕粤港澳大湾区已上升为国家战略，高等教育融合发展是提高湾区软实力的重要途径。粤港澳三地高等教育具有互补性与区位性，高等教育合作积累了许多成功经验。但三地高等教育空间异质性明显，高等教育融合发展存在一些障碍。要推动湾区高等教育融合发展，就必须加强顶层设计、国民教育、战略规划等强制性制度同构；实施教育联盟、大学集群等模仿性制度同构；建立合作平台、拓展合作模式、健全制度保障等规范性制度同构。

〔关键词〕粤港澳大湾区　高等教育　制度同构

一、引言

湾区既是一个地理概念，也是一种经济现象和大都市社会形态。早在2005年，广东省就提出要规划粤港澳跨界合作发展地区，把发展"湾区"列入重大行动计划。此后，如何促进湾区经济的融合发展以及发挥其开放引领作用受到国家重视并上升为国家战略。习近平总书记在十九大报告中指出，

---

* 基金项目：广东省软科学项目（2016A070705026）；中国科学院学部咨询评议项目（1708099）

** 许长青（1968— ），男，湖南邵阳人，中山大学政治与公共事务管理学院副教授，中国公共管理研究中心研究员，教育学博士，从事教育经济与管理、教育政策与领导、湾区经济与高等教育政策研究；卢晓中（1962— ），男，江西余干人，华南师范大学教育科学学院院长，教授，博士生导师，从事高等教育研究。

"香港、澳门发展同内地发展紧密相连，支持香港、澳门融入国家发展大局，以粤港澳大湾区建设等为重点，全面推进内地同香港、澳门互利合作"。2017年和2018年的《国务院政府工作报告》也都提出要推动内地与港澳之间的深度合作，出台并实施粤港澳大湾区城市群发展规划，充分发挥粤港澳的独特优势，提升其在国家经济发展和对外开放中的地位与功能。一流湾区建设的关键是人才和创新，世界一流湾区如旧金山湾区、纽约湾区、波士顿湾区及东京湾区等都有世界一流大学的强大支持。与之相比，粤港澳大湾区高等教育的作用未能充分发挥，科技创新实力不强，原始创新不足，辐射力和国际影响力不够。建设粤港澳大湾区，需要进一步明确大学角色，发挥大学作用；需要高等教育在湾区优质人力资本积累、科技创新中起到新的推动作用；需要依托高等教育的深度融合，推动湾区共同体的形成与发展。因此，对粤港澳大湾区高等教育融合发展问题的研究具有重要的理论价值与现实意义。

二、粤港澳大湾区高等教育融合发展的理念

合作、一体化、集群、融合发展是一组不同范畴的概念。合作（cooperation）是个一般性概念，通常指称某一区域的宏观发展状态。区域合作在公共管理领域特别是政府间合作问题使用较多。一体化（Integration）理论是国际关系学理论之一，最早由美国学者多伊奇（K. Deutch）提出，其核心理念是系统功能主义，即强调共同体的系统交互作用与特殊功能，主张通过多种跨国、跨区域渠道，采取共同措施，在特定领域实现全面合作。[1] 一体化从范围上可分为国家一体化、区域一体化和国际一体化，从性质上可分为联邦一体化、功能一体化和新功能一体化。集群（cluster）本是个物理学概念，指集

1　DEUTCH K W. Political Community and the North Atlantic Area : International Organization in Light of Historical Experience[J].　American Political ScienceAssociation，1957：52（2）：531-533.

成的通信系统可以起到资源共享、成本分担、高效运行的效应。波特（M. E. Porter）率先将其引入经济学领域中，指在某一特定区域下的一个特别领域存在着一群相互关联的公司、供应商、关联产业以及专门化的制度和协会。[1]产业集群（Industry Cluster）旨在超越一般产业范围，形成特定地理范围内多个产业相互融合、众多类型机构相互联结的共生体，构成区域特色的竞争优势，提高企业、区域和国家竞争力。融合即共融互通与有效整合，是一个跨学科概念，涉及心理学、社会学、解释学范畴，是指两个及两个以上的不同资源或个体和组织相互协作，实现某一目标，达到共同发展的共赢效果。融合是一种共存共荣的生存与发展模式，核心在于"共生"，着眼于命运共同体建设。一方面，上述概念存在学理上的差异，如多边合作是区域一体化的重要特征之一[2]，区域一体化是超越行政区划的区域合作深度发展的必然结果，是区域经济社会全面一体化的过程和状态。[3]合作强调具体的行为与手段，一体化强调结果与目标，集群着重资源整合和竞争力提升，融合则突出命运共同体与互联互通。另一方面，这些概念存在着密切联系，融合作为一个上位概念，合作、集群等方式均有助于融合发展的实现，是合作的共同目标。

　　粤港澳大湾区高等教育融合发展，意味着湾区内高等教育将从以往着眼于各主体自身的利益和目标、以取长补短为特征的合作向着眼于区域群体、以优势互补为特征的合作转变；强调三地寻求基于优势互补的利益共同点，通过体制机制创新，搭建基于政府、高校、社会互动模式的融合平台，形成一体化的利益共同体、发展共同体；以深化产教融合机制为抓手，以高质量的知识与技术资源为中心，依赖政策推动平台建设，构建以"高校集群—

1　迈克尔·波特. 国家竞争优势 [M]. 李明轩，邱如美，译. 北京：中信出版社，2012：2.

2　迪特·卡塞尔，保罗·维尔芬斯. 欧洲区域一体化：理论论纲、实践转换与存在问题 [M]. 马颖，译. 武汉：武汉大学出版社，2007：8.

3　谷松. 建构与融合：区域一体化进程中地方府际间的利益协调 [J]. 行政论坛，2014，（2）：65.

产业集群"为主导的融合发展模式，充分运用现代信息技术尤其是大数据技术，促进融合发展的多样化、便捷化与精准化。粤港澳大湾区高等教育融合发展具有交互性、开放性、共治性及情感性特征。具体而言，交互性体现为各高等教育发展主体在融合"场域"关系中获取资源，发展自我。高等教育融合发展需要兼顾多个主体利益，强化优势互补，做到交互关系建构的合理化、增值化与具体化。开放性体现为大规模、多样化的主体参与高等教育合作实践，契合了粤港澳大湾区合作的发展性思维，即建立开放平台以推动各种要素资源的高效聚集、整合、辐射和传播，真正实现参与主体的快速发展。共治性体现为区域治理的多方主体性，即要建立政府主导、高校自主、社会参与、依法办学的现代大学治理体系。情感性则表明融合是一种对话，是双方向的互动与融入，它不仅是一种物理的融合，而且体现为认知、情感、态度、倾向等社会心理的融合。[1] 融合的前提是参与各方处于平等地位，既非被他人同化，亦非同化他人，目的是推动各方的共同发展，互利互惠，而非单方面受惠。融合能够让各方克服自身的局限性，向更高水平提升，既不是将一个个体移入另一个个体中，也不是使另一个个体受制于自己的标准，而是意味着向一个更高的普遍性的提升，这种普遍性不仅克服了自身的个别性，而且克服了他人的个别性。[2] 因此，粤港澳大湾区高等教育融合发展实质上是高等教育个体和组织相互渗透与融入的过程，通过共享历史与经验，相互获得对方的记忆、情感、态度，最终整合为一个命运共同体。

三、粤港澳大湾区高等教育融合发展的现实

目前粤港澳大湾区高等教育融合发展处于起步阶段，但粤港澳三地的教

---

1 张光陆 . 解释学视角下外来务工人员随迁子女的学校教育融合：问题与对策 [J]. 教育发展研究，2015，54.
2 汉斯－格奥尔格·伽达默尔 . 真理与方法 [M]. 洪汉鼎，译 . 上海：上海译文出版社，2004:396.

育交流合作由来已久。在不同的历史时期，粤港澳三地高等教育合作有着不同的形式和内容，表现出不同特点：1949—1978 年为合作起步阶段。这一时期的合作呈现出明显的方向单向性和形式单一性，表现为大量港澳青年回广州上学，相关部门对港澳学子给予诸多关怀和照顾；1979—1996 年为合作逐步发展阶段。随着三地的经济发展和交往加深，粤港澳各高等院校、教育团体和机构都表达了积极开展教育合作的愿望，高等教育交流与合作逐步得到广泛开展且形式多样；1997—2008 年为合作广泛开展阶段。香港和澳门相继回归祖国，掀开了粤港澳关系史上新的一页，合作关系得到不断调整，合作注入新的内涵，呈现出新的形式；2009 年至今为合作深入开展阶段。在《珠江三角洲地区改革发展规划纲要（2008—2020 年）》的影响和推动下，粤港澳各界积极努力，不断深化合作。[1] 当前粤港澳高等教育合作属于中外合作办学范畴，按照世界贸易组织对国际服务贸易的划分方式，三地高等教育合作主要包括跨境交付、境外消费、自然人流动、商业存在四种形式。其中，跨境交付主要指跨境产学研活动与远程教育，表现为港澳高校或广东高校为对方提供教育科研咨询服务、技术支持服务、远程教育服务、教育培训服务以及开展产学研合作等。如香港大学通过在广州、深圳设立科研平台，创造机会让港澳高校教授直接参与国家各类科研项目。境外消费主要表现为广东高校和港澳高校相互招生，一方面，广东高校采取"单独招生""联合招生"及"免试招生"的形式跨境招收港澳学生；另一方面，港澳高校采取"高考统招"和"自主招生"的形式跨境招收广东学生以及采取"申请入学"的方式招收研究生。自然人流动主要表现为粤港澳三地高校师生交流与信息共享，如聘请客座教授或兼职教授、引进优秀人才来校任教、聘请专家担任学术带头人，以及组织学生赴对方高校参加研讨会、辩论赛、专业培训、暑期学校、实习等。商业存在主要表现为合作办学，粤港澳三地高校通过签订协议举办

---

1 全国教育科学规划领导小组办公室."粤港澳高等教育合作机制研究"成果报告 [J]. 大学（学术版），2012，（4）79.

联合培养本科生计划项目和本科生交换项目，以及成立办学机构或科学研究机构，如北京师范大学—香港浸会大学联合国际学院等。

从现有的合作情况来看，粤港澳三地高等教育具有互补性和区位性特点，从经济学视域来看，互补性是指通过合作可以提高自身能力、同时各自内部投入也可提高合作的边际收益的状况；从心理学视角来看，互补性是指合作双方主体在合作过程中获得相互满足的心理状态。三地高校尤其是香港和广东的高等教育各有优势，如香港高校具有大学自治、财政杠杆、多元监督、体制多元、高度国际化、语言畅通等优势，极大地推动了广东高等教育改革；广东高校良好的基础研究实力、大量的科研人员和成果、完整的专业学科设置也对香港高校产生了积极影响。[1] 区位性则是粤港澳三地高等教育所具有的一个综合资源优势，表现为地域临近性、文化临近性、制度临近性、认知临近性和社会临近性，区位性优势降低了合作成本，促进了三地高等教育的交流和合作。尽管如此，由于历史原因，粤港澳三地高等教育处于不同的经济社会环境之中，在高等教育价值观念、教育思想、管理体制、发展程度等方面还是存在显著差异，三地高等教育更多地表现出空间异质性。这种异质性不但包括易于观测的外部异质性，而且涵盖了认知、价值观、偏好、态度、承诺等深层次的内部异质性，具体表现为体制与机制、资源与实力、文化与价值及动机与需求等方面的差异，这成为三地高等教育融合发展的现实障碍。

第一，体制与机制差异。粤港澳除了国家主权的一致性外，在政治制度、经济制度、法律制度和行政管理制度、教育制度等诸多方面存在不同程度的差异。如在法律制度上，三地合作办学的依据是《中外合作办学条例》，但该条例制定的历史背景与大湾区的现实差异较大，使得合作办学存在制度缺失，既增加了三地高校合作办学的风险，也不利于合作的深入展开，极大

---

1 杨移贻. 互补与对接——21 世纪粤港澳高等教育合作展望 [J]. 高教探索，1996，（3）：17–22.

地挫伤了三地合作办学的积极性。在办学体制上，广东高校多由政府举办，民办高校规模小；港澳高等教育办学体制呈现多元化，香港目前有香港大学、香港中文大学、香港科技大学等 8 所由政府资助的高校以及树仁学院、恒生商学院等 14 所私立高校，澳门有澳门大学、澳门理工学院等 4 所公立高校以及澳门科技大学、澳门管理学院等 6 所私立高校。在大学内部管理体制上，广东高校大多实行党委领导下的校长负责制；港澳高校实行董事会领导下的校长负责制，校长享有充分的行政权力。在评价体系上，广东高校主要以政府主导的评价体系为主，缺乏多元评估体系；香港高等教育评价机构包括半官方的学术评审局、教育统筹委员会、大学教育资助委员会以及各种民间专业评审委员会、专业学会、国际顾问团、外国学术团体等，这些机构从教育制度、学术水平、院校设置、教育质量、人员操守等方面对高等教育进行全方位评价，评价体系相对完善。在运行机制上，粤港澳大湾区存在 3 个关税区、3 个法律管辖区及 3 种货币区，导致一些具体问题如科研人员滞留时间、税收税率、科研经费使用、教授讲学、访学、招生等不能得到有效解决。此外，湾区协同机制不足，产学研良性协同创新格局尚未形成，技术资源配置能力偏低，科技成果转化渠道不顺畅。

第二，资源与实力差异。在规模上，三地高等教育不均衡。广东高等教育规模庞大，专业布局结构较为均衡；香港高等教育规模较小，整体国际化程度高；澳门高等教育规模小，如澳门大学在校生为 2000 名左右，其中近半学生非澳门本地人。在办学水平上，三地高等教育质量参差不齐，高校发展水平不一，香港拥有香港大学、香港中文大学、香港科技大学等多所世界一流大学；广州拥有中山大学、华南理工大学两所"双一流大学"建设高校，但与香港顶尖大学相比仍有一定差距；澳门大学办学水平整体偏弱。在办学资源上，广东高校的办学经费大多来源于政府，校外资助相对较少；香港高校一方面能从特区政府中获得较高的办学经费，另一方面能获得较多的校外资助，办学经费充足。在教师资源上，相对广东高校而言，港澳地区高校与海外联系广泛，国际化程度高，由于学术话语权掌握在西方国家的大学手中，港澳高校更倾向于与欧美一流大学合作，与广东高校的合作则被看作是一种辅助性学术交流活动。资源和实力的不均衡抑制了三地高等教育融合发展。

第三，文化与价值差异。粤港澳三地虽然同属岭南文化区，但港澳特有的历史进程以及"一国两制"的实施使得粤港澳大湾区成为一个独特的场域，使现有的粤港澳高等教育融合发展面临文化与价值上的巨大差异。如在办学理念上，广东高校接受严格的政府管理和干预，虽有一定的办学自主权但还显得不够，而香港特区政府秉承过去实行的"积极不干预政策"，对高校干预较少，大学办学自主权较大，基本是在大学自治理念下根据市场需求自主办学。在高等教育思想方面，港澳高校历来奉行实用主义教育思想，政治、道德、历史、哲学、国民教育（National Education）等几乎缺失，尤其是国民教育的缺失，导致港澳市民的国家认同感不强。虽然近年来香港加强了道德教育、中国历史教育、爱国主义教育和民族认同教育，但效果不甚明显。如香港大学民意研究计划对香港市民的调查显示，认同自己是"中国人"和"中华人民共和国公民"身份的人持续走低，29 岁以下的青年对自己是"中国人"身份的认同，从 2006 年的 30.5% 下跌到 2016 年的 3.8%。30 岁以上的人对"中国人"身份的认同，从 2008 年的 41.1% 下跌到 2016 年的 20.5%。[1] 三地高等教育只有在教育制度、意识形态、教育理念等领域扩大交流与合作，达成共识，才能实现融合发展，而文化和价值上的差异是达成目标的一个巨大挑战。

第四，动机与需求差异。高等教育合作的动机与需求可以分为三类：寻求改善大学财经状况、提高教学质量与研究水平、吸引优质生源的数量和质

---

1 香港大学民意研究计划：市民的身份认同感 [EB/OL]. https//www. hkupop. hku. hk/chinese/popexpress/ethnic/index, html.

量。因此，合作所提供的公共物品及服务特征是影响合作决策的重要因素。[1]
同时，合作必须充分考虑成本和收益，一方面，合作主体会对交易成本与预
期收益作出判断；另一方面，合作收益测度与监控的难度会对合作的可能性
及持久性带来影响。[2]高等教育合作成本主要有信息交流、协调谈判、执行监
督成本及承担合作风险；合作收益主要包括经济收益、培养高水平人才、提
升大学声誉、提高教学质量和科研创新水平以及高等教育发展中的社会溢出
效应。对三地高校而言，广东高校具有较强的合作动机和较大的内在需求，
尤其是深圳、珠海等地更是将境外名校来本地办学作为补充优质高等教育资
源、实现高等教育"弯道超车"的重要举措；香港高校对深度合作办学模式
则存在矛盾心态，一方面，香港高校对合作可能带来的大学知识创新能力和
科技成果转化水平提升、改善大学财经状况以及吸引优质生源表现出浓厚兴
趣，另一方面，香港高校对合作的潜在风险表示担忧。这种动机和需求的差
异也阻碍了粤港澳大湾区高等教育的融合发展。

四、粤港澳大湾区高等教育融合发展的制度同构

新制度主义流派的划分一般采用霍尔（P. A. Hall）和泰勒（R. C. R.
Taylor）的三分法，即将新制度主义分为历史制度主义、理性选择制度主义
和社会学制度主义。[3]制度同构理论是社会学制度主义的核心理论之一，滥觞
于韦伯对官僚制理论的研究，韦伯视科层制为资本主义理性精神在组织领
域中的表现形式，并将之喻为"铁的牢笼"，暗含着制度最终必然有趋同之

---

1 ANDREW S A. Regional Integration Through Contracting Networks: An Empirical Analysis
  of Institutional Collection Action Framework[J]. Urban Affairs Review, 2009, 44（3）:
  378-402.
2 FEIOCK R C. Regional Choice and Regional Governance[J]. Journal of Urban Affairs,
  2007, 29（1）: 47-63.
3 HALL P A, TAYLOR R C R. Political Science and the Three New Institutionalism[J].
  Political Studies, 1996, 44（4）936-957.

意。迪马乔（P. J. DiMaggio）和鲍威尔（W. W. Powell）首次提出制度同构概念并明确了强制性同构（Coercive Isomorphism）、模仿性同构（Mimetic Isomorphism）和规范性同构（Normative Isomorphism）三种机制。[1] 他们认为，同构就是一种制约性过程（Constraining Processing），在面临同样的环境条件时，有一种力量促使某一单元与其他单元变得相似，当这三种同构机制与具体经验环境相结合时，会导致不同结果。制度同构理论为如何推进粤港澳大湾区高等教育融合发展提供了新思路。

1. 强制性制度同构

强制性制度同构源于改革的政治与合法性问题。在粤港澳大湾区建设过程中，政府是强制性制度同构的主体，通过制定政策和法律制度，消除制度性缺陷，促使组织变革获得社会认可，使融合发展获得法理依据。粤港澳大湾区内占主导地位的社会文化与共同观念则是一种非正式压力，共同的价值追求、不断凝聚的共同价值观和大湾区意识影响着三地高校的组织机构和行为模式，这种无形的外部压力同样推动着粤港澳大湾区在制度、政策与规范等方面的趋同。

（1）加强顶层设计，落实合作细节

粤港澳大湾区高等教育融合发展中的制度性障碍阻滞了要素的自由流动，造成了要素流动的区划壁垒、结构壁垒及行政壁垒，大大增加了三地高等教育合作成本。要促进三地高等教育融合发展，就必须降低合作成本，发挥各自的比较优势，面向流动性进行区域高等教育合作的制度重塑。从顶层设计来看，必须加强法制建设，通过制定相应政策，减少摩擦和冲突，达成合作共识，促成融合发展。具体来说，首先，完善法律法规。如，修订《中

---

1 DIMAGGIO P J, POWELL W W. The Iron Cage Revisited Institutional Isomorphismand Collective Rationality in Organizational Fields[J]. American Sociological Review, 1983, 48（2），147–160.

外合作办学条例》，规定其在大湾区中的适用性，适时制定《粤港澳湾区高等教育合作办学条例》，确保合作的法理性。其次，建立健全协调机构。为了实现粤港澳大湾区高等教育融合发展的长远目标，构建湾区高等教育协调体系和机构、建立信息及时交流的互通平台和资源共享机制、发挥协调实施机构的规划引导和仲裁功能已成为一种必然趋势。因此，在国家层面，可在"一国两制"的原则下建立由中央政府主导、教育部牵头的粤港澳大湾区高等教育协调委员会，使湾区高等教育合作制度化、常态化，同时建立湾区高等教育融合发展联席会议制度，制定联席会议章程，设立湾区高等教育融合发展基金。在地方层面，三地政府围绕创新目标，合作建设"政产学研"多位一体的协同创新机制，联合打造国际创新中心。最后，适度下放管理权限，落实合作细节。比如，在"一国两制"的前提下，在货币、税制、人员往来、资金、信息流通、科研资金往来与使用等方面制定更多的便利政策；扩大内地与香港相互承认高等教育学位证书的范围，增加大专／副学位及学历互认的院校名单；三地政府联合出台专门政策，制定目标和行动方案，通过多种形式的合作交流，整合三地研究力量，促进大学创新合作发展；逐步开放三地高等教育投资市场，鼓励民间资本投资湾区高等教育；鼓励通过资本市场筹集高等教育发展资金；鼓励民办高校强强联合及教育集团品牌扩张。

（2）强调国民教育，增强国民认同

要促进三地高等教育的融合发展，就必须提升香港市民的国家认同感、民族自豪感及社会责任感，也就是要实施国民教育。国民教育是指国家实施的让学生认识真正国情、加强青少年爱国情操和民族自豪感、形成学生公民意识和参与能力的教育。[1]其核心是国家认同（National Identity），即一国公民从心理上对自己归属于祖国这一政治共同体的认知和情感。香港国民教育

---

1 曾水兵，檀传宝 . 国家认同教育的若干问题反思 [J]. 中国教育学刊，2013，（10）：1-33.

专指作为德育的国民教育，侧重对中国国情的了解和对中国人身份的认同。[1] 香港国民教育具有特殊性，它不等于公民教育（Civic Education）。公民教育是让青少年认识到作为一个公民应有的权利和义务，而国民教育是让青少年认识到自己的国民身份，培养其民族自豪感和社会责任感，通过提供持续、系统的学习，帮助其养成良好的品德和国民素质，树立正确的人生观和价值观，丰富其生命内涵，确立个人与家庭、社群、国家及世界范畴的身份认同。香港和祖国经历了一百多年的分离，在长期的殖民统治中，香港国民教育几乎是一片空白，香港市民的国家归属感比较淡薄，同时深受西方文化和价值观的影响，在短期内很难接受中国内地文化和价值观。而文化与价值观的差异极易导致隔阂与冲突，倘若这种差异走向政治化，就会产生极大的离心风险。因此，国家要突出强调香港国民教育的重要性、法定性、强制性、权威性，增进国家认同。具体来说，中央政府必须加强管制权，坚定推行国民教育；坚决贯彻"一国两制"方针，坚决处置弱化"一国"、突出"两制"的错误行为，坚决打击"港独"等触碰国家底线的犯罪行为；推行《宪法》《基本法》教育，培养身份意识；完善语言教育，实现普通话交流；加强爱国主义与历史文化教育，确立"中国历史"独立成科；制定科学的国民教育方法，提高国民教育效果。[2]

（3）制定战略规划，致力行稳致远

要促进粤港澳大湾区高等教育融合发展，应加强高等教育制度战略规划，依据湾区内高等教育发展现状，结合产业需求，对湾区高等教育的角色进行合理定位。具体来说，一是要科学制定广东高水平大学建设发展体系与战略规划。广东高等教育在某些方面虽然有优势，但优势不是很大，在一些方面还存在劣势，如有较大影响的学科专业、科研成果、研究机构以及专家

1　吴鹏 . 香港推行国民教育的路径分析 [J]. 国家行政学院学报，2017，（4）：45-49.

2　包万平，李金波 . 香港回归前后的公民教育与青年的国家认同 [J]. 南昌大学学报（人文社会科学版），2017，（4）：0-51.

学者不多。在融合发展的过程中，互利是基础，实力是关键。只有持续扩大优质高等教育规模，增强广东高等教育竞争力水平，才能有效促进三地高等教育融合发展。因此，广东要把高水平大学建设与国家"双一流"建设对接起来，积极谋划高校分类化、差异化、特色化、国际化发展，激活不同层次、不同类型高校的办学活力。二是要科学制定粤港澳大湾区人才发展体系与战略规划。建立开放型人才市场、促进人才流动、打造国际人才港是粤港澳大湾区高等教育融合发展的核心，因而必须加强区域高校互动合作，多举措促进三地人才自由流动，畅通人才流通渠道，建立合理有序的人才流动制度体系。比如，允许具备一定学历或专业技能资质的港澳人才自由流动，无须办理就业证，可凭工作合同直接办理社保等相关业务；探索财税政策改革试点，制定相关政策以降低在湾区工作的港澳人员的税负水平；全面取消港澳人才就业许可，促进港澳专业人才在湾区内直接执业；建设青年人才公寓，提供安居保障；为三地高校师生如研究团队成员、交换生、联合教学组教师等提供多次往返的通关服务及完善的社会保障；探索教育领域人才引进机制和流动机制，以打造一流师资队伍，促进教育资源在湾区内合理分布；进行外籍人才创办科技型企业国民待遇试点，探索"大湾区人才绿卡"制度。三是要科学制定湾区高等教育国际化体系与战略规划。国际化旨在加强与世界一流大学的深度合作，不断提升湾区高等教育国际化水平，从而将湾区打造成为全球性留学目的地。比如，拓宽留学生生源，从政府层面进一步推动中外双向留学；鼓励湾区高水平大学与全球知名企业合作，在湾区设立品牌学院、学系、专业课程以及研究机构；放宽外国留学生湾区工作签证，吸引国外名校毕业生到湾区实习及创业。

2. 模仿性制度同构

模仿性制度同构是组织对不确定性作出的一种自发回应，出于对环境变化的感知而主动变革以维持合法性。在高度不确定性的环境中，模仿或许是一种能够帮助组织作出决策和采取行动的风险减缓机制（**Hazard Mitigating**

Mechanism）。面对不确定性，组织倾向于模仿那些更加成功或更合法的组织，以此来节省"搜寻成本"。法国高等教育治理模式的变革就体现了模仿性制度同构的痕迹。在从国家中心模式向市场导向模式转型的过程中，一方面，法国积极回应博洛尼亚进程提出的要求，采取了强制性制度同构，另一方面，法国积极模仿欧美其他国家成功的高等教育治理模式，采取了模仿性同构机制。[1] 粤港澳大湾区高等教育融合发展一方面需要国家采取自上而下的强制性制度同构，另一方面需要制度变迁主体进行自下而上的积极变革。

（1）建设高校联盟，实行资源共享

高校联盟是高等教育校际合作的重要组织形式。建设高校联盟，整合优质资源，走协同创新的制度变迁路径，符合我国高等教育发展战略方针和高等教育未来发展趋势。建设高校联盟的根本目的在于利用高校之间地缘近邻的客观条件，基于共同目标导向，扩大区域高校集群效应，通过自主调控资源的内部与内外流动，在成员学校、联盟与区域社会之间建立稳固、紧密、规范化的一体交融关系，实现资源共享，为高校师生提供更多的生活与学术选项，促进成员学校多方面的发展。此外，高校联盟的建设有利于粤港澳三地一体化发展共同理想与共有价值体系的形成，有利于保持三地经济社会融合发展的同步与稳定，有利于人才流动与储备。在具体实施方面，粤港澳大湾区高校联盟可以分为不同层次和类型，如超算联盟、图书馆联盟、空间与海洋科学联盟等。

（2）建立大学集群，扩大辐射效应

大学集群是一组独立的大学以拓展为本位，以创新为路径，以获取竞争优势为目标，在某一区域或特定领域依据内在关联因素集中并与周边环境整合为一体的空间集聚体。集群不是多所大学的简单叠加，而是地理维度上靠近、社会关系维度邻近的网络组织及制度创新体系。克尔（C. Kerr）曾把美

---

1 杨治国 . 试论法国的高等教育治理模式变革 [J]. 当代教育科学，2018，（2）：78.

国大学集群描述为"一幅以连绵山脉为主的学术高峰新画卷"[1]，学术高峰在学术高原之上突兀耸立。在世界一流湾区中，纽约湾区拥有世界顶尖的大学集群，包括哥伦比亚大学、康奈尔大学等；波士顿湾区拥有世界顶尖的哈佛大学、麻省理工学院；旧金山湾区的世界一流大学集群包括斯坦福大学、加州大学伯克利分校等；东京湾区的高水平大学集群包括东京大学、庆应义塾大学等。借鉴世界一流湾区经验，粤港澳大湾区可建立教育教学集群、创新创业集群、重大科技基础设施集群以及高水平学科集群等。其中，教育教学集群可参照国际合作办学模式，在学生招收、教师招聘、课程设计等方面创办实质性合作共同体。创新创业集群可以利用自贸区政策，通过引进境内外优秀科技企业、高水平大学和研发机构，联合开展科技成果产业化工作，推进产业和技术研发深度合作，向湾区企业提供技术服务以及问题解决方案。重大科技基础设施集群可采取省部共建等模式，聚焦重点领域，推动形成空间分布上集聚、研究方向上关联的重大科技基础设施联合体。高水平学科集群建设有利于湾区大学夯实学科基础、提升学科竞争力。

3. 规范性制度同构

规范性制度同构是专业化的结果，因为相同的专业教育塑造了专业人员相同的世界观，基于共同的认知基础和世界观，专业人员在组织互动中促进了共享观念的传播，确认了共享的合法性，进而促使组织结构和行为趋同。也就是说，通过共同的专业知识和观念思维，认知共同体（epistemic communities）的专业人员获得了共同的旨趣和事业，从而推进了规范性制度同构。迪马奇和鲍威尔认为创新是组织模仿的结果，模仿成功制度的过程，实际上就是学习并接受其成功经验的过程，也就是共同的认知基础和共享的合法性的形成过程。一旦新的规范性价值观念被引入并得到分享，制度同构

---

1 克拉克·克尔. 大学之用 [M]. 高铦等，译. 北京：北京大学出版社，2008: 52-53.

理论的社会规范机制就会开始发挥作用。比如，基于认知共同体的规范性制度同构不仅推进了欧洲合作和欧洲秩序的形成与发展，也促使欧盟成员国的制度、政策、规范逐渐趋同。在粤港澳大湾区建设中，三地高等教育间的规范性制度同构同样不可或缺。

（1）规范合作平台，促进融通整合

高等教育融合发展需要借助一定的平台确保制度实施。平台主体包括高校、政府与企业，从高校来看，需要建立资源共享和合作信息平台。粤港澳大湾区的建设目标是国际科创中心，即发展以技术、资本、信息、人才为主导的流量经济，流量经济的载体必须是能带来并有效促进要素流动的组织机构及其信息服务平台。建立资源共享和合作信息平台，形成快捷、便利的信息通道，不仅可以高效共享区域资源，优化资源配置，而且可以提升科技创新成果的辐射力，具有战略意义。这一平台的主要任务是：制定政府科技合作框架计划，提供科技成果孵化、科技中介、科技金融等信息服务；设立粤港澳三地高校的学位论文数据库、特色资源库、学术讲座分享库等，实现三地高校电子资源共享；设置学生互动讨论专区，加强三地大学生在学术、科技和实验上的交流与碰撞。此外，还可组建粤港澳大湾区高等教育特区，聚焦学科优势，引进国际一流的教育资源，吸引世界顶级实验室、高校或企业来共建研发中心或实验室，建立产学研合作、人才培养与社会服务大平台，从而突破行政体制障碍，充分发挥粤港澳大湾区的特色优势。从政府主体来看，粤港澳大湾区高等教育融合发展要在体制机制上实现创新和突破，需要推进治理体系和治理能力现代化，需要三地政府的政策推动和支持，需要建立政府—政府、政府—大学之间的合作平台。从企业主体来看，企业应借助高等教育融合发展，以市场和自身需求为导向，积极与高校开展产教融合，建立校企合作平台。

（2）规范合作内容，提升合作水平

要优化粤港澳大湾区高校教育教学和社会服务制度体系，在人才培养、学科发展、科技创新等方面不断提升合作层次和水平。在人才培养方面，三地高校可实施人才联合培养方案，实行灵活多样的本科生联合培养模式；建立研究生联合培养机制，包括建立研究生定期访问与交换机制、实验室研究团队成员选拔机制等；实行研究生培养双导师制，双方机构联合培养，联合授予学位；实现本科生和研究生可在三地高校分别修读课程，获取相应学分；设立奖学金，接受境外学生申请学位教育，扩大留学生规模，深入推进科教融合与国际化人才培养模式。在学科发展方面，学科水平是高校的核心竞争力，提升学科水平是湾区高等教育融合发展的内在目标，比如，可以建立三地高校科研合作机制，打通高校课题调研通道、资源共享渠道；共同制定中文论文发表的标准，使之成为全球学术界的评估指标之一。在科技创新方面，作为科技创新的生力军，湾区高校要围绕大湾区产业布局和区域战略布局，构筑创新要素集聚的环高校创新创业科研圈，形成政府、市场、产业、高校、金融、企业、中介多种要素融聚的"造血"式集成创新系统，使得香港高校带动广东高校的国际化发展，广东高校带动香港高校的科研产业化发展，从而推动粤港澳大湾区产学研的良性互动发展。

（3）规范合作模式，推进多元融合

规范的湾区大学合作模式包括政府—高校—市场多方合作、高校—高校间的高等教育集群合作、产教合作等多种模式。从政府—高校—社会多方合作模式来看，粤港澳大湾区高等教育融合发展是政府、高校、企业共创空间的历程，要发挥政府在政策、资金方面的支持及资源配置等方面的优势，高校在技术支持、人才保障方面的优势，以及企业在社会化管理和市场化运作方面的优势，积极把握国家赋予粤港澳大湾区更大的改革权限的机会，明确供需要求，寻找并设计能促进各方共赢的制度供给体系。从高校—高校合作模式来看，三地高等教育类型丰富，各有特色，合作潜力巨大，要采取措施解决国家科研项目经费过境港澳、科研仪器设备入境关税优惠等问题；在试点基础上对国家科技计划直接资助港澳科研活动作出总体制度安排；放宽港澳高校在广东合作办学的门槛，赋予广东境内有条件的高校在合作中拥有较多的自主权；鼓励湾区高校之间开展更多"2+2""3+1"联合学位、暑期课程学分互认等开放培养项目；推动成立不同层次、不同类型的大学联盟，组织多元化的教育合作活动；丰富湾区高等教育文化艺术交流活动，吸引粤港澳三地大学生广泛参与，全面提升学生的爱国情怀。产教合作模式是国际高等教育发展的一个共同趋势。粤港澳大湾区是一个可预期的成熟创新资源区，因此，高校应通过与产业进行良好对接，在区域内发挥强大的技术创新辐射效应。

（4）规范合作机制，确保顺畅有序

粤港澳大湾区高等教育融合发展的制度保障机制包括风险防范机制、利益分配机制、动力机制、开放机制及大学治理机制。三地高等教育融合发展中，各利益主体可能会面临来自内部和外部的各类风险，这有赖于建立风险防范机制，加强风险防范与管理，强化对融合行为主体的约束，在专利、成果归属权和高校声望、名誉等方面遵循互惠互利、平等、利益与风险挂钩、公开透明化和利益补偿等原则，建立健全大湾区高等教育融合发展的利益分配机制。动力机制是创新的动力来源及其作用方式，要对参与三地合作的高校给予资金和条件等方面的支持，并给相关教学和科研人员提供时间、信息、经费、实验条件等方面的支持和政策倾斜。同时建立并完善大学科技创新合作的技术股权制度、专利产权制度、科技经费使用制度、科技成果评价制度等，最大程度上激发教师及科研人员创新的精神原动力。开放机制就是要打破区域封闭性壁垒，从全球视野审视三地高校合作，构建禀赋开放的合作体系。大学治理机制就是要建立一种有利于合作的高校管理模式与运行机制，发挥高校在科技创新合作中的自主权和引领作用。

粤港澳大湾区建设承载着新时代中国改革开放再出发和实现经济高质量发展的历史使命。高等教育是提升湾区经济硬实力、文化软实力、国际影响力的关键因素及持久的动力源泉。"一国两制"背景下，粤港澳大湾区建设具有体制叠加优势，但也亟待推进制度创新。也就是说，湾区需要用好"一国"优势、做好"两制"衔接、整合"三地"资源，加快高等教育融合发展的制度创新。高等教育在粤港澳大湾区建设中发挥着重要作用，粤港澳三地高等教育类型丰富、互补性强，克服高等教育发展过程中空间异质性造成的障碍，促进高等教育从合作走向融合，是湾区高等教育的社会责任与必然趋势。因此，加强粤港澳大湾区高等教育融合发展，打造具有竞争力的高等教育集群、构建区域创新网络是湾区建设的重中之重。三地高校需要积极探索区域高等教育发展制度同构的新体系，寻求高等教育合作的新动力，打造全球高等教育新高地，助推粤港澳大湾区国家战略目标的实现。

（本文刊载于《高等教育研究》2019 年第 1 期，2019 年 1 月 31 日。）

程序优化与结果落差：回归后澳门立法会直接选举制度的发展模式

林丹阳　霍伟东　何俊志*

〔**摘要**〕回归后澳门特别行政区的立法会直接选举制度以保障选举公平、公正和公开为主线，经历了循序渐进的发展过程，在参选人资格、选举宣传、打击贿选以及竞选经费管理等选举制度的程序优化方面取得了显著的进步，积累了丰富的经验，也得到了现有研究的肯定。但是，澳门立法会直选制度在实践过程中也出现了一些新的问题和挑战，现有研究虽然揭示了这些问题，但缺少从选举制度设计原理层面进行反思，没有看到制度目标与制度结果之间出现的落差，使得比例代表制在实际运行中产生了社团"拟政党化"、策略性拆分名单与"配票"常态化等与一般性的制度设计原理不相符合的独特现象。选举制度在追求公平原则的同时，也导致了一些影响选举质量的"意外"结果。此外，仍然存在的影响选举公平的现象也是选举制度需要解决的问题。本文按照程序优化与结果落差两条线索，从时间维度以及制度原理层面梳理出回归后澳门立法会直选制度的发展模式。

〔**关键词**〕澳门立法会　直接选举制度　比例代表制　选举公平

从 2001 年第二届立法会选举至今，回归后澳门特别行政区的立法会选举实践已经走过了将近 20 个年头，顺利产生了五届立法会议员。在"一国两制"方针与《澳门特别行政区基本法》的规范下，澳门立法会选举制度顺利地完

---

* 林丹阳，中山大学港澳珠江三角洲研究中心（中山大学粤港澳发展研究院）博士后；
霍伟东，中山大学粤港澳发展研究院（中山大学港澳珠江三角洲研究中心）博士生；
何俊志，中山大学政治与公共事务管理学院教授。

成了回归前后的调适与衔接，在回归后经历了循序渐进的制度发展过程，为特区立法机关的产生及有效运作提供了有力的制度保障，成为了全面准确贯彻落实"一国两制"、澳人治澳、高度自治的典范。其中，作为澳门立法会选举中民主程度最高以及竞争性最强的部分，立法会直接选举同样经历了回归前后的过渡与调适，直接选举制度（以下简称"直选制度"）在回归后也通过选举法的历次修订，循序渐进地变化与发展。

一方面，回归后澳门立法会直接选举最显著、最直观的变化是直选议席数目以及直选议席所占比例不断增加（表1）。到2017年第六届立法会选举时，直选议席已达14席，占总议席数的42.4%，比回归前有了较大幅度的增加。直选议席数目的增加，有利于扩大立法会的规模，增加立法会的民主色彩，增强立法会议员的代表性和认受性。

表1　澳门立法机构议席构成与数目变化（1976—2017年）

年份	1976	1984	1988	1992	1996	2001	2005	2009	2013	2017
直接选举	6	6	6	8	8	10	12	12	14	14
间接选举	6	6	6	8	8	10	10	10	12	12
委任	5	7	5	7	7	7	7	7	7	7
直选议席比例（%）	35.3	31.6	35.3	34.8	34.8	37.0	41.4	41.4	42.4	42.4
总数	17	19	17	23	23	27	29	29	33	33

资料来源：澳门立法会

另一方面，根据基本法及其附件所确立的基本原则，澳门特别行政区在2001年通过了第3/2001号法律，制定了《澳门特别行政区立法会选举制度》，使得回归后的澳门立法会选举具有了法律依据。此后，澳门立法会选举制度在2008、2012、2016年进行了三次修订，其中2008和2016年的两次修订均对原有条文进行了较大幅度的修改。在每次选举之前，立法会选举管理委员会（2008年以前为立法会选举委员会）也会发布若干选举指引，进一步明确选举制度中的相关规定。由此，澳门立法会直选制度在回归以后按照循序渐进的原则，得到了充分的发展和完善。

一、澳门立法会直选制度：文献回顾与研究问题

关于澳门立法会选举制度尤其是直选制度的渐进发展这一主题，现有研究均有涉及。其中，研究者集中关注的问题之一是历次立法会选举法的修改及其成效，这方面的研究总体上肯定了立法会选举制度在打击贿选、保障选举公正廉洁方面的进步。在 2001 年和 2005 年立法会选举中，选举违规现象尤其是贿选现象比回归前有所增加[1]，通过 2008 年第一次对选举法进行的较大幅度修改，在 2009 年第四届立法会选举以及 2013 年第五届立法会选举中，贿选现象在一定程度上得到了有效遏制。[2] 而在 2016 年选举法第二次较大幅度修改后举行的 2017 年第六届立法会选举中，贿选以及其他一些选举违规现象得到了进一步的遏制，澳门不断趋于良性的选举文化也得到了绝大多数研究者的肯定[3]。但是，也有部分研究者指出，立法会选举法的历次修改大多都只是小修小补，对于打击贿选以及其他不规则的行为帮助不大，需要配合其他一些法律的修改才能使打击选举违规行为的规定取得实效。[4] 此外，即使选举法针对诸多选举违规现象进行了较为细致的规定和限制，但在历次立法会直

1 赵向阳：《澳门选举制度》，北京：社会科学文献出版社，2013 年，第 247 页；澳门特别行政区廉政公署：《有关完善立法会选举制度的分析研究》，2006 年，第 24 页；澳门特别行政区廉政公署：《2005 澳门廉政公署年报》，2005 年，第 33 页。

2 娄胜华：《2008 年立法会选举制度修订与 2009 年立法会选举实践》，《澳门研究》（澳门）2010 年第 2 期，第 65-74 页；陈丽君：《第四届立法会选举后的澳门政治生态分析》，《当代港澳研究》2010 年第 1 辑，第 136-145 页；庄真真：《2013 澳门立法会选举的反思与建议》，《当代港澳研究》2014 年第 1 辑，第 145-162 页；陈丽君：《澳门第五届立法会选举述评》，《江汉大学学报（社会科学版）》2015 年第 2 期，第 5-13 页。

3 娄胜华：《2016 年修订的立法会选制与第六届立法会选举实践分析》，《澳门研究》（澳门）2017 年第 4 期，第 13-24 页；娄胜华：《竞争激烈、新老交替与力量均衡——澳门特区第六届立法会直接选举活动及其结果分析》，《港澳研究》2017 年第 4 期，第 24-32 页。

4 《修订选举法小修小补 余永逸：无助改变选举困局》，论尽传媒（澳门），2016 年 05 月 19 日，https://aamacau.com/2016/05/19/。

接选举中仍然有其他选举违规现象或疑似违规现象，这一点也受到了澳门民主派社团的批评[1]。

另一些研究则重点关注澳门立法会直接选举中的一些独特的现象，强调选举制度所出现的这些结果容易引发争议，研究者对此的评价也更多是负面和批判性的。一些研究者发现，在现行的选举制度下，澳门的政治力量在立法会直选中呈现出"选团板块化"[2]的特征，其中工商界人士在立法会直选中获得的席位比重明显大于其在全体选民中的比重，出现了"错位代表性"[3]问题，不利于促进社会多元群体的选举参与。另一方面，澳门独具特色的社团在立法会直选中发挥了重要作用[4]，甚至在一定程度上取代了政党成为了立法会直选中的核心角色，社团逐渐出现"拟政党化"[5]的趋势。此外，澳门的传统乡族势力在立法会直选中的作用也不容忽视，它们在选举中采用基于文化亲和力的庇护主义（clientelism），通过向作为被庇护者的选民提供物质利益和服务，以争取选票，这种正式制度之外的非正式关系与选举中的某些违规行为存在着微妙的联系。[6]

纵观现有的对澳门立法会直接选举制度的研究可以发现，现有研究对澳门立法会直选制度的评价是存在争议的，既有肯定性评价也有批判性、否定性评价。问题在于，这些研究虽然指出了回归后澳门立法会直选制度的进

---

1 《新澳门学社批评立法会选举总结报告内容偏颇》，澳门电台，2016 年 1 月 4 日，http://gb.tdm.com.mo/c_news/radio_news.php?id=280006。

2 王禹、沈然：《澳门特别行政区立法会产生办法研究》，北京：社会科学文献出版社，2017 年，第 97 页。

3 娄胜华：《错位代表性及其根源分析——以澳门特区第五届立法选举为中心》，《当代港澳研究》2013 年第 3 辑，第 110–118 页。

4 黎熙元：《从回归后第一届立法会选举看澳门参政社团的发展方向》，《当代港澳》2001 年第 2 期，第 36–38 页。

5 娄胜华：《澳门社团"拟政党化"现象分析——以回归后选举参与为中心》，《澳门研究》（澳门）2014 年第 1 期，第 31–40 页。

6 Eric King-man Chong, "Clientelism and Political Participation: Case Study of the Chinese tongxianghui in Macao SAR Elections", Journal of Chinese Political Science, Vol. 21, No. 3, 2016, pp. 371–392 ; Sonny Shiu-Hing Lo and Eric King-Man Chong, "Casino Interests, Fujian tongxianghui and Electoral Politics in Macao", Journal of Contemporary Asia, Vol. 46, No. 2, 2016, pp. 286–303.

步，发现了一些有争议的现象，但是却没有进行充分的解释，也没有揭示出制度发展的基本模式。这是因为，持肯定性观点的研究更多地强调澳门立法会直选制度在打击贿选、保障选举公平方面的程序优化，而持批判性、否定性观点的研究虽然从描述性层面指出了直选制度中涉及到选举制度原理的一些特殊现象和问题，但是没有深入到制度原理层面进行分析和解释，没有真正认识到现行选举制度的一些深层次的、根本性的矛盾之处，也没有揭示出矛盾与问题背后的制度机理。

因此，本文的研究假设是，现有的对澳门立法会直选制度的肯定性研究更多关注程序优化层面，而批判性、否定性研究虽然涉及到制度原理层面的问题，但更多只是停留在对现象的描述而非深入到制度原理层面进行解释，这就使得澳门立法会直选制度在现实中形成了一种程序上逐步优化，但是制度原理层面上存在制度目标与制度结果落差的发展模式。基于此，本文将遵循程序层面上的制度优化与原理层面的结果落差这两条线索展开分析。

二、直选制度的成功经验：
程序优化与公平、公正、公开性保障

公平、公正、公开是民主选举的基本原则，也是衡量选举制度优劣的重要标准。回归初期，选举的这些基本原则在澳门立法会选举中曾经受到了极大的挑战。尤其在回归后前两届立法会选举中，澳门廉政公署接到的贿选举报大幅增加，廉政公署在 2006 年的一份报告中更是指出了在选举中发现的14 种舞弊以及其他妨碍公平选举的行为。[1] 因此，澳门立法会直接选举制度在修改完善时最主要的方向在于不断优化选举程序，促进选举的公平、公正与公开。在 2008 年和 2016 年对选举法所进行的两次较大幅度的修改中，都以

---

1 澳门特别行政区廉政公署：《有关完善立法会选举制度的分析研究》，2006 年，第 27-36 页。

打击贿选以及其他妨碍公平选举的行为作为重点。2016 年特区政府在对选举法进行修订时，明确将"全面体现'公平、公正、公开和廉洁'的基本原则"[1]作为立法目的之一，新修订的法律中增加和调整幅度最大的都是与此相关的内容。在现行的《立法会选举法》中，有超过三分之一的条文与贿选、选举违规行为及其刑罚相关，这也是澳门立法会选举制度中的一大特色。事实上，通过比较研究可以发现，在参选人资格、选举宣传、打击贿选以及竞选经费管理等方面，澳门立法会选举制度在回归以来不断进行程序上的优化，取得了显著的进步，在一些方面甚至已经走在了世界前列，为立法机关的选举制度改革提供了积极有益的借鉴。

1. 参选人资格

选举权和被选举权是公民的基本权利，受到宪法和法律的保护。回归初期，澳门立法会直接选举参选人的年龄被限定为年满二十一周岁，而 2008 年修改后的《立法会选举法》将这一限定降低为年满十八周岁，因此十八至二十岁的澳门永久性居民首次拥有了参选权。与同为"一国两制"下特别行政区的香港相比，澳门的这一改革无疑走在了前列，有利于吸引年轻人关注政治，参与政治，实现了选举权和被选举权的一致。

在 2016 年的《立法会选举法》修改中，因应社会中反响强烈的"双重效忠"问题以及香港立法会选举中出现的"港独"争议，新修订的选举法明确规定立法会参选人不得出任其他国家和地区的公职，同时必须声明拥护《中华人民共和国澳门特别行政区基本法》和效忠中华人民共和国澳门特别行政区。这一修改避免了立法会议员同时兼任外国公职的现象，同时确保了参选人对基本法以及澳门特区的忠诚，明确将爱国爱澳作为参选立法会议员的基本政治标准。

1　澳门特别行政区政府：《理由陈述：修改第 3/2001 号法律》，澳门特别行政区政府行政法务司司长陈海帆在立法会会议上作出的陈述，2016 年 8 月 9 日。

2. 选举宣传

对选举宣传的规范是澳门立法会选举制度的一大特色，也是与其他国家和地区的选举制度相比较为超前的部分。

回归后，2001 年的第一部《立法会选举法》就明确规定："竞选活动期是由选举日前第十五日开始至选举日前第二日午夜十二时结束。"[1] 2005 年立法会选举前选举委员会作出的指引中明确规定，在竞选活动期之外尤其是之前，以任何形式进行选举宣传活动均与选举法相抵触。[2] 也就是说，在选举前一日以及选举日当天，澳门街头不会出现像香港立法会选举日前各政党及其候选人频频"告急""配票""退保"等可能影响甚至干扰选民投票决定的现象，选民能够在一个相对平静的环境下冷静、理性地思考和决定自己最终的投票意向，这一点在澳门这样的地域范围较小、人口密集、容易受突发事件以及其他非正常因素影响的地区尤其重要。在 2013 年立法会选举前，选举管理委员会在选举指引中明确将选举前禁止宣传的这段时间称作"冷静期"[3]，在此期间除了传统的宣传活动之外，候选人以及参选团体也不能利用互联网和移动通讯网络进行竞选宣传活动。2016 年再次修订的《立法会选举法》，则进一步对"竞选宣传"进行了明确界定："'竞选宣传'是指以任何方式举行活动以发布兼备下列要件的信息：第一，引起公众注意某一或某些候选人；第二，以明示或暗示方式，建议选民投票或不投票予此一或此等候选人。"[4]

事实上，在选举投票日前设置冷静期的做法，即使在西方发达资本主义民主国家之中，也是不多见的，比如英国和美国均没有类似的制度设计。表

---

1 澳门特别行政区第 3/2001 号法律：《澳门特别行政区立法会选举制度》，第七十五条"竞选活动的开始与结束"，2001 年。

2 《立法会选举委员会第 2/CEAL/2005 号指引》，2005 年。

3 《立法会选举管理委员会第 10/CAEAL/2013 号指引》，2013 年。

4 澳门特别行政区第 3/2001 号法律（经第 11/2008 号法律、第 12/2012 号法律及第 9/2016 号法律修改）：《澳门特别行政区立法会选举制度》，第七十五 –A 条"竞选宣传"，2017 年。

2 比较了澳门与其他采用选举冷静期的四个国家和地区，可见无论是冷静期的长度还是冷静期内被禁止的行为方面，澳门的规定在全球范围内都是相对超前的。

表 2　设立选举冷静期的部分国家和地区比较

	中国澳门	澳大利亚	加拿大	新西兰	新加坡
冷静期长度	投票日前一天以及投票日当天	投票日前两天至投票日投票结束为止	在投票日选区内的所有投票站关闭之前	在投票日投票结束之前	在投票日和投票日前一天的任何时间
冷静期内被禁止的行为	任何形式的竞选宣传活动	所有电视及电台的政治广告	向任何选区的市民传达选举广告	任何促进候选人或政党当选的活动（包括广告）	发布或展示任何选举广告；拉票；探访选民居所及办公地点；举办选举集会

资料来源：根据相关国家和地区的选举法令整理而成

与选举宣传相辅相成的是澳门立法会选举制度对于选举日及其前后的管理，尤其是对于选举日前后进行竞选宣传的处罚力度，在回归后选举法的修改中不断加大，这对选举日的违法违规行为起到了一定程度的震慑作用。尤其是选举日在投票站或其一百公尺范围内进行宣传，有可能面临严厉的有期徒刑刑罚。

表 3　选举日及选举日前一天竞选宣传的处罚

	选举日宣传	选举日前一日宣传
2001 年《立法会选举法》	以任何方式竞选宣传：最高一百二十日罚金；在投票站或其一百公尺范围内宣传：最高六个月徒刑。	以任何方式作出宣传：澳门币一千元至五千元罚款。
2008 年修改后的《立法会选举法》	以任何方式竞选宣传：最高一年徒刑，或最高二百四十日罚金；在投票站或其一百公尺范围内宣传：最高两年徒刑。	以任何方式作出宣传：澳门币两千元至一万元罚款。
2016 年修改后的《立法会选举法》	同上	同上

资料来源：《澳门特别行政区立法会选举制度》

除了法律规定之外，立法会选举管理委员会还会因应选举中出现的新情况和新变化，通过选管会指引，明确界定选举日宣传行为的内容，其中包括：展示竞选标志、符号、识别物或贴纸；透过与选民交谈、呼喊口号、向选民打手势或以信号示意等方式拉票；等等。[1] 在 2013 年的选管会指引中，进一步明确了选举日的服装要求，将选举日在票站及其附近穿着与竞选宣传相关的特定服饰界定为选举日竞选宣传行为。[2] 而在网络竞选活动日趋常态化的背景下，2017 年的选管会指引也增加了对网络宣传的相关规定，将网络宣传也纳入到竞选宣传活动的规范和管理之中。[3]

由此可见，澳门立法会选举制度中对于选举宣传的规定极为细致、严格，而选举宣传在竞争性相对更强的直接选举中非常重要，因此这样的规定有利于为立法会直接选举营造一个公平的环境，选举冷静期的设立则减少了选举日之前的各种非正常因素对选民投票产生的影响，是一项与国际接轨的先进制度设计。

3. 防止与打击贿选

无论是回归前还是回归后，澳门立法会选举中的贿选问题一直是立法会选举制度在发展和完善的过程中所面临的一个严峻的挑战，因而防止与打击贿选是历次选举法修订中最为重要的目标之一。

回归后，虽然 2001 年的《立法会选举法》已经对贿选作出了定义，也规定了最高五年徒刑的刑罚，但是 2005 年第三届立法会选举中的贿选现象反而更加猖獗。在整个选举期，廉政公署接获贿选举报 423 宗，涉案嫌疑人超过 700 人，与上届选举相比大幅上升。[4] 日益增多的贿选现象严重损害了立法会选

---

1 《立法会选举管理委员会第 9/CAEAL/2009 号指引》，2009 年。

2 《立法会选举管理委员会第 11/CAEAL/2013 号指引》，2013 年。

3 《立法会选举管理委员会第 2/CAEAL/2017 号指引》，2017 年。

4 澳门特别行政区廉政公署：《有关完善立法会选举制度的分析研究》，2006 年，第 24 页；澳门特别行政区廉政公署：《2005 澳门廉政公署年报》，2005 年，第 33 页。

举尤其是直接选举的公信力，社会各界人士以及澳门普通市民都要求严厉打击贿选，保障选举的廉洁与公平，这也正是 2008 年《立法会选举法》进行大幅修订的主要目标。新的选举法细化了对贿选的界定，同时将贿选的最高刑罚从五年徒刑提高到八年，重点打击以金钱、物品、职位以及其他利益换取选票的贿选行为。与此同时，更名重组后的立法会选举管理委员会不仅扩大了规模，也拥有了更大的职权。尤其是选管会指引的约束力大大增强，为选举法提供了积极有益的补充，使得选举法的各项规定得以具体化、细致化、可操作化。2016 年修订的《立法会选举法》再次对选管会的组成时间和组成人员进行修改，将其成立时间提前到选举年的前一年，同时吸纳检察院的代表加入选管会，进一步增强了选管会的专业性。

在澳门立法会选举中，候选人请客吃饭、在选举日为选民提供交通接送在很长一段时期都成为了法律规定之外的"灰色地带"，而选举管理委员会也注意到了这些现象，在历次选举前的选管会指引中明确了相关规定。在 2009 年立法会选举前，选管会指引在允许团体为选民提供选举日交通工具的同时，也明确规定了非强迫性、不提供餐饮膳食、不拉票、不承诺利益回报等必须符合的条件[1]；2013 年的选管会指引中，进一步将违反上述条件的行为明确界定为贿选行为，可依据《立法会选举法》予以刑事处罚[2]。而对于团体向民众提供餐饮、旅行、娱乐、津贴、礼物等行为，2016 年新修订的《立法会选举法》则新增了申报义务，即使上述行为属于非竞选活动，候选人也需要向选管会申报，否则同样可能构成贿选罪。[3]2017 年立法会选举期间廉政公署对社团福利活动（包括酒楼餐饮、旅游活动、派发津贴等）的突击检查结果表明，选举法的修改是有效的，选举过程中基本上没有发现违反上述规定的

---

1 《立法会选举管理委员会第 10/CAEAL/2009 号指引》，2009 年。
2 《立法会选举管理委员会第 11/CAEAL/2013 号指引》，2013 年。
3 澳门特别行政区第 3/2001 号法律（经第 11/2008 号法律、第 12/2012 号法律及第 9/2016 号法律修改）：《澳门特别行政区立法会选举制度》，第七十五 -C 条 "法人的申报义务"、第七十五 -D 条 "候选人的申报义务"，2017 年。

贿选行为，选举的情况总体上看是良好的。[1]

此外，回归后立法会选举制度中打击贿选的规定还包括取消选民证、引入"污点证人"制度、引入法人刑事责任制度、加强选举财政收支监管，等等，防止和打击贿选的规定也随着选举法的历次修改而不断完善，为立法会选举的廉洁公正提供了强有力的制度和法律支撑。

4. 竞选经费管理

与打击贿选密切相关的是竞选经费的管理问题，在这一方面澳门立法会选举制度同样积累了较为成功的经验。

在竞选经费收入方面，2001 年的选举法只是简单地规定了候选人、候选名单、政治社团及提名委员会可以接受来自澳门永久性居民的竞选捐献，而2008 年修改后的选举法明确规定只可接受澳门永久性居民提供的竞选捐献，同时限制了匿名的选举捐献，特别是等于或超过澳门币一千元的选举捐献，必须签发载有捐献人的姓名、身份证号码以及联系方式的收据[2]。

在竞选经费支出方面，选举法的规定在修订过程中也呈现出日趋精细化、科学化、可操作化的特征。比较表 4 中历次《立法会选举法》对于竞选经费支出的规定可以发现，竞选经费支出从最初的只限定"竞选活动"开支，到后来规定各候选名单在竞选期内的所有开支都要受到最高限额的约束，这就有助于防止候选人以及政治团体利用所谓的"非竞选活动开支"之"名"行竞选活动之"实"的行为。

---

1 娄胜华：《2016 年修订的立法会选制与第六届立法会选举实践分析》，《澳门研究》（澳门）2017 年第 4 期，第 13-24 页。

2 澳门特别行政区第 3/2001 号法律（经第 11/2008 号法律修改）：《澳门特别行政区立法会选举制度》，第九十三条"具金钱价值的捐献和开支限额"，2009 年。

表 4　历次《立法会选举法》对于竞选经费支出的规定

年份	具体规定
2001 年 《立法会选举法》	各候选名单的竞选活动开支，不得超过行政长官以批示规定的开支限额；具体限额将以该年澳门特别行政区总预算中总收入的百分之零点零二为基准。
2008 年修改后的 《立法会选举法》	各候选名单的开支不得超过行政长官以批示规定的开支限额，具体限额须低于该年澳门特别行政区总预算中总收入的百分之零点零二。
2016 年修改后的 《立法会选举法》	各候选名单的开支限额以行政长官批示规定，限额以最接近批示日期公布的澳门特别行政区人口估计、选民登记册所登载的人数及经济发展状况等数据为基础，具体限额须低于澳门特别行政区近十年的总预算中总收入平均数的百分之零点零零四。

资料来源：《澳门立法会选举制度》

　　此外，《立法会选举法》规定，各候选名单必须在选举后的规定期限内公开选举账目摘要，同时向选举管理委员会提交选举账目的明细，而 2016 年新修订的选举法还要求附上由注册会计核算师发出的账目法定证明[1]，进一步完善了竞选经费申报制度。

　　综上所述，澳门立法会选举法对于选举公平、公正、公开性的保障是十分细致、完整、全面的，这也是澳门立法会选举制度中最大的亮点之一。事实上，尽管这些规定同时适用于立法会直接选举和间接选举，但是因为直接选举的竞争性相对较大，受关注程度相对较高，出现贿选和其他不规则选举现象的概率也相对较大，所以实际上选举法的规定更多是对直接选举产生重要影响。澳门立法会直选制度在程序优化以及保障选举公平、公正、公开方面的诸多经验，值得其他国家和地区借鉴。同时，应该看到的是，在利用

1　澳门特别行政区第 3/2001 号法律（经第 11/2008 号法律、第 12/2012 号法律及第 9/2016 号法律修改）：《澳门特别行政区立法会选举制度》，第九十四条"审核账目"，2017 年。

"直通车"方案[1]顺利实现了回归前后制度衔接与调适的基础之上，回归后澳门立法会直选制度在公平、公正、公开性方面的发展与变革是渐进的，对于违规行为的打击力度是逐步提升的，这样既确保了选举制度的稳定性，避免因制度动荡或制度突变给社会带来剧烈冲击，又能够及时回应社会诉求，不断对制度中的不足之处进行改善与优化。

三、直选制度的反思：制度目标与制度结果的落差

虽然澳门立法会直选制度在打击贿选，提高选举的廉洁公正方面积累了丰富的成功经验，取得了显著的效果，但现行的直选制度仍然存在诸多挑战，在选举实践中仍然出现了一些容易引发争议的现象。具体来说，回归以来澳门立法会选举制度的修订与完善更多只是从具体的技术性和操作性层面入手，其根本性、核心性的内容并没有重大变动，诸如全澳门作为一个选区、封闭式比例代表名单制、"改良汉狄法"计票规则这些与选举实践及其结果更加直接相关的制度和规则仍然与回归前保持一致。另一方面，无论是研究者还是立法者虽然也都关注到了现行的选举制度之下出现的一些独特的现象和问题，但是却很少深入到选举制度原理的层面进行思考，也较少考虑选举制度设计与选举制度实践结果之间的关系。因此，就导致了现实中制度目标与制度结果之间的落差，甚至出现了"社团拟政党化"、策略性选举工程等"意外"的制度结果。

1. 比例代表制的迷思

澳门立法会直接选举从葡萄牙殖民统治时期开始就一直采用单选区下的

1　注：1993 年 3 月 31 日全国人大通过相关决定，规定回归前澳门最后一届立法会的组成如符合相关规定和条件，经澳门特区筹委会确认，即可成为澳门特区第一届立法会议员，这就是被俗称为"直通车"的方案。

封闭式比例代表名单制，在 1991 年以后也一直采用"改良汉狄法"作为计算各名单得票的规则。根据选举制度的基本原理及其在世界各国的实践结果，比例代表制一般被认为会鼓励多党制政党政治的出现，同时削弱大党的力量，防止形成一党独大乃至出现单一执政党的情形；同时，鼓励那些在意识形态、政策纲领上相似的候选人组成同一个政党，以争取更多的议席。[1] 但是，澳门立法会直选所采用的比例代表制，在实践中却产生了一些与一般性的制度结果不尽相同的现象，与制度设计的原意也存在着一定的落差。

（1）去政党化与社团的"拟政党化"

比例代表制作为一种以承认政党存在为前提的选举制度，在实践中出现的结果必然是政党政治的确立与巩固，产生多党制政党体系。因此，在一个国家和地区采用比例代表制，通常也是以承认政党的地位作为制度设计前提，以鼓励和强化政党的发展作为制度设计目标的。但是，无论是香港还是澳门，却出现了制度目标和制度选择相互矛盾的情况，因而导致了与制度目标不相符合的制度结果。

回归前香港和澳门都不存在法律意义上的政党，在设计回归后港澳的政治体制时，其中一个重要的目标也正是在于去政党化，限制和弱化政党政治的发展，尤其是要降低大党在政治体制中的影响力。基于这样的考虑，香港和澳门特区的行政长官都不被允许拥有政党身份[2] 因此无法取得执政权的政治组织从严格意义上都不属于政党[3]。但是，回归后香港和澳门在立法会直选中却又采用了承认政党、鼓励政党发展的比例代表制，制度设计的目标和实际的制度选择之间并不契合。由此，回归后港澳政治并没有按照弱化政党政治的逻辑演进，其中港式比例代表制在立法会直选中的运作以及各政治组织在

1　［美］安德鲁·雷诺兹等：《选举制度设计手册》，鲁闽译，香港：商务印书馆（香港），2013 年，第 80–81 页。

2　参见香港《行政长官选举条例》第三十一条和澳门《行政长官选举法》第三十六条。

3　余永逸：《香港的政党政治与澳门的社团政治》，余振等编：《双城记 III：港澳政治、经济及社会发展的回顾与前瞻》，澳门：澳门社会科学学会，2009 年，第 71–89 页。

选举中的竞争，使得香港出现了事实上的多党制政党政治，政党的发展反而得到了强化。[1]

而同样采用比例代表制的澳门虽然在回归后没有出现以政党自称的政治组织，也没有出现多党制，但是实际上澳门的社团政治成为了一种"没有政党的政党政治"。在独特的历史背景下产生的社团取代了政党的功能，在选举中发挥着重要的作用，由此形成的社团政治与多党制政党政治存在着诸多相似之处。在立法会直接选举中，候选人的提名、候选名单的组成、竞选工程的开展，都是依托政治社团来完成的，选民在选举中也是给政治社团提出的参选名单而非候选人个人投票。因此，制度设计上的去政党化，在实践中反而形成了独特的社团"拟政党化"[2]"社团治理社会[3]"的政治模式。

这种社团代替政党功能引发的最大争议在于，澳门的社团绝大多数都是依靠庇护主义组织起来的，社团的领袖与社团的成员之间形成的是一种庇护者与被庇护者的关系。尤其是传统的乡族社团往往与同乡会这样一些基于地域、亲缘而建立起来的组织具有密切联系，通过互惠性的利益交换建立起庞大的庇护主义网络。一种常见的方式是社团领袖通过商业经营，开设便民超市，而加入社团的会员（被庇护者）能够以会员价在超市内买到价格相对低廉的商品，从而在社团与会员之间建立起长期的庇护主义关系。[4]在选举来临之时，这些庇护主义网络就能够作为候选人与选民之间的桥梁，成为有效的动员工具，使得社团成员稳定、持续地向本社团参与选举的候选人提供自己

1　马岳、蔡子强：《选举制度的政治效果：港式比例代表制的经验》，香港：香港城市大学出版社，2003 年，第 210-211 页。

2　娄胜华：《澳门社团"拟政党化"现象分析—以回归后选举参与为中心》，《澳门研究》（澳门）2014 年第 1 期，第 31-40 页。

3　姚秀兰、肖礼山：《澳门社团参与立法会选举之实证分析》，《当代港澳研究》2012 年第 3 期，第 52-65 页。

4　Eric King-man Chong, "Clientelism and Political Participation: Case Study of the Chinese tongxianghui in Macao SAR Elections", Journal of Chinese Political Science, Vol. 21, No. 3, 2016, pp. 371-392.

的选票，而这种选举庇护主义（electoral clientelism）在现行的制度下往往很难被界定为贿选，成为了选举法之外的"灰色地带"。

实际上，澳门的这些"拟政党化"的社团与广泛存在于新兴民主国家和地区之中的庇护主义政党（clientelistic parties）[1]存在着一定的相似之处。尤其是在菲律宾、泰国等东南亚国家，政党不是基于意识形态或是政策纲领的一致性，而是基于不同的庇护主义网络而建立，成为了政治精英动员选民、争取选票、获取政治利益的工具，在一定程度上对民主政治产生了消极的影响。[2]澳门与其他新兴民主国家和地区的最大区别可能只是澳门的社团虽无庇护主义政党之"名"，却行庇护主义政党之"实"。

（2）"改良汉狄法"对大党的削弱作用开始下降

比例代表制的另一个重要问题在于计算选票的规则，一般认为香港立法会直选中采用的"最大余数法"以及澳门立法会直选在 1991 年后采用的"改良汉狄法"不利于大党，而澳门立法会直选在 1991 年以前采用的"汉狄法"则不利于小党。事实上，澳门立法会直选从 1991 年起沿用至今的"改良汉狄法"在很长一段时间内的确起到了削弱大党、防止大党超额获得席位的功能。从 1991 年到 2009 年的历次立法会直选中，没有一张参选名单能够获得三个或以上的议席。

但是，这种情况在 2013 年的第五届立法会选举中发生了变化。在这一届立法会直选中，民联协进会通过同一张参选名单拿下 3 个议席，打破了自采用"改良汉狄法"计票后没有一张名单能够赢得第三席的记录（见表5）。

1　林丹阳：《变化的现象，发展的议题：恩庇侍从关系研究综述》，《甘肃行政学院学报》2018 年第 4 期，第 110-118 页。

2　Dirk Tomsa and Andreas Ufen eds., Party Politics in Southeast Asia: Clientelism and Electoral Competition in Indonesia, Thailand and the Philippines, Routledge, 2013; Paul D. Hutchcroft and Joel Rocamora, "Patronage-Based Parties and the Democratic Deficit in the Philippines: Origins, Evolution, and the Imperatives of Reform", Richard Robison ed., Routledge Handbook of Southeast Asian Politics, New York: Routledge, 2012, pp. 97-119.

表5 2013 年立法会直接选举结果

候选名单	得票	除以一	除以二	除以四	除以八	议席数
澳发新连盟	13093	13093	6546.5	3273.25	1636.625	1
自由	3227	3227	1613.5	806.75	403.375	
民主启动	923	923	461.5	230.75	115.375	
公民权益	848	848	424	212	106	
民主新	8827	8827	4413.5	2206.75	1103.375	1
同心	11960	11960	5980	2990	1495	1
公民	5225	5225	2612.5	1306.25	653.125	
澳粤同盟	16251	16251	8125.5	4062.75	2031.375	2
新希望	13130	13130	6565	3282.5	1641.25	2
澳门梦	1006	1006	503	251.5	125.75	
亲民	2306	2306	1153	576.5	288.25	
革新盟	8755	8755	4377.5	2188.75	1094.375	1
民联	26426	26426	13213	6606.5	3303.25	3
群力	15815	15815	7907.5	3953.75	1976.875	2
工人运动	227	227	113.5	56.75	28.375	
基层监督	368	368	184	92	46	
社民阵	179	179	89.5	44.75	22.375	
超越行动	1642	1642	821	410.5	205.25	
民主昌	10987	10987	5493.5	2746.75	1373.375	1
关爱澳门	5323	5323	2661.5	1330.75	665.375	

资料来源：《2013 年澳门立法会选举活动综合报告》

即使将 2013 年立法会直接选举结果按照港式比例代表制中同样不利于大党超额争取议席的"最大余数法"进行计算，民联协进会的参选名单同样能够获得三个议席（见表6）。

表6　利用"最大余数法"计算的2013年立法会直接选举结果

候选名单	得票	比例	符合基数所获议席	余票	余额议席	总议席数
澳发新连盟	13093	8.94%	1	1.80%		1
自由	3227	2.20%		2.20%		
民主启动	923	0.63%		0.63%		
公民权益	848	0.58%		0.58%		
民主新	8827	6.02%		6.02%	1	1
同心	11960	8.16%	1	1.02%		1
公民	5225	3.57%		3.57%		
澳粤同盟	16251	11.09%	1	3.95%	1	2
新希望	13130	8.96%	1	1.82%		1
澳门梦	1006	0.69%		0.69%		
亲民	2306	1.57%		1.57%		
革新盟	8755	5.98%		5.98%	1	1
民联	26426	18.04%	2	3.76%	1	3
群力	15815	10.79%	1	3.65%	1	2
工人运动	227	0.15%		0.15%		
基层监督	368	0.25%		0.25%		
社民阵	179	0.12%		0.12%		
超越行动	1642	1.12%		1.12%		
民主昌	10987	7.50%	1	0.36%		1
关爱澳门	5323	3.63%		3.63%	1	1

资料来源：根据《2013年澳门立法会选举活动综合报告》自制

　　由此可见，"改良汉狄法"对于较大规模政治团体的削弱作用，在2013年立法会直选中开始下降。除了与选举相关的其他影响因素以外，2013年立法会直选议席由12席增加到14席，可能是"改良汉狄法"对大党制约作用开始失效的一个重要原因。由于澳门立法会直选制度将全澳门作为一个选区，当选区议席数目不断增加时，大党所能争取多于两席的可能性也逐渐增加，民联协进会在 2013 年选举中获得的第三席正是来自于新增的两席之一（名单第三顺位的候选人得票排名第十三位）。因此，如果希望继续保持"改良汉狄法"对于大党的制约作用，拆分选区是改革直选制度的一个可能的方向。

（3）策略性拆分名单与"配票"常态化

为了应对比例代表制下各种不利于大党的计票方式，政治团体常常采用一些特定的选举策略来使自己能够获得的议席最大化，最常见的方式就是拆分参选名单，同时在不同名单之间进行"配票"，使各参选名单同时当选。香港的主流政党尤其是建制派的最大政党民建联对这一策略早已习以为常，以 2016 年立法会选举为例：民建联在新界西和新界东两个范围较大、议席较多的直选选区分别派出两张名单参与竞选，最终顺利收获四个议席；而在功能组别的区议会（第二）选举中，民建联同样派出两张名单参选，同时公开号召选民按照自己所居住的区域将选票投给相应的参选名单，最终两张名单均顺利当选。

澳门《立法会选举法》明确规定，任何政治社团或提名委员会不得提出一份以上的候选人名单[1]，从表面上看可以避免香港那样的同一政党在同一选区提名多张竞选名单的情况。但是，政治社团可以通过组织两个名称、标志完全不同的提名委员会，轻易地规避选举法的这一限制。

澳门民主派阵营的"新澳门学社"是最早在立法会直选中采用拆分名单策略的政治社团。"新澳门学社"根据 2005 年立法会选举结果的经验，在 2009 年立法会直选中一分为二，同时推出"民主昌澳门"和"民主新澳门"两张竞选名单参选，虽然没有如预期那样成功实现"一加一等于四"，但是也

1　澳门特别行政区第 3/2001 号法律（经第 11/2008 号法律、第 12/2012 号法律及第 9/2016 号法律修改）：《澳门特别行政区立法会选举制度》，第二十七条"提名权"，2017 年。

成功获得三席，比 2005 年增加一席。[1] 此后，"新澳门学社"在 2013 和 2017 年的选举中继续沿用了拆分名单的策略。

在 2017 年立法会直选中，传统社团和工商乡族社团也开始采用拆分名单的竞选策略，其中"群力促进会"和"民联协进会"都分别推出两张名单参与竞选，结果两张名单的第一位候选人都顺利当选（表 7），而两张名单中的第一位候选人在 2013 年立法会直选中实际上都来自同一张名单，也同属于一个社团。由此可见，随着直选议席数目的逐步增加，在未来的立法会直选中各政治社团拆分名单的选举策略将会常态化、普遍化，而现有的选举法并无法有效地限制这种拆分名单的行为，制度设计的实际效果将大打折扣。这种制度设计和制度规范在实际运行中失效的结果，将会给整个立法会选举制度的合法性和认受性带来消极作用，这是澳门立法会直选制度在未来发展中需要关注的问题。

表 7　立法会拆分组别变化情况（2013—2017 年）

	2013 年立法会选举		2017 年立法会选举	
拆分组别	民联协进会	陈明金、施家伦、宋碧琪	民联协进会	施家伦、曾志龙
			民众协进会	宋碧琪、吕子安
	群力协进会	何润生、黄洁贞	群力协进会	何润生、邢荣发
			美好家园	黄洁贞、吕绮颖

资料来源：娄胜华：《竞争激烈、新老交替与力量均衡——澳门特区第六届立法会直接选举活动及其结果分析》，《港澳研究》2017 年第 4 期，第 24-32 页

2. 保障选举公平的"意外"结果

从制度设计尤其是保障选举公平、公正、公开的角度上看，澳门立法会选举制度无疑是值得肯定的，选举法在历次修订中不断完善，有助于为整个

1　陈丽君：《第四届立法会选举后的澳门政治生态分析》，《当代港澳研究》2010 年第 1 辑，第 136-145 页。

选举营造一种风清气正的氛围。但是，立法会选举制度中有一些保障选举公平的内容也是值得商榷的，对于选举公平的法律规定过于严苛，也会给选举制度实践的其他方面产生一些不利的影响，甚至带来一些"意外"的结果。

（1）限制选举民调与保障选民知情权的矛盾

在香港立法会选举日前，各政党及其候选人常常使用"告急""配票"等策略，而这些策略的主要依据正是选前公布的各种民意调查。但是在澳门，选举法对于民意调查有着相当严苛的规定："由竞选活动开始至选举日翌日为止，有关选民对候选人态度的民意测验或调查的结果，一律禁止公布。"[1] 也就是说，在选举中常见的各种选前民调、出口民调、选后民调，在澳门立法会选举的竞选期内都不会出现，即使是仅用于学术研究的民调结果也只能在选举完全结束之后才能发布。

澳门选举法的这一规定有其合理之处，禁止发布民调能够避免民调对于选举结果的影响，也能够防止政治社团及其候选人利用民调结果进行策略性选举活动。但另一方面，很多选民实际上由于工作繁忙或是本身政治冷感等原因，未必能够及时关注选情，也难以直接接触到政治社团和候选人，而由权威机构公布的民调可能是他们唯一能够了解选举，决定投票意向的途径。尤其是在选前两天的"冷静期"内，政治社团以及候选人已经完全停止了他们的竞选活动，因此选民就更加需要借助民调获取更多的信息，以帮助自己作出最终的选择。此外，选民也拥有全面、完整地获取选举信息的权利，而民调则是选举信息的重要组成部分，因此完全禁止公布民调虽然是选举公平原则的体现，但是也有可能对选民的知情权造成损害。当选举原则与其他一些原则或是其他一些公民基本权利产生冲突的时候，需要制度设计者在制定具体的程序与规则时进行调适与平衡。

1　澳门特别行政区第 3/2001 号法律（经第 11/2008 号法律、第 12/2012 号法律及第 9/2016 号法律修改）：《澳门特别行政区立法会选举制度》，第七十五条"民意测验结果的公布"，2017 年。

（2）劣质化选举竞争对选举质量的影响

为了保证选举中各候选名单的平等权利，澳门《立法会选举法》强调候选名单以及候选人在电视、广播等大众媒体宣传时间、宣传空间的均等化，每张候选名单在传媒报道时必须被平等对待。与此同时，竞选活动中各候选名单使用报刊、广播电视、公共场所、表演场地的费用须遵循划一标准，每张候选名单均获得公平对待。选举法的上述规定是对公平原则的体现，但是在追求公平原则的同时，也可能在实际中使得竞选活动的质量和水平参差不齐，甚至在一定程度上出现了劣质化选举竞争的现象，这些都是选举制度设计所产生"意外"结果。

最典型的是例子出现在立法会选举期间各大电视台举办的选举论坛之中。由于参选名单众多（见表8），而根据选举法的规定，每张名单获得的发言时间均等，这就使得选举论坛持续的时间相对冗长。另一方面，各候选人的素质参差不齐，在有限的时间内很难将自己的政纲和理念陈述清楚，很多候选人为了吸引眼球，将重点放在对其他候选人或是特区政府的批评和攻击上，而较少向观众和选民阐释自己政纲中的实质内容，使得选举论坛的辩论和讨论质量与选民所期待的相去甚远。有看过电视辩论后的观众感慨道："看电视辩论，候选人的质素真是一般，无论答什么问题，都是三样内容：读政纲，喊口号，骂政府，完全听不到实际内容。"[1]

衡量选举质量的标准除了考虑选举是否遵循公平、公正、公开原则之外，还应当考察各候选人是否在选举中真正关注、讨论和回应那些受到全社会所关注的议题，在充分展示政纲的基础之上给选民提供多元化的选择，而澳门立法会选举制度对公平原则的追求以及相对严苛的规定，在一定程度上反而"意外"地影响了选举竞争的质量。因此，选举制度在未来发展的过程中，需要更加充分地考虑和平衡保障选举公平以及保持选举竞争质量之间的关系。

---

1 陈丽君：《澳门第五届立法会选举述评》，《江汉大学学报（社会科学版）》2015年第2期，第5-13页。

表 8　回归后立法会直接选举参选名单数量

届别	直选议席	参选名单数量	候选人数量
2001 年第二届	10	15	96
2005 年第三届	12	18	125
2009 年第四届	12	16	122
2013 年第五届	14	20	145
2017 年第六届	14	24	186

资料来源：娄胜华：《竞争激烈、新老交替与力量均衡——澳门特区第六届立法会直接选举活动及其结果分析》，《港澳研究》2017 年第 4 期，第 24-32 页

3. 影响选举公平的现象仍然存在

回归以来，尽管澳门立法会选举制度的发展方向主要是以打击贿选、保障选举的公平、公正、公开为主，也确实使得立法会选举与回归前以及回归初期相比更加廉洁、公正，但是在具体实践中，影响选举公平的行为仍然时有发生，也仍然存在诸多法律之外的"灰色地带"。有研究者发现，回归后澳门立法会选举文化呈现出"一届好，一届差"的波动性特征[1]，仍然没有形成稳定、良性的选举文化。尤其是在 2013 年立法会选举中，不正当选举行为出现了较大规模的"回潮"，选举期间廉政公署共接获 434 宗投诉和举报，其中 213 宗与选举有关，主要涉及不正当收集提名、偷步宣传、提供利益或胁迫以影响选民投票意向、选举日提供免费交通接送及免费餐饮等等。[2]2017 年立法会选举虽然在新修订的《立法会选举法》的规范之下，不正当选举行为有所减少，但仍然出现了引发社会争议的"电子红包事件"以及"老人早餐事件"，疑似影响选举公平的现象并未杜绝。具体来说，除了上文提到的疑似贿选行为之外，近年来受到广泛关注的两种可能影响选举公平的现象包括

1　娄胜华：《竞争激烈、新老交替与力量均衡——澳门特区第六届立法会直接选举活动及其结果分析》，《港澳研究》2017 年第 4 期，第 24-32 页。

2　《2013 澳门廉政公署工作报告》，2013 年，第 15 页。

"偷步宣传"以及抹黑攻击。

（1）"偷步宣传"

对于政治社团及其候选人"偷步宣传"的界定与讨论，主要集中在以下三个与选举相关的重要时间点：宣布具体选举日期的时间，宣布被接纳的候选人名单的日期，以及选举前两周竞选宣传期开始之日。当前的争议在于，现行的选举法只规定了后两个日期之间"偷步宣传"的限制及其处罚，但是没有禁止政治社团以及候选人在宣布选举日期之日到宣布候选人名单之日期间进行宣传，这就给了很多拟参选名单"偷步宣传"的空间。立法会选管会发现，"在 2017 年选举中，有部分拟参选名单自行政长官公布选举日起便开始进行'宣传'，此举无疑是对其他守法的候选名单不公平，但碍于法律的限制，选管会无法对公布确定接纳候选名单前偷步宣传的人士作出处罚。上述违规或偷步宣传的情况不但妨碍选举公平，同时亦对市民造成滋扰，部分市民还误以为已踏入选举的宣传期。"[1]

事实上，假如竞选名单及其候选人已经提交了参选申请，即使名单尚未被正式接纳，但相关参选人已经清晰地表明了参选意愿，因此从提交参选申请之时便不应提前展开竞选活动，待竞选宣传期开始时方可开始宣传活动，这样才是对选举公平性原则的尊重与遵守。在未来的选举法修订中，应当考虑对"偷步宣传"作出更为完整、全面的限制。

（2）抹黑攻击

对竞争对手的负面宣传乃至抹黑攻击是澳门立法会选举尤其是直接选举中的常态，然而现行的选举法律并没有对这类可能影响选举公平的行为作出限制。特别是在 2013 年立法会选举中，恶意抹黑攻击的现象极为普遍选举，几乎参加选举的所有名单都曾遭到竞争对手的攻击和抹黑。在这届选举中，网络留言和各种"爆料"在选举日临近时此起彼伏，无从辨别真假，而传统社团尤其深受其害。直接选举中的"群力促进会"遭受持续性的围攻谩骂，

1　立法会选举管理委员会：《2017 立法会选举活动总结报告》，2017 年，第 48 页。

候选人受到威胁抹黑和人身攻击；同为传统社团的"同心协进会"也遭到前所未有的恶意攻击，负面宣传被认为是该社团在选举中遭遇失利的重要原因之一。[1]

与选举论坛辩论质量下降类似，选举中过多的恶意造谣和抹黑攻击，同样会使得立法会选举尤其是直接选举的质量严重下降，也不利于形成良性的选举文化，这个问题是澳门立法会选举制度未来发展中不能回避的。

四、结论

本文的分析基本验证了文章开头提出的研究假设，在现有研究争论的基础上，从程序优化与结果落差两条线索总结出回归后澳门立法会直接选举制度的发展模式。回归以来，澳门立法会直选制度经过将近 20 年的发展，已经日趋成熟完备，尤其是经过 2008 年和 2016 年两次较大幅度的修改，为选举的公平、公正、公开提供了坚实的制度保障，也是澳门特区成功实践"一国两制"、澳人治澳、高度自治的典范。在竞选宣传规范、打击贿选等方面，澳门立法会直选制度不仅在与邻近的香港立法会直选制度的对比中显示出了一定的优越性，甚至在某些方面已经与国际接轨，走在了世界各个国家和地区的前列。在具体的选举实践中，回归前以及回归初期那种贿选现象频发的日子不复存在，立法会选举尤其是直接选举随着选举制度循序渐进的发展也逐渐走向公正、规范，健康、良性的选举文化也开始形成并不断巩固。2017 年是立法会直接选举有史以来参选名单最多、候选人数量最多、竞争也相对激烈的一次，但是从廉政公署以及选举管理委员会的选后反馈来看，疑似贿选以及其他一些不规则选举行为已经大幅减少，选举违法情况相较往届有了显著改善，社会各界的廉洁选举意识正在不断增强。

1　陈丽君：《澳门第五届立法会选举述评》，《江汉大学学报（社会科学版）》2015 年第 2 期，第 5-13 页。

与香港立法会相比，澳门立法会选举制度之所以能够取得这样的进步，其中一个重要的原因在于澳门在"直通车"方案的保障之下，顺利实现了回归前后的制度衔接与调适，使得回归后能够在制度的基本框架和基本内容保持稳定的前提下，循序渐进地进行程序优化，避免了因选举制度本身频繁更迭而带来的制度动荡。尤其是直接选举方面，香港在回归前后先后经历了多种不同类型的选举制度，也未能顺利实施"直通车"方案，制度发展缺乏延续性和渐进性，与澳门相比存在明显的劣势。但是从另一个角度看，也正是因为澳门立法会直选制度由历史上形成并延续至今的稳定性，造成了一定程度的制度黏性和路径依赖，使得回归后制度变迁的趋势只是停留在具体的程序优化层面，而缺乏制度原理层面的思考，未能对制度目标与制度结果之间的落差进行深入反思，因此难以进行重大的制度突破与创新，也在选举实践中出现了一些特殊的、有争议的现象和矛盾。

选举程序的优化完善与选举制度的结果落差是本文的两大基本发现，也是回归后澳门立法会直接选举制度发展的基本模式。在新时期，澳门立法会选举制度尤其是直接选举制度同样应当遵循上述两条线索持续发展完善。其一，继续巩固并发展现有的保障选举公平、公正、公开的制度，对于一些新出现的疑似不规则选举现象加以规范，进一步推进选举制度下的程序优化。其二，从选举制度的基本原理出发，反思和总结选举制度的政治后果，尤其是要正视比例代表制与去政党化之间的矛盾。假如继续坚持比例代表制，应当承认政党的存在，并引导和鼓励社团逐步发展为正规的受到法律规范和保障的政党；假如继续坚持弱化政党乃至去政党化的目标和方向，则需要考虑其他类型的选举制度，避免制度目标与制度结果的落差不断扩大。

（本文刊载于《当代港澳研究。2019 年第 4 辑。》）

香港特区终审法院基本法审查的司法哲学（1997—2017）

曹旭东[*]

〔**内容摘要**〕对香港终审法院基本法审查司法哲学的研究可以从主题和时间两个维度展开。在中央与特区关系领域，终审法院的司法哲学从李国能法院到马道立法院经历了大幅度调整。普通实体权利保护领域始终是终审法院能动主义的最主要平台，但在程序权利问题上它却保守很多。外国人居留权等相关权利问题上，终审法院的态度比较摇摆，但在涉及本地居民重大切身利益的问题上能够保持清醒。政治体制与制度类案件均由马道立法院处理，它展示出足够的克制与尊让，没有支持任何一项基本法挑战。政府政策案件方面，终审法院的谦抑保守是常态，积极能动是非常态。司法体制和制度案件的处理倾向稍显复杂，既有能动，也有折衷和保守。终审法院总体上是"一国两制"和基本法维护者的角色。

〔**关键词**〕香港终审法院　基本法审查　司法哲学

一、"基本法审查"的界定及分析路径

"基本法审查"是"违反基本法审查"的简称。在较为狭窄的意义是指："法院对立法机构的立法是否符合基本法进行审查"，此界定可以说是经典的"违反基本法审查"含义。从宽泛意义上来看，基本法审查的对象并非限于立

---

* 中山大学粤港澳发展研究院副教授。本文案例数据是笔者在官方案例库和杨晓楠教授未出版书稿基础上整理作出，特此向后者致谢。

法机关的立法，除了立法这个最主要的审查对象之外，还包括：其一，行政机关的政策或规则。例如在"孔允明案"中，终审法院审查的是政府政策或规则是否违反基本法。[1] 其二，普通法规则，包括普通法罪行、法院裁判过程中确定的法律适用规则、证据规则等，例如在"JOHN EDWIN 案"中，终审法院审查的是下级法院量刑的考虑因素是否违反基本法中确定的"无罪推定"原则。[2] 其三，重要公权力主体做出的涉基本法的决定或行为。例如在"梁国雄诉立法会主席案"中，终审法院审查的对象是立法会主席停止议会辩论的决定。[3] 本文将在宽泛意义上界定基本法审查。

基于上述界定，笔者对终审法院在 1997—2017 年间处理的案件进行筛选，发现共有 67 宗案件[4]涉及到基本法审查，其中有 64 宗通过判决（Judgment）完成，有 3 件通过裁决（Determination）完成。64 宗判决中，42 宗通过民事程序（FACV）完成，[5]22 宗通过刑事程序（FACC）完成。

司法哲学是对法院司法态度、价值立场、理念意识的高度概括。在讨论司法哲学的时候最常用的概念是积极主义（activism）与消极主义（passivism）。积极与消极实质上是"向左"还是"向右"的趋势或类别。积极主义方向上描述司法哲学的概念有能动、激进等，激进的积极程度比能动更高；消极主义方向上的概念有保守、谦抑／尊让／尊重（deference）、克制（self-restraint）等。此外，王书成博士提出，在积极主义与消极主义之间存在折衷主义，[6]折衷主义项下的概念包括稳健、温和、理性等。上述概念将是本文的描述工具。判定方法上，本文采取"违反基本法宣告比例＋具体判词分

1　Kong Yunming v. The Director of Social Welfare, FACV 2/2013.

2　HKSAE v. Minney, John Edwin, FACC 2/2012.

3　Leung Kwok Hung v. The President of the Legislative Council of the Hongkong Special Administrative Region and Another, FACV 1/2014.

4　限于篇幅，67 宗案件将在下文分别展示。

5　终审法院对司法复核案件的处理归入民事程序。

6　王书成：《谦抑主义与香港宪制转型——"一国两制"的视角》，三联书店（香港）有限公司 2018 年版，第 24 页。

析"的两层分析框架。没有宣告违反基本法，意味着法院尊重（defer）既有的规则，保持着保守的立场；宣告违反基本法，否定被审查对象，并不一定表示法院是能动的，需要进一步结合具体判词分析。

司法哲学虽然是高度概括，但不意味着法院在任何时间、任何案件中坚持同样的原则，因此很难对上述 67 宗案件中的司法哲学进行单一维度的描述。本文将从时间段和主题两个方面进行探讨，采取主题优先的模式，将上述 67 宗案件分为不同主题，在相同主题下再按照时间段进行分析。主题划分方面，包括：中央与特别行政区关系，基本权利保护，政治体制／制度，政府政策，司法规则。

需要特殊说明的是，基本权利保护是一个宽泛概念。众所周知，在宪法审查发达的国家或地区，有关基本权利的案件占绝对多数，纯粹涉及纵向公权力或横向公权力之间关系的案件比例很小，香港也不例外，绝大多数基本法案件都涉及基本权利。因此笼统讨论基本权利案件是徒劳的，有必要对涉基本权利案件再分类。本文以案件重心为标准进行分类，如果既涉及到基本权利，也涉及到中央与特别行政区关系，政治体制／制度，政府政策，司法规则的时候，需要判断案件的重心在基本权利还是在上述其他领域。如果是前者，本文将在基本权利保护项下讨论；如果是后者，本文将在上述其他领域项下讨论。

二、中央与特区关系案件：从激进到理性

中央与特区关系是基本法体系中的复杂问题，回归以来关于中央与特区关系的基本法案件从数量上看并不多，但却影响巨大。此主题涉及居留权系列案件以及刚果（金）案，[1] 居留权系列案件包括：吴嘉玲案、陈锦雅案、刘

---

1 需要说明的是：为节约行文空间，本文使用的名称均为案件简称，并非标准名称；若干案件属于合并处理，仅以其中一位主要当事人的名字命名。

港榕案、庄丰源案、谈雅然案。居港权系列案件由李国能法院处理；刚果（金）案由马道立法院处理[1]（参见表1）。1999年是不折不扣的基本法大年，吴嘉玲案、陈锦雅案、第一次人大释法、刘港榕案均发生在此年。虽然香港法院司法适用基本法的起点是1998年上诉法庭判决的"马维騉案"，可实在地说明香港法院如何实践基本法的则是"吴嘉玲案"。[2]终审法院在"吴嘉玲案"中系统阐述了其适用基本法的司法哲学，由此拉开了香港法院与人大常委会法律博弈的大幕。

表1　中央与地方关系案件[3]

序号	案件编号	案件名称	审查对象及结果[1]
1	FACV14/1998	吴嘉玲案	立法；违宪
2	FACV13/1998	陈锦雅案	立法；违宪
3	FACV10/1999	刘港榕案	立法；合宪
4	FACV26/2000	庄丰源案	立法；违宪
5	FACV20/2000	谈雅然案	立法/政府行为；合宪
6	FACV6/2010	刚果（金）案	法院规则；提请释法

（一）终审法院的"定调"

在吴嘉玲案中，终审法院提出了若干"定调"式的司法原则：（1）法院司法审查权可以审查本地立法或行政行为。终审法院认为，"法院行使这方面的司法管辖权乃责无旁贷，没有酌情余地。"[2]（2）香港法院可以审查全国人

1　李国能1997年7月1日至2010年8月31日担任香港终审法院首席大法官；马道立2010年9月1日起接任李国能担任香港终审法院首席大法官至今。

2　罗沛然：《〈香港特别行政区基本法〉司法实践20年》，载《港澳研究》2017年第3期。

3　表格1—7均按照案件判决书颁布的先后顺序排列。表格为作者自制，数据来源于香港终审法院网站。

1　说明：为行文简洁，表格中描述处理结果使用"合宪""违宪""合宪性"解释等概念。

2　吴嘉玲、吴丹丹对入境事务处处长（FACV14/1998）判决书，第61段。

大及其常委会的立法行为。在终审法院看来，这是"毫不含糊"的。[1] 这是"一国两制"新制度带来的，不能用旧制度的标准思考。（3）对于权利保护应该采纳宽松解释。终审法院指出，"法院在解释第三章内有关那些受保障的权利及自由的条文时，应该采纳宽松的解释。"[2]（4）具体解释方法方面，终审法院认为，应考虑文本的目的和背景，而且权利保护应当符合国际标准。（5）提请释法机制方面，终审法院认为是否提请释法的"判断权"在自己，不在人大常委会。

（二）中央批评、人大释法与终审法院的回应

上述五个原则可以说是终审法院适用基本法或进行基本法审查时的基本理念，回归第三年，终审法院终于有合适机会得以系统阐述，但第（2）和第（5）原则招致巨大争议。第（2）原则过于激进，随即受到批评，肖蔚云、许崇德、邵天任、吴建璠四位基本法起草委员会委员代表中央发声，认为终审法院的观点是将香港法院置于人大之上，并将香港变成一个"独立的政治实体"。[3]"基本法四大护法"也由此而生。面对来自中央的批评，终审法院也意识到判决中存在的问题，于是出现了司法历史上比较罕见的一幕。1999 年 2 月 26 日，特区政府请求终审法院澄清吴嘉玲案的部分判词，终审法院颁布了补充判词对之前的激进立场加以修改，补充判词指出：特区法院的司法权来自《基本法》；"法院的解释权来自于全国人大常委会的授权；对于人大常委会释法，特区法院必须以之为依据；终审法院并未也不能质疑全国人大及其常委会依据基本法的条文和程序行使任何权力。"[4]

吴嘉玲案带来的争议并未因为终审法院的澄清而结束。政府方面认为，

---

1 同上判决书，第 64 段。
2 同上判决书，第 77 段。
3 陈弘毅、罗沛然：《香港终审法院关于〈基本法〉的司法案例评析》，载《中国法律评论》2015 年第 3 期。
4 吴嘉玲、吴丹丹对入境事务处处长（FACV14／1998）补充判决书，第 5—6 段。

判决可能带来香港人口暴涨的社会效果，于是也采取了非常规举动，由特首透过国务院向全国人大常委会提请释法。1999 年 6 月 26 日，人大常委会对基本法做出第一次解释。在解释中，人大常委会一方面针对原则（5）做出回应，指出终审法院未提请解释是错误的，终审法院的自行解释不符合立法原意。终审法院也在随后的"刘港榕案"中调整了其对待人大释法的态度并依据人大释法做出判决。该案的辩方律师提出，人大常委会不能主动释法。终审法院对此论据予以驳回，指出，人大常委会释法的权力"来自《中国宪法》第 67（4）条，并载于《基本法》本身第 158（1）条。由第 158（1）条赋予的解释《基本法》的权力，是一般性和不受约制的权力。"[1] 此外，针对人大常委会指出的终审法院未提请释法的错误，终审法院回应道："本院可能有需要在一宗合适的案件中重新考虑'分类条件''有需要条件'和'主要条款验证标准'。"[2] 但迄今为止，终审法院尚未有合适案件重新检讨吴嘉玲案中提出的释法提请机制。

（三）转向"技术"

2001 年终审法院继续处理了两宗居留权系列案件，分别是庄丰源案和谈雅然案。庄丰源案放弃了吴嘉玲案的目的解释方法，明确地提出了基本法解释的基本理念，即普通法的解释方法。[3] 具体包括：（1）为了保证解释的客观性，解释出发点应是法律文本。终审法院强调，"法例的文本才是法律。"[4]（2）为了协助理解基本法，法院需要考虑有关的内在资料和外来资料。内在资料包括需解释条款之外的基本法其他条款以及序言；外来资料包括《联合声明》以及《基本法（草案）解释》。（3）文义解释优先。终审法院认为，"法

1　刘港榕对入境事务处处长（FACV10 & 11 / 1999）判决书，第 57 段。

2　同上判决书，第 64 段。

3　黄明涛：《论全国人大常委会在与香港普通法传统互动中的释法模式——以香港特区"庄丰源案规则"为对象》，载《政治与法律》2014 年第 12 期。

4　入境事务处处长对庄丰源（FACV26 / 2000）判决书，第 6.3 部分。

院参照了有关条款的背景及目的来诠释文本字句，一旦断定文本字句确是含义清晰后，便须落实这些字句的清晰含义。法院不会基于任何外来数据而偏离这些字句的清晰含义，赋予其所不能包含的意思。"[1]

普通法解释方法成为香港法律界的共识，"文本＋（语境＋目的）"[2]的解释规则迄今仍然是香港法院解释基本法的基本规则。庄丰源案确立了系统的解释方法，比吴嘉玲案进步；但从实质效果上看，吴嘉玲案的目的解释方法和庄丰源案的文义解释方法达到的效果类似，均拒绝了中央权威机构在基本法解释中的看法。因此我们可以"合理怀疑"或许这背后存在一种挣脱中央干预、以最大"保护"权利的情绪。[3]中央对庄丰源案的解释再次表达了疑虑，但由于该判决并未如吴嘉玲案一样产生即时的社会负面效果，中央也未再次行使解释权予以纠正。

（四）回归理性：提请释法

回归前五年，各个宪制主体包括中央政府、特首、主要官员、立法会中的政党以及法院，都在寻找自己的位置。[4]这一时段基本法问题集中在司法领域，而且主要的争议来自于中央与特区的关系。终审法院在这个时段吸引了最多的关注，其态度以及回应引起各方主体的高度关注和连锁反应，[5]毫无疑问，终审法院成为这段时期的主角。其司法哲学也在碰撞中调整，并且出现技术化转型。自 2003 年开始，有关国家安全立法和政改的议题占据基本法中央与特区关系问题的中心位置，有关争议基本在政治过程中处理并未转化为

---

1 同上判决书，第 6.3 部分。

2 秦前红、黄明涛：《文本、目的和语境——香港终审法院解释方法的连贯性与灵活性》，载《现代法学》2011 年第 1 期。

3 曹旭东：《博弈、挣脱与民意——从"双非"风波回望"庄丰源"案》，载《政治与法律》2012 年第 6 期。

4 Benny YT Tai, Round Three of Hong Kong's Constitutional Game: From Semi-Democracy to Semi-Authoritarianism, Hong Kong Law Journal, Vol. 49 Part 1 of 2019.

5 Ibid.

司法案例。直到马道立法院时期的刚果（金）案，终审法院再次面对中央与特区关系问题，但本案马道立首席法官自己并未参与裁判。

本案判决是比较少见的 3：2 分裂判决。少数意见由包致金（Bokhary）主笔，马天敏（John Barry Mortimer）补充，其出发点是基本法第 8 条的普通法延续原则和第 19 条的司法独立。多数派是陈兆恺（Patrick Chan）、李义（Ribeiro）、梅师贤（Anthony Mason），他们认为需要提请人大解释。刚果（金）案是回归以来第一次，也是到目前为止唯一一次终审法院提请释法。本案"不论对中华人民共和国（中国），还是作为中国整体中的一部分的香港特别行政区，在'一个国家，两种制度'方针下，均具有宪法上的重要性。"[1]本案的五位法官中，包致金法官和梅师贤法官参与了吴嘉玲案的审判。包致金法官还是一如既往地强调两制和司法独立，而前澳大利亚高等法院首席大法官梅师贤爵士的转向成为本案的关键，正是他的转向避免了又一次可能的宪制危机。另一方面，我们也可以看到终审法院在"一国"和"两制"关系的理解上存在的分裂，强调"两制"和司法权的高度独立延续着吴嘉玲案的司法哲学，而尊重国家整体的外交原则体现的是理性对待"一国"和基本法的态度。吴嘉玲案之后，激进的力量逐渐走向中间，虽然从刚果（金）案看这两种倾向似乎在伯仲之间，但从趋势上已经说明，激进的势头已然过去，理性平和占据上风。两年后，随着包致金法官的退休，这种理性的状态变得更加稳定。

三、基本权利保护案件：复杂哲学

本部分讨论的是通常意义的基本权利保护案件，也是基本法审查的主体部分。为了更清楚地讨论问题，本文将基本权利案件区分为三类：实体权利

---

1 刚果民主共和国及另五人诉 FG Hemisphere Associates LLC（FACV6 / 2010）判决书，第 84 段、421 段。

案件、程序权利案件、外国人居留权及相关权利案件。1997—2017 年终审法院处理了 13 宗实体权利案件，14 宗程序权利案件以及 7 宗外国人居留权及相关权利案件。终审法院在基本权利保护案件上的司法哲学比较复杂。自吴嘉玲案开始终审法院就表达了对权利解释的宽松态度，虽然吴嘉玲案之后终审法院遭遇挫折，但在普通的实体基本权利案件中这种积极态度贯穿始终；在程序权利案件中，终审法院则总体稳健，偶尔能动；在外国人居留权及相关权利案件中，终审法院的态度则在能动与克制之间徘徊。

（一）实体权利案件：从折衷主义到积极能动

13 宗实体权利案件涵盖范围较广，涉及到表达自由、平等权、人身自由、选举权、内心自由、通讯自由和通讯秘密、婚姻自由、旅行自由等 8 种基本权利；违反基本法的宣告率较高，13 宗案件中，10 宗宣告违反基本法，1 宗宣告部分违反基本法，可以说是"违宪"评价的"大户"（具体参见表 2）。总体来看，当普通权利案件涉及"一国"要素的时候，终审法院能够保持"平衡"态度；反之，终审法院则表现出严格保护权利、积极能动行使审查权的态度，即使在没有宣告"违宪"的案件中，终审法院也始终强调，"对于受宪法保障的权利应采取宽松释义，对于任何针对该权利的限制则应作狭义诠释"。[1]

表 2　实体权利案件

序号	案件编号	案件名称	涉及基本权利	审查对象及结果
7	FACC4/1999	吴恭劭案	表达自由	立法；合宪
8	FACV11/2000	陈华、谢群生案	选举权、平等权	行政安排；违宪
9	FACV25/2000	马碧容案	思想自由	法院判决；违宪
10	FACV10/2003	刘芳案	旅行自由	行政决定；违宪
11	FACC19/2004	杨美云案	表达自由	定罪；违宪

1　梁国雄及另二人对香港特别行政区（FACC1／2005）判决书，第 16 段。

续表

序号	案件编号	案件名称	涉及基本权利	审查对象及结果
12	FACC1/2005	梁国雄案	表达自由	立法；部分合宪
13	FACV12/2006	古思尧案	通讯自由和通讯秘密	立法；违宪
14	FACC5/2005	苏伟伦案	平等权；人身自由	立法；合宪
15	FACC12/2006	丘旭龙案	平等权	立法；违宪
16	FACV7/2006	陈永兴案	旅行自由	立法；违宪
17	FACV4/2012	W 案	婚姻自由；平等权	立法；违宪
18	FACC12/2012	周诺恒案	表达自由	定罪；违宪
19	FACV8/2015	Zhi Charles 案	旅行自由	立法；违宪

1. 平衡处理：吴恭劭案

本案的核心问题是，"把侮辱国旗和区旗的行为列为刑事罪行的法定条文，是否与发表自由的保障相抵触"。[1] 终审法院对本案的处理意义重大，同年较早的吴嘉玲案之后，不少人担心香港法院是否能够准确理解"一国两制"的内在精神，本案正是一个"测试"。香港终审法院对待极具自由气质的表达自由权，并没有如美国联邦最高法院一般走向极端，[2] 而是充分考虑了本案所涉及到的"一国"要素，终审法院在判决书中强调：国旗是一国——中华人民共和国——的独有象征，而区旗是'一国两制'方针下香港特别行政区作为中华人民共和国不可分离部分的独有象征。"[3] 这种宣告的意义不仅限于本案，更及于社会大众，在新宪制秩序的早期，能够起到教化的功能。在理解"公共利益"和"必要"等关键法律概念的时候，终审法院也没有采用霍姆斯"明显且即刻危险"的标准，而是选择给予平衡考虑。当然，终审法院重申了权利解释的宽松标准和"国际化"标准，因此本案也埋下了一个伏笔：当案件

---

1 HKSAR v. Ng Kung Siu and another（FACC4/1999），para 1.

2 例如：Texas v. Johnson，491 U.S. 397（1999）.

3 同前注1，判决书，第55段。

中没有"一国"要素的时候，法院会更积极地站在权利自由一侧。2000 年之后常规基本权利保护进入能动主义阶段，从李国能法院时期一直延续到马道立法院时期。

2.2000 年—2004 年：持续积极

从陈华、谢群生案开始，终审法院开始积极扮演基本权利维护者的角色。陈华、谢群生案处理的是"非原居村民"[1]的村代表选举权问题。终审法院面对本案的核心问题，可以有两个不同方向的选择：一是权利角度，将关注点放在原居民和非原居民的选举平等权；二是政制视角，将关注点放在基层民主制度改革。如果选择权利角度，终审法院将延续吴嘉玲案中严格保护权利的倾向；如果选择政制角度，民主制度的推进通常先从政治过程中提出，例如修改本案所涉及的《乡议局条例》，此时，司法应让位于立法机构。最终，终审法院选择了权利角度，该判决打破了长期以来新界"原居民"垄断村代表选举权的局面，终审法院通过权利保护变相推动了香港的"基层"民主和乡村治理的变革。本案并不为内地熟知，一方面因为本案未涉及国家元素，另一方面因为本案并不敏感，但对香港本地司法而言，本案意义重大，因为这是终审法院处理的第一宗纯粹的本地实体权利案件，具有能动主义的宣示效果。

马碧容案是一桩民事纠纷，涉及到思想自由权，也是唯一一宗涉及"宪法第三人效力"的案件。终审法院需要处理的问题是，在被告不愿意道歉的情况下，法院是否可以做出令其道歉的判决。[2]终审法院认为，法院判决"不情愿的被告人作出道歉令"需要极其谨慎，原因在于基本法和人权法案中规定的思想自由和发表自由，特别是思想自由属于绝对权利，非在极其特殊情况下，法院不得违背个人意愿强令其道歉。[3]最终，它没有支持要求道歉的诉

---

1 与"非原居村民"对应的是"原居村民"，具体是指，其父系祖先是早于 1898 年在新界定居的村民。

2 马碧容对高泉（FACV25／2000）判决书，第 1 段。

3 同上判决书，第 43—57 段。

求。思想自由在基本法审查中出镜率不高，本案将思想自由的保护实质化，并且强调其绝对性以及通常情况下的不可侵犯性，此处理体现出终审法院对权利保护的高标准和严格态度。

3. 权利保护的"小高潮"：2005 年和 2006 年

2005 年和 2006 年终审法院连续处理了三件具有本地政治敏感性的案件，分别是杨美云案、梁国雄案和古思尧案。杨美云案涉及到示威自由。终审法院判词中再次重申了对基本权利宽松解释的原则，以便市民尽量享有此项自由，同时限制警察的权力。[1] 本判决提高了警务人员权力行使的合法性标准，尤其是肯定了一定程度的"武力抵抗权"，多少有些出人意料。从社会效果看，本案对于游行示威的社运人士是鼓舞，但对警队士气是不小打击。

如果说法院的积极能动是"进两步退一步"，梁国雄案就是退的那一步。梁国雄案涉及和平集会自由，挑战的是《公安条例》有关规定的"合基本法性"。本案中，终审法院依然强调严格审查对权利限制的规定，但判定《公安条例》有关规定不符合基本法之后，法院并没有完全推翻此规定，而是采用"分拆违宪部分"的方法作出"补救"，将"公共秩序"解释为"治安上的公共秩序"，治安公共秩序以外的其他公共秩序被认为过于宽泛而"违宪"。[2] 终审法院最终基于此解释驳回了梁国雄等人的上诉。终审法院在本案的处理上颇具新意，一方面继续以保护权利、限制公权力为核心任务，另一方面保留立法中的"合宪性"部分，并作出补救性解释。可以说，本案将"违宪审查"技术向前推进了一步。

古思尧案较为复杂，既涉及到通讯自由和通讯秘密的实体问题，也涉及到权利人提请司法复核的资格问题，还涉及到如何进行"违宪宣告"的技术问题。古思尧案延续着严格保护权利的基本态度，与此同时本案有相当的创新性，一是降低司法复核的申请门槛，对于提请司法复核的资格问题，通常

1　参见杨美云及另七人诉香港特别行政区（FACC19 / 2004）判决书，第 1 段。
2　参见梁国雄及另二人对香港特别行政区（FACC1 / 2005）判决书，第 82－85 段。

要求申请人有足够的权益以及符合争议"成熟原则"。本案的申请人古思尧和梁国雄申请司法复核的理由是自己是政治激进分子，他们主观上认为自己已经成为被监察的对象。对此，终审法院法官一致同意包致金法官的看法，认为申请人有资格提请司法复核寻求救济，[1] 此判决意见将通讯自由和通讯秘密的司法复核申请门槛降低了一截；二是采取了一种前所未有的救济方式，即宣告无效但暂缓 6 个月执行。正如陈弘毅教授评价的，此案反映出了法律在考虑司法复核时的司法积极主义；法院为处理基本法案件带来的新情况，在司法创造性上实现突破。[2]

4. 继续能动：LGBT 案、旅行自由案、周诺恒案

古思尧案之后，终审法院处理了苏伟伦案。该案审理后，终审法院虽然站在立法机关一方，但判词特别强调，"我等在如此裁定时，并非听从立法机关，而是确认立法机关的恰当角色。"[3] 显然，这从另一个角度强调了自己在基本法审查中扮演的积极角色。

短暂的合基本法评价之后，法院继续坚持能动主义，处理了两宗涉及 LGBT 的案件，两宗旅行自由案件以及一宗言论自由案件——周诺恒案。两宗 LGBT 的案分别是丘旭龙案和变性人婚姻登记案（W 案），均以支持 LGBT 的权利而告终。W 案相比而言引起更多社会关注。W 女士的胜诉显然不是一个单纯的法律胜利，终审法院的判决与近年来国际社会保护 LGBT 权利的潮流具有明显相关性。但就香港社会而言是否具备了支持变性人的基础，则是不确定的事情。有学者指出，香港立法会《2014 年婚姻（修订）条例草案》委员会报告凸显的两个重要争议点表明香港社会尚未对认可变性婚姻做好准备，香港终审法院在变性婚姻问题上走得太快，远远抛离了立法会

1　同上判决书，第 11 段。

2　陈弘毅、罗沛然：《香港终审法院关于〈基本法〉的司法案例评析》，载《中国法律评论》2015 年第 3 期。

3　苏伟伦诉香港特别行政区判决书（FACC5／2005），第 28 段。

和香港社会。[1] 终审法院在普通基本权利案件中的能动主义态度在此案中达到顶点。

两宗旅行自由案件（陈永兴案和 Zhi Charles 案）均涉及到"个人破产"制度中的汇报制度。终审法院严格审查了该制度，并判定汇报义务超越必要限度而违反基本法。[2] 旅行自由在基本权利体系中的重要性并不处于高位，但在权衡个人权利与公共利益时，终审法院依然倾向于站在个人权利一边，对整个汇报义务的否定显得过于激进。周诺恒案是 2011 年发生的一宗引发较多社会关注的涉及言论自由的案件。终审法院在审理中强调要充分考虑表达自由的重要意义。邓国桢法官重申了吴嘉玲案中权利保护的基本原则，即以宽松的标准解释权利；同时，他引述了"杨美云案"的判词作为本案基本审判的支撑，[3] 毫无疑问，本案是对"杨美云案"而非"吴恭劭案"司法哲学的延续。

（二）程序权利案件

虽然程序权利案件在数量上多于实体权利案件，但由于程序权利相对较少，因此程序权利案件内容相对集中。另外有部分涉及程序权利的案件将放在司法体制及制度中讨论，这里讨论 14 宗较纯粹的程序权利保护案件。14 宗程序权利案件中有 9 宗涉及到无罪推定原则，这 9 宗案件中的 8 宗是法院审查举证责任转移的规定是否违反无罪推定原则；另外 5 宗是纪律程序案件。审查结果方面，宣告违反基本法 1 宗，部分违反基本法 1 宗，符合基本法 8 宗，做"合宪性"解释 4 宗（具体参见表 3）。从审查结果来看，终审法院在

---

1 薛张敏敏：《司法的"跃进"与"越界"——反思香港终审法院之"变性人结婚权案"（W 判例）》，载《中外法学》2015 年第 1 期。

2 破产管理署署长及破产人陈永兴的破产案受托人对破产人陈永兴（FACV7/2006）判决书，第 47—49 段；Official Receiver v. Zhi Charles, Formally Known as Chang Hyun Chi and Another（FACV8/2015），para66.

3 HKSAR v. Chow Nok Hang（FACC12/2012），Para117.

无罪推定审查中总体比较稳健，从李国能法院到马道立法院一以贯之，并未展示出积极的能动主义倾向，所有案件均未做出违反基本法的判断，特别是4宗"合宪性"解释的处理方式，说明终审法院在此领域对立法充分尊重；在纪律程序案件中则会适时能动，推翻立法。

表 3　程序权利案件

序号	案件编号	案件名称	涉案关键词	审查结果
20	FACC4/2003	谢梅珍案	举证责任、无罪推定	合宪
21	FACV23/2005	一名律师诉律师会案	纪律程序、法律专业特权	合宪
22	FACC12/2005	林育辉案	举证责任、无罪推定	合宪
23	FACV22/2005	新世界发展公司案	纪律程序、聘请律师	合宪
24	FACC4/2005	林光伟案	举证责任、无罪推定	合宪性解释
25	FACC1/2006	Hung Chan Wa 案	举证责任、无罪推定	合宪性解释
26	FACC7/2006	汤耀华	举证责任、无罪推定	合宪
27	FACC6/2007	吴保安案	举证责任、无罪推定	合宪性解释
28	FACV20/2007	官永义案	纪律程序、程序标准	部分违宪
29	FACV22/2007	杨颂明案	无罪推定	合宪
30	FACV9/2008	林少宝案	纪律程序、警察聘请律师	违宪
31	FACV13/2009	陈曦龄案	纪律程序、列席资格	合宪
32	FACC5/2011	李道尼案	举证责任、无罪推定	合宪性解释
33	FACC4/2011	傅果权案	举证责任、无罪推定	合宪

1. 基于"无罪推定"的审查：保守主义

基本法第 87 条确立了"无罪推定"原则。无罪推定原则本质上属于公平审讯的元素，无罪推定反对有罪推定。终审法院曾运用无罪推定审查过实体性规范。无罪推定更多的是用来审查程序规定，无罪推定要求刑事程序中控方负担举证责任，但立法中常有"举证责任逆转"的规定，这些规定经常成为被挑战"合宪性"的对象。对此，终审法院的审查有四个层次：（1）有关规定是否构成举证责任逆转？如果不构成则不违反无罪推定；[1]（2）如果构成举证责任逆转，辩方的举证责任是说服责任还是提证责任？[2]如果是提证责任则不违反无罪推定；[3]（3）如果辩方的责任是说服责任，是否能够通过合理及相称原则的验证？如果可以则不违反无罪推定；[4]（4）如果不能通过合理及相称性测试，应该进行补救性解释，[5]如果无法进行补救性解释则判处"违宪"。

终审法院在林光伟案中系统阐述了补救解释理论，虽然基本法并未明确规定法院的补救解释权，但终审法院认为此项权力必然包含在审判权中，传统上法院并不愿意做出补救解释，因为要对立法做出牵强解释会有侵扰立法之嫌疑。但如果法院不做出补救解释，便只能宣告"违宪"，这实际上对立法权的影响程度更高。因此，法院有责任对一项法例条文作出补救性诠释，以尽量使其符合《基本法》。[6]补救解释是来自于对基本法的宽松解释，这种解释本身是能动主义的，与普通法解释的保守倾向不同；但作为方法的补救解释是对积极能动主义的约束，是克制与能动之间的平衡。终审法院在举证责任问题上数次使用这种方法，体现出对立法的尊重，但在其他类别的基本法问题上，补救解释的适用却并不广泛。终审法院在举证责任问题上所表现的保守，并非它不看重"无罪推定"，而是它不希望程序问题过分影响实体正义。

1　例如，林育辉案（FACC12 / 2005）涉及《入境条例》，汤耀华案（FACC7 / 2006）涉及《机场管理局附例》。

2　提证责任是提出基本证据的责任，对举证人的负担较小。

3　例如，谢梅珍案（FACC4 / 2003）涉及《版权条例》。

4　例如，傅果权案（FACC4 / 2011）涉及《证券及期货条例》。

5　例如，林光伟案（FACC4 / 2005）涉及《火器及弹药条例》，Hung Chan Wa 案（FACC1 / 2006）涉及《危险药物条例》，吴保安案（FACC6 / 2007）涉及《防止贿赂条例》，李道尼案（FACC5 / 2011）涉及《商品说明条例》。

6　香港特别行政区诉林光伟及另一人（FACC4 / 2005）判决书，第 78 段。

2. 有关纪律程序的权利保护：适时能动

香港非常强调专业性，为了保证专业自治，各专业领域通常都设有自治机构，例如上诉委员会及审裁小组，各自治机构会针对有关争议进行调查、研讯及裁决，这个程序被称为纪律程序。纪律程序与通常的诉讼程序有不同的权利义务配置，因而有关制度设计也容易引起"合宪性"的讨论。这里讨论的 5 宗纪律程序案件分别涉及：秘密接受法律服务权利 1 宗，聘请律师权利 2 宗，沉默权及"排除合理怀疑"证明标准 1 宗，公正审理 1 宗。终审法院尊重专业自治，但并不会视专业领域为独立王国。从时间轴上看，终审法院的能动态度呈现"抛物线"状，在 2005 年的一名律师诉律师会案和新世界发展公司案中，它采取保守主义姿态，没有支持对律师纪律程序和港交所纪律程序的挑战，特别是新世界发展公司案，法院严格采用了普通法的解释方法；但 2007 年的官永义案，它对纪律程序的态度从放任转向收紧，2008 年的林少宝案，终审法院彻底改变了新世界公司案中的保守态度，采用了完全能动主义的态度；2009年陈曦龄案，终审法院再次回到较为稳健的态度。终审法院在本类案件中司法倾向的规律性不易把握，积极能动时所考虑的要素也没有明显的特殊性。

（三）外国人居留权及相关权利

外国移民对于保持城市活力，特别是作为国际枢纽的城市具有重要意义，但与此同时移民过度、非法移民、难民等亦会给本地居民带来负担，如何平衡并非易事。终审法院在回归 20 年间处理了 7 宗外国人居留权及相关权利、难民权利的案例（具体参见表 4）。在永久居民资格问题上，终审法院的态度并不稳定，李国能法院时期的两宗案例南辕北辙，马道立法院在著名的"菲佣案"中表现克制；在不直接涉及本地人利益的非永居外国人的两宗案例中，终审法院虽未推翻法律，但依然采取宽松解释权利的方法，判定政府败诉；难民问题上，终审法院稍显纠结，一方面肯定"入境法例"不受《人权法案》约束的"合宪性"，同时又遵循人道主义原则，要求政府对待难民或难民申请人时考虑"免受不人道或侮辱待遇的绝对权利"。

表 4　外国人居留权及相关权利

序号	案件编号	案件名称	涉案关键词	处理结果
34	FACV24/2000	Fateh Muhammad 案	永久居民的资格	合宪
35	FACV7/2002	Prem Singh 案	永久居民的资格	违宪；处长败诉
36	FACV19/2012	菲佣案	永久居民的资格	合宪
37	FACV17/2001	Bahadur 案	非永居外国人的旅行自由	处长败诉；合宪
38	FACV15/2013	Ghulam 案	非永居外国人的人身自由	局长败诉；合宪
39	FACV15/2011	Ubamaka 案	难民庇护权利	合宪
40	FACV7/2013	GA 案	难民的工作权利	合宪

1. 外国人的永久居民资格案件

《基本法》第 24 条第 2 款第 4 项涉及到非中国籍公民的居留权，由于该项规定具有较大的可解释空间，因此经常出现与本规定相关的基本法审查案例。在 Fateh Muhammad 案中，终审法院首次处理涉及该项的基本法争议，但最终没有支持原告的诉求。判定《入境条例》的有关规定符合基本法。包致金法官的判词指出："在居留权问题上给予公民和非公民不同的对待，乃是世界各国法律的共同特点"。[1] 但两年之后，在与 Fateh Muhammad 案具有重要关联的 Prem Singh 案中，终审法院则采取了能动主义态度，它强调对权利的限制要采取狭义的解释规则，本案中，终审法院不但直接进入到并不擅长的政策性立法领域，判定《入境条例》有关规定违反基本法，且直接通过判决改变行政申请的属性。[2] 这是非常罕见的。

外国人的永久居民资格问题上影响最大的是 2012 年的"菲佣案"。本案在香港社会引起了广泛关注，可以说是外国人居留权问题上的"吴嘉玲案"。不少人担心终审法院是否会采取 Prem Singh 案中的激进态度，置社情民意于

---

1 Fateh Muhammad 对人事登记处处长、人事登记审裁处（FACV24/2000）判决书，第 22 段。

2 Prem Singh 对入境事务处处长（FACV7/2002）判决书，第 9、108 段。

不顾。好在有惊无险，终审法院判词指出，外来佣工的合约一直都是极具限制性的，她们必须遵守这些限制性条件。外佣获准进入香港并非是被允许来港定居，只是因为政府因为劳工市场上家庭佣工短缺而制定的政策，因而不属于法律要求的通常居住。[1]《入境条例》有关规定符合基本法。终审法院如果秉持激进态度，完全有机会判定有关规定"违宪"，但在本案中它表现出相当克制的态度，对政府政策充分尊重，采用的是 Fateh Muhammad 案中移民问题上"内外有别、区别对待"的基本态度。

2. 非永久居民外国人的权利保护

Bahadur 案和 Ghulam 案均涉及到非永久性居民的外国公民权利保护程度问题。此问题与获得永久资格问题不同，不会影响本地人利益。终审法院在这两个案件中的基本理念相同，不因当事人是非永久性居民或外国人而任意减损其基本权利。Bahadur 案涉及到非永久居民的外国公民逗留期内的入境自由，终审法院并未判定《入境条例》有关规定"违宪"，但依然在该案中重温了吴嘉玲案要求的权利保护宽松解释原则，最终判定政府因适用法律错误而败诉；在 Ghulam 案中，终审法院同意人权保护在入境管制领域的例外情况，法律本身没有违反基本法，但认为政府行为也不应该任意，法院运用"Hardial Singh"原则[2]审查了政府的羁押行为的合法性，认为存在超期羁押情况，判定部分羁押违法。[3]这两宗案件都没有支持"合宪性"挑战，但也遵循严格保护权利的哲学，在行政法层面否定了政府行为。

3. 难民权利保护案件

Ubamaka 案和 GA 案涉及到难民权利问题，难民保护是实践人道主义的

1　Vallejos Evangeline Banao, also known as Vallejos Evangeline B. v. Commissioner of Registartion and Another（FACV19/2012），paras14-16, 24.

2　Hardial Singh 原则内容是，如果入境处处长已经明显知道无法在法定的羁押最长期限内完成递解，超过最长羁押期限的部分不具有合法性。

3　Ghulam Rbani v. Secretary for Justice for and on behalf of the Director of Immigration（FACV15/2013），Paras14, 106.

关键部分，但接收难民也是十分棘手的问题。近年来欧洲若干国家深受难民危机的困扰，实际上香港在历史上也曾因越南难民问题有过同样的经历，以至于香港特区现在的坚定政策是不向难民提供庇护。尽管如此，香港依然遵循人道主义原则，如果有人被联合国难民署香港分署确定难民身份，香港允许他们停留以待后续安排。

Ubamaka 案中，终审法院回顾了非法入境问题对香港的影响，肯定了"入境法例"例外的"合宪性"，但同时指出入境管制的例外不应是完全的例外，对于《人权法案》第 3 条的"免受不人道或侮辱待遇的绝对权利"不得例外，但申请人要负担举证责任。[1]GA 案处理的是难民逗留期工作权利的问题，整体思路与 Ubamaka 案相似。终审法院否定了 GA 提出的各种证明难民工作宪法权利的论据，但指出虽然难民没有工作的宪法权利，但处长可以给予工作许可，行使酌情权时需要考虑的重要因素是"免受不人道或侮辱待遇的绝对权利"[2]在终审法院看来，对于难民权利的保护力度不可能如本地居民一样，但也不应肆意限制，限制的底线就是不能触及"绝对权利"。终审法院在人道主义问题上既考虑历史遭遇和本地实际能力，但也不忘记人权的底线，应当说这个倾向是稳健的。

四、政治体制与制度案件：克制与尊让

香港的政治体制／制度领域涉及到立法、行政、司法三权之间的结构性关系以及选举制度。[3]在此领域，终审法院处理了 6 宗重要案例，这 6 宗案例均由马道立法院处理，几乎每个案例都有重要的社会影响和关注度。与权利

---

1 Ubamaka Edward Wilson v. Secretary for Security and Another（FACV15/2011），para10 and paras 169-184.

2 GA v. Director of Immigration（FACV7/20）13, paras 43 and 76.

3 有关选举案件参见付婧：《香港法院在涉选举案中的司法尊让》，载《法学评论》2017 年第 4 期。

保护领域的复杂哲学不同，在本领域终审法院的司法态度是保守与克制的，对所有的基本法挑战都没有支持（具体参见表 5）。

表 5　政治体制 / 制度案件

序号	案件号	案件名称	核心问题	处理结果
41	FAMV9/2011	陈裕南案	功能界别选举团体投票权	不受理
42	FACV1/2013	何俊仁案	7 天选举呈请期限的合宪性	合宪
43	FACV1/2014	梁国雄诉立法会主席案	立法会主席"剪布"行为的合宪性	合宪
44	FACV12/2016	郭卓坚案	议员辞职后参选限制的合宪性	合宪
45	FAMV9/2017	议员宣誓案	议员重新宣誓决定	不受理
46	FACC2/2017	方国珊案	立法会旁听席的言论自由	合宪

陈裕南案处理的是《立法会条例》第 25 和 26 条规定的功能界别选举团体投票权的问题，上诉人陈裕南、罗堪就挑战该规定的"合宪性"。终审法院上诉委员会认为该挑战没有合理的争辩性（not reasonably arguable），不予受理。[1] 终审法院用结构解释的方法理解基本法，同时强调对选举制度的理解应该参考历史发展和"循序渐进"原则。[2] 何俊仁案中，终审法院重提了"霍春华案"的"酌情裁判余地"概念。终审法院认为，这个概念体现法院与立法、行政机关不同宪制角色。法院的专长是法律问题，而选举问题涉及政治与政策方面的考虑，这是立法机关的权力范畴，法院应该充分尊重立法机关的"酌情裁判余地"。[3]

2014 年梁国雄诉立法会主席案也是一宗著名案例。涉及到"拉布"[4]

1　Chan Yu Nam v. The Secretary for Justice（FAMV 39/2011），para 7.

2　Ibid，paras5-6.

3　Re Ho Chun Yan Albert（FACV 1/2013），para 43.

4　拉布：冗长、无意义、故意拖延的议会辩论。

（Filibuster）问题，以及"剪布"[1]（curb the filibuster）的"合宪性"。终审法院完全否定了梁国雄的上诉理由，它认为应当遵循普通法的"不干预原则"理解《基本法》第 73（1）条，立法机关在处理议会事务时，具有特别权限，特别是立法过程。法院不会插手裁定立法机关的内部过程是否恰当，而应留给立法机关自行决定此类事项是否恰当。[2]但如果立法机关违反成文宪法的明确规定则另当别论。[3]《基本法》第 72（1）条规定主持会议是立法会主席的职权。终止辩论是主持会议权力中必然内含和附带的权力，至于立法会主席如何行使该项权力法院不应该过问。[4]"不干预原则"与"酌情裁判余地"精神内含一致，即强调司法的克制与尊重，"不干预原则"进一步巩固了法院在政治体制／制度案件上的尊让立场。郭卓坚案与梁国雄案有关联性，终审法院在判决中再次引用"酌情裁判余地"原则，在运用比例原则测试该规定时采用了宽松审查的标准，承认基本法保障的被选举权受到侵犯，但程度相对轻微，对选民选择权的限制也轻微，能够通过比例原则测试。[5]

议员宣誓案的背景是众所周知的梁颂恒和游蕙祯 2016 年宣誓风波。本案的核心问题是：梁游二人是否有资格重新宣誓。梁游的代理律师提出的最重要论据是"梁国雄诉立法会主席案"的不干预原则，认为法院应当尊重立法会主席给予重新宣誓机会的决定。但终审法院指出，当有成文宪法明确规定的时候，不干预原则不适用；在本案中，《基本法》104 条明确规定了宣誓要求，法院有责任干预。[6]根据人大常委会 104 条解释以及《宣誓及声明条例》，无效宣誓将导致离任，立法会主席没有自由裁量权。终审法院排除适用"不

---

1 终止冗长的辩论，被香港媒体称为"剪布"。

2 Leung Kwok Hung v. The President of the Legislative Council of the HongKong Special Administrative Region and Another（FACV 1/2014），para28.

3 Ibid, paras 31-32.

4 Ibid, paras 38-42.

5 Ibid, paras 40-61

6 梁颂恒对香港特别行政区行政长官，律政司司长（FAMV9／2017），第 21 段。

干预原则"，实际上是对"不干预原则"以及宣誓制度的尊重，是稳健的表现；如果强行选择适用"不干预原则"，反而是激进的、推翻现有制度的处理方式。梁游的律师同时对人大释法的效力和边界提出质疑，认为人大释法突破了解释范围，实际上修改了基本法。对此，终审法院认为人大常委会有权"对法律作出阐明或补充的立法解释"[1]，没有理由考虑对人大释法的质疑。最终，终审法院没有给予梁游上诉许可，认为他们完全没有胜诉可能。本案可以说是终审法院自我克制的代表作，它一方面以法治主义的态度贯彻"不干预原则"，另一方面对人大常委会解释的特殊属性明确表示尊重。本案不仅展示了终审法院精湛的法律技艺，也取得了"以正视听"的良好社会效果。

方国珊案的核心问题是：立法会观众席旁听人员的言论受到的限制。方国珊在旁听立法会有关新界发展的小组会议时通过 T 恤、纸质海报、喊口号等方式表示抗议，因触犯《规限获准进入立法会大楼的人士及其行为的行政指令》(简称:《行政指令》) 有关规定而被定罪。终审法院采用比例原则对《行政指令》的规定进行审查，最终判定有关规定旨在维护立法会良好的会议秩序，符合比例原则。[2] 终审法院在本案中未直接适用"不干预原则"，但对于立法会制定的层次并不高的《行政指令》也给予了充分尊重，终审法院本有机会推翻或部分推翻有关规定，但最终并没有这么做。

五、政府政策案件：谦抑与尊重专业

本文在较宽泛意义上界定的政府政策案件，内容上涉及到经济社会、教育医疗科技等各领域；形式上，政府政策可以表现为政府规则，也可以表现为立法。该类案件有较强的专业技术性，同时与政治体制案件有关联性，也内含司法权与行政权、立法权的关系要素。终审法院在处理该类案件时秉持

---

1 同上裁定书，第 35 段。

2 HKSAR v. Fong Kwok Shan Christine（FACC 2/2017），paras 116-117.

谦抑主义，采用尊重专业性和酌情权的基本态度，非到特殊情境，不会推翻政府决定或立法。本类型案件共有 8 宗，其中李国能法院处理 4 宗，马道立法院处理 4 宗（参见表 6）。

表 6　政府政策案件

序号	案件编号	案件名称	案件核心问题	处理结果
47	FACV1/2000	Agrila Limited 案	建设中的土地征收地租	合宪
48	FACV2/2002	YinShuen 公司案	土地征收补偿的标准	合宪
49	FACV11/2004	噪音管制监督案	有关"听不见"的规定	合宪
50	FACV8/2005	单元格全案	公务员薪酬调整	合宪
51	FACV1/2011	Catholic Diocese 案	教育政策	合宪
52	FACV10/2011	霍春华案	医管局的收费政策	合宪
53	FACV2/2013	孔允明案	"综援"制度调整	违宪
54	FACV21/2015	Hysan 公司案	土地规划调整	合宪

（一）李国能法院：隐性尊重

　　李国能法院处理的 4 宗案件分别是：Agrila Limited 案、Yin Shuen 公司案、噪音管制监督案和单元格全案。Agrila Limited 案涉及到的问题是政府是否可以对处于建设发展中的土地征收地租；Yin Shuen 公司案涉及到被征收土地的补偿价格计算标准，是否应当补偿投机性价值；噪音管制监督案涉及到噪音如何认定；单元格全案涉及到公务员薪酬是否可以降低。这 4 宗案例涉及到的核心问题都有较大的裁量余地，终审法院如果采取能动主义态度完全可能推翻地租的征收、补偿价格的计算标准、噪音管制的决定以及薪酬降低的调整，但它并未如此，虽然在判词中终审法院没有系统地论述"酌情裁量余地"原则，但自字里行间却隐隐透露出一种对行政和立法的尊重以及自我谦抑。正如梅师贤法官所说，如果我们僵硬地理解基本法，将剥夺立法裁量权。[1]

1　AGRIL LTD 及另外 58 家公司对差饷物业估价署署长（FACV1 & 2 / 2000）判决书，第 115 段。

（二）马道立法院：谦抑趋势不变

马道立法院通过 Catholic Diocese 案、霍春华案以及 Hysan 公司案逐渐建立起明晰完善的司法哲学，虽然经历孔允明案的反复，但总体倾向并未改变。Catholic Diocese 案的背后是香港社会对"制度不变"的期待，但这种不变绝非完全不变，基本法明确规定政府可以"改进政策"，哪种改进是制度延续，哪种改进是断裂，终审法院做出回答，只有"重大改变以致须放弃原有制度"才是不被接受的。[1] 霍春华案是一个里程碑案件，终审法院通过"酌情判断余地"原则详细阐述了其在政策问题上的基本态度。正如判词指出的：一般而言，裁定政府该等社会经济政策的利弊，不属法院的职责范围。法院应谨记其角色属检讨性质。法例越是涉及广泛社会政策的事宜，法院越是不愿干预。[2]

孔允明案的一反常态，以致有学者认为终审法院有"自恃过高"的嫌疑。另外有人担心本案判决是否会令其他永久居民的重要福利，例如公屋，受到影响。不过令人欣慰的是，Hysan 公司案修正了孔允明案的积极主义倾向。Hysan 公司案虽然社会影响力不大，但是却具有重要的理论影响力。终审法院通过比例原则吸纳温斯伯里原则，实际上对比例原则进行了"港式"改革。李义法官认为，法院运用比例原则应着重前三个子原则的审查，即目的合法性、适当性、必要性的审查，第四个子原则均衡性只是前三个原则的补充，如果通过前三个子原则，没有严重不均衡的情况出现，第四原则自然通过；至于如何审查必要性，李义认为应当采取"温斯伯里原则"的宽松审查标准。终审法院之所以要限制自己在必要性原则和均衡性原则上的裁量空间，实际上正是要尊重行政机构的裁量空间。

1　The Catholic Diocese of Hongkong also Known as the Bishop of the Roman Catholic Church in Hongkong Incorporation v. Secretary for Justice （FACV1/2011），para61.

2　Fok Chun Wa and Another v. The Hospital Authority and Another （FACV10/2011），paras62–66.

六、司法体制与制度：多元态度

如果说政治体制、政府政策类案件涉及到司法与立法、行政两权的外部关系，司法体制与制度类案件处理的则是司法系统内部的关系。从审查对象看，主要是对立法、普通法罪行以及普通法适用法律规则的审查；从内容上看，涉及上诉权与终审权、检控选择权、法律延续性、法律确定性、证据规则、适用规则等问题。

表 7　司法体制与制度类型案件

序号	案件编号	案件名称	审查对象与核心问题	处理结果
55	FACV1/1999	Yung Kwan Lee 案	立法；条约延续性	合宪
56	FACC1/2002	岑国社案	普通法罪行；法律确定性	合宪
57	FACC6/2001	刘昌案	普通法罪行；禁止任意监禁	合宪
58	FACV7/2003	一名律师诉律师会案	立法；纪律程序是否可以上诉	违宪
59	FACC2/2007	毛玉萍案	普通法罪行；法律确定性	合宪
60	FAMC64/2009	蒋丽莉案	立法；律政司司长检控选择权	合宪
61	FACV8/2010	莫乃光案	立法；选举呈请的终审权	违宪
62	FACC2/2011	Winnie Lo 案	普通法罪行；法律确定性	合宪
63	FACC13/2010	Muhammad Khan 案	证据规则；隐私权	合宪
64	FACC2/2012	Minney Edwin 案	法律适用规则	合宪
65	FACC3/2013	陈宥羲案	普通法罪行；网络言论自由	合宪
66	FACV13/2013	Ho Man Kong 案	证据规则；非法证据	合宪
67	FACV10/2016	三和海事公司案	立法；上诉权与终审权	合宪

（一）上诉权与终审权：温和能动

司法程序对案件的处理是分类进行，对于不同类型案件，法律会规定不同的上诉规则和终审层级，并非所有的案件都可以上诉到终审法院。对当事人而言，寻求最大限度的救济是其追求的目标，当上诉资格被剥夺的时候往往是争议产生的时候。

终审权与上诉权是一体两面的，终审权与终审法院的"切身利益"相关，这不免让人推测终审法院在此问题上会相当激进，而且从一名律师诉律师会案和莫乃光案的结果看似乎也是如此。但若从终审法院的判词分析，或许结论并非如此。首先，终审法院认为此类案件虽然涉及上诉权，但重心并非上诉权的保护，而是对终审权的限制，这意味着不会引用权利保护的宽松解释标准审查立法。其次，虽然强调法院在此问题上的司法审查权，但也顾及到立法的裁量权。最后，被裁定违反基本法的条款是绝对条款，因此被判定明显超出合理界限。这意味着如果不是绝对条款，还是有可能通过审查，事实上三和海事公司案正是注脚。如果我们将这 3 宗案件放在一起理解，或许能更准确地把握终审法院在此问题上的司法哲学，它并不保守，当然也算不上非常能动或激进，只要不是绝对禁止终审权的规范是可以通过审查的，或许温和能动是一个更合适的描述。

（二）审查普通法罪行：保守主义

是否遵循先例是判断能动与保守的重要标志，而作为先例"精华"的普通法罪行的审查更能够体现出法官对待先例的态度。如果法院敢于推翻普通法罪行或其构成要件，可以确定地说，法院的态度是激进的。终审法院共处理了 5 宗普通法罪行案件，即岑国社案、刘昌案、毛玉萍案、Winnie Lo 案、陈宥羲案；分别涉及到公职人员行为失当罪、普通法下的谋杀罪的犯罪意图、串谋诈骗罪、助讼或包揽诉讼罪（Mamtenance and Champerty）、作出有违公德罪。岑国社案、毛玉萍案、Winnie Lo 案主要从法律的确定性出发对有关罪名进行审查。刘昌案和陈宥羲案主要从基本权利出发对普通法罪行进行审查。

从上述案件的判词和审理结果可以看到，终审法院在对待先例中保留的普通法罪行时非常谨慎，不敢贸然推翻之，亦不愿任意扩大该罪行的解释。例如 Winnie Lo 案中的助讼或包揽诉讼罪在英国已经被制定法否定，但是香港仍然是普通法罪行，并未被立法否定。终审法院并未取代立法机关的角色，利用基本法审查权而直接推翻之，相反，终审法院仍然承认该罪的有效性，只是在应用层面更加务实和宽松。[1]

（三）证据规则：折衷主义

证据规则中最容易产生争议的是非法证据排除问题，Muhammad Khan 案、Ho Man Kong 案处理的正是这个问题，分别涉及到秘密录音和窃听证据。终审法院在证据问题上的态度是稳健平衡的。首先，证据问题上对待权利的态度不同于普通权利案件，它不会"偏执地"采用宽松解释基本权利的标准，而是寻求基本权利与公共利益的均衡状态。其次，它认为自己拥有证据取舍的酌情权，这看似自我加权，但却是证据判断之必要权力，而且它确立了明确的判断标准，不至于让该项权力不受控制。具体而言判定接纳有关证据须满足 3 个条件：（1）有助于达致公平审讯；（2）与有关的一项或多项权利应受的尊重并无冲突；（3）看来不大可能会在未来鼓励他人侵犯该项（该等）或其他权利。[2]

七、结论及反思

（一）结论

对回归 20 年终审法院审判案件分类处理是理解其司法哲学的必要方法，如果没有类别维度，仅有时间维度，我们恐怕只能通过吴嘉玲案识别出回归初期终审法院的激进司法哲学，其后阶段如何客观评价终审法院将变得非常模糊。此外，分类处理也是符合司法审判规律的方法，所谓"物以类聚"，我们阅读法院判词会发现，引用先例一定是引用同类案件，也只有同类案件

---

1 伍兆荣、柯伍陈：《香港的助讼、包揽诉讼及资助他人诉讼》，载《香港律师会会刊》2014 年 2 月。

2 香港特别行政区诉 Muhammad Riaz Khan（FACC13 / 2010）判决书，第 20 段。

才具有可参考性，因此司法哲学会因某类案件有所不同，而当我们把不同类的案件混杂在一起，则无规律可循。当然分类是一个比较主观的处理过程，分类没有绝对的正确，本文的分类也仅是提供一个理解框架和路径。总结来看：（1）在中央与特区关系领域，终审法院的司法哲学经历了大幅度调整。吴嘉玲案是触碰"一国两制"底线的判决，触底反弹后终审法院通过庄丰源案转向"技术"试图回避"政治"，但背后仍然有挣脱情绪，直到马道立法院的刚果（金）案，中央与特区关系终于惊险进入正轨并逐步稳定。（2）普通实体权利保护领域是终审法院能动主义的最主要平台，只要不涉及"一国"要素，它都会延续吴嘉玲案权利解释的宽松态度，对立法和行政决定严格审查，不论李国能法院还是马道立法院均是如此。程序权利问题上它却保守很多，特别是对待无罪推定原则，它非但没有做出违反基本法的判断，而且使用了补救性解释的处理方式。外国人居留权等相关权利问题上，终审法院态度复杂，比较碎片化，但在涉及到本地居民重大利益的"菲佣"问题上，它是清醒稳健的。（3）政治体制／制度类案件均由马道立法院处理，这些案件之所以在 2010 年之后频发与香港的政治生态变化不无关系。终审法院在处理这些案件时展示出足够的克制与尊让，没有支持任何一项基本法挑战。（4）政府政策案件方面终审法院亦展示出与实体权利保护领域的不同哲学。我们可能会将目光聚焦于孔允明案，而实际上孔允明案仅是特例而非常态。在其他案件中，终审法院始终秉持着对自由裁量权和专业的尊重。（5）司法体制和制度案件的处理倾向稍显复杂。在涉及到"切身利益"的终审权问题上，终审法院较为能动；而对待普通法传统比较保守；在证据制度、检控制度等其他方面则秉持折衷主义态度。

（二）反思

本文定位于对香港终审法院基本法审查哲学的描述，即回答司法态度"是什么"的问题。这个问题的回答能够帮助我们更全面的理解终审法院对"一国两制"重要问题的态度，更客观的评价终审法院在回归二十年的总体表现。当然，香港终审法院的表现并不完美，特别是回归初期居港权问题的处理上，但之后它不断地调整角色，在不同领域采取不同态度。涉及到中央关切的问题，从刚果金案到议员宣誓案，终审法院稳健地尊重"一国"权威；对待立法和政府政策，终审法院采取谦抑主义；在普通基本权利上，则一贯坚持能动。这种"分而治之"的处理方式实际上有助于基本法权威的树立。或许有人认为终审法院保护权利过度，不利于统合，实际上严格保护权利不单是宪制性法律的根本目的，也是在"一国两制"框架下的政治性平衡机制，为了防止香港社会的政治动能冲击"一国"，需要其他的泄洪道，权利保护的积极主义正是扮演这个角色，保护权利可以给民众带来安全感，限制权利反而更加影响港人对"一国两制"的信心，进而带来更多的街头政治和动荡。法院迄今为止仍然是香港社会声望最高的公权力机构，对管治和秩序具有重要意义，盲目批评法院绝非明智之举，即使批评也应该有理有据、以全面了解为前提。香港法院至少终审法院目前依然扮演着"一国两制"和基本法守护者而非破坏者的角色，应该尊重。

（本文刊载于《法学评论》2020 年第 3 期。）

香港立法会选举中的选区划分与席位分配的内在矛盾

何俊志 *

〔摘要〕有关香港立法会选举的各种讨论，都需要首先解决选区划分和席位分配问题，但是前期的讨论鲜有理论支持。结合数学研究的结论及美国和欧盟的经历可以发现，在解决选区划分和席位分配的矛盾方面已经形成了一套基本原理。香港立法会选举在选区划分和席位分配方面的独特经历在于，本来有利于大选区的席位分配方式，结果反而不利于大选区。其背后的主要矛盾是没有处理好席位分配公式、人口变动趋势、席位上下限和偏差大小之间的关系。

〔关键词〕选区划分　席位分配　立法会选举

一、问题与背景

1998 年以来，香港立法会的地方选区选举一直采用的是比例代表制的选举制度。对于比例代表制原理、比例代表制的计票公式在香港的适用情况等已经有比较多的讨论。总结关于香港立法会选举中的比例代表制问题，前期研究的结论大体上可以归结为四种观点：一是认为应该坚持比例代表制；二是认为应该对比例代表制进行技术性修改；三是认为应该将现行的比例代表制修改为多数决制或混合选举制；四是采用某种两院制选举

---

* 何俊志：全国港澳研究会副会长、中山大学粤港澳发展研究院常务副院长。

的模式。[1] 本文提出问题的背景在于，无论香港立法会选举将会维持还是改革现行的选举制度，当务之急是必须要处理好由选区划分和席位分配所引出的基本问题。这是因为，在香港选举管理委员会历次就选举方法征求公众意见时，都有为数不少的关于选区划分和席位分配的建议。但是这些建议既没有得到正面的回应，也没有引起相关的学术讨论。

从民主选举内在要求平等原则出发，"一人一票，同票同值"是现代选举的一项基本原则。但是，在实践中，到目前为止还没有哪一个国家能够完全实现这一理想状态。不过，经过近百年的实践和研究，目前已经形成了一些基本的共识，为相关讨论提供了基本的背景。因此，本文提出的一个基本问题是，根据通行的选区划分与席位分配的基本原理，香港立法会地方选区的比例代表制到底提供了何种启示？或者说，到底应该如何从理论上解释香港立法会选举中的选区划分和席位分配问题？

二、选区划分与席位分配的一般原理与国际实践

一些数学家认为，要真正按照民主原则公平地划分选区并平等地分配席位，必须要同时满足三项原则。一是单调性原则：某一行政单位的人口数与席位数大致成比例；二是配额原则：某一行政单位所获得的席位不超过其理想配额的正负一个单位；三是人口原则：某一次人口普查结束后，不会同时出现某一行政单位人口增加但席位减少、另一行政单位则人口减少席位增多的现象。数学上的巴林斯基-杨氏不可能定理（Balinski-Yong

---

1 相关观点可以参见李晓惠：《迈向普选之路：香港政制发展进程与普选模式研究》，香港：新民主出版社有限公司，2013 年，第 553 页；蔡子强：《香港选举制度透视》，香港：明报出版社有限公司，1998 年，第 111 页；马岳、蔡子强：《选举制度的政治后果：港式比例代表制的经验》，香港：香港城市大学出版社，2003 年，第 213 页；郭天武等：《香港基本法实施问题研究》，北京：中国社会科学出版社，2012 年，第 281 页；李永达：《有关普遍原则和概念讨论的总结》，立法会 CB（2）900/06-07（01）号文件，2006 年；立法会政制事务委员会：CB（2）1971/05-06（02），2006 年。

impossibility theorem）表明，不可能找到一套完全满足上述三项原则的席位分配方案。[1]

在美国选举史上，最初采用的是用总人口除以总席位作为基数再分配到各个州的做法，俗称汉密尔顿法。汉密尔顿法的最大的特点是，当以总人口除以总席位作为基数，再以各州人口数除以这一基数时，在绝大多数情况下每个州都会有小数，而且第一次整除以后并不一定能够将所有的席位分配完。汉密尔顿法的基本操作是，按照小数点后余数的多少作为分配余下席位的顺序。[2] 一些简单的计算就可以表明，汉密尔顿席位分配法会在实践中导致各个行政单位或者选区之间的人口与议席比呈现出比较大的扭曲。

表 1　不同席位分配方法的偏向

人口	亚当斯法	迪恩法	希尔法	韦伯斯特法	指数法	杰斐逊法
27744	10	10	10	10	10	*11*
25189	9	9	9	9	*10*	9
19951	7	7	7	*8*	7	7
14610	5	5	*6*	5	5	5
9225	3	*4*	3	3	3	3
3292	*2*	1	1	1	1	1
100000	36	36	36	36	36	36

来源：Michael L. Balinski and H. Peyton Yong. Fair Representation-Meeting the idea of one man, one vote, 2nd edition.Washington D.C.:Brookings Institute Press. 2001, p.96. 表中的人口在原始表格中为党派

假设某一区有 10720000 人口，一共需要分配 21 个议席，则每个议席的基数为 10720000/21＝510476 人。再设 A 选区有 7270000 人，则

1　Taylor A. D. , and Pacelli, A. M. Mathematics and Politics, Strategy, Voting, Power and Proof. New York: Springer. 2008, p. 153.

2　Taylor A. D. , and Pacelli, A. M. Mathematics and Politics, Strategy, Voting, Power and Proof. New York: Springer. 2008, p. 155.

7270000/510476=14.24；B 选区的计算结果为 1230000/510476=2.41；C 选区的计算结果为 2220000/510476=4.35。根据汉密尔顿席位分配法，最终的分配结果为 A 选区 14 席，B 选区 3 席，C 选区 4 席。现在我们将每个选区的人口除以议席之后，得出的结果为：A 选区为 7270000/14=519286；B 选区为 410000 人；C 选区为 555000 人。显然，B 选区只相当于基数的 80.32%。

此后，美国国内的学者和政治家为了解决这一问题，先后研究和实践过的方法包括亚当斯法、迪恩法、希尔法、韦伯斯特法、指数法和杰斐逊法等。上表中加粗斜体数字即为某一特定的分配方法对特定区域或党派所带来的制度红利，即采用这一方法后相对于其他方法而为特定区域带来的制度性偏向。上表同时也表明，在美国曾经采用的几种基本方法，都会偏向特定的行政区域，没有一种方法可以完全满足公平原则的三项要求。回顾美国国会的席位分配史可以看出，由于国会已经采用了两院制来平衡大州与小州的矛盾，而且参议院固定了每州的议员席位，实际上的席位分配就主要围绕着众议院展开。再加上众议院的席位分配完全依据的是人口比例原则，因此各种席位分配方法都是以除数方法作为基数。显然，在那些没有通过两院制预先平衡大小行政区之间矛盾的国家或地区，简单地采用除数方法就会引出更多的矛盾。不过，也有学者认为，在前述的各种方案中，相对而言，韦伯斯特法最为接近理想状态，而且其偏向小州的可能性也比较低。[1]

在欧洲一体化的过程中，根据 1978 年开始实施的《布鲁塞尔法案》第 2 条的规定，主要根据成员国的人口比例分配议席，但是给予小国适当的照顾。至 1994 年第四次选举时，则更加强调人口比例均衡的原则分配席位。[2] 显然，欧洲议会的实践历程表明，在席位分配的过程中，当成员国数量增多而

---

1 Young, H. P. *Equity, In Theory and Practice*. Princeton: Princeton University Press. 1994, p. 63.

2 阎小冰、邝杨：《欧洲议会：对世界上第一个跨国议会的概述与探讨》，北京：世界知识出版社，1997 年，第 70-71 页。

且各国人口差异较大时，必然面临的一个问题就是人口比例原则同大国与小国之间的矛盾。为了协调这一矛盾，2010 年签订的《里斯本条约》规定，在欧洲议会中，每个成员国的议员席位不少于 6 名，不多于 96 名，整个欧洲议会的议员席位不超过 751 名。此外，2007 年的一项动议还规定了一条"比例递减原则"（degressive proportionality）：人口越多的国家，议员所代表的人口数越多。[1] 这四个方面的条款既规定了每个国家议员席位的上限和下限，也规定了整个欧洲议会议员席位的上限和基本的比例原则。与此同时，各个成员国在获得欧洲议会分配到的席位之后，还面临着如何在一个国家内部划分选区和分配席位的问题。因此，欧洲议员的席位分配问题，既涉及到议员席位如何在各个国家分配的问题，还涉及到如何在一个国家内部划分选区和分配席位的问题。

2011 年 1 月 28 日至 29 日，一个由数学家、政治科学家和欧洲议员组成的团队在剑桥大学数学中心举行会议，在各种争议性的方案中最终确定了一套被命名为"剑桥妥协"（Cambridge Compromise）的折中方案。这一妥协方案由两部分构成：基数和比例。"剑桥妥协"方案的具体表达公式为：$A_d(P) = \min\{b+p/d, M\}$，$T(d) = \sum_i [A_d(P_i)]$。其中，$A_d(P)$ 即为各成员国获得的席位数，b 为分配给各成员国的基本数，d 为除数，p/d 的结果取上位整数。在具体分配的过程中，主要通过调整除数 d，以使各成员国的总席位数达到法定上限。由于《里斯本条约》规定每个成员国获得分配的议席不能少于 6，该团体通过比较 5 和 6 两种基数方案，并考虑到将来的成员国加入情况后，最终选择了 5 作为基数。[2]

---

1 Grimmett, G. R "European apportionment via the Cambridge Compromise". Mathematical Social Sciences, Vol. 63, 2012, pp. 68-73.

2 Grimmett, G. R ". European apportionment via the Cambridge Compromise". Mathematical Social Sciences, Vol. 63, 2012, pp. 68-73.

表 2　欧洲议会的议员席位分配方案：剑桥方案与实际席位的对比

序号	国家	剑桥方案	2014	2019	序号	国家	剑桥方案	2014	2019
1	奥地利	16	18	18	15	意大利	78	73	73
2	比利时	18	21	21	16	拉脱维亚	8	8	8
3	保加利亚	15	17	17	17	立陶宛	9	11	11
4	克罗地亚	11	11	11	18	卢森堡	6	6	6
5	塞浦路斯	6	6	6	19	马耳他	6	6	6
6	捷克	18	21	21	20	荷兰	25	26	26
7	丹麦	12	13	13	21	波兰	51	51	51
8	爱沙尼亚	7	6	6	22	葡萄牙	18	21	21
9	芬兰	12	13	13	23	罗马尼亚	31	32	32
10	法国	83	74	74	24	斯洛伐克	12	13	13
11	德国	96	96	96	25	斯洛文尼亚	8	8	8
12	希腊	19	21	21	26	西班牙	61	54	54
13	匈牙利	17	21	21	27	瑞典	17	20	20
14	爱尔兰	11	11	11	28	英国	80	73	73

数据来源：https://www.europarl.europa.eu/about-parliament/en/in-the-past/previous-elections；Geoffrey R. Gremmet. "European Apportionment via the Cambridge Compromise". Mathematical Social Science，Vol.63，2012，pp.68-73. 综合两套数据整理

从上表中可以看出，在实际操作中，欧洲委员会在决定欧洲议会 2014 年和 2019 年选举的席位分配过程中，并没完全遵行任何一种特定的议席分配公式。即使在人口分布绝对会发生变化的背景下，在 2014 年和 2019 年两次欧洲议会选举中，实际的分配方案都是维持总席位 751 名和各个国家的具体席位不变。如果对照剑桥方案，可以发现法国、英国、西班牙和意大利四国的席位相对受到了压缩。

美国和欧盟的经历同样表明，无论采用何种公式，都只能是接近而不能完全实现理想状态。在不违背选区划分的基本原则之下，能够遵循基本的公平原则且不直接违背相关法律，就是一套可接受的方案。

三、香港立法会选举中的选区划分与席位分配

根据 1997 年刊宪的《立法会条例》第 18—19 条的规定，在比例代表制之下，为选举中选出地方选区中的议员而划定的地方选区的数目为 5 个选区。首届立法会选举中所有地方选区共选出 20 名议员。每个地方选区选出的议员人数不少于 3 名，不多于 5 名。2003 年修改为，所有地方选区须选出共 30 名议员。每个地方选区选出的议员人数不得少于 4 名，亦不得多于 8 名。2003 年修改的条例同时做了补充说明：第三届及以后的各届立法会选举中地方选区的数目和每个地方选区选出的议员数目，以《基本法》附件二修订前为准，日后立法会的组成仍然与第三届一样。

接下来，2010 年立法会修订《立法会条例》决定 2011 年地方选区的议席分配时，就遇到了问题。根据 2010 年立法会 CB（2）150/10-11（01）文件的建议，准备在新一轮选举中将地方选区和功能界别的议席都增加至 35 席。根据当时的预测，2011 年香港人口将增加至 720 万。其中 374 万（52%）在新界，346 万（48%）在市区。如果以地方选区 35 席计算，每个地方选区的席位的标准人口基数是 206000 人。而在 374 万新界人口中，新界西人口预计将达 200 万。这样，新界西就应该分配到 10 个席位。如果将 10 个席位分配到新界西，则理论上只要超过 10% 的有效选票就可以获得一个议席。

前期经验同时表明，在香港地方选区所采用的名单比例代表制下，获得最后一席而胜出的候选人，可能只获得了该区有效选票的 5%（甚至不到 5%）。而 2003 年修改的《立法会条例》第 60C 条则规定，一名候选人或一张候选人名单获得的选票少于该区的 5%，则不获得财政资助资格。而《立法会（提名所需的选举按金及签署人）规例》第 542C 章第 4（3）条则规定，一名候选人或一张候选人名单所得的选票总数少于该区有效选票的 3%，缴存的按金将被没收。[1]

---

1 相关说明可参见香港立法会网站：https://sc.legco.gov.hk/sc/www.legco.gov.hk/yr10-11/chinese/bills/brief/b18_19_brf.pdf，最后访问时间：2020 年 4 月 3 日。

虽然这次条例修改采用了一种妥协性的结果，给新界西选区分配了 9 个议席而缓解了上述矛盾，但从此也就拉大了香港立法会选举中选区划分与人口比例的扭曲程度。从 2012 年开始至今，新界西的人口无论如何变化，作为一个地方选区都仍然维持着 9 个席位。

根据《选举管理委员会条例》第 17（1）条的规定，香港立法会选举所使用的"标准人口基数"，是指将香港总人口数除以在有关选举中从所有地方选区中选出的议员总数所得之数。同时，《选举管理委员会条例》（第 541 章）第 20（1）（a）及（1）（b）条规定，选举管理委员会须确保各项建议中的地方选区的范围须使其人口在切实可行的范围内，尽量接近标准人口基数乘以该地方选区中选出进入立法会的议员人数所得的数目。在遵从这项规定并非切实可行的情况下，选管会须确保该地方选区的范围须使其人口不少于该地方选区所得数目的 85%，亦不多于该地方选区所得数目的 115%。在 2019 年立法会政制事务委员会向立法会提交的报告中就发现：如果在 2020 年的立法会选举中新界西仍然只分配 9 个议席，新界西地方选区所得数目偏离百分比将达 11.9%（立法会 CB（2）1771/18-19 号文件）。这一数据已经表明，香港选举管理委员会即将面临的一个两难困境是：如果不增加新界西选区的席位数，新界西地方选区所得数目将可能逼近 85% 这一下限；而如果给新界西增加席位，则又面临现有的《立法会条例》规定的地方选区所获议席上限为 9 席的限制。

目前虽然还没有看到，香港选举管理委员会到底会采取何种措施来走出这一两难困境。但是，可以预见的是，即使香港选举管理委员会能够在 2024 年缓解这一矛盾，在今后的选举中还会再次出现这一问题，而且可能会出现更大的冲突。这是因为，香港立法会席位分配目前所采用的用总人口除以席位数作为基数进行分配的方法所遇到的困境，美国人早就遇到了。按照香港选举管理委员会的标准，这一数据显然已经出现较大偏离。

如果我们按照上述思路来检讨回归以后香港立法会选举五个地方选区在人口基数与议席之间的关系，就会发现这一问题早已出现。1998 年第一次采用比例代表制并以人口基数为标准而划分选区时，在香港并没有出现太大的争议。但是，选举管理委员会为了 2000 年的立法会选举而划定选区时，则出现了争议。

表 3　各选区人口数与席位数：1998 年与 2000 年比较

	1998 年（基数 326335）			2000 年（基数 280704）		
	人口	商数	议席	人口	商数	议席
香港岛	1360700	4.17	4	1343400	4.79	5
九龙西	1026000	3.14	3	1029000	3.67	4
九龙东	1046200	3.21	3	1016100	3.62	4
新界西	1682800	5.16	5	1804900	6.43	6
新界东	1411000	4.32	5	1543500	5.50	5

数据来源：香港选举委员会：www.eac.hk。基数为总人口数除以总席位数；商数为选区人口数除以基数

在 2000 年的选区划分与席位分配方案出台之前，就已经有人提出，2000 年香港岛和九龙西的人口都在减少，席位反而有所增加；新界东的人口有所增加，席位则没有发生变化。选举管理委员会的答复是，1998 年和 2000 年的分配方案都没有突破法律规定的上限和下限，而且相对于 2000 年的方案而言，新界东在 1998 年偏离标准人口基数的幅度更大（−13.52%）。选举委员会接下来在对 2004 年的席位进行分配时，就遇到了实际问题。

表 4　香港立法会选举的选区划分与席位分配：2004 年

选区	人口	基数	席位	商数	偏差（%）
香港岛	1274600	231923	6	5.5	−8.40
九龙西	999600	231923	4	4.31	7.75
九龙东	1034300	231923	5	4.46	−10.81
新界西	2004300	231923	8	8.84	8.03
新界东	1644900	231923	7	8.39	1.32

数据来源：香港选举委员会：www.eac.hk。商数为选区人口数除以基数；基数为总人口数除以总席位数

如果严格按照汉密顿法所要求的余数法进行分配，第一轮取整数，只分配了 29 个席位，剩下一席应该分配给整数后面的小数余数最大的新界西（8.84）。但是，如果将这一席分配给新界西，就会导致偏差超过 15% 的违法结果。选举委员会后来遵循的是不超过最大偏差原则，将最后一席给了余数排第二的香港岛（5.5）。这一做法虽然遵循了偏差最小原则，但实际上已经违背了汉密尔顿法的小数最大优先原则。选举管理委员会同时也承认，如果对某些选区进行微调，就可以既不违背分配原则，而且可以将偏差幅度控制在可以接受的范围之内，甚至还更小。根据 2004 年香港的行政区划和人口分布，至少还可以产生出五种可以接受的方案。这里仅举一例说明。

表5　2004 年香港立法会选举：将西贡划入九龙东选区的席位分配结果

选区	人口	席位	偏差（%）
香港岛	1274600	6	−8.40
九龙西	999600	4	7.75
九龙东	1437200	6	3.28
新界西	2004300	8	8.03
新界东	1242000	6	−10.75

数据来源：香港选举委员会：www.eac.hk

显然，如果将西贡划入九龙东选区，重新进行席位分配后，最大偏差（−10.75%）要小于原有分配方案中的最大偏差（−10.81%）。但是选举管理委员会没有改变的理由是，分配结果不会明显变好，但却要改动现有地方选区的分界。

正是看到 2004 年立法会选举中的选区划分和席位分配中的潜在问题，选举管理委员会在 2003 年 7 月 15 日正式向公众提出咨询之前，就收到了 13 项要求调整选区和席位的书面建议。其中一些建议已经深刻地看到，随着新界人口增长而带来的席位增长，若完全按照以前的做法进行选区划分和席位分配，可能会引出非常不利的政治后果。例如，根据选举管理委员会拟定的选区划分方案，在新界西要赢得最后一席只需要 18000 票，而九龙西则需要 38000 票。如果再考虑到新界西的席位较多，相当一部分政团会认识到，同样的资源投入到新界西，要比九龙西带来更多的收益。从而导致新界西的选情非常激烈而九龙西的选民挑选空间不大。[1]

　　在当年的公众咨询环节中，民意提出的改革方案就包括：（1）为九龙西增加一个议席，同时将新界东西的人口大致平分；（2）将九龙西和九龙东合并为一个九龙区；（3）严格按照汉密尔顿法，将香港岛席位改回 5 席，新界西改回 9 席；（4）把全香港的立法会选区划分为 7 个：香港岛（5 席），九龙西（4 席），九龙东（4 席），新界西北（元朗 + 屯门，5 席），新界西南（荃湾 + 葵青 + 离岛，4 席），新界东北（大埔 + 北区，3 席），新界东南（沙田 + 西贡，5 席）（5）把新界西分为两个人口规模大致相等的选区；（6）把新界西的葵青并入九龙西，把新界西的离岛并入香港岛；（7）将香港岛的一个席位减去给予九龙西；（8）把新界西的葵青部分地区并入九龙西选区。[2]选举管理委员会最终回绝上述所有建议的理由，主要有两条：一是立法会条例明确规定了选区数目；二是选举管理委员会明确设定了偏差的上限和下限。

　　在此后历届选举之前的选区划分和席位分配过程中，都曾经出现过类似的改革建议，但是选举管理委员会碍于立法会条例和选举管理委员会条例规定的法定选区为五个和上下限不超过 15% 的规定，都是通过在各选区之间进行调剂而实现平衡。在大多数情况下，这种调剂都不会遇到太大的问题。但是，在 2020 年的选区划分方案中，却遇到了非常大的难题。如果只看结果，2020 年的选区划分方案并没有违背五大选区和不超过上下限的原则。但是，

1　香港选举管理委员会：《2004 年立法会选举选区划分报告》，书面申述摘要，www.eac/hk，最后访问时间：2020 年 4 月 4 日。

2　同上注。

如果考虑到 2020 年估计的香港总人口数为 7558100，一共 35 个议席进行分配，则基数为 215946。预测新界西的人口为 2174700，除以基数后的商数为 10.07。根据公式计算，新界西至少应该拿到 10 个议席。但是，实际分配结果是，新界西选区只拿到了 9 个议席。显然，选举管理委员会基于立法会选举的数目和上下限的约束，又不愿意在选区间进行调节的情况下，已经违背了用总人口除以总席位后以基数为标准分配席位的原则。可以预见的是，在下一届立法会选举之前，新界西选区的人口仍然会呈增长之势。如果仍然固守现有的模式，新界西选区的席位问题，可能会引出司法诉讼。

四、选举门槛问题

显然，如果各选区之间的席位数不等，无论选区人口多少，选区席位的差异都会带来当选门槛的差异。如果再考虑到各选区之间的参选形势和选民登记率及投票率的差异，这一形势将变得更为复杂。

简单而言，在 1998 年以来的香港立法会选举史上，选区席位最多的为新界西与新界东。从 2012 年开始这两个选区的席位就各为 9 名。最少的为 1998 年的九龙西和九龙东，各为 3 名。在理想情况下，如果选区席位有 9 个，最后一位获得席位者只需要获该选区 1/9 的选票；如果席位有 3 个，则需要获得 1/3 的选票。如果考虑到参选候选人的席位总是大于当选席位，则席位为 9 的选区至少需要获得 1/10 的选票；席位为 3 的选区至少需要获得 1/4 的选票。

问题在于，实际上决定最低门槛高低的因素并不仅仅是上述的理论门槛，现实之中的门槛在更大程度上取决于参选力量的多少，在香港则体现为参选名单数的多少。而且，席位越多的选区，会吸引更大比例的名单到该区参选。举例而言，席位为 3 的选区，很可能吸引到 6 张名单参选；席位为 9 的选区，更有可能吸引到 18 张名单参选。在名单越多的情况下，获得最后一席所需选票比例就越低。这一机制不但引出了选区大小不等导致的当选基数不等的不平等问题，而且还会导致某些选区的最后一席当选门槛太低而缺少正当性的问题。

表 6　香港立法会选举各选区实际当选门槛的基本情况：1998—2016 年

变量	选区数	平均值	标准差	最小值	最大值
当选门槛	30	0.1149	0.0505	0.0442	0.2247

数据来源：根据选举管理委员会资料自建数据库

上表显示，在 1998 年至 2016 年期间的立法会选举各选区中，以实际回收的有效票数为基础计算，平均最低门槛为 11.49%，最低当选门槛为 4.42%，最高当选门槛则为 22.47%。一般都认为，在 2016 年的新界西选区，取走最后一席的何君尧，其获得的 35657 张选票只占有效票数的 5.91%，差一点就跌过香港立法会选举的补助底线。但是，如果详细考察 1998 年以来的历次立法会选举结果，会发现最低门槛是 2004 年立法会选举中香港岛的蔡素玉，排在马力之后当选，其实际的门槛只有 15643 张选票，只占全部有效票的 4.42%。只不过其整张名单超过了 5% 的得票，而且当时还没有实行选举补贴制度，才不至于出现无法获得补助的问题。而如果在极端情况下跌过 3%，香港将有可能出现选举保证金被没收而当选为立法会议员的现象。

五、选区划分与席位分配的深层问题

基于香港现有选区划分和席位分配方式的问题，已经有比较敏感的评论人士以评论编辑室的名义，提出了一种新的方案。首先是将北区、元朗和大埔区划为新界北选区。如果这样划分，则香港立法会选举的地方选区将分为六区：新界北（6 席）、新界东（5 席）、新界西（7 席）、香港岛（6 席）、九龙西（6 席）、九龙东（5 席）。二是将本属于新界西的南丫岛及蒲台划入香港岛，现属大埔区的西贡北留在新界东，会令选区划分更加合理。但是，论者同时也指出，一旦新界两个选区划分新选区，势必将不利于两个选区各有两个议席的民建联，因此会成为改革选举制度的最大阻力。[1]

如前文所述，在有关香港立法会选举的选区划分与席位分配问题上，这一观点并不新鲜。从 2000 年开始，就已经有一些关心香港立法会选举中的选区划分和席位分配问题的人士在不断提出这一问题。香港选举管理委员会的官员同样对这一问题有深刻的体会。从理论上讲，当然可以通过选区数量和分配模式的改变而逐步缓解香港立法会选举在选区划分和席位分配上的基本问题。选举管理委员会此前做的多项测试已经表明，确实可以找到一些比目前的选区划分更加公平的办法。但是，香港立法会选举目前面临两个难以突破的法律障碍：一是立法会条例规定的五大选区；二是选举管理条例设定的不超过 15% 的上下限。而为了不违背这两条原则，香港选举管理委员会实际上已经不完全按照基数法来分配各选区的席位。香港有关参与方可能还没有注意到的是，香港立法会选举目前遇到的问题，只不过是选区划分和席位分配问题中的冰山一角。

实际上，香港立法会选举中的选区划分和席位分配规则，所依据的汉密尔顿标准，在美国的实践中一开始就碰到了 2000 年和 2020 年遇到的问题，即人口增长反而导致席位减少；按照除数分配的席位被无端减少。正是在发现了以除数加余数为标准的汉密尔顿法的问题之后，汉密尔顿的政敌杰斐逊提出了另外一套替代方案。在这套方案中，首先还是用总人口除以总席位作为配额。在用各州人口数除以基数不能一次性用商的整数分配完毕席位时，则通过试错的方式逐渐将除数缩小（D-d，D 原有除数，d 为调整数），直至能够一次性用商的整数将所有席位分配完毕。由于杰斐逊的方案可以一性将席位分配完毕，而且满足了当时的法律要求的每一众议员的人口数不低于 30000 的标准，时任总统华盛顿否决了汉密尔顿方案而采用了杰斐逊方案。从 1792 年开始，一直到 1842 年，美国国会众议院都是用杰斐逊

---

1 评论编辑室：《重塑选举正义：选区划界与选举制度改革趋势》，香港：《香港 01》2019 年 5 月 6 日。

法分配席位。[1]

一些政治家在 19 世纪 30 年代发现，杰斐逊法在实践中会经常偏向大州，其原因在于这种方法在一次性整除时完全舍弃小数而只取小数前面的整数。为了校正杰斐逊法的这一偏向，亚当斯（John Quincy Adams）在 1830 年的人口普查后又提出了另一种方法。这种方法与杰斐逊法唯一的不同是，在最后决定席位分配时，不是取小数前面的整数，而是将凡是有小数的情况全部增加一席（例如，某州的商数如果为 8.3，杰斐逊法取 8，亚当斯法则取 9）。但是由于原理与杰斐逊法完全相反的亚当斯法又明显偏向于小州，同样会带来新的不均衡问题。

鉴于这种情况，韦伯斯特（Daniel Webster）提出了一种就近取整的方法（类似于四舍五入）来调和杰斐逊法和亚当斯法。虽然美国国会在 1842 年之后采用了韦伯斯特法，但随后又有人发现，这种方法同样偏向于小州。因此，从 19 世纪 50 年代开始，美国国会众议院的席位分配方法又回到了最初的汉密尔顿法。[2] 随后遇到的意外现象是，随着美国的总体人口和州的数量的增长，在根据人口变化调整各州的众议员席位时，出现了阿拉巴马悖论（Alabama Paradox）：阿拉巴马州的众议员席位随着人口的增长反而变少了。1911 年至 1930 年期间，美国又回头使用韦伯斯特法。同时，为了减少人口和议席的双向变动引起的不必要的波动，美国国会众议院于 1912 年将席位固定为 435 个，同时规定每个州至少要有一个议席，剩余的席位则按照各州人口比例分配。

从 1941 年开始，美国国会众议院又开始采用一种"平等比例法"（equal

---

1 Caulfield, M. J. "Apportioning Representatives in the United States Congress-Jeferson's method of apportionment". Mathematic Association of America. https://www.maa.org/press/periodicals/convergence/apportioning-representatives-inthe-united-states-congress-introduction. 2020, April 5th.

2 Taylor, A. D., and Pacelli, A. M. Mathematics and Politics, Strategy, Voting, Power and Proof. New York: Springer. 2008, p. 156.

proportions）或希尔法（method of Joseph Hill）来分配每州一席之外的剩余席位。这种以几何平均数为基础的计算方法可以表示为：假设有三个州分配 21 个席位，人口分别为 7270000，1230000，2220000，先用 500000 作为除数，则结果分别为 14.54，2.46 和 4.44。则 A 州的邻近几何平均数 sqrt（14*15）＝14.491＜14.54，因此 A 州应得 15 席；B 州的邻近几何平均数 sqrt（2*3）＝2.449＜2.46，B 州的应得席位为 3。但是由于（15+3+4）＞21，席位不够分配，因此必须调整除数。当除数为 502000 时，则三个州的商数分别为 14.482、2.45、4.422。由于只有 B 州的商数 2.45 大于其邻近几何平均数 2.449，因此只需要将 B 进位，最后的分配结果为 14：3：4。在 1941 年之后，美国国会众议院一直沿用这种方法分配席位。[1]

六、结论与讨论

从本文的讨论中可以得出的基本结论是，香港的选区划分和席位分配的基本原理是以汉密尔顿法为基础的基数法。但是在实施的过程中出现的一个基本的矛盾在于，本来有利于大选区的汉密尔顿法，在香港出现了不利于大选区的局面。其背后的原因在于，本来有利于大选区的汉密尔顿法在香港受到了选区名额上下限和15% 偏差比的约束，使得选举管理委员会无法突破这一困境。

在实践中，要在当前进行合理的席位分配和选区划分，首要需解决的问题就是新界西的问题。如果仍然坚持比例代表制，根据人口原理，新界西至少应该分配到 10 个席位。但是根据目前的《基本法》附件二、《立法会条例》和《选举管理条例》的规定，每个选区不超过 9 个席位的上限不能突破。而且选举管理委员会所实行的上下限不超过 15% 的条件也没有突破。而如果香

---

1 Young, H. P. Equity, In Theory and Practice. Princeton：Princeton University Press. 1994，pp. 53–54.

港的人口变动趋势导致在 2024 年之前突破上下限 15% 的标准时，重划选区将不可避免。

因此，如果要维持现有五大选区和 15% 的上下限，汉密尔顿法就不是一种理想的方法。相对而言，韦伯斯特法会比汉密尔顿法更能缓解当前面临的矛盾。除了以汉密尔顿法和韦伯斯特法为代表的除数法外，当代世界各国采用的其他替代方法包括如下几种：一是除保留一定数量的席位在全地区范围内分配外，其他席位完全按照比例分配；二是完全按照人口比例划分选区；三是将全国或全区划分为一个选区。

前文已经提及，对于香港立法会地方选区选举制度的改革，目前存在的观点总体上可以分为四类。本文首先要指出的是，在地区一级的选举制度中，当代世界鲜有国家在某一特定地区实行纯粹的比例代表制。其次要强调的是，在地区一级的代议机构中实行两院制的比例也并不高。再次需要明确的是，香港地方选区选举制度的改革必须要结合功能界别制的改革方向。

如果我们在概率上先排除纯粹比例代表制和两院制这两种极端情况，香港立法会地方选区选举制度的改革就可以缩小为相对多数制与混合制的选择。无论采用哪一种制度，香港立法会选举中的地方选区的选区划分都必须要重新考虑席位分配公式、人口变动趋势、选区席位区间和偏差比例大小这四者之间的相互关系。

（本文刊载于《港澳研究》2021 年第 1 期。）

粤港澳大湾区一体化发展的理论与推进策略[*]

符正平 [**]

〔摘要〕粤港澳大湾区是由珠江三角洲地区九个市加上香港、澳门两个特别行政区构成的区域经济体。粤港澳大湾区区域经济一体化始于1978年中国开始的改革开放，由"前店后厂"自发合作模式发展到有意识的制度干预合作。文章讨论了粤港澳大湾区区域经济一体化的性质，重点分析了粤港澳大湾区建设面临的四个重大理论与实践问题，包括大湾区市场一体化、制度一体化、环珠江口东西两岸一体化、区域创新一体化。文章还讨论了大湾区建设推进策略，具体包括深港边境口岸地区合作开发、珠海澳门合作开发横琴岛，边界地区一体化路径以及广州深圳两个大湾区核心城市的联动策略。

〔关键词〕粤港澳大湾区　区域一体化　边境地区一体化　广深联动策略

粤港澳大湾区20世纪90年代即开始酝酿提出，香港回归20周年之际，在习近平主席见证下，国家发展和改革委员会、广东省政府以及香港、澳门两个特别行政区正式签订四方协议《深化粤港澳合作推进大湾区建设框架协议》。2019年2月18日，中共中央、国务院发布《粤港澳大湾区发展规划纲要》（以下简称《规划纲要》）。这标志着粤港澳大湾区进入正式的施工建设阶段。按照《规划纲要》，粤港澳大湾区由珠江三角洲地区的广州市、深圳

---

[*] 国家社会科学基金重大专项"中国特色自由贸易港'1+N'模式的制度创新及实现路径研究"（18VSJ075）。
[**] 作者单位：中山大学粤港澳发展研究院。

市、东莞市、佛山市、珠海市、中山市、惠州市、江门市、肇庆市九个市，加上香港、澳门两个特别行政区组成，地理面积为 56 万平方公里，人口近 9000 万。粤港澳大湾区地理区位上主要分布于珠江流域，拥有世界级的港口群、机场群，与美国纽约湾区、旧金山湾区和日本东京湾区具有相同的湾区经济特征。湾区作为区域经济的一种形态，因其开放性、创新性，在当今世界经济版图中占据了显著的位置。粤港澳大湾区的发展目标是建设成为国际一流湾区和世界级城市群。从区域经济一体化角度看，粤港澳大湾区有其独特性，这个区域内的香港、澳门两个特别行政区是世界级自由港，实行"一国两制"。在这么一个拥有巨大制度差异性的特定区域内，如何推进区域一体化？该区域一体化面临哪些重大理论和实践问题？本文首先对粤港澳大湾区区域经济形成过程以及区域一体化的性质进行分析，然后分析粤港澳大湾区区域一体化面临的重大理论与实践问题，最后讨论粤港澳大湾区区域一体化的推进策略。

一、粤港澳大湾区区域经济的形成
与区域一体化的性质

1978 年国家实行改革开放政策，此后大湾区的深圳、珠海实行经济特区政策，广州是十四个沿海开放城市之一。香港工业开始大规模转移到珠三角地区，按"前店后厂"模式经营。香港的资本与出口加工工业、技术与内地的廉价劳动力和土地等要素结合，实现了珠三角地区超大规模的工业化和城市化。在粤港澳大湾区这个城市群形成过程中，香港扮演了关键的整合者角色。大湾区城市群的形成发展过程中，具体到各个城市而言，其发展模式及其背后所依赖的关键资源是有差异的。比如，深圳作为经济特区，拥有比邻香港的区位优势，但是较早地放弃了"三来一补"这种产业层次较低的发展模式，而是坚定地发展高科技制造业，尤其是电子信息制造业，涌现出华为、中兴、腾讯等为代表的高科技巨头企业，以南山区为代表的高科技产

业创新创业生态区域，以及以清华大学深圳研究院为代表的新型科研机构。同时，国家在深圳证券交易所设立了创业板，深圳作为一座外来移民城市，文化上对创新更加包容，这些因素促使深圳较早走上了创新驱动型发展道路。其背后所依托的创新资源，一个来源是香港的大学、科研机构的科研成果，这些科技成果在深圳进行孵化和产业化，如大疆无人机是一个典型的例子；另一个来源就是与全国各地的大学科研院所进行产学研合作，建设了虚拟大学园区和大批新型研发机构。近邻深圳的东莞市，其发展模式在珠三角地区具有代表性，即依托港澳资本大力发展外向型出口加工制造业。这些出口加工制造业在乡镇以一镇一品、一镇一业形态聚集，被称为专业镇经济。[1] 如虎门镇的服装业、厚街镇的家具制造业、石龙镇的电子信息、横沥镇的模具制造等。这种聚集在专业镇的产业集群在珠三角地区比较普遍，包括中山、顺德、南海等，都是通过发展劳动密集型产业集群带动工业化和城市化。区域内部的一体化与联系，也主要体现在这种通过市场自发机制形成的产业上下游联系、产业服务关系。一些产业形成了大湾区产业带现象，如横跨深圳、惠州、东莞、广州的电子信息产业带，产业规模已超万亿元。属于佛山市的顺德经济上以家电、家具和花卉三个产业集群为主导，其家具制造集群与东莞的家具制造集群既相互激烈竞争，又有着密切的合作联系。这些产业集群形成的早期因素大都离不开香港、澳门资本带来的技术和出口市场，或通过"三来一补"形式提供进口先进设备、外汇等资源，如佛山陶瓷产业集群主要依托国内大市场发展起来，技术设备等从国外引进。大湾区城市群的另外一个形成因素就是拥有各种类型的经济功能区，如高科技园区、经济开发区等。通过招商引资带动产业聚集，是这些经济功能区主要的发展目标。如广州黄埔开发区，通过吸引外商投资带动产业聚集发展，成为广州东部地区的经济增长极。大湾区内

---

1 符正平，常路. 产业集群升级与转型：珠江三角洲地区的实践与启示 [M]. 北京：社会科学文献出版社，2016.

地九市城市经济以及以城市群表现的区域经济形成发展过程，主要靠城市之间的竞争机制，通过充分利用香港澳门两个自由港的平台和资源，嵌入全球价值链和产业链，发挥比较优势，实现工业化和城市化。这种工业化和城市化，在财政分权体制下，以单个城市、乡镇和经济功能区为主要空间载体，带有很大的空间分散性和产业同质性。大湾区各个城市经济上具有很大的独立性，相互之间的合作主要是松散型的产业合作，合作关系也主要是与港澳资本之间的单向经济合作。[1]

2007—2009 年美国发生金融危机，大湾区嵌入全球价值链型产业面临外部需求冲击，以及国内劳工、土地等要素成本上升的压力。广东开始进行产业双转移，即在广东省政府支持下把大湾区内一些劳动密集型产业采取对口合作方式进行跨城市转移。在经过大规模向珠三角地区转移后，香港的制造业基本空心化，其产业结构进一步向服务业转型。国家在 2003 年推出了 CEPA 协议，通过放宽市场准入促进港澳服务业进入内地和珠三角地区。广东省政府在 2010 年、2011 年分别与香港、澳门特别行政区签署《粤港合作框架协议》《粤澳合作框架协议》。这两个区域合作协议涵盖的合作领域范围颇广，包括产业合作、跨境通关与市场一体化以及环境保护等。随着粤港澳三地经济合作的不断深化和合作领域范围的拓宽，需要从制度层面解决区域一体化不断加深面临的制度摩擦成本问题。与此同时，香港经济脱实向虚，向全球城市和金融中心方向发展，经济增长新动力不足并由此产生一系列民生问题，澳门经济在赌牌发放体制改革后博彩业一家独大，经济适度多元化发展迟缓，而珠三角地区也面临产业转型升级提升创新能力的新发展需求，这些新的发展趋势使港澳与大湾区内地城市的经济关系面临新的调整，需要新的制度安排和政策干预来消除相互脱离的风险，从国家层面正式推出粤港

1　陈广汉. 港澳珠三角区域经济整合与制度创新 [M]. 北京：社会科学文献出版社 2008.

澳大湾区战略由此而生。[1] 从粤港澳大湾区区域经济的形成过程以及粤港澳三地合作进程看，粤港澳大湾区作为一个区域经济体，不仅是一个地理空间区域概念，随着区域经济联系和区域经济协调关系的变化，从国家层面进行政策与制度干预的方式也在变化。粤港澳大湾区是在新的国际国内环境下，针对该区域经济关系面临的新问题，由国家进行政策干预而形成的。

二、粤港澳大湾区区域一体化面临的重大理论与实践问题

（一）关于大湾区市场一体化。粤港澳大湾区区域经济的形成与初始的一体化过程，本身就是发挥市场机制和市场竞争的结果。港澳地区与珠三角地区存在要素成本落差，加上有利的国际环境以及内地的改革开放政策，港澳资本和外国资本利用这种要素成本落差，通过国际大循环，带动了珠三角地区的工业化和城市化。目前深圳、广州等城市的经济总量已经与香港持平或超过香港，珠三角地区的经济发展已经达到一个新的阶段。大湾区建设市场一体化问题，从区域一体化的功能主义视角看，[2] 主要是如何从商品贸易市场的一体化到建设大湾区共同市场，再到完全的区域经济一体化。贸易投资领域的一体化，主要涉及人员货物通关的便利化措施，以及落实内地与香港、澳门 CEPA 系列协议，在 CEPA 框架下进一步取消或放宽对港澳投资者的资质要求、持股比例、行业准入等限制。因为香港、澳门是单独关税区，拥有自己的海关监管制度和货币制度、出入境管理制度，大湾区内地九市只是广东省内的一个特定区域，其对外开放政策和措施要受到内地整体的对外开放进程的制约。这种市场一体化在很大程度上是一种在中央

---

1 任思儒，李郇，陈婷婷. 改革开放以来粤港澳经济关系的回顾与展望 [J]. 国际城市规划，2017，32（3）：21-27.

2 Niemann A，Ioannou D. European Economic Integration in Times of Crisis：A Case of Neo functionalism？[J]. Journal of European Public Policy，2015，22（2）：196-218.

政府设定的管控目标范围内的一体化，难以做到完全的市场一体化。因为香港、澳门作为国际自由港，实行的是"三零"（零关税、零壁垒、零补贴）原则最高开放水准，而大湾区内地九市区域市场是全国统一大市场的一部分，或多或少会有一些贸易管制措施，如针对国计民生产业或战略性新兴产业的保护措施，难以完全按照"三零"原则与港澳市场一体化对接。如按照大湾区共同市场构想进行建设，人员、资金、信息等要素要进行跨境自由流动。而目前大湾区内部，就人员流动而言，是一种不对称型单向流动，即港澳居民可以不受限制地自由流动到大湾区内地九市，而大湾区内地九市居民到港澳则需要签注审批，在停留时间和往返次数方面都有严格限制。在资金流动方面，香港是国际金融中心和最大的离岸人民币中心。因内地的资本管制政策，粤港澳三地的资金流动还是一种受管控型的非自由流动。因资本流动具有巨大的外溢效应，从国家金融开放与安全角度来看，在相当长时期内粤港澳三地的跨境资金流动也需要相应的制度与基础设施安排。如上海自贸区创立的 FT 账户就是一种跨境资金流动的金融基础设施，目前已经在大湾区内的自贸区开始使用。至于信息与数据的跨境流动，也会因国家安全考虑因素面临开放度的选择与管控机制设计问题。总之，大湾区市场一体化是大湾区一体化的基本驱动因素，尽管在相当长时期内这种一体化是一种受限制和有管控机制的一体化，但是在瞄准国家整体开放进程和节奏的前提下，大湾区的市场一体化将会率先朝着要素跨境流动深度一体化的共同市场方向演进。

（二）关于大湾区制度一体化。制度一体化这个概念运用于大湾区，可能容易引起误解，因为"一国两制"是大湾区建设的基本原则，坚守一国之本，利用两制之利。港澳地区实行不同的海关制度、税收制度、货币制度以及社会生活制度。那么大湾区制度一体化又是何种含义呢？这里的制度是指经济社会运行层次的制度，包括规则、行业标准、惯例等，还包括区域层次的协调与治理机制，以及一切有利于促进区域一体化的相关制度安排。正因为大湾区有"两制"的存在，大湾区的一体化面临剧烈的制度摩擦，产生巨额交易费用。制度一体化的目的就是要通过制度创新大幅降低跨境交易与要素跨境流动产生的交易费用，提升一体化的效率，使得这种管控监管下的跨境区域一体化达到一种最优状态。[1]以海关通关为例，因海关制度的不同，粤港澳三地人员货物通关面临一系列申报手续和时间成本。在粤港澳三地的共同努力下，创造了"跨境一锁"，港珠澳大桥珠澳口岸、横琴口岸旅检区域实行"合作查验，一次放行"通关模式，香港西九龙站实行"一地两检"查验模式，以及 AEO 认证等制度创新，大大便利了口岸通关。与港澳进行规则对接，实现大湾区各领域与港澳规则的联通、融通、贯通，是大湾区制度一体化的重要途径。具体而言，这里的规则对接有四条路径：一是寻求最大公约数，即采用一致的标准规则，如在服务业开放方面，采用最高标准国际经贸规则；在食品安全领域，制定共同的食品安全标准。同时在行政理念方面，尽量减少政府审批，采用负面清单制度提高透明度，实行诚信监管原则。二是单边认可机制，主要是大湾区内地九市对港澳的资质、标准认可。三是相互认可机制，如通关检验检疫方面，相互认可对方的查验结果；一些服务业资格的相互认可等。四是同等待遇。如大湾区实行"港人港税""澳人澳税"来解决因三地税制不同产生的差异问题。[2]

大湾区的区域协调与治理机制，是制度一体化探索的重要议题。因港澳事务的特殊性和敏感性，大湾区一体化涉及的港澳跨境流通方面的事权属于中央事权，这些事权由中央各个相关部委负责执行。《规划纲要》发布后，在中央层面成立了粤港澳大湾区建设领导小组，这大大提升了大湾区区域协调治理的层级，有助于解决大湾区建设中面临的重大问题，制定统一的政策措施。因此，大湾区的区域协调治理带有很大程度的垂直协调色彩，这有利于中央统筹和部委的条条监管。相比之下，横向的协调与治理，是大湾区的薄

---

1 蔡赤萌. 粤港澳大湾区城市群建设的战略意义和现实挑战 [J]. 广东社会科学，2017（4）：5-14. Kolliker A. Bringing Together or Driving Apart The Union? Towards a Theory of Differentiate Integration [J]. West European Politics, 2001, 24（4）：125-151.

2 符正平，彭曦. 实现粤港澳大湾区体制机制创新 [N]. 中国社会科学报，2019-09-02（8）.

弱环节，尤其是基层政府部门，涉及港澳事务，都需要走向上级汇报请示的垂直沟通系统，难以与港澳地区的相关部门进行直接沟通协调。这需要中央向广东省授权并进行与授权相配套的制度创新与体制机制创新，来解决横向协调问题。大湾区的区域协调与治理，还面临大量区域公共产品供给与基础设施建设问题。如跨城市高铁、轨道交通建设；港口群与机场群的规模与航线协调；城市规划协调、城市出租车跨城准入协调，污染的联合治理等。广东省作为省级政府负有协调监管的责任，但由于该区域的特殊性，以及城市财政体制与政策的差异性，需要依据公共产品的类型进行相应的协调机制设计。

（三）关于大湾区珠江东西两岸一体化发展问题。大湾区珠江东岸是指广州、东莞、惠州到深圳、香港这一条经济发展带，珠江西岸是指广州、中山、江门到珠海、澳门这条经济发展带。目前珠江东西两岸经济发展呈现明显的东强西弱格局。珠江西部地区的珠海、澳门、中山、江门缺乏带动辐射能力强的龙头城市，尽管在《规划纲要》中把珠海与澳门列为区域发展的一个增长极，但是从经济总量等方面看，它们仍然难以带动珠江西岸乃至范围更大的粤西地区的经济发展。珠江口东西两岸受珠江这条天然的黄金水道的阻隔，要素流动不畅，区域一体化受阻。建设连接珠江两岸的大桥等基础设施就成为解决问题的关键。虎门大桥是第一座连接珠江两岸的桥梁，连接东莞虎门和广州南沙区，于 1997 年建成通车。建成之后桥梁很快达到满负荷，堵车成为常态。粤港澳三地于 20 世纪 90 年代开始就提出建设港珠澳大桥，连接香港、澳门、珠海。该桥最终采用单 Y 方案设计建设。2017 年港珠澳大桥正式通车。作为一座连接港珠澳三地的跨境桥梁，它大大便利了香港与澳门以及珠江西岸地区的物流、人流，有利于发挥香港对珠江西岸地区的辐射带动作用。目前在建的深中通道，连接深圳市与中山市，规划中的深珠通道连接深圳与珠海，南沙铁路大桥则把深圳与江门以及广东粤西地区连通起来，珠江口将来还将建设更多的跨江大桥和隧道，这些重大基础设施建设将大大促进珠江东西两岸的互联互通，加速两岸地区的一体化发展。

环珠江口的马蹄形区域，是未来大湾区一体化的重点区域。深圳城市本身的空间拓展路径存在西进还是东拓的方向选择问题。西进即朝珠江口前海自贸区、宝安机场这个方向发展。东莞市在临珠江区域设立了滨海新区，作为经济功能区加以重点开发，其实也是选择往珠江口方向发展。广州市南沙新区是自贸区，是广州市的副中心和唯一的临海城区。中山市的翠亨新区与深中通道相连。再加上珠海横琴自贸区，这一环珠江口的马蹄形区域，其实是一个由自贸区相互连接起来的经济功能区带。这个区域也可称为小湾区，在功能定位上将建设成为自由贸易组合港群。深圳前海自贸区主要是面向香港服务业开放，是特区中的特区，在探索服务业开放方面将先行先试。广州南沙新区面积 800 平方公里，与新加坡地理面积相近，拥有世界级的南沙集装箱港口；珠海横琴自贸区将建设成为对澳深度合作示范区。东莞滨海新区、中山翠亨新区都是大湾区对港澳合作平台。开放性是湾区经济的本质特征。香港、澳门是国际自由港，对前海、南沙、横琴三个自贸区实行某些自由港的制度和政策，如探索"一线放开，二线管住"通关制度，与香港、澳门自由港进行无缝对接和联通。在物流领域，南沙港以及前海保税港区的物流供应链管理已经与香港机场物流实现一体化运作。这为香港国际航空中心的建设提供了保障。环珠江口两岸的一体化发展还需对珠江这条黄金水道和航道进行港口、岸线资源以及生态环保等综合治理，使之成为大湾区高质量发展的核心引擎。

（四）关于大湾区区域创新一体化。依据新经济增长理论，知识创新是区域经济增长的最终源泉。技术知识能够产生外溢效应和递增报酬，从而实现内生型经济增长。传统的区域一体化理论强调的是商品和要素市场区域一体化，对于创新本身的区域一体化关注较少。[1]欧盟的一体化进程直到近年才

---

1 Cappellano F，Rizzo A．Economic Driversin Cross-border Regional Innovation Systems[J]．Regional Studies，Regional Science，2019，6（1）：460-468.

开始提出"创新欧盟"概念。[1]《规划纲要》明确提出了大湾区建设国际科技创新中心的发展目标，并对建设的具体路径进行了规划，如建设广州—东莞—深圳—香港—澳门创新走廊，以及布局建设一批重大科技基础设施、国家实验室等创新平台。河套地区港深科技合作园被列为科技创新特区；在深圳光明新区、广州南沙、东莞松山湖共同建设综合性国家科学中心，这些创新走廊、平台和科学城的建设无疑将极大地提升大湾区的科技创新能力。依据区域创新系统理论，[2]大湾区区域创新一体化要解决的关键问题是：一是如何构建起本地的带有跨境特征的区域创新系统；二是如何有效地把大湾区的创新系统融入国家创新系统；三是大湾区创新系统如何嵌入全球创新网络，保持其开放性；四是建设区域创新创业生态环境。

大湾区建设四年来，在重大科技基础设施建设方面已取得了重大进展，如东莞中国散裂中子源已投入运行，深圳鹏程新一代信息技术国家实验室、强流重离子加速器、脑解析与脑模拟、合成生物研究、材料基因组等重大创新平台正在加快建设。

跨境区域创新系统建设的驱动因素有哪些呢？从区域一体化角度看，大湾区的大学、公共科研机构、企业科研机构、金融机构等，要突破单个城市的服务地域，拓展到整个湾区进行互动合作，如香港的五大公共科研机构（香港应用科技研究院、纳米及先进材料研究院、汽车科技研发中心、物流及供应链多元技术研发中心、纺织及成衣研发中心）可以在大湾区的产业集群设立分支机构，服务大湾区的产业发展，从而真正形成一个大湾区意义上的创新系统。港澳地区的大学在基础研究方面拥有优势，目前已在大湾区设立

———————————

1 Chou MH. Constructingan Internal Market for Research through Sectoral and Lateral Strategies：Layering, The European Commission and the Fifth Freedom[J]. Journal of European Public Policy, 2012, 19（7）：1052-1070.

2 MakkonenT, WilliamsA M, MitzeT, et al. Science andTechnology Cooperation in Cross-border Regions：A Proximity Approach with Evidence for Northern Europe[J]. European Planning Studies, 2018, 26（10）：1961-1979.

了分校或校区。湾区内地科研机构、人员、资金能够跨境流动到港澳地区，如中国科学院香港创新研究院已注册成立，国家财政部和科技部已经出台政策允许内地科技资金跨境到港澳地区。这些都是跨境区域创新系统形成的重要举措。此外，还需要突破许多体制和机制上的障碍，使得创新要素能够跨境跨城市流动，享受的创新优惠政策能够实现同城待遇。大湾区的创新系统融入国家创新系统，一方面能够动员更多的国家创新资源流入大湾区，从而加速大湾区区域创新系统的建设，另一方面能够提升创新的质量和水平，从国家高度对创新需求进行目标定位和响应。

大湾区的创新要坚持开放原则，因为当今世界科学技术的全球化已成燎原之势，只有融入全球创新共同体之中才能少走弯路，加快创新，这和强调科技自立自强并不矛盾。尤其是香港、澳门作为世界自由港，在吸引全球创新人才融入全球创新网络方面具有独特优势。这就需要对大湾区的人才政策进行跨区域跨境协调。大湾区需要建设优质生活圈，医疗教育、环境质量、城市卫生以及美食、治安、社会公共服务、文化娱乐设施这些反映城市集体消费和生活品质的舒适物（Amenity）对吸引国际研发人才很重要。[1] 像技术移民制度、跨境通关的便利措施、国际猎头公司进驻等都是人才政策的重要组成部分。区域创新环境的建设有助于提升区域创新能力。如深圳南山区的创新生态是创新环境建设的一个典型代表。将来大湾区需要更多像南山区这样的生态环境创新。借鉴日本东京大湾区的建设经验，对标国际最高标准、按照国际公认的知识产权保护规则在大湾区进行知识产权的严格保护，也有助于吸引跨国公司研发投资。

---

1 黄元山，水志伟，李亚诗，等．关于香港建设国际研发之都的思考与建议 [J]．港澳研究，2020（1）：57-69,95.

三、粤港澳大湾区区域一体化推进策略

《规划纲要》发布三年来粤港澳大湾区建设取得了显著的成效，尤其在基础设施互联互通、人员货物通关便利化，以及为港澳居民来大湾区就业、创业、买房等提供便利化措施方面。从推进策略和方法论角度看，大湾区区域一体化应该抓住哪些重点领域和牵一发动全身的关键点？

首先，边境地区、边界地区应该是区域一体化可能取得突破的重点区域。因为边境边界地区是制度差异和制度摩擦最激烈的地区，有许多制度创新机会来降低交易成本促进两地的要素流动。如深圳与香港以深圳河为界的口岸地区的开发开放。这个口岸经济带涉及深圳、香港两个城市，尤其是香港一侧的边界地区的开发，需要香港对本身面临的经济社会问题的解决思路进行调整，如解决住房问题是采取填海造房还是进行邻近深圳边界地区的开发，这是一个重大的决策方向选择问题。从世界各国的开发经验看，边境地区的开发开放能够有效促进两地的经济社会发展和区域一体化，如美国加州南部圣地亚哥与墨西哥北部接壤的提华纳（Tijuana）地区，[1] 新加坡与马来西亚连接的新山地区，都是通过地区合作促进边境地区经济社会发展的成功例子。深圳香港边境地区口岸经济带的合作开发和深度融合，如中英街、罗湖口岸、皇岗口岸、深圳湾口岸地区，将加速香港融入大湾区，促进两地要素便利流动，为香港的经济发展和民生问题解决提供新的空间。

又如澳门与珠海横琴岛的深度合作，探索"一线放开，二线管住"的自由港管理体制机制，将为澳门经济适度多元化发展提供新的空间支撑。2021年 9 月，中央发布《横琴粤澳深度合作区建设总体方案》，对横琴岛的开发开放进行了全方位的布局和规划。这说明，在粤港澳大湾区区域一体化推进的时序安排和一体化的进度上，澳门被放在了更加优先考虑的位置上。澳门

---

1 王宁. 地方消费主义、城市舒适物与产业结构优化：从消费社会学视角看产业转型升级 [J]. 社会学研究，2014,29（4）：24-28,242-243.

因博彩业一业独大，新冠疫情发生后受到了较大的影响，迫切需要发展新的产业。另外，澳门回归后在实践"一国两制"上取得了较好的进展，实现了人心回归。澳门作为国际自由港，实行的是与国际接轨的法律和规则标准体系。选择与澳门一河之隔的横琴岛作为粤澳深度合作区进行建设，有利于解决澳门本身面临的经济社会与民生发展问题，同时从大湾区区域一体化推进角度看，最大的益处是有利于推进区域制度一体化，尤其是与澳门标准、规则的对接衔接，以及国际规则的采用上。在横琴实行共商共建共管共享新体制，将产生化学反应，真正实现制度的融通贯通。横琴深度合作区也将在大湾区产业一体化以及国际科技创新中心建设所需要的高端要素支撑上发挥撬动效应和乘数效应。

大湾区珠三角九个城市的管理体制、城市等级有较大差异，导致边界地区面临许多要素流动的障碍。如深圳与惠州、东莞的边界地区，广州与佛山的边界地区，都面临基础设施互联互通、公共服务供给差异、出租车准入等城市管理体制问题，以及城市规划、产业规划对接等多方面的衔接问题。这些问题主要体现在大湾区内深圳、广州这两个等级较高城市的比邻地区。尤其是深圳市，因其地理面积较小，长期享有国家给予的改革开放特殊政策，深圳市的行政区经济与周边的东莞、惠州有较大的差异。调整行政区划，是解决边界问题的一条路径。[1] 但是调整行政区划，涉及众多的利益主体，就深圳而言，还涉及广东省与深圳市的关系。尽管近年来深圳市扩大行政区的呼声不断，但仍未能为中央采纳。另外一条路径，就是组建城市联盟，进行都市圈的建设。深圳市已经把邻近的东莞、惠州，以及不属于大湾区的河源、汕尾等城市纳入自己的都市圈范围，还通过深中通道、深珠通道这些重大基础设施建设，加强与珠江西岸的珠海、中山以及江门等城市的经济联系。第三条路径就是政府之间进行合作，通过行政协调来解决边界问题。如广州市

---

1 Herzog L A, Sohn C. The Co-mingling of Bordenring Dynamics in the San Diego-Tijuana Cross-Border Metropolis[J]. Territory, Politics, Governance, 2019,7（2）:177-199.

与清远市，在城际轨道交通、产业合作等方面进行了很成功的合作，有效解决了广州市工业用地不足等要素供给问题，同时也带动了清远市的工业化和经济社会发展。第四条路径是建立区域性组织，负责区域协调发展问题。中央政府层面设立粤港澳大湾区建设领导小组，并在中央部委、广东省政府以及大湾区各个城市都成立专门机构，这对解决大湾区区域协调发展的一些重大问题将起到关键的推动作用。

其次就是广州、深圳联动问题。广州、深圳是大湾区的两个核心城市，这两个超大规模城市的联动对大湾区城市群建设至关重要。这两个城市在一些核心城市功能与平台布局，以及产业发展中存在较强的竞争关系。两者的经济规模相当，城市等级相近，各自有自己的都市圈结构，深圳与邻近的东莞、惠州、汕尾、河源有更为紧密的经济关系；广州与佛山的同城化已经进行了多年，与肇庆以及非大湾区的清远市有更为紧密的合作关系。如何促进广深两个大湾区核心城市联动呢？现有的思路大都局限于走广州、深圳直接对接合作的路径。这种思路的主要缺陷是没有考虑到在两个城市竞争性较强并且实力相当条件下，直接进行合作往往难以真正有效地实现，除非是某些特殊情形下建立强制性合作关系。从社会网络和战略联盟理论看，当两者建立直接的合作关系较难时，通过引入一个第三者，将较容易建立起合作互动关系。即采取"广深＋"的概念，更容易形成广深互动关系。这里举几个具体例子来说明这一点。

广州、深圳都是超大规模城市，其城市品质高以及就业机会多，吸引的流动人口将不断增加，但因土地限制，它们无法为这些外来的无当地户籍人口提供足够的住房、子女教育等公共服务，解决这个问题的一个途径是与处于广州、深圳之间的东莞市进行合作，选择一些土地面积较大、环境宜居的东莞行政管辖的城镇进行城市化的管理体制改革，[1]利用广州、深圳拥有的大

---

1 孙久文，孙翱 . 论区域协调发展视角下"行政区经济"的演变 [J]. 区域经济评论，2020，（6）：25-29.

量优质教育、医疗等公共服务资源，在这些属于第三方行政管辖范围的城镇进行城市化改造，主要目标是对在广州、深圳工作的流动人口进行市民化安置，让其身份转化为大湾区的户籍居民，享受具有支付能力的住房、教育、医疗、交通等均等化公共服务，这样既解决了大城市的土地紧张难题，又促进了大城市周边小城镇的城市化转型和城市品质提升，从而形成核心城市带动中小城市的良性发展格局。这将打破现有的按照行政区划进行城市建设的一系列体制机制，形成行政异城、基本公共服务同城的新发展格局。广深联动的另一个合作领域就是共同开拓"一带一路"市场，广州、深圳拥有一批实力雄厚和国际化经营资源丰富的龙头企业，而佛山、东莞中小民营企业发达，广深联动在"一带一路"沿线地区合作建设跨境工业园区，为大湾区内的中小民营企业走出去搭建平台，将促进大湾区更好参与"一带一路"建设。此外，选择一些经济功能性区域进行联动，如广州市黄埔区的科学城、中新知识城与东莞市松山湖科学城、深圳光明新区科学城进行一体化联动，将极大促进广州、深圳、东莞三地的创新要素流动，建设创新走廊。还有一条重要的联动路径就是围绕大湾区大型基础设施进行联动，如正在建设中的深中通道，这是一条连接深圳、中山以及广州南沙的跨珠江通道，有了深中通道后，广州南沙与深圳将实现物理上的连接，在广州南沙区万顷沙一带合作建设产业园区，即可充分利用深圳的外溢能力。

（本文刊载于《上海交通大学学报（哲学社会科学版）》2022 年第 2 期。）

作为制度创新话语的"一国两制"：
媒体建构与变迁特征*

——以《人民日报》报道为例

张志安　李宜乔**

〔摘要〕作为中国特色社会主义话语体系的重要组成部分，"一国两制"是相对独特的话语样本。主流媒体对"一国两制"的话语建构，既影响公众对这一概念的认知，也形塑着公众的国家认同。在建构性话语理论和批判话语分析的研究框架下，以《人民日报》报道为对象考察媒介中"一国两制"的话语建构，可以总结出文本维度、话语实践维度和社会实践维度三个层面话语建构的变迁特征。实质上，"一国两制"话语是针对政治制度、关乎制度创新的话语建构，其核心价值在于呈现话语、治理和社会变迁的互动关系。

〔关键词〕"一国两制"　制度安排　批判话语分析　《人民日报》

一、问题的提出

　　"一国两制"是党和国家为了解决历史遗留下来的香港、澳门和台湾问题，实现祖国的和平统一而创造性制定的一项基本国策。邓小平曾谈道："我

---

* 基金项目：教育部哲学社会科学研究重大课题攻关项目" 大数据时代国家意识形态安全风险与防范体系构建研究"（16JZD006）。
** 张志安，男，中山大学互联网与治理研究中心主任，中国外文局中山大学粤港澳大湾区国际传播研究中心联席主任（广州 510275），复旦大学新闻学院教授、博士生导师（上海 200433）。李宜乔，女，中山大学粤港澳发展研究院博士生（广州 510275）

们的政策是实行'一个国家，两种制度'，具体说，就是在中华人民共和国内，十几亿人口的大陆实行社会主义制度，香港、台湾实行资本主义制度。"[1] 根据邓小平的论述，有学者将"一国两制"的含义概括为："在统一的中华人民共和国内，以大陆的社会主义制度为主体，台湾、香港、澳门地区现行的资本主义的社会、经济制度和生活方式不变，并且在一个相当长的时期内保持这两种社会制度同时并存，共同进行和平建设。"[2]

随着香港、澳门回归祖国，"一国两制"在港澳地区全面付诸实践，由此开启了一种史无前例的政治实践和管治模式。2017 年，习近平总书记在出席香港回归祖国 20 周年庆祝活动时发表重要讲话，他指出："实践充分证明，'一国两制'是历史遗留的香港问题的最佳解决方案，也是香港回归后保持长期繁荣稳定的最佳制度安排，是行得通、办得到、得人心的。"[3]2019 年，党的十九届四中全会对坚持和完善中国特色社会主义制度、推进国家治理体系和治理能力现代化做出重大战略部署，对完善"一国两制"制度体系提出五大任务要求，要求坚持和完善"一国两制"制度体系，推进祖国和平统一。2022 年是香港回归祖国 25 周年，从总体上看，"一国两制"在香港的实践经历了复杂的历程和挑战。作为一项中国特色的制度创新，"一国两制"需要在实践中经受检验，并不断加以完善。

一些学者围绕"一国两制"从不同的理论视角进行了研究。有学者将我国的国家结构形式概括为"复杂单一制"[4]，中央与特别行政区的关系通过基本

---

1 中共中央文献研究室档案室编：《〈邓小平文选〉专题摘录》，中共党史出版社，1995 年，第 556 页。

2 吴大英、杨海蛟：《有中国特色的社会主义民主政治》，社会科学文献出版社，1999 年，第 304 页。

3 习近平：《在庆祝香港回归祖国 20 周年大会暨香港特别行政区第五届政府就职典礼上的讲话》，《人民日报》2017 年 7 月 2 日

4 王禹：《"一国两制"宪法精神研究》，广东人民出版社，2008 年，第 35 页。

法的设计体现为中央对地方的授权[1]。这种授权关系，意味着中央管治与香港的高度自治之间存在着持续的、不断变迁的互动和博弈，这种授权不是一次性的、固定不变的，会随着中央与香港的关系发展被赋予新的内容和意义。[2] 有学者从国际规范的角度出发，提出"一国两制"是对国家"主权规范"的一种创新，"即在坚持主权的统一性和不可分割性的同时，允许不同类型的政治制度在同一个主权国家内部同时存在，从而促成了相关历史遗留问题的解决"。[3] 还有学者从"一国两制"设计的法理基础、主权与治权的关系角度展开论述。在"一国两制"的设计中，"一国"强调国家主权的不可分割性，香港特别行政区政府享有高度自治权，但特别行政区能行使的管治权须经掌握主权的中央政府授权，"一国两制"是单一主权下多种治权的体制。[4]

"一国两制"是原则性和框架性的理论构想，需要在社会实践中不断探索和完善。"一国"强调国家主权完整统一，是"一国两制"制度设计的目的和基础，"两制"强调的是过程和实施手段，"一国两制"是鲜活的、有生命力的制度，其空间和界限需要随着社会实践和时代发展的需求，做出与时俱进的调整。作为中国特色社会主义话语体系的重要组成部分，"一国两制"是相对独特的话语样本，因为"一国两制"融入中国特色社会主义主流意识形态框架之中，既在解释具体涉港澳台政策和事件方面起着指导作用，也将中央与特别行政区整合进更大的中央与地方关系图景，并赋予其具体意义。

"一国两制"同时是一个高度政治化的议题，对于绝大多数公众来说，并不必然在实际生活经验中或通过政治参与得以感受，而须通过媒体资讯的传播、转述或阐释来获取相关的信息、了解政策的转变。媒介话语作为权力的

---

1 程洁：《中央管治权与特区高度自治——以基本法规定的授权关系为框架》，《法学》2007 年第 8 期。

2 张定淮、底高扬：《论一国两制下中央对香港特别行政区授权的性质》，《政治与法律》2017 年第 5 期。

3 袁正清、赵洋：《"一国两制"与主权规范创新》，《国际政治研究》2017 年第 4 期。

4 王邦佐、王沪宁：《从"一国两制"看主权与治权的关系》，《政治学研究》1985 年第 2 期。

载体，一方面通过传播信息对大众日常生活行为产生影响，另一方面突显了主体的话语权，通过"能指"和"所指"的不同结合，实现不同的意识形态"意指"。[1] 话语还具有社会实践功能，既有助于建构社会身份和认同，也有助于知识和信仰体系的建设[2]；媒介话语通过不同的符号和修辞，建构了国家认同。因此，媒介话语对"一国两制"的建构，既影响大众对这一概念的认知，也形塑着大众的国家认同观念，媒介话语是"一国两制"话语研究的重要内容之一。

二、理论依据与研究方法

话语是"一个观念、概念与范畴的特定集合体"，其意义经由话语"被赋予到物理与社会现实之上"。[3] 在话语研究中，话语通常被视为参与者在特定语境中通过语言和其他符号资源进行交流的一种社会实践。从语言学的角度来说，话语分析是对句子以上的语言结构进行的研究，包括剖析话语的结构和解释话语的连贯性。[4] 但话语分析不仅是单纯的语言学的研究方法，更是一个综合性的学科领域。以 1952 年美国语言学家哈里斯首次使用"话语分析"一词为标志，一直到 20 世纪 70 年代中期，学者们开始关注结构与符号学、文学话语、新闻话语等话语系统，为话语分析加入了跨学科分析的意义。[5]

在诸多话语分析理论范式中，费尔克拉夫的批判话语分析是代表性范式之一。他的批判话语分析，不是传统意义上的"批评"，而是强调把话语置

1　吴学琴：《媒介话语的意识形态性及其建设》，《马克思主义研究》2014 年第 1 期。

2　Norman Fairclough. Discourse and Social Change. CambridgePolity Press，1992，p. 64.

3　Maarten Hajer. The Politics of Environmental Discourse：Ecological Modernization and the Policy Process. NewYork：Oxford University Press，1995，p. 44

4　何兆熊：《话语分析综述》，《外国语》1983 年第 4 期。

5　潘雯：《"话语"之用一关于"话语"概念的一个跨学科观察》，《中共浙江省委党校学报》2010 年第 4 期。

于历史、社会和文化的语境下，考察社会关系中不同话语之间的相互影响、渗透和竞争。[1] 根据批判话语分析理论，话语对社会的建构作用既可以体现在知识的建构方面，也可以体现在个体和集体的身份以及个体之间关系的建构方面，话语维持了社会现实，并促进社会现实的再生产。[2] 批判话语分析力图把话语的文本分析与话语的社会实践分析结合起来，研究话语运用与话语实践、社会、文化和政治的关系变化，同时综合了话语的宏观分析与微观分析路径，揭示话语的运作过程、规则和背后隐藏的权力关系。[3]

在话语建构的理论和分析实践中，媒体报道是重要的研究对象之一。梵·迪克指出，新闻是运用语言系统叙述与建构事实的产物，新闻报道也是一种话语。[4] 大众媒体对现实进行表述，是权力的工具，体现了权力主体之间的争夺与行动。基于新闻价值与意识形态的关系，费尔克拉夫提出，新闻就是对社会事件的语境化（contextualization）或重新语境化（recontextualization），新闻话语建构就是通过既有宏观社会结构观点的语境化或重新语境化，将事件嵌入到媒体文本之中。[5]

党媒作为党和国家的"喉舌"，是重要、权威信息的集散地，是国家主流话语的输出者、主流思想的传播者、主流舆论的引导者，担负着传播正能量、促进大众共识、强化政治认同的重要职责。《人民日报》作为中共中央机关报，具有权威性和广泛影响力，对其他报纸媒体起到规范和引导的作用[6]，

1　辛斌：《辛斌语言学选论》，复旦大学出版社，2007 年，第 185-188 页。

2　Norman Fairclough, Ruth Wodak. Critical Discourse Analysis. InTeun A. VanDijk（ed.）. Discourseas Social Interaction. London：Sage, 1997, PP. 258-284.

3　胡春阳：《话语分析：传播研究的新路径》，上海人民出版社，2007 年，第 173 页。

4　［荷］梵·迪克：《作为话语的新闻》，曾庆香译，华夏出版社，2003 年，第 1 页。

5　Norman Fairclough. Critical Discourse Analysis：The Critical Study of Language（2nded.）. London：Routledge, 2010, PP. 94-96.

6　夏倩芳、张明新：《社会冲突性议题之党政形象建构分析——以〈人民日报〉之"三农"常规报道为例》，《新闻学研究》2007 年 4 月号（第 91 期）。

同时在国家政策报道中可以代表官方发声，传递着国家的态度和立场[1]。从政治制度创新性话语的角度考察"一国两制"的话语建构，选择《人民日报》作为党媒的重要代表，分析官方媒体对"一国两制"话语的建构过程及其特征，具有理论上的可行性。对"一国两制"话语建构的形成、变迁与完善进行分析研究，有助于深化对"一国两制"规律性的认知，完善"一国两制"本身的内涵。

既往的文献较少在话语分析理论框架下研究"一国两制"的话语特征，本文尝试在建构性话语理论和批判话语分析的框架下，以《人民日报》为对象，考察"一国两制"的媒介话语建构，并回答以下研究问题：其一，《人民日报》建构"一国两制"相关议题呈现怎样的文本特点？其二，《人民日报》建构"一国两制"的话语过程中，呈现出怎样的话语实践特征、社会实践特征？其三，《人民日报》通过"一国两制"话语生产，怎样承担自身的媒介功能和传播角色，参与"一国两制"的媒介话语建构？

以往的批判话语分析通常运用在小规模的语篇分析上，近年来有学者将话语分析方法与语料库技术相结合，发展出基于语料库的批评话语分析（corpus-based CDA），从大量的语篇中选取典型的"语言模式（linguistic pattern）"展开研究[2]，具体策略包括通过识别主题词、关键词、词频、搭配等分析文本的特征，进一步考察话语是如何建构出来的[3]。

本文通过"人民日报图文数据库"以"一国两制"为关键词查找相关报道文章，自建《人民日报》"一国两制"报道语料库。经人工分析，剔除与主题不太符合的报道，共计获得 8364 篇文本（1984 年 9 月至 2021 年 12 月）。具

1　陈薇：《被"标识"的国家：撤侨话语中的国家认同与家国想象》，《国际新闻界》2020 年第 1 期。

2　辛斌、高小丽：《批评话语分析：目标、方法与动态》，《外语与外语教学》2013 年第 4 期。

3　钱毓芳：《媒介话语研究的新视野：一种基于语料库的批判话语分析》，《广西大学学报》（哲学社会科学版）2010 年第 3 期。

体分析参照了费尔克拉夫提出的"文本—话语实践—社会实践"框架[1]，在文本层面总结关键词、主题词等文本特征，在话语实践层面考察话语主题生成与阶段变迁特征，在社会实践层面分析话语与社会之间的辩证关系，对《人民日报》的"一国两制"话语建构展开质性分析。

三、文本维度的"一国两制"话语

本文主要使用 Python 软件进行文本分析。首先，根据研究主题在词库中添加了与"一国两制"相关的专用政治词汇（如"一带一路""粤港澳大湾区""行政长官""林郑月娥"），以达到分词的准确和完整。其次，删除停用词，包括不承担实际意义表达功能的词语和新闻报道中的惯用表达等。在对文本进行以上预处理后，使用结巴（jieba）工具包对文本进行分词，分词后由两位研究者将前 50 个高频词独立进行评分（包括保留、删除、合并、拆分），并删除无实际意义的词语。最后，共获得 50 个高频词。对关键词进一步归纳，可以总结为三组主题（见表 1）。

	高频关键词	词性	高频关键词	词性	高频关键词	词性
国家统一主题	香港 人民 台湾	名词 名词 名词	中国 澳门 和平	名词 名词 名词	国家 祖国 统一	名词 名词 动词
制度建设主题	社会 法律 民主	名词 名词 名词	制度 政策 选举	名词 名词 名词	社会主义 创新 宪法	名词 名词 名词
经济发展主题	发展 稳定 企业	动词 形容词 名词	建设 合作 市场	名词 动词 名词	经济 繁荣 现代化	名词 形容词 动词

1　辛斌：《批评性语篇分析方法论》，《外国语》2002 年第 6 期。

1. 国家统一主题

《人民日报》关于"一国两制"话语中较多使用"香港""台湾""统一"等关键词。实现国家统一是国家建构的重要部分，涉及这一主题的关键词频率也较高，并在香港 1997 年回归祖国时达到了高峰。"一国两制"是党为解决历史遗留问题和国家结构理论贡献的全新中国方案，"回归祖国""和平""国际"等关键词，反映了国际语境对"一国两制"实践的高度关注。

2. 制度建设主题

作为一项政治制度话语，《人民日报》的"一国两制"话语中频繁使用了"国家""制度""民主"等关键词。香港回归标志着"一国两制"这一理论首次得以实践，1997 年前后有关"一国两制"理论意义的关键词达到小高峰。2014 年以来，"反中乱港"势力在香港发动了数次暴力活动，给香港经济发展和社会稳定带来严峻挑战。中央政府在关键时刻屡次做出回应，2015 年之后，"党""国家""制度"等关键词频率增加，并在 2020 年又一次达到高峰。

3. 经济发展主题

"一国两制"的发展目标是促进香港和澳门的繁荣稳定，《人民日报》"一国两制"话语中频繁使用了"发展""稳定""合作"等关键词，强调了"一国两制"对港澳稳定发展的意义。从回归前的过渡时期到 1997 年 7 月 1 日香港回归再到进入全球化语境的 21 世纪，"繁荣""经济""长期""交流"等关键词均诠释了保持香港繁荣稳定的制度设计内涵。

从文本形式及消息来源看，《人民日报》关于"一国两制"的话语除常规新闻报道外，还包括了党代会报告、国务院政府工作报告、领导人的讲话、重要文件全文等，基本囊括了各种官方话语形式。

从报道内容来看，《人民日报》关于"一国两制"的话语主要集中在重要政策和政治活动方面，如重要文件或公告的发布、党和国家领导人出席重要会议、领导人出访外国、外国领导人来访中国、地方省市领导或特别行政区行政长官参加政治活动以及各类政府会议等新闻。这些话语往往涉及领导人讲话，强调"一国两制"的重要意义，以及国外政治人物对"一国两制"制度的高度评价等。

从消息来源和版面位置看，这些报道常以消息或要闻的形式出现在头四个版面，报道媒体主要是新华社消息或本报报道；此外，还有以来论形式发表专家学者、民主党派人士、机构负责人、港澳台同胞及海外侨胞等不同身份作者的文章，内容包括港澳台评论和港澳台历史、文化、人物，或就某一新闻事件请专家学者发表看法等。

综上，《人民日报》话语的文本形式体现出高度政治化的性质，报道除考虑新闻价值外，较为重视政治意涵，宣传"一国两制"的方针、政策和国家的重大决策，与中央保持一致。在"一国两制"话语建构的过程中，关键词的选择可归类为"祖国统一""制度建设""经济发展"三个主题，凸显了"一国两制"话语中国家统一的思想基础、政治制度的创新设计以及两地共同发展的长远目标。

四、话语实践维度的"一国两制"话语

话语实践维度的分析主要指语篇的生成与解释，一般在文本生产、分配和消费过程等方面展开。在《人民日报》关于"一国两制"报道的文本中，关键词和话语主题呈现明显的阶段性变化。

1.《人民日报》对"一国两制"报道的总体特征

《人民日报》对"一国两制"的报道总体上呈现出较为明显的事件驱动型变化特征，随着重大涉港决策、中央与香港关系的演变而起伏变化（见图1）。"一国两制"的构想自 20 世纪 70 年代开始酝酿；1981 年，叶剑英发表了《对台湾同胞的讲话》，提出了九条实现祖国和平统一的方针，明确了这

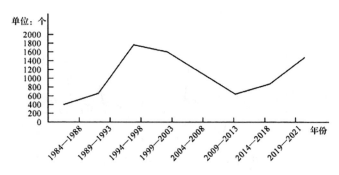

图 1　1984-2021 年《人民日报》关于"一国两制"报道的数量变化图

一构想的具体内容；1984 年，邓小平在会见香港工商界访京团和香港知名人士的谈话中，正式提出了"一国两制"的重要论述。[1]1984 年，《人民日报》首次在报道中提到这一概念，从 1984 年 12 月 19 日中英《联合声明》签署到 1997 年香港回归，"一国两制"的实践迎来了第一个历史性的重大时刻，报道数量明显增加，并在香港回归祖国当年达到顶峰。随着香港和澳门相继回归祖国，到了 2008 年左右，"一国两制"在港澳地区实践了约 10 年，其间的相关报道主要总结了"一国两制"实践的成就和经验，数量达到第二个高峰。直到 2010 年左右，内地与香港经济发展逐渐融合，两地关系稳固发展，报道数量相应减少。2014 年 6 月，国务院新闻办公室发布了《"一国两制"在香港特别行政区的实践》白皮书，全面阐述回归以来"一国两制"在香港特区的实践成就，是"一国两制"实践过程中的关键节点之一。此后，相关报道的数量再次呈现上升趋势。

2. "一国两制"的话语建构

"一国两制"的话语建构包含着保持港澳繁荣稳定和实现祖国统一等多重内涵。

1　齐鹏飞：《邓小平关于香港问题的调查研究和"一国两制"新思维的初步形成》，《中共党史研究》2004 年第 4 期。

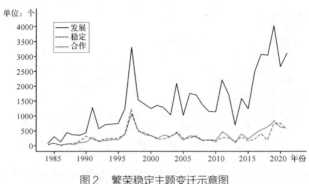

图 2　繁荣稳定主题变迁示意图

第一，保持香港的繁荣稳定是"一国两制"的长远目标。在"一国两制"话语生产的全过程都体现了内地和香港谋求共同发展的诉求。从图 2 可见，"发展"一词从"一国两制"提出以来出现的频次都较高。1984 到 1992 年左右，与繁荣稳定相关的词语频次呈逐渐上升趋势。1985 年 5 月 27 日，中英两国关于香港问题的《联合声明》正式生效，香港进入回归前的过渡时期。这一时期恰逢内地自 20 世纪 80 年代中期开始进入全面开放阶段，为香港和珠三角地区的经济转型带来新机遇。到了 20 世纪 90 年代初期，香港制造业大量内迁，内地走上工业化道路，两地经济、工业进一步整合。因此，以经济发展为关键词的报道在这一阶段达到一个小的峰值。1997 年香港回归，相关主题词达到了高峰。

香港回归初期，中央以"保持香港长期繁荣稳定"为根本宗旨，引导香港继续发挥经济发展优势。尽管经历了亚洲金融风暴、非典疫情等冲击，在中央支持下，香港成功抵御了危机并进入调整期。这一阶段香港经济发展经历了起伏，但总体运行良好，"发展""稳定""合作"等关键词的数量不断达到小峰值。

香港回归后，中央和特区政府相继制定了一系列促进内地与香港经济发展和融合的政策，如 2003 年正式签署的《内地与香港关于建立更紧密经贸关系的安排》（简称 CEPA），当中包括放开内地居民到香港自由行等，推动了更加全面的交流与合作。2012 年，在香港回归 15 周年之际，中央政府制定新的政策措施，加强内地与香港合作，进一步支持香港经济社会发展，如签署《内地与香港关于建立更紧密经贸关系的安排》补充协议九，推动内地与香港企业联合"走出去"，支持珠三角地区港口、机场、轨道交通之间的衔接与合作等。之后，两地经济合作不断增加。2014 年以后，以"发展"为主题的报道数量不断增加。回归 20 余年后，粤港澳大湾区规划引领香港经济发展进入一个全新阶段。2019 年，《粤港澳大湾区发展规划纲要》正式颁布，香港参与大湾区建设，这既是进一步融入国家发展大局的体现，更能促进香港经济得到更大的发展。《粤港澳大湾区发展规划纲要》颁布前后，经济发展和繁荣稳定主题达到了第二个高峰。

2019 年，"修例风波"引发的香港社会动荡对国家主权和国家安全带来一定的挑战，《人民日报》仍然强调"发展"相关的议题。2020 年，《中华人民共和国香港特别行政区维护国家安全法》颁布之后，经济建设和社会发展重新成为社会主要议题，因此，从 2020 年开始"发展"一词的频率再次呈现上升的趋势。

第二，强调"一国"基础、尊重"两制"差异是"一国两制"的宪制原则坚守。"一国两制"的政治基础是坚持"一国"，"两制"的差异也是客观存在，在"一国两制"话语建构的全过程都体现出这个特点（见图 3）。邓小平同志曾指出，"一国两制"这个构想是在中国的实际情况下提出来的。"我们的社会主义制度是有中国特色的社会主义制度，这个特色，很重要的一个内容就是对香港、澳门、台湾问题的处理，就是'一国两制'。"[1] 从图 3 可见，1997 年标志着"一国两制"从构想成为现实，有关国家、民主、制度的主题词频次呈现高峰。2014 年以来，从非法"占中"到"修例风波"，"反中乱港"势力给香港经济发展和社会稳定带来严峻挑战，为制度发展带来不确定因素。2015 年之后，《人民日报》呈现的"国家""制度"等主题不断强化，并在 2020 年达到新峰值。中央政府在关键时刻做出有力回应，并于 2021 年 12 月

1　刘建飞：《"一国两制"具有深远历史意义》，《光明日报》2019 年 12 月 9 日。

20 日发布《"一国两制"下香港的民主发展》白皮书，再次强调了"一国两制"的根本内涵。

　　第三，倡导国家统一，是"一国两制"的核心诉求。"一国两制"构想最初是为了解决台湾问题、实现祖国完全统一而提出的，首先被运用于解决香港、澳门回归祖国问题上。"一国两制"话语生产的全过程都强调国家统一的意涵（见图 4）。由于历史原因，海峡两岸暨港澳选择了不同的社会制度，经济社会发展水平和理念也存在较大差异，但同属于中华民族，共同传承中华文化。"一国两制"是在充分尊重海峡两岸暨港澳各方历史和现实的基础上表达统一的诉求。《人民日报》对"台湾"和"统一"主题，一直保持了稳定的

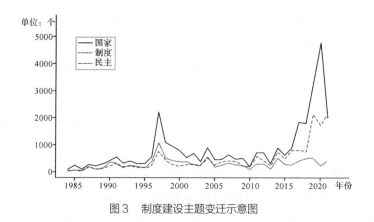

图 3　制度建设主题变迁示意图

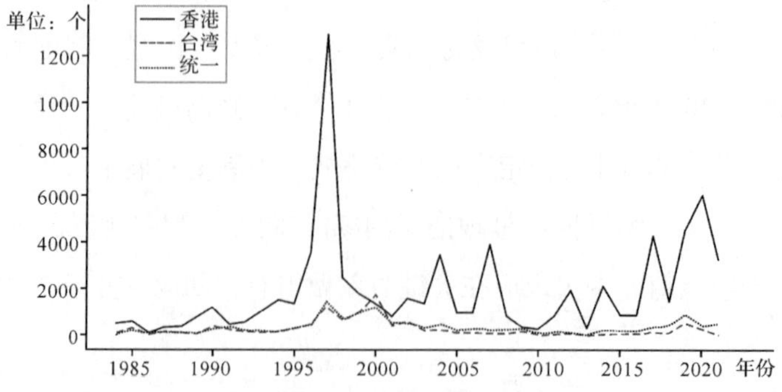

图 4　国家统一主题变迁示意图

关注度。1997 年 7 月 1 日香港回归前后，国外舆论对中国通过"一国两制"实现国家统一的进程空前关注，《人民日报》对香港现状也给予集中报道。

3."一国两制"话语的变迁特征

1984 年以来，《人民日报》对"一国两制"的话语生产和建构，在不同时间段呈现出不同话语主题。在话语变迁的过程中，《人民日报》发挥了意识形态的统合作用，建立了主导性的话语秩序。

第一阶段（1984—2002 年）："一国两制"的制度安排与制度创新话语建构。20 世纪 80 年代，在邓小平及其他党和国家领导人较为系统地论述"一国两制"的基础上，《人民日报》的报道强调了"一国两制"对于保障香港在过渡时期繁荣和稳定的重要意义，以及为国际社会和平解决争端提供了重要范例。1997 年香港回归祖国，也是党和国家首次通过"一国两制"这一创举解决历史遗留下来的问题。从回归前的过渡时期到回归后 5 年这一历史阶段，中央所面临的首要工作是保持过渡期的平稳、主权顺利回归和特区政府的成立并行使治理职能，进而维持香港的繁荣稳定。《人民日报》通过主权话语和制度创新话语，凸显了"一国两制""港人治港""高度自治"的创新设计和制度安排合法性及时代贡献。

第二阶段（2003—2013 年）：经济发展与制度建设主题并重。从 2003 年开始，香港经历了亚洲金融危机、非典疫情等危机，经济发展、民生改善是这一阶段的重点。港澳地区与内地融合、互惠的话语较多被使用，并将经济发展与民族主义论述相结合。这一阶段的话语特点首先是突出了"一国两制"的制度设计和中央政府采取一系列政策措施提供的支持和保障，体现中央政府始终把保持香港长期繁荣稳定作为处理涉港事务的根本出发点和落脚点，同时港澳地区的繁荣稳定也很好地配合了国家的发展。其次是强调了经济发展和繁荣稳定有赖于基本法的设计和安排，制度话语在这一阶段突出了基本法的意义与作用，着重强调"一国两制"和全面贯彻落实基本法是繁荣稳定的重要保障。

主权的回归，并不完全等同于人心的回归。基于历史及现实的多种因素，港人的身份认同和国家认同方面的问题一直未能得到很好解决，部分港人对"一国两制"进行了另类诠释。自 2003 年起，围绕基本法第 23 条的立法等社会问题，香港出现了数次社会运动，部分甚至演化为暴力活动。中央在全力支持香港经济发展的同时，强调"一国"是香港社会的政治基础，尊重"两制"差异，认为这样才是对"一国两制"的宪制原则坚守。在这个历史阶段，《人民日报》体现了政治话语引导者的舆论建构，如有学者认为："'一国'与'两制'的关系，是辩证统一的关系，是先与后、源与流的关系。没有'一国'，就没有'两制'。只讲'两制'，不讲'一国'，高度自治就会成为无源之水、无本之木。"[1]

第三阶段（2014—2021 年）：宪制秩序下的全面管治话语建构。自 2014 年以来，部分激进的香港青年学生提出"勇武抗争"这种"自残式"的社会抗争活动，试图瘫痪"一国两制"，借以实现自己的政治诉求。针对这些对"一国两制"的严峻挑战以及部分港人对国家认同的缺位、境外敌对势力的介入等问题，中央政府的首要任务转为保障国家和主权的安全、领土统一和完整。继 2014 年发表的《"一国两制"在香港特别行政区的实践》白皮书中首次提出中央"全面管治权"，2017 年，党的十九大报告首次以执政党大会报告的方式强调"全面管治权"的重要性，指出"必须把维护中央对香港、澳门特别行政区全面管治权和保障特别行政区高度自治权有机结合起来"，还要求"完善与基本法实施相关的制度和机制"[2]。这一阶段《人民日报》关于"一国两制"的话语特征，是通过国家权力实施建构性的国家主义话语，包括宪制秩序话语和全面管治话语，强调中央政府的权威，体现全面依法贯彻"一国两制"的意志。全面管治话语则在"一国"和"两制"的关系论述中，强调"一国"原则是基本前提，"两制"是"一国"的派生，源于中央授权的地方事

1　夏勇：《"一国"是"两制"的前提和基础》，《人民日报》2004 年 2 月 23 日。

2　习近平：《决胜全面建成小康社会夺取新时代中国特色社会主义伟大胜利——在中国共产党第十九次全国代表大会上的报告》，《人民日报》2017 年 10 月 19 日

务管理权，"高度自治权并非完全自治，也不是分权，更不是香港特别行政区固有的权力"[1]。

五、社会实践维度的"一国两制"话语

社会实践维度，是通过社会文化层面揭示话语背后所蕴含的价值观念、代表的权力关系以及所维护的意识形态，研究话语文本如何对社会实践过程进行建构。话语在建构社会系统的同时，也受到社会实践的影响和制约。

1. 文本生产者的意识形态：《人民日报》是"一国两制"话语的主要传播者和政治舆论的引导者

"一国两制"是国家意识形态的重要组成部分，《人民日报》围绕"一国两制"的话语建构，正是这种国家权力和国家意识形态的集中呈现。《人民日报》在一定程度上可以划为哈林和曼奇尼提出的"民主化社团主义"模式[2]：媒体产业化发展方面，发行量大，采编人员齐备，受众广泛；媒体专业化程度方面，《人民日报》有制度化的自我道德规范；关于媒体系统中的政府角色，《人民日报》作为党媒，最大特征之一就是政治平行性。从文本生产者的意识形态考察，作为党中央的机关报，《人民日报》具有权威性和广泛的影响力，在"一国两制"话语建构过程中，代表官方和政府发声，代表国家利益，传递国家立场，体现主流价值观。

2."一国两制"话语的完善和补充：来自香港社会实践的反馈

在社会实践维度，"一国两制"理论与社会实践呈现了明显的双向反馈互

---

1 《依基本法正确处理中央与香港特区的关系——一论全面贯彻"一国两制"方针政策》，《人民日报》2014 年 6 月 30 日

2 ［美］丹尼尔·C. 哈林、［意］保罗·曼奇尼：《比较媒介体制：媒介与政治的三种模式》，陈娟、展江译，中国人民大学出版社，2012 年，第 66-74 页。

动模式。香港的政治生态和社会生活在"一国两制"理论框架下进行，受到理论和制度的指导和制约，现实的社会实践很难与既有理论保持完全一致，社会实践中出现了超前于理论的事件，反馈给理论体系，使得理论体系不断补充和完善。"一国两制"的话语建构过程，必须因应这些社会实践的反馈，不断做出调适。

《人民日报》担负着权威信息发布者的责任，建构主流话语，传播主流思想。通过宪制秩序话语和全面管治话语，强调中央政府的权威，体现全面依法贯彻"一国两制"的意志，并最终形成了《"一国两制"在香港特别行政区的实践》白皮书（2014 年）、《中华人民共和国香港特别行政区维护国家安全法》（2020 年）、《全国人民代表大会关于完善香港特别行政区选举制度的决定》（2021）等重大决策。"一国两制"理论体系的完善和补充，对香港社会实践做出了规范和指引。未来"一国两制"理论与社会实践的双向反馈互动仍然会持续不断地进行，"一国两制"的理论体系会不断完善。

六、结论

本文在建构性话语理论和批判话语分析的框架下，以《人民日报》为对象考察了媒介话语中"一国两制"的建构，总结出文本、话语实践和社会实践三个维度话语建构的变迁特征：其一，在文本层面，从语料库中提取到的关键词，可归纳为"国家统一""制度建设""经济发展"三个主题，与"一国两制"话语中的主权、制度、繁荣稳定等内容相吻合。在文本形式和消息来源方面，基本涵盖了官方政治话语的各种形式和主体，体现了高度政治化的特点。其二，在话语实践层面，《人民日报》的报道总体上呈现出较为明显的事件驱动型变化特征，随着重大涉港决策、中央与香港关系的演变而起伏变化；《人民日报》的话语强调和突显了"一国两制"背后的国家与特别行政区的关系、宪制原则等核心诉求。从历时性的角度看，《人民日报》"一国两制"的话语建构，大致经历了从强调政治制度安排，到经济发展与制度建设主题并重，再到强调中央政府的全面管治权的政治性话语的变化。其三，在社会实践层面，《人民日报》作为文本生产者，阐释了党和政府在"一国两制"构想背后对于国家主权、完整统一的态度和立场，揭示了国家的主流价值观念。这种话语形式，既反映出"一国两制"在香港的具体实践对话语本身的影响，同时也指导着具体的实践，呈现出"一国两制"理论与社会实践的双向反馈互动模式。

从文本、话语实践和社会实践三个维度的分析可见，"一国两制"话语实质上是针对政治制度的话语建构，是关于政治制度创新的话语，其核心内涵是关于治理的制度性话语。作为一项制度话语，"一国两制"的特殊之处还在于，基本法是使之从设想成为制度事实的关键，基本法以法律文本的形式对"一国两制"的内涵和制度进行了安排。换句话说，基本法中包含了对"一国两制"理念的完整表述，建构了关于"一国两制"的基本论述。但基本法的规定"宜粗不宜细"，现实中关于中央与香港特别行政区的权力划分、高度自治权的具体行使范围等还存在模糊不清的地方。[1]

因此，基本法中"一国两制"话语抽象性和宏观性的特点，也使其具备了开放性，为以媒体为代表的其他话语主体提供了进一步阐释的空间。"一国两制"制度本身需要在具体实践探索中不断根据实际效果和面临的挑战做出调整，话语建构也跟随社会实践表现出从抽象到具体、从隐晦到明确的动态变化趋势，在体现话语、权力和意识形态之间复杂关系的同时，不断得以补充和完善。作为一种制度创新话语，《人民日报》关于"一国两制"话语的建构实践为主流媒体的政治传播功能优化提供了积极启示。

（本文刊载于《中州学刊》2022 年第 6 期。）

---

1 郭天武、陈雪珍：《论中央授权与香港特别行政区高度自治》，《当代港澳研究》2010年第 2 期。

香港社会运动的媒介话语机会可见性及其影响因素研究（2002 — 2019）*

钟智锦　周金金**

〔摘要〕社会运动获得的媒介话语机会强弱是影响运动发展和走向的关键因素。本文通过对 2002 至 2019 年间香港媒体对社会运动报道的注意力周期和报道量分析，识别了香港社会运动的 142 个诉求，并将其分为七大类型：要求制度政策变革、争取人权自由、监督政府权力、争取薪资待遇、反对开发拆迁、爱港爱国、社会民生。根据这些诉求所获得的媒介注意力的持续度和投入度，构建了媒介话语机会可见性的操作化定义。本研究试图揭示回归以来香港社会运动媒介话语机会可见性的变化规律，以及探究影响话语机会可见性的结构性因素。研究发现，回归以来，香港社会运动朝着诉求多元化方向发展，民生类诉求总体数量最多，政治类诉求的影响力最大。回归初期，香港社会运动的媒介话语机会可见性趋于平稳，2006 年后出现转折，运动话语机会可见性整体呈上升趋势。根据媒体注意力的强弱，可将近 20 年社会运动的话语机会可见性划分为四个阶段，分别为 2002—2006 年、2007—2011 年、2012—2015 年、2016—2019 年，每个阶段的话语机会可见性均体现出在特定的社会历史环境下的特点。在历年的社会运动中，政治诉求运动获得的话语机会可见性显著高于

---

* 本研究是国家社科基金项目"香港网路舆论场的社会思潮与行动动员研究"（20BXW105）的阶段性研究成果。香港社会运动的媒介话语机会可见性及其影响因素研究（2002—2019）

** 钟智锦，中山大学传播与设计学院教授、中山大学港澳珠江三角洲研究中心研究员、中山大学粤港澳发展研究院研究员。研究兴趣：新媒体与政治传播。电邮：zhzhijin@mail. sysu. edu. cn；周金金，中山大学传播与设计学院博士研究生。研究兴趣：政治传播与计算传播。电邮：jinjinzhou1994@163. com

其他诉求；议题间的竞合关系和政治、经济结构性因素共同解释了话语可见性的高低差异。

〔**关键词**〕：社会运动　话语机会　媒体注意力

研究动机与目的

社会运动是具有特定诉求的集体行动。大众传媒与社会运动密切关联，对传媒来说，社会运动通常是重要的报道议题，同时，社会运动的诉求方需要吸引媒体注意力以获得在公共领域传播的话语机会，以扩大运动影响力、实现利益诉求。在香港，社会运动频繁发生、诉求多元，既有"占中"这种影响较大的重大事件，也包括反对开发拆迁、争取福利待遇、保护弱势群体等常规性集体行动，香港由此被称为"示威之都"。媒体对不同诉求和类别的社会运动给予了程度不等的报道，体现了媒体对社会运动的注意力差异，也为运动的组织、动员和发展提供了程度不一的话语机会。

传播学领域对回归后香港社会运动话语机会的定量研究大致可归为两类：（1）结合媒介框架理论，通过内容分析来描述社会运动是如何被媒体呈现和建构的。其中大部分研究探究了特定媒体对特定社会运动的新闻框架，或比较不同媒体对某项社会运动的框架差异。如田丽和黄杨（2015）对香港报纸"占中"运动的报道分析发现，不同政治立场的报纸使用了不同的新闻框架，亲建制派的报纸整体呈现沉稳风格，而亲泛民派报纸则带有强烈的情绪色彩。（2）探究媒体的报道对社会运动成功与否带来的影响。早期的研究主要关注媒体对运动的报道如何影响公众对社会运动的认知度、支持度和参与程度。随着数位媒体的发展，近年来大量研究探讨了社交媒体使用对公民运动参与的影响机制。例如，Lin（2016）发现，在"占中"运动初期，香港的传统媒体对运动作了大量的正面报道，发挥了动员作用，并为社交媒体提供了信源。Lee、So 及 Leung（2015）的研究发现，在 Facebook 上获取政治新闻的人更可能支持"占中"，社交媒体在促进运动发酵的同时，对中央和特区政府来说扮演着"叛逆者"角色。总体来说，这些研究大多从微观视角出发，关注个体在社会运动中的行为和作用，以及这种行为和作用如何受到媒介的影响。对于社会运动的发起者和参与者来说，媒体关注为运动进入公共领域提供了话语机会，更有社会活动家将获得媒体注意力视为与实现运动诉求同等重要的成功标准（Kielbowicz & Scherer，1984）。随着传媒和互联网在社会运动的组织动员和影响力扩散等方面的作用日益突出，媒介提供的话语机会成为影响运动发展的诸多复杂因素之一。从更宏观的视角考虑，媒介话语为我们探究社会运动的走势和其背后的结构性因素提供了一个可视视窗。此外，以往的研究大多聚焦于某一个具体的社会运动，能够对某一个特定案例进行深描，但缺乏一定时间跨度内运动话语机会发展趋势的纵向梳理，也缺乏不同诉求运动间的横向比较。

本文将从一个更加宏观的视角切入，认为社会运动从媒体那里获得的话语机会强弱既受到事件本身所具备的新闻要素及媒介系统内部要素的影响，亦是对广泛的社会经济、政治情况的折射。作为"示威之都"的香港，在回归以来的社会发展进程中，社会运动的话语机会可见性经历了怎样的发展趋势？不同诉求社会运动的话语机会可见性呈现怎样的分布特征？透过话语机会可见性的强弱，我们可以发现哪些影响社会运动萌发和演变的结构性因素？本文试图结合话语机会结构理论和媒体议题注意力理论，探究 2002 年至 2019 年间，香港社会运动话语机会可见性的变化趋势，以及不同诉求的社会运动话语机会可见性的分布差异，并进一步探究导致这种差异的媒介系统内部因素及社会政治经济等结构性因素。本研究的发现一方面将有助于我们在宏观背景下了解香港社会运动产生和发展的结构性诱因，另一方面也拓展和丰富了话语机会结构理论的解释因素。

理论框架与文献回顾

影响社会运动发生的结构性诱因：政治与经济诉求

在解释社会运动的发生原因方面，社会学家们提出了观点各异的理论模型，如加值理论（value-added model）、资源动员理论（resource mobilization theory）和政治过程理论（political process theory）等。这些理论虽然侧重点不同，但它们都认为社会运动是由多重社会因素在一定的逻辑联系中共同决定的。赵鼎新（2006）指出，由于影响集体行动产生和发展的各因素之间的联系是历史性的、变化的，因而无法得到一个可以解释任何社会运动发生发展机制的指导性模型。但需要注意香港社会运动的媒介话语机会可见性及其影响因素研究（2002—2019）的是，在现实社会中，即便充分具备了运动产生的社会因素，也未必会爆发运动，这要求我们在探究运动起因时，将微观的心理学机制同宏观结构性因素相结合。从心理学角度出发的一种解释机制认为，社会变迁激发人们内心的不满和怨恨情绪，因此人们采取反抗行为。其中，Gurr（1971）提出的"挫折—反应"理论（frustration-aggression theory）认为当社会的价值能力（value capacity）无法满足人们的价值期望（value expectation）时，人们就会产生相对剥夺感，相对剥夺感越强，人们抗争的可能性就越高。在经济层面上，Davies（1997）将经济变迁引起的大众反抗心理描绘为"起义或革命的倒 J 型曲线"，他认为在经济发展的改善期，人们对经济前景期望较高，如果这个时候突然出现经济的倒退，人们的预期超过了经济现实，就容易发动起义。在政治层面上，政治机会结构（political opportunity structure）理论侧重于研究社会运动所处的政治环境，Gamson 和 Meyer（1996）认为，政治机会只有被感知才能影响人们组织和参与社会运动。由此，人们对社会民主程度、社会平等程度、社会自由程度的感知也可能是导致运动产生的结构性诱因。政治、经济等诱因一方面在条件成熟时可能引爆社会运动，另一方面会令社会运动的相关话语获得必要的机会。在宽松的政治气候中，自由言论的空间充沛，传媒能够对社会运动进行充足的报道，令社会运动享有较高的话语可见性。同时，在特定的环境中，意识形态、文化冲突、社会怨恨等政治机会（Gamson & Meyer，1996；McAdam，1994）也能带来话语机会，行动者在塑造运动的意义和框架时会受到这些政治因素的影响（Benford & Snow，2000），话语机会和政治机会能够相互合作，共同构成社会运动的多元机会结构（multiple opportunity structure）（Fuchs，2013）。社会经济状况虽然与话语机会可见性的直接关联不明显，但经济发展程度、经济平等程度与相对剥夺感、制度变革诉求等息息相关，无论马克思主义还是现代社会运动理论，都把社会抗议归结为人们对经济不满的产物（裴宜理、阎小骏，2006），通过这一途径，经济因素间接与话语机会产生勾连。此外，由于经历过殖民地历史和主权转换，香港公民的政治身份认同较为复杂。政治身份认同是公民对宏观政治结构因素感知的结果，一方面，在"一国两制"的制度范畴内，国家民族意识建构了香港公民对自己是"中国人"的政治身份认同。另一方面，本土化的概念在香港社会植根深厚，往往与"去中国化"的认知关系紧密（Ma & Fung，1999），源于这种冲突性，香港公民对"香港人"和"中国人"这两种身份认同感之间不可避免地存在着一定的张力。在香港，身份认同成为要求更多政治权力合法化的工具（张萌萌，2012），香港的民主运动与政治身份联系起来也成为一种新趋势（Law，2017）。

社会运动话语机会可见性与媒体议题注意力程度

1. 大众媒体与社会运动的话语机会可见性

话语机会结构（discursive opportunities structure）理论认为，除宏观的结构性因素外，传媒所提供的话语机会是决定社会运动成功与否的又一关键因素（Koopmans&Statham，1999）。Koopmans 将话语机会定义为"公共话语的某些面向，它们可以决定资讯在公共空间传播的成功与否"（Koopmans，2004；Koopmans & Olzak，2004）。特定社会运动的话语框架如果能够与更大范围的政治文化中既有的明智的、现实的与合法的思潮相符，那么它将更容易产生共鸣，获得公众的接纳而取得成功（卜玉梅、周志家，2015）。Ferree、Gamson、Gerhards 和 Rucht（2002）认为，与政治机会结构相比，话语机会结构侧重特定社会中的意识形态框架及其构建机制，旨在阐释为什么有些行动者和运动框架在公共话语体系中更引人注目、能产生更好的政治效应，大众媒体虽然是话语生产的核心力量，但只是产生和组织话语的制度文化结构中的一部分，而不是全部。Koopmans 和 Olzak（2004）将话语机会解构为"可见性"（visibility）、"反响度"（resonance）和"合理性"（legitimacy）三个要素。"可见性"指的是运动在媒体上的能见度，取决于资讯传播的管道多样性。"反响度"指的是有关运动的资讯能否引起更广泛社会成员的反应，无论这种反响是积极的还是消极的，都会吸引媒体把关人的注意，从而为消息发布者的观点赢得更大的空间。"合理性"界定了运动得到社会认同的程度，可以理解为消极反响和积极反响之间的一种平衡，它指的是公众意见对资讯发布者的支援多于反对。这种定义使得香港社会运动的媒介话语机会可见性及其影响因素研究（2002—2019）合理性与反响度之间相互独立，合理性高的资讯可能不会引起任何反响，因为不存在争议，而高度争议的资讯则有可能引发强烈的反响。在这三个要素中，社会运动资讯的可见性是影响公共话语传播力的必要条件，在其他条件相同的情况下，媒体分配给运动的资讯可见性决定了社会运动在公共领域进一步扩散的可能性（Trouillot，1995），也是运动引起公众讨论（反响）和认可（合理性）的前提。相反，如果某一社会运动不能引起传媒的关注，其可见性低下，也就失去了在公众中传播的机会，无法吸引更多的支持者或改变他人态度，很难取得成功（Hoynes，2005）。加之，公共领域是一个高度竞争的话语空间，这就要求社会运动的发起者运用智慧建构受众的信念、博取受众的关注、引发受众的反响，在有限的公共空间内争夺话语机会，也有观点认为没有被媒体报道的抗议是"非事件"（nonevents），没有成为被公众见到的制度弱点也意味着"非机会"（nonopportunities）（Koopmans & Olzak，2004）。受到以上理论概念的启发，结合本研究的研究目的，本文主要聚焦于话语机会结构中的"可见性"要素。

虽然近年来关于 Twitter、Facebook、YouTube 等社交媒体对社会运动的效用一直是许多研究的焦点（e.g.，Harlow，2012；Harlow & Harp，2012；Lindgren & Lundstrom，2011；Poell&Borra，2012），但正如 Chamberlain（2004）指出的，社会运动的成功需要一定的先决条件，单靠互联网是无法实现的。尤其在数位鸿沟的限制下，社交媒体的作用可能在某种程度上被夸大了（Molaei，2015），即便在社交媒体流行的今天，大众媒体仍是社会运动实现话语机会的关键渠道。Cheng 和 Chan（2015）关于 2012 年香港的"国民教育事件"的研究发现，主流媒体对运动建构的议题属性与公众对事件的认知网路之间具有很强的相关性，主流媒体发挥了网路层次的议程设置功能。Molaei（2015）指出，社会运动可以由发动者通过社交媒体发起，接下来，如果这些运动得到了主流媒体的报道和关注，才有更多的机会吸引公众和政客的注意，实现运动的目标。基于以上文献中的洞见，本研究将主要关注香港主流媒体和资讯发布渠道中的社会运动话语，暂不将社交媒体纳入研究范畴。

2. 媒体议题注意力及其影响因素

从传播学视角看，社会运动话语机会的可见性实际就是媒体对某一运动的注意力程度。经典的议程设置理论认为传媒以赋予不同报道"议题重要性"（issue salience）的方式，影响着公众对社会的认知。Kiousis（2004）将媒体议题重要性概括为三个维度：其一是媒体对议题的注意力（attention），衡量的是在特定时间段内媒体围绕特定议题的报道总数；其二为议题的显著性（prominence），主要由报道在媒体的版面位置决定；其三是效价（valence），它指媒体关于议题的报道是以积极、消极或中性的方式呈现。以往关于议程设置的研究更关注议题注意力维度的重要性，如 Dearing 和 Rogers（1996）认为"对一个议题新闻报道数量的衡量反映了它在媒体议程上的相对重要性"。Downs（1996）的"注意力周期模型"（issue attention model）将议题媒体注意力划分为前问题（the pre-problem stage）、发现问题（alarmed discovery and euphoric enthusiasm）、取得重大进展（realizing the cost of significant progress）、注意力消退（gradual decline of intense public interest）以及后议题（the post-problemstage）五个阶段，经历过上述五个阶段的周期性议题往往更具重要性。除针对公众社会议题的阶段性注意力研究外，也有研究将公众对事件或议题的注意力周期视为一个整体，以此衡量公众对公共事件的注意力持续度（李永宁、张伦、吴晔，2019）或社交媒体中的话题流行度（Kongetal.，2012）等。关于媒体议题注意力周期的研究大多聚焦于同一媒体或不同媒体间对某一事件报道阶段的关注度比较。如 Chyi 和 McCombs（2004）探究了《纽约时报》在对哥伦比亚中学枪击案的报道中，如何透过强调议题注意力周期中的不同方面来建构新闻事件的重要性。薛可、邓元兵、余明阳（2013）发现人民网和 BBC 两家媒体对 PX 事件不同议题阶段的关注度存在差异。目前还鲜有研究对媒体的注意力周期进行全面的概念化和操作化定义，并在一个事件的生命周期中对注意力周期进行长时间跟踪。我们认为，以往研究常用的报道量指标反映了媒体议题注意力的投入程度，而报道周期长短则反映了媒体议题注意力的持续程度，在建构注意力周期时应将二者结合起来。

从媒介系统内部来看，媒体议题注意力分配是新闻把关的一个重要环节，也是新闻选择的过程（Shoemaker，2009）。公共事件本身的新闻要素是媒体把关的重要标准之一，包括事件真实性、重要性（常指事件影响的人数和影响程度）、冲突性、不寻常性、及时性、邻近性、影响力、显著性、矛盾性、突发性、连续性等（Ruhrmannetal.，2013；Shoemaker，2009）。对于社会运动事件来说，地理位置的临近性、运动的规模、持续时间、暴力程度，是否有警员或反示威者的加入等都会影响到媒体的议题关注度（Mueller，1997；Oliver & Maney，2000）。相比于非暴力事件，暴力冲突的事件更容易成为媒体报道关注的议题（Oliver & Myers，1999）。正如 Cammaerts（2012）认为，从媒介角度看，政治暴力某种程度上也是一种极端言论行为，是示威者为了吸引媒体注意力、争取话语机会而采取的一种手段。此外，媒体对某一议题的注意力分配还会受到同期其他议题的影响。由于受到生产成本、公众注意力有限等因素影响，媒体的资讯生产和传播"承载能力"（carrying capacity）是有限的（Hilgartner & Bosk，1988），各议题在争取媒体报道关注上可能存在此消彼长的竞争机制，Zhu（1992）将这种竞争机制定义为媒体议程设置的零和理论，并通过同期内 16 家国际媒体对海湾冲突、经济衰退和联邦预算赤字三个流行议题报道数量的比较，验证了该理论。相反，某些情况下，媒体突出强调议题并不会转移它对其他议题的注意力，而是进一步增加，如媒体关注税收议题的同时也会增加对公共债务的注意力（Hans-Bernd & MathiasHans，1995）。Geis（2011）将以上两种竞合关系分别称为注意力的"位移"（displacement）和"强化"（reinforcement）。基于以上文献回顾，本研究将关注社会运动本身的特征（如暴力程度）与媒介系统内部因素（同期关于其他社会运动的报道数量）对媒体注意力的影响。

研究问题的提出

在香港回归祖国的 20 余年内，既发生了"占中"、旺角暴乱、反对修订《逃犯条例》等政治诉求鲜明的社会运动，同时也发生了如轧铁工人大罢工、反水客游行、纪律部队要求加薪等有关民生诉求的社会运动。不同时期，香港社会运动诉求分布存在一定的差异（刘祖云、林景，2017），受到宏观社会背景影响，同一国家在不同时期对各类诉求的社会运动报道关注也存在差异（Amentaetal.，2009；Oliver & Maney，2000）。从诉求类型上看，有一些社会运动代表了较大范围香港公民的集体诉求、涉及到社会制度等重大公共议题，可能引起媒体持续的高度关注，且在媒体的长期议程中反复涌动，话语机会可见性较高。也有一些社会运动只反映小部分人的群体利益，运动规模和影响有限，在长期的媒介议程中只是喧嚣一时，获得的话语机会可见性有限。除事件本身新闻要素和政治经济层面的结构性因素外，如上文所述，社会运动的话语机会可见性还会受到媒体对其他议题注意力程度的影响。对此，本文提出以下研究问题：

研究问题一：回归以来，香港社会运动的诉求分布、话语机会可见性经历了怎样的发展趋势？

　　研究问题二：不同诉求的社会运动在话语机会可见性上是否存在一定差别？

　　研究问题三：外部政治经济环境和媒介系统内部环境会如何影响香港社会运动的话语机会可见性？

研究方法

资料收集

　　由于主要关注社会运动的多元诉求，本研究对"社会运动"的定义较为宽泛，不同于严格意义上的具有制度革命性质的定义，本研究中所涉及的社会运动一方面包括集会、游行等多种形式的集体行动，另一方面对运动的诉求不作任何限制。基于以上定义，本研究分别从三个平台收集资料。首先，我们以"游行、集会、示威、上街、抗议、抗争、社会运动、占领运动、集体行动、街头行动"等为关键字在"粤港澳报刊文献数据库"中检索并汇出2002年1月1日至2019年10月10日的香港媒体新闻报道。该资料库收集了包括《文汇报》《大公报》《香港商报》《明报》《经济日报》《苹果日报》等在内的几十家香港媒体和资讯发布机构的文本资料，本研究采集到的与社会运动有关的资料来自26家机构。去除国际、内地和两岸版面报道，共收集到关于香港本地社会运动报道471491篇，在此基础上计算得出媒体对运动诉求的议题持续度、投入度、暴力程度和同期其他议题报道量等变数（详见后文）。此外，本文分别以"香港政府统计处"和恒生股票指数作为经济因素指标来源，以"香港民意研究所"的社会调查资料作为政治因素的指标来源。

资料处理

I. 运动诉求识别及新闻分类

由于目前尚无香港近20年来社会运动的权威清单，本研究采用LDA

（latent dirichlet allocation）主题建模方法，通过发现新闻报道涉及的运动诉求来识别社会运动。LDA 可以将文档集中每篇文档的主题以概率分布的形式给出，在文本相似度计算、文本主题识别上具有较高的准确性。在主题建模前，我们将所有新闻文本进行分词、去除停用词、标点符号等预处理，再使用 LDA 模型将所有处理后的文本构成一个词频矩阵、把非结构化的文本用向量值表示。构建 LDA 模型前，需要假定新闻报道文档集共包含的主题数（K），模型会计算出每个新闻文本在 K 个主题上的分布概率，也会给出 K 个主题对应的主题词。由于 LDA 对新闻报道的分类很难准确地根据运动诉求进行划分，对此我们根据多次假定 K 值进行分类的主题词，共归纳了 142 个运动诉求，并定义了每个诉求的关键字清单（见表一），如果新闻中出现了右栏中某一关键字的次数最多，则匹配左栏中的诉求。接下来，我们采用事件关键字匹配的方法，识别出与每个诉求相关的新闻报道。

表一　部分诉求关键字清单诉求举例关键字

诉求举例	关键字
争取普选	圈子选举，双学三子，公民广场案，重夺公民广场，鸠呜，黑布游行，占中，雨伞运动，雨伞革命，伞运，占领中环，占领行动，9.28，三子判囚
反对修订《逃犯条例》	逃犯条例，反送中，恶法，反"送中"，612，6.12，6.12，五项诉求，逃犯引渡，反修例，反移交，蒙面法，五大诉求，万人接机，机场集会，破坏机场运作，窗边咆哮，不合作行动，免费专列
宗教团体游行	基督教，宗教，天主教，法轮，伊斯兰教
支持或反对"港独"	反港独，撑释法，人大释法，反释法，《基本法》104 条，《基本法》第 104 条，港独，民族党
"旺角暴动"	旺角暴动，占旺，旺暴
一国两制	一国两制，香港自治，香港城邦自治
"驱蝗运动"	蝗虫，驱蝗，内地游客，自由行，一签一行，一周一行，香港人优先，旅行团
反金融危机	雷曼，种票，交易所，股灾，金融风暴，金融危机，金融海啸
支持异见人士	谭作人，许志永，黄琦，刘晓波，李旺阳，司徒华，异见人士，维权人士
反新界东北开发	反东北，反新界东北
香港警员相关	撑警，七警案，7 警，声援警员，声援七警，撑七警，七名警员，七名警务人员，声援警队执法，掴警

II. 周期划分

我们对媒体关于同一起社会运动的新闻报道进行周期划分。在划分标准上，一方面需要该议题是整个媒介系统中多家媒体共同关注的，另一方面，连续报道超过一定天数才能构成一个周期。因此，在注意力周期判定上我们选择了阈值法（Kong et al., 2012），标准一是报道某一社会运动的媒体达到两家以上时，议题注意力周期开始，当媒体数少于两家时，周期结束；标准二是媒体报道的周期天数不得少于三天。

变数测量

运动诉求类型：在判断社会运动的性质时，行动的目的或诉求是事件划分的主要标准之一，它体现了发起者和参与者的核心目标，可以分为利益诉求式、规则诉求式和公理诉求式。利益诉求式的事件以维护自身或他人的利益为目的，如争取薪资福利、保护生态环境及维护社区村庄利益等。规则诉求式的事件以对社会规则或制度的变革创新为核心诉求，表现为对现存制度的抗议。公理诉求式的主要目的既不是表达群体利益诉求也不是要求规则制度变革，而是"求公理，谋公道"，往往是对社会公平正义的维护，如针对个人公权力受到警方不公平对待而发起的抗议等（吕鹏，2011）。以上三类目的或诉求为我们划分香港社会运动提供了基本参考标准，为了更细致地比较近20年来香港社会运动的主流诉求，我们将上文归纳出的142个运动诉求归纳为七类：要求制度政策变革、争取人权自由、监督政府权力、争取薪资待遇、反对开发拆迁、爱港爱国、社会民生事件（见表二）。

运动诉求包含周期数：按照周期划分的标准，可以把媒体对每个运动诉求的报道划分为一个或多个议题周期，由此得到该诉求的周期数量。其中有些诉求是单一周期，即在一个特定的时间段内有媒体报道涉及，之后再没有出现在媒体舆论场中。有些诉求呈现出多周期特点，也就是在一段时间内得到媒体报道，沉寂一段时间后，再次出现在媒体议程中。

表二　诉求类型分类表诉求类型具体诉求

诉求类型	具体诉求
要求制度政策变革	争取普选，反修订《逃犯条例》，反《国歌法》修订，"一国两制"认同，反《议事规则》修订，反替补机制，反政改，反双村长制，反《基本法 23 条》，反《社团条例》，反《网路 23 条》，"港独"争议，反《旅馆业条例》，旺角暴乱，反国民教育
争取人权自由	要求释放维权人士，要求释放铜锣湾书店被捕人士，纪念"六四"，2011 年李克强访港风波，倒罗范椒芬，新闻界反暴力，茉莉花革命，2009 年港记者新疆被殴，马尼拉人质事件，要求释放屈颖妍，新闻界反灭声，够姜集会
监督政府权力	七警案，特首选举，保法治反"人蛇"，七警权无限大，起锚超错，反施政报告，撑梁倒梁之争，民主倒董，反旅议会，反冯永业贪污，反拉布，反官商勾结，反乌坎村林祖恋贪污，业主反贪腐反围标
争取薪资待遇	争取 N 无津贴，反飞棚搭建，争取低收入津贴，纪律部队要求加薪，消防救护人员要求加薪，屈臣氏员工要求加薪，雀巢员工要求加薪，要求改善工伤职业伤保障，货柜码头工潮，争取最低工资，争取标准工时，空勤人员要求加薪，公务员反减薪，医护人员反爆煲，争取同工同酬，轧铁要求加薪，建造业罢工，外佣争取权益，争取男士侍产假，争取退休保障
反对开发拆迁	反修建骨灰龛场，反横洲发展计划，反紫田村开发，反菜园村开发，反对拆除喜帖街，反李惠利工业学院改建住宅，开展绿色和平计划，反填海工程，反新界东北开发，反三堆一炉，反华富村开发，反兴建屏风楼，反拆除皇后码头，反拆除中山红楼
爱港爱国	纪念"七七事变"，纪念"九·一八事变"，保港运动，纪念抗战胜利，推崇国货，保钓运动，维护区旗国旗尊严
社会民生	D&G 禁拍风波，禁烟争议，反世贸，反虐儿，壹本便利偷拍风波，反整笔拨款，单亲补助，反通货膨胀，反输入劳工，免费电视发牌争议，同性恋群体反歧视，九巴申请加价，保护动物，捍卫校园自主，反种族歧视，菜商争取利益保护，港大副校（陈文敏）风波，反对黑社会势力，反非法村巴，幼稚园教育争议，双非问题争议，反小巴加价，坚守传媒操守，反三桶油价上涨，交通支持计划，反非洲猪瘟影响，活鸡滞销问题，反港铁事故，争取十年免费教育，反学券制，争取单车泊位，反白牌车，保护残疾人士，反公园噪音，反 Uber 运行，租客反租金上涨，争取医疗保险，宗教群体争取利益，公租屋申请，要求兴建住宅，反水客，反内地游客，反高铁，反金融危机，争取子女居港权

注意力持续度：指特定运动诉求单个报道周期的天数。

注意力投入度：指特定运动诉求单个报道周期内的文章数量。

话语机会可见性：即媒体对某一运动诉求在特定报道周期内的注意力程

度，由注意力持续度和投入度两个指标共同构成：

话语机会可见性 =log（注意力持续度 × 注意力投入度）

周期内报道暴力程度：根据社会运动中的暴力行为特征，我们定义了一个相关暴力词列表，包括"死、伤、血、杀、子弹、催泪弹、胡椒喷雾、砖头、殴打"等词。e 周期内报道事件暴力程度 V_e 表示为：

$$V_e = \frac{\sum_{i=0}^{n_e} V_r}{n_e}$$

其中，V_e 为报道周期 e 内单篇文章中包含暴力词的数量，n_e 为周期 e 内包含文章数。

同期其他运动报道量：从某一周期开始到结束的时间范围内，媒体对本港地区发生的其他社会运动的报道数量。

政治因素：包含香港民众对社会公平正义程度、社会平等程度、社会民主程度、社会自由程度的感知，以及对"香港人"和"中国人"的身份认同等评价性指标，指标资料均来自"香港民意研究所"的社会调查资料，虽然对这一资料来源有所争议，但连续多年的资料具有稳定性和参考意义。以上五个指标每半年调查一次，调查者均采用 0—10 分的打分提问，以社会民主程度为例，题为："如果 10 分代表绝对民主，0 分代表绝对不民主，5 分代表一半，你会给香港社会打几分？"问卷回收后以调查样本打分的平均数作为该时期民众对社会民主程度的评分，考虑到公众对民主政治的感知和评价在短时间内不会出现大幅度变化，因此我们遵循问卷调查的结果，采用半年为一个时间单位。对于每个周期来说，我们以周期起始日期作为指标资料的时间标准。

经济因素：本研究选取了房价、失业率和股票指数三个代表性指标。其中，房价和失业率指标资料来自于"香港政府统计处"，指标以月份为统计单位。股票指数为香港恒生股票指数每日的收盘指数，以天为统计单位，季度股票指数为每天指数的平均值。考虑到经济因素的变化对人们政治、社会生活的影响通常不是立竿见影的，而是阶段性的，我们以一季度为时间单位，统计了房价、失业率和股票指数的季度平均值作为指标的测量值，这也符合常规的经济指标统计标准。对于每个周期来说，我们同样以周期起始日期作为选择指标资料的时间标准。以媒体对"反对修订《逃犯条例》运动"的报道周期为例，报道周期起始于 2019 年 6 月，构建回归模型时，对应自变量中的政治因素为 2019 年上半年的指标资料，经济因素为 2019 年第二季度的指标资料。以上变数的描述性统计结果如表三所示：

表三　变数描述统计表变数名最小值最大值均值

变数名	最小值	最大值	均值
运动诉求包含周期数	1	147	12.90
注意力持续度	3	570	7.52
注意力投入	9	49258	168.46
话语机会可见性	1.43	7.10	2.32
周期内报道暴力程度	863.14	18213.93	3760.69
同期其他运动报道量	45	109685	1785
房价	59.30	394.10	249.90
失业率	2.80	8.33	3.63
恒生股票指数	9181.53	31223.09	22845.11
社会正义程度	5.44	6.29	5.68
社会平等程度	5.66	6.47	6.02
社会民主程度	5.10	6.57	6
社会自由程度	6.57	7.67	7.15

结果与发现

历年社会运动的话语机会变化趋势

针对研究问题一，本文统计了 2002 年至 2019 年香港社会运动涉及的诉求数量。通过运动涉及诉求数量年度趋势图（图一）可见，回归以来，香港社会运动的诉求数量整体上呈现上升趋势，即社会运动诉求分布朝着多元化发展，自 2005 年以来，平均每年的社会运动诉求数量呈整体上扬趋势，年均诉求数量远远超过 2002—2004 年，且随着时间的推移，呈现出明显的上升态势。我们进一步分析了历年来各诉求包含议题周期数，通过图二，我们发

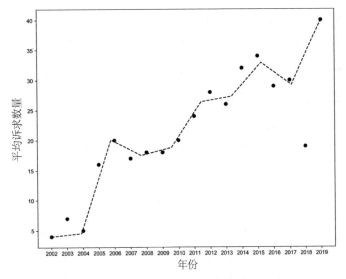

图一　2002—2019 社会运动涉及诉求数量

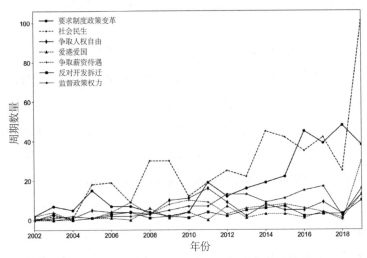

图二　2002—2019 年七类诉求包含周期数量趋势图

现，社会民生类诉求所包含的议题周期数常高于其他诉求，且呈现稳步上升趋势，主要原因是民生类诉求与市民生活的各方各面有关，往往比较具体而微（如前文表二所示），因此周期数的总量要高于其他类型，曲线呈比较明显的波状起伏的律动态势，可见这一类诉求是香港社会运动中一个较有规律的恒常主题。2008 年以后，监督政府权力的诉求开始出现上升态势，2010 年以后，要求制度政策变革类诉求所包含的议题周期数显著上升，在 2016 年和 2018 年甚至一度超过社会民生类诉求。如果将监督政府权力、要求制度变革这两种诉求归类为政治化诉求，可以说，2008 年之后，政治类诉求越来越成为香港社会运动中的显性诉求。

本文统计了历年媒体对社会运动议题注意力的周期长短和周期内报道量，进而得到媒体对社会运动的平均注意力的持续度和投入度，在此基础上建构社会运动的话语机会可见度。综合比较社会运动的注意力程度年变化趋势（见图三）可以发现，平均媒体话语可见性指数出现四个峰值，分别在 2004 年、2010 年、2014 年和 2019 年，围绕这四个峰值浮现出社会运动媒体话语可见性的四个阶段，分别为 2002—2006 年、2007—2011 年、2012—2015 年、2016—2019 年。并且，这四个阶段的媒体话语可见性呈明显的上升趋势，换而言之，随着历史车轮的前行，社会运动在香港媒体中的显示度越来越高。

结合历年社会运动诉求表（见附录），我们可以发现这四个阶段的特征：2002—2006 年这个阶段里的前三年诉求量比较少，但已经体现出高度政治化的特点，这几年最重大的社会运动是针对"二十三条"立法，之后的 2004 年、2005 年、2006 年均发生了与之相关的大型集会游行（Chan & Lee，2007），媒体话语机会可见性在 2004 年达到顶峰。2007—2011 年间，开始出现反对内地游客的诉求，2007 年的保护皇后码头和 2010 年的反对建设广深港高铁运动则带有一定的本土主义色彩（郑湘萍、徐海波，2016），社会运动的平均话语机会可见性由 2006 年的谷底开始攀升，之后再无明显回落。2008 年之后，政治类的运动诉求呈现明显上升趋势，一方面，2008 年全球金

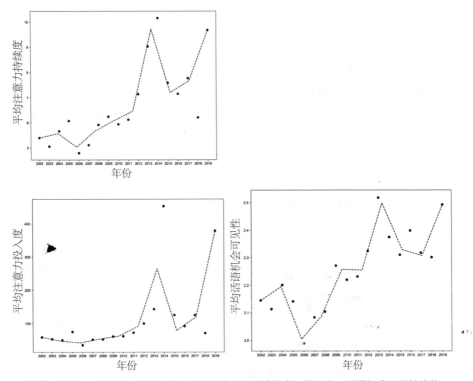

图三　2002—2019 社会运动涉及的平均媒介议题持续度、投入度、话语机会可见性趋势

融危机爆发，香港经济受到了沉重打击，带来了失业率攀升等经济问题，加之香港政改制度尚未完全确定之际，制度转型和民主发展的前景不明朗。据"香港民意研究所"调查资料，自 2008 年开始，市民对社会发展的评价也开始下降（刘祖云、林景，2017）。2012—2015 年间，"港独"浮出水面，"反国民教育"和"占中"成为主线，出现近二十年来香港社会运动媒体话语机会的一个高峰，即 2014 年的"占中"，截止到本研究资料获取时间（2019 年 10 月 10 日），媒体对"占中"运动的议题注意力周期最长（370 天），周期内报道量排名第二（33955 篇），其获得的话语机会可见性达到峰值。刘祖云、林景（2017）认为，2012 年以来，香港社会运动进入非常态化发展阶段，指的是社会运动的泛政治化，运动最初的经济民生诉求被引致政治诉求，在这一

个过程中，特区与内地的政治制度差异往往成为诉求的重要根源。2016 年之后进入一个新的阶段，社会运动的平均话语机会由 2015—2016 年的低迷开始急剧上升，2019 年的反对修订《逃犯条例》成为继"占中"之后的第二个顶峰，截止到本研究资料收集的日期，媒体对 2019 年"反修例"运动的议题注意力周期排名第二（171 天），周期内发布报道量最多（49258 篇），话语机会可见性仅次于"占中"议题，如果将截止日期后推至 2020 年，"反修例"运动的各项指标均有可能超越"占中"。

各诉求社会运动的媒体注意力分布

针对研究问题二，我们首先对各诉求报道所包含的议题周期数、周期间隔天数和周期内话语机会可见性等资料进行了统计，表四为包含周期数排名前 15 的运动诉求。可以发现，在要求制度政策变革类的社会运动中，"争取普选"诉求包含的周期数远超其他诉求，周期间的间隔天数较短，且该议题一旦进入媒介议程当中，往往持续时间更久、获得的报道量也更多。这表明，以"争取普选"为诉求的社会运动一旦发生，会在香港媒介舆论场反复出现。同时，普选诉求的运动往往持续时间较长、参与人数较多、社会影响力较大，媒体持续对其保持高度关注，运动获得的话语机会可见性更大。此外，与"港独"和"一国两制"相关的运动获得的话语机会也比较大。在社会民生事件中，基督教、伊斯兰教和佛教等宗教团体游行虽然包含的周期数较多，但所获得的媒体注意力持续度和投入度较低，所获得的话语机会可见性有限。相比而言，"旺角骚乱"属于突发性的警民冲突事件，是在"占中"之后社会运动疲软的态势下发生的一次突发暴力事件，引起了香港媒体等各界的高度关注。事后，法院陆续进行判决，媒体也对此陆续跟进报道，因此该议题也在长期的媒介议程中反复涌现。相比于其他诉求的运动，媒体对与香港警员相关的集会游行报道周期较少，但每个周期的话语机会可见性较高，即在每个周期中媒体的报道量较大或报道持续时间较长。

表四　包含周期数排名前 15 的运动诉求统计表

具体诉求	诉求类型	包含周期数	平均周期间隔天数	平均注意力持续度	平均注意力投入度	平均话语机会可见性
争取普选	要求制度政策变革	148	20.09	15.49	466.30	2.78
宗教团体游行	社会民生	93	59.39	5.13	37.34	2.00
"港独"争议	要求制度政策变革	72	71.59	8.18	106.03	2.46
旺角骚乱	要求制度政策变革	57	33.57	6.63	138.07	2.44
纪念"六四"	争取人权自由	55	108.85	7.51	133.25	2.47
"一国两制"认同	要求制度政策变革	52	109.22	7.17	105.15	2.23
"驱蝗运动"	社会民生	46	84.22	5.65	57.07	2.27
反金融危机	社会民生	42	100.78	8.45	79.33	2.41
建造业争取加薪	职工争取薪资待遇	37	159.97	4.81	33.89	2.04
反新界东北开发	反对开发拆迁	36	137.43	6.53	94.14	2.26
支持维权异见人士	争取人权自由	36	101.20	5.75	63.28	2.23
反施政报告	监督政府权力	32	180.29	5.38	47.09	2.21
反财政预算	监督政府权力	26	233.92	6.27	95.00	2.24
声援或反对警员	监督政府权力	25	131.04	8.36	115.52	2.36
维护国旗或区旗	爱港爱国	24	202.52	6.71	91.42	2.22

　　我们进一步通过方差分析发现不同诉求类型社会运动所获得的话语机会可见性差异。通过分析结果（见表五、表六）可以发现，要求制度政策变革的社会运动包含的议题周期总数和平均每个诉求包含议题周期数最多，相比而言，爱港爱国类运动包含周期总数最少，且平均包含议题周期数显著少于要求制度政策变革类运动。这在某种程度上表明，相比于爱港爱国类诉求，以要求制度政策变革为诉求的运动获得的媒体关注度更高，也在某种程度上

折射了两类社会运动发生的频次差异。在周期内的注意力投入度上，制度政策变革类运动所获得的媒体报道量显著多于社会民生事件、监督政府权力和职工争取待遇的运动。这表明，相比而言，香港媒体对以制度政策变革为诉求的社会运动周期性报道的文章篇数更多。这意味着以制度政策变革为诉求的运动一旦举行，会在媒体舆论场中持续较长时间，话语机会可见性更高。此外，争取人权自由类诉求周期内话语机会可见性显著高于职工争取薪资待遇和社会民生类诉求。概而言之，尽管香港社会运动频繁出现，诉求类型多种多样，但香港媒体倾向于分配给制度政策类运动更多、更持久的议题注意力，这类诉求运动的话语机会可见性也最强。

社会运动话语机会的影响因素

针对研究问题三，我们从事件本身特征、政治经济因素以及媒介系统内部因素几个维度构建了运动话语机会的线性回归模型。根据回归结果（表七），作为媒介系统内部因素，同周期其他议题报道数量（B=.34，$p<.001$）与话语机会可见性显著正相关，也就是说，媒体对其他社会运动报道量的增多也有助于媒体对某一特定运动注意力的提升。这说明，在某一段时期社会

表五　不同诉求类型社会运动话语机会可见性均值比较表

诉求类型	注意力持续度		注意力投入度		话语机会可见性		诉求包含周期数		周期
	平均值	标准差	平均值	标准差	平均值	标准差	平均值	标准差	总数
要求制度政策变革	11.95	27.32	436.76	3433.84	2.59	.95	28.27	46.11	311
争取人权自由	6.73	5.84	106.46	172.76	2.39	.78	12.11	19.60	109
爱港爱国	6.37	6.94	87.22	162.67	2.25	.77	6.57	8.36	46
监督政府权力	6.27	7.26	75.83	181.85	2.25	.65	15.75	11.04	126
社会民生	6.04	6.83	78.46	205.33	2.22	.67	13.63	19.27	477
反对开发拆迁	5.79	6.96	73.00	172.74	2.16	.68	8.14	12.54	57
职工争取薪资 待遇	5.41	5.53	58.07	121.20	2.16	.58	8.77	9.40	124
总计	7.55	15.04	168.72	1732.10	2.32	.77	13.78	22.11	1240

表六　不同诉求类型社会运动话语机会方差分析事后比较表

（I）诉求类型	（J）诉求类型	注意力投入度		注意力持续度		话语机会可见性	
		平均值差值（I-J）	标准错误	平均值差值（I-J）	（J>诉求类型平均值差值标准（I-J）错误	平均值差值（I-J）	标准错误
要求制度政策变革	争取人权自由	5.22*	1.65	330.30	192.49	.20*	.08
	职工争取薪资待遇	6.54*	1.63	378.69*	189.34	.42*	.08
	监督政府权力	5.679*	1.57	360.94*	182.62	.33*	.08
	反对开发拆迁	6.16*	2.14	363.76	249.16	.43*	.11
	社会民生	5.91*	1.08	358.27*	126.04	.37*	.06
	爱港爱国	5.58*	2.35	349.54	273.18	.33*	.12
争取人权自由	职工争取薪资待遇	1.32	1.99	48.39	231.66	.22*	.10
	监督政府权力	.46	1.94	30.63	226.21	.13	.10
	争取人权自由反对开发拆迁	.94	2.43	33.46	282.67	.23	.12
	社会民生	.69	1.58	28.00	183.59	.17*	.08
	爱港爱国	.36	2.61	19.24	304.05	.14	.13
职工争取薪资待遇	监督政府权力	−.86	1.92	−17.76	223.53	−.09	.10
	反对开发拆迁	−.38	2.41	−14.93	280.53	.00	.12
	社会民生	−.63	1.55	−20.39	180.28	−.05	.08
	爱港爱国	−.96	2.60	−29.15	302.06	−.09	.13
监督政府权力	反对开发拆迁	.48	2.37	2.83	276.04	.09	.12
	社会民生	.23	1.49	−2.64	173.21	.04	.08
	爱港爱国	−.10	2.56	−11.39	297.90	.00	.13
反对开发拆迁	社会民生	−.26	2.08	−5.46	242.35	−.06	.11
	爱港爱国	−.58	2.95	−14.22	342.75	−.09	.15
社会民生	反对开发拆迁	.26	2.08	5.46	242.35	.06	.11

运动不断涌现的情况下，媒体会形成对社会运动的集中关注氛围，对同类题材表现出兴趣，即媒体社会运动议题之间存在着注意力强化关系。

经济因素中，房价（B=.29，*p*<.01）与运动话语机会可见性显著正相关，股票指数（B=−.15，*p*<.01）同运动话语机会可见性显著负相关。这意味着，在房价高企、股市不景气的环境中，社会运动是表达对权力阶层的不满、试图改变现状的管道，话语机会可见性更高。在政治因素中，民众对社会自由度（B=.17，*p*<.05）的感知与话语机会可见性显著正相关，即在言论自由氛围浓厚的环境下，社会运动话语机会可见性更高，以上发现均验证了前文所述的经济与政治因素对社会运动话语机会的影响。此外，运动的暴力程度也与话语机会可见性呈显著正相关（B=.08，*p*<.01），意味着社会运动中出现越多的暴力成分，媒介对该运动越关注。

表七　话语机会可见性线性回归结果

自变量	B	t
暴力程度	.08	3.18**
同期其他运动报道量	.34	12.87***
房价	.29	3.44**
股票指数	−.15	−3.20**
失业率	−.01	−.26
公平正义程度	−.07	−1.79
社会平等程度	.02	.37
社会民主程度	.03	.70
社会自由程度	.17	2.16*
对"香港人"的身份认同	−.01	−.37
对"中国人"的身份认同	.04	1.20
因变数 = 话语机会可见性 Adjusted R2 =.27 N = 1204		

注：自变量和因变量均经过标准化处理后放入模型；*p<.05，**p<.01，***p<.001

除此之外，本研究将制度变革类诉求单独列出，分析了政治、经济因素对这类诉求的影响，具体结果如表八所示。在控制了同期其他运动报道量和暴力程度的同时，房价和社会民主程度对这类诉求的话语机会可见性有着显著的正向作用，意味着在社会民主程度越高、房价越高的情况下，制度变革类诉求获得媒体注意力的可能性越大。换而言之，高房价会带来受影响阶层对现行政治经济制度的不满，这种不满会促进反思政策、批评制度、问责政府官员、关照弱势群体等议题的产生，令制度变革这一诉求应运而生，在社会民主氛围宽松的政治环境下，媒体具有充分展现这一诉求的话语空间，从而能产生广泛的"反响"（resonance），因此获得的话语机会可见性也较大。

表八　制度变革类诉求的话语机会可见性线性回归结果

自变量	B	t
暴力程度	.17	2.57*
同期其他运动报道量	.24	5.57***
房价	.51	2.45*
股票指数	−.15	−1.19
失业率	.12	1.02
公平正义程度	−.12	−1.29
社会平等程度	−.05	−.46
社会民主程度	.25	2.00*
社会自由程度	.08	.47
对"香港人"的身份认同	−.06	−.69
对"中国人"的身份认同	.11	1.22

因变数 = 要求制度政策变革类话语机会可见性

Adjusted R^2 =.35 N = 1204

注：自变量和因变量均经过标准化处理后放入模型；*p<.05，***p<.001

结论

本文将社会运动的话语机会结构理论同媒体议题注意力理论相结合，进行了关于香港社会运动话语机会可见性的探索性研究，旨在发现回归以来香港社会运动话语机会可见性的发展趋势，并从事件特征、媒介系统内部因素和外部政治、经济多个维度探索社会运动话语机会可见性的影响因素。本研究发现，香港社会运动的媒体话语可见性呈现出四个阶段，分别为 2002—2006 年、2007—2011 年、2012—2015 年、2016—2019 年。第一个阶段的社会运动诉求虽少但高度政治化，主要围绕"二十三条"立法展开。第二个阶段开始出现反对内地游客和倡导本土主义的诉求，社会运动平均话语机会可见性由 2006 年的谷底开始攀升，之后再无明显回落，2008 年之后，政治类的运动诉求呈现明显上升趋势。第三个阶段中，香港社会运动开始出现"港独"诉求和"反国民教育诉求"，"占中"成为近 20 年来香港社会运动媒体话语机会的一个高峰。第四个阶段里，社会运动话语可见性自占中之后的低迷状态在 2016 年之后被打破，并在 2019 年反修例风波中达到第二个顶峰。回顾香港社会发展历史，我们认为话语机会的变化蕴藏了一定的与运动产生发展有关的政治、经济结构性因素。无论是经济上的衰落带来的大众心理变化、还是政治结构所提供的机会，都可能成为社会运动产生发展的温床。本文通过对不同诉求运动的媒体注意力比较发现，媒体对要求制度政策变革类运动报道周期更长、话语机会可见性更强。最后，通过一般线性方程模型分析，我们发现，同类议题间的注意力竞合关系和宏观政治、经济结构性因素共同解释了香港社会运动话语机会可见性。其中，社会运动的话语机会可见性与同周期内其他社会运动报道量呈正相关，即相关议题之间呈现注意力强化关系。此外，房价上升、股市不景气均为运动话语机会可见性增强的经济性诱因，而较高的社会民主程度和自由程度则是提升社会运动可见性的政治动因。

话语机会结构理论自提出以来，经验研究大多将话语机会与政治机会结合或作为独立变数，解释其对社会运动可能带来的影响。其中，大众媒体是话语机会产生和呈现的重要公共领域，关于媒介话语机会对运动的影响效果也引起了政治学、社会学和传播学领域研究的共同关注。与以往主流研究路径不同的是，本文以社会运动的话语机会作为被解释变数，一方面从话语机会可见性的差异中找寻不同诉求的社会运动的差异，并结合香港回归以来的社会历史对香港社会运动的发展变化趋势进行深入分析，另一方面探索综合影响运动话语机会可见性的多维因素，这些因素不仅考虑到了运动事件本身具备的新闻价值，也考虑到了不同议题间的注意力竞合关系，同时也将社会运动理论体系中提及的宏观政治经济因素纳入其中。本研究延续了社会学将话语机会与政治机会相结合的理论传统，也引入了传播学中的媒体注意力理论，是对话语机会理论的丰富和发展。本研究存在一定的缺陷和不足。首先，在资料获取上，在探究影响运动话语机会可见性的政治经济结构性因素层面，我们以协力媒体资料库作为资料来源，存在着指标时间单位不一致的现象。最后我们仅关注了香港新闻媒体对社会运动报道的周期性差异，没有考虑到社交媒体平台中关于运动的公众注意力差异，对此有待日后进一步探究。

注释

26家媒体和资讯发布机构名单：星岛日报、文汇报、大公报、成报、信报、经济日报、香港商报、新报、明报、头条日报、苹果日报、太阳报、东方日报、香港职工会联盟、都市日报、基督日报、中国评论新闻网、公民党、开放杂志、智经研究中心、香港新闻行政人员协会、新传网、明周文化、关键评论、香港无线电视、香港政府新闻处。

参考文献中文部分（Chinese Section）

卜玉梅、周志家（2015）。〈西方"话语机会结构"理论述评〉。《社会学评论》，第 3 期，页 74-83。

田丽、黄杨（2015）。〈香港报纸公共事件报道的传播策略——以"占中"事件为例〉。《新闻战线》，第 7 期，页 69-72。

吕鹏（2011）。《社会学视域下的中国群体性事件研究》。中共中央党校硕士毕业论文。

李永宁、吴晔、张伦（2019）。〈2010—2016 年公共议题的公众注意力周期变化研究〉。《国际新闻界》，第 5 期，页 27-38。

张萌萌（2012）。〈香港政治传播中的认同建构〉。《探索与争鸣》，第 2 期，页 78-80。

裴宜理、阎小骏（2006）。〈社会运动理论的发展〉。《当代世界社会主义问题》，第 4 期，页 3-12。

赵鼎新（2006）。《社会与政治运动讲义》。北京：社会科学文献出版社。

郑湘萍、徐海波（2016）。〈香港回归后的本土主义运动辨析〉。《理论研究》，第 3 期，页 63-70。

刘祖云、林景（2017）。〈社会运动的理论解读与香港社会运动的历史演变〉。《学术研究》，第 11 期，页 46-53。

薛可、邓元兵、余明阳（2013）。〈一个事件，两种声音：宁波 PX 事件的中英媒介网路报道研究——以人民网和 BBC 中文网为例〉。《中国地质大学学报：社会科学版》，第 13 期，页 64-68。

英文部分（English Section）

Amenta, E., Caren, N., Olasky, S. J., & Stobaugh, J. E. (2009). All the movements fit to print: Who, what, when, where, and why SMO families appeared in the *New York Times* in the twentieth century. *American Sociological Review, 74*(4), 636–656.

Benford, R. D., & Snow, D. A. (2000). Framing processes and social movements: An overview and assessment. *Annual Review of Sociology, 26*(1), 611–639.

Cammaerts, B. (2012). Protest logics and the mediation opportunity structure. *European Journal of Communication, 27*(2), 117–134.

Chamberlain, K. (2004). Redefining cyberactivism: The future of online project. *Review of Communication, 4*(3–4), 139–146.

Chan, J. M., & Lee, F. L. F. (2007). Political opportunities, social mobilization and collective action: The re-invigorated pro-democracy movement in Hong Kong. *China Review, 7*(2), 93–121.

Cheng, Y., & Chan, C. M. (2015). The third level of agenda setting in contemporary China: Tracking descriptions of moral and national education (MNE) in media coverage and people's minds. *International Journal of Communication, 9*, 18.

Chyi, H. I., & McCombs, M. (2004). Media salience and the process of framing: Coverage of the Columbine school shootings. *Journalism & Mass Communication Quarterly, 81*(1), 22–35.

Davies, J. C. (Ed.). (1997). *When men revolt and why*. New Jersey: Transaction Publishers.

Dearing, J. W., Rogers, E. M., & Rogers, E. (1996). *Agenda-setting* (Vol. 6). London: Sage. Downs, A. (1972). Up and down with ecology: The issue-attention cycle. *The Public, 28*, 38–50.

Ferree, M. M., Gamson, W. A., Gerhards, J., & Rucht, D. (2002). *Shaping abortion discourse: Democracy and the public sphere in Germany and the United States*. Cambridge: Cambridge University Press.

Fuchs, G. (2013, June 1). *Discursive opportunity structures and legal mobilization for gender equality in four countries 1996 — 2006*. Retrieved from http：//papers. ssrn. com/sol3/papers. cfm?abstract_id=1954028.

Gamson, W. , & Meyer, D. (1996). Framing political opportunity. In D. McAdam, J. McCarthy, & M. Zald(Eds.), *Comparative perspectives on social movements：Political opportunities, mobilizing structures, and cultural framings*(pp. 275-290). New York：Cambridge University Press.

Geis, S. (2011). Patterns of relationships between issues：An analysis of German prestige newspapers. *International Journal of Public Opinion Research*, *23*(3), 265-286.

Gurr, T. R. (1971). *Why men rebel*. Princeton, NJ：Princeton University Press. Hans-Bernd, B. , & Mathias Hans, K. (1995). Killer and victim issues：Issue competition in the agenda-setting process of German television. *International Journal of Public Opinion Research*, *7*(3), 211-231.

Harlow, S. (2012). Social media and social movements：Facebook and an online Guatemalan justice movement that moved offline. *New Media & Society*, *14*(2), 225-243.

Harlow, S. , & Harp, D. (2012). Collective action on the Web：A cross-cultural study of social networking sites and online and offline activism in the United States and Latin America. *Information, Communication & Society*, *15*(2), 196-216.

Hilgartner, S. , & Bosk, C. L. (1988). The rise and fall of social problems：A public arenas model. *American Journal of Sociology*, *94*(1), 53-78.

Hoynes, W. (2005). Media research and media activism. In D. Croteau, W. Hoynes, & C. Ryan(Eds.), *Rhyming hope and history：Activists, academics, and social movement scholarship*(pp. 97-114). Minneapolis：The University of Minnesota Press.

Kielbowicz, R. B. , & Scherer, C. W. (1984). The role of the press in the dynamics of social movements. In Lang, & G. E. Lang(Eds.), *Research in social movements, conflicts and change*(Vol. 9, pp. 71-96). Greenwich, CT：JAI Press.

Kiousis, S. (2004). Explicating media salience: A factor analysis of *New York Times* issue coverage during the 2000 US presidential election. *Journal of Communication*, *54*(1), 71-87.

Kong, S., Feng, L., Sun, G., & Luo, K. (2012, August). *Predicting lifespans of popular tweets in microblog*. In Proceedings of the 35th International ACM SIGIR Conference on Research and Development in Information Retrieval, New York, United States.

Koopmans, R. (2004). Movements and media: Selection processes and evolutionary dynamics in the public sphere. *Theory and Society*, *33*(3-4), 367-391. Koopmans, R., & Olzak, S. (2004). Discursive opportunities and the evolution of right-wing violence in Germany. *American Journal of Sociology*, *110*(1), 198-230.

Koopmans, R., & Statham, P. (1999). Political claims analysis: Integrating protest event and political discourse approaches. *Mobilization: An International Quarterly*, *4*(2), 203-221.

Law, W. S. (2017). Decolonisation deferred: Hong Kong identity in historical perspective. In W. Lam, & L. Cooper(Eds.), *Citizenship, identity and social movements in the new Hong Kong: Localism after the Umbrella Movement*(pp. 13-33). London: Taylor and Francis.

Lee, P. S., So, C. Y., & Leung, L. (2015). Social media and Umbrella Movement: Insurgent public sphere in formation. *Chinese Journal of Communication*, *8*(4), 356-375.

Lin, Z. (2016). Traditional media, social media, and alternative media in Hong Kong's Umbrella Movement. *Asian Politics & Policy*, *8*(2), 365-372.

Lindgren, S., & Lundstrom, R. (2011). Pirate culture and hacktivist mobilization: The cultural and social protocols of #WikiLeaks on Twitter. *New Media & Society*, *13*(6), 999-1018.

Ma, E., & Fung, A. (1999). Re-sinicization, nationalism and the Hong Kong identity. In C. So, & J. M. Chan(Eds.), *Press and politics in Hong*

Kong(pp. 497–528). Hong Kong：The Chinese University of Hong Kong.

McAdam, D. (1994). Culture and social movements. In E. Larana, H. Johnston, & J. R. Gusfield(Eds.), *New social movements：From ideology to identity*(pp. 36–57). Philadelphia：Temple University Press.

Molaei, H. (2015). Discursive opportunity structure and the contribution of social media to the success of social movements in Indonesia. *Information, Communication & Society, 18*(1), 94–108.

Mueller, C. (1997). International press coverage of East German protest events, 1989. *American Sociological Review, 62*(5), 820–832.

Oliver, P. E., & Maney, G. M. (2000). Political processes and local newspaper coverage of protest events：From selection bias to triadic interactions. *American Journal of Sociology, 106*(2), 463–505.

Oliver, P. E., & Myers, D. J. (1999). How events enter the public sphere：Conflict, location, and sponsorship in local newspaper coverage of public events. *American Journal of Sociology, 105*(1), 38–87.

Poell, T., & Borra, E. (2012). Twitter, YouTube, and Flickr as platforms of alternative journalism：The social media account of the 2010 Toronto G20 protests. *Journalism, 13*(6), 695–713.

Ruhrmann, G., Woelke, J., Maier, M., & Diehlmann, N. (Eds.). (2013). *Der wert von nachrichten im deutschen fernsehen：Ein modell zur validierung von nachrichtenfaktoren*(Vol. 45). Wiesbaden：Springer-Verlag.

Shoemaker, P. J., & Vos, T. (2009). *Gatekeeping theory.* New York：Routledge. Trouillot, M. R. (1995). *Silencing the past：Power and the production of history.* Boston：Beacon Press.

Zhu, J. H. (1992). Issue competition and attention distraction：A zero-sum theory of agenda-setting. *Journalism Quarterly, 69*(4), 825–836.

附录　历年社会运动诉求表

年份	报道周期涉及的运动诉求
2002	纪念六四，针对"二十三"条立法，纪律部队要求加薪，争取同工同酬
2003	建造业加薪，一国两制认同，宗教团体利益，针对"二十三"条立法，捍卫校园自主，反财政预算
2004	一国两制认同，反施政报告，港独争议，纪念六四，争取医疗保险
2005	争取普选，宗教团体利益，纪念六四，港独争议，保钓运动，反小巴加价，同性恋群体反歧视，建造业加薪，一国两制认同，医疗保险改革，反新界东北开发，租客反租金上涨，反施政报告，反世贸，反三桶油价上涨，反政改
2006	争取普选，争取标准工时，一国两制认同，争取子女居港权，宗教团体利益，纪念六四，活鸡滞销问题，维护区旗国旗尊严，争取最低工资，反《基本法23条》，特首选举，反施政报告，反拆除皇后码头，保护动物，租客反租金上涨，反世贸，倒罗范淑芬，捍卫校园自由 争取普选，反新界东北开发，特首选举，反对黑社会势力，建造业加薪，医疗保险改革，反施政报告，纪念六四，反拆除皇后码头，反整笔过拨款，一国两制认同，宗教团体利益，争取同工同酬，轧铁工要求加薪，反金融危机，争取最低工资，捍卫校园自由
2007	争取普选，反新界东北开发，特首选举，反对黑社会势力，建造业加薪，医疗保险改革，反施政报告，纪念六四，反拆除皇后码头，反整笔过拨款，一国两制认同，宗教团体利益，争取同工同酬，轧铁工要求加薪，反金融危机，争取最低工资，捍卫校园自由
2008	争取普选，反通货膨胀，医疗保险改革，要求释放维权人士，宗教团体利益，维护区旗国旗尊严，纪念六四，反三桶油价上涨，货柜码头工潮，推崇国货，活鸡滞销问题，反内地游客，外佣争取权益，反金融危机，反新界东北开发，反施政报告，纪念南京大屠杀，反财政预算
2009	争取普选，反内地游客，反金融危机，纪念六四，外佣争取权益，纪律部队要求加薪，公务员反减薪，新闻界反暴力，要求释放维权人士，宗教团体利益，建造业加薪，反施政报告，反高铁，维护区旗国旗尊严，反菜园村开发，反财政预算，雀巢员工要求加薪，单亲补助
2010	争取普选，反内地游客，建造业加薪，反金融危机，反高铁，要求释放维权人士，纪念六四，争取最低工资，起锚超错，反政改，反施政报告，维护区旗国旗尊严，支持或反对警员，外佣争取权益，保钓运动，纪念九·一八事变，一国两制认同，反拉布，反菜园村开发，空勤人员要求加薪
2011	争取普选，反金融危机，反新界东北开发，反财政预算，要求释放维权人士，宗教团体利益，纪念六四，争取最低工资，反《基本法23条》，建造业加薪，一国两制认同，反通货膨胀，外佣争取权益，反替补机制，反施政报告，争取子女居港权，反乌坎村林祖恋贪污，反内地游客，医疗保险改革，反《议事规则》修订，反三桶油价上涨，茉莉花革命，反菜园村开发

续表

年份	报道周期涉及的运动诉求
2012	争取普选，反内地游客，反财政预算，纪念六四，反《基本法 23 条》，撑梁倒梁之争，特首选举，双非问题争议，D & G 禁拍风波，建造业加薪，一国两制认同，反水客，反拉布，反新界东北开发，要求释放维权人士，宗教团体利益，维护区旗国旗尊严，反国民教育，保钓运动，纪念九·一八事变，释放马尼拉人质，免费电视发牌争议，反施政报告，保港运动，港独争议，同性恋群体反歧视，反金融危机，争取最低工资
2013	争取普选，保护动物，免费电视发牌争议，反新界东北开发，反财政预算，反施政报告，维护区旗国旗尊严，反国民教育，撑梁倒梁之争，港独争议，纪念六四，货柜码头工潮，纪律部队要求加薪，建造业加薪，支持或反对香港警员，一国两制认同，反拉布，医疗保险改革，宗教团体利益，反对黑社会势力，反内地游客，要求释放维权人士，同性恋群体反歧视，幼稚园教育争议
2014	争取普选，反内地游客，反金融危机，反财政预算，新闻界反暴力，反施政报告，保港运动，外佣争取权益，港独争议，新闻界反灭声，一国两制认同，反拉布，医疗保险改革，反新界东北开发，反高铁，维护区旗国旗尊严，纪念六四，反《议事规则》修订，反输入劳工，同性恋群体反歧视，支持或反对警员，坚守传媒操守，反种族歧视，消防救护人员要求加薪，幼稚园教育争议，保护动物，租客反租金上涨，宗教团体利益，反国民教育，反三堆一炉，纪律部队要求加薪
2015	争取普选，反内地游客，一国两制认同，反水客，反拉布，反新界东北开发，反高铁，宗教团体利益，针对《基本法 23 条》，港独争议，纪念抗战胜利，港大副校（陈文敏）风波，建造业加薪，支持或反对警员，租客反租金上涨，要求释放维权人士，同性恋群体反歧视，争取退休保障，反《网路 23 条》，捍卫校园自主，争取标准工时，反财政预算，争取子女居港权，维护区旗国旗尊严，纪念六四，争取同工同酬，要求释放屈颖妍，反政改，双非问题争议，空勤人员要求加薪，反施政报告，保港运动，活鸡滞销问题
2016	争取普选，反内地游客，争取标准工时，一国两制认同，旺角暴动，反拉布，反新界东北开发，反财政预算，撑梁倒梁之争，反高铁，宗教团体利益，维护区旗国旗尊严，要求释放铜锣湾书店被捕人士，争取退休保障，捍卫校园自主，支持或反对警员，反水客，免费电视发牌争议，坚守传媒操守，纪念六四，港独争议，反乌坎村林祖恋贪污，空勤人员要求加薪，保护动物，医疗保险改革，租客反租金上涨，同性恋群体反歧视
2017	争取普选，建造业加薪，支持或反对警员，旺角暴动，保护动物，医疗保险改革，反财政预算，反施政报告，宗教团体利益，维护区旗国旗尊严，港独争议，特首选举，纪律部队要求加薪，反拆除中山红楼，争取标准工时，一国两制认同，反通货膨胀，反拉布，坚守传媒操守，纪念六四，针对《基本法 23 条》，同性恋群体反歧视，争取退休保证，反新界东北开发，反高铁，要求释放维权人士，要求释放铜锣湾书店被捕人士，反《议事规则》修订，反《国歌法》

续表

年份	报道周期涉及的运动诉求
2018	争取普选，旺角暴动，反财政预算，反高铁，宗教团体利益，坚守传媒操守，维护区旗国旗尊严，新闻界反灭声，反 Uber 运行，反白牌车，反填海工程，保护动物，纪念六四，反《基本法 23 条》，反输入劳工，一国两制认同，反拉布，要求释放维权人士，反《社团条例》
2019	争取普选，反内地游客，一国两制认同，反通货膨胀，旺角暴动，保护动物，医疗保险改革，反财政预算，宗教团体利益，港独争议，反黑社会势力，医护人员反爆煲，反《逃犯条例》修订，反《国歌法》，建造业加薪，支持或反对警员，反新界东北开发，租客反租金上涨，坚守传媒操守，反《旅馆业条例》，保港运动，纪念六四，反《议事规则》修订，消防救护人员要求加薪，反填海工程，反水客，反金融危机，反小巴加价，新闻界反暴力，反施政报告，倒罗范椒芬，同性恋群体反歧视，反三桶油价上涨，码头工潮，推崇国货，饮食安全，纪律部队要求加薪，空勤人员要求加薪

（本文刊载于《传播与社会学刊》2022 年第四期，总第 61 期。）

Risky Behavior Analysis for Cross−border Drivers: A Logit Model and Qualitative Comparative Analysis of Odds of Fault and Injury Vulnerability in Guangdong, Hong Kong and Macau

Guangnan Zhang, Qiaoting Zhong, Ying Tan, Qingxuan Yang *

〔**Abstract**〕 Due to globalization and the acceleration of cross-border exchanges, cross-border risk behaviors have received widespread attention. Previous research has concluded that foreign crossborder drivers engage in relatively more risk-taking behavior patterns and are likely to experience a higher crash rate or be more inclined to cause severe crashes. However, there is little evidence on the

---

* Guangnan Zhang, Ph. D. , is a Professor at the Center for Studies of Hong Kong, Macao and Pearl River Delta, Institute of Guangdong, Hong Kong and Macao Development Studies, Sun Yat-sen University, China; Adjunct Professor of The Hong Kong University of Science and Technology, Hong Kong; Visiting Scholar at Columbia University (USA) and Waseda University (Japan); President of Guangzhou-Hong Kong-Macao Regional Development Association, China. His research fields are public economics, road safety and regional development policy.
  Qiaoting Zhong, Ph. D. , is an Associate Research Fellow at the Institute of Guangdong, Hong Kong and Macao Development Studies, Sun Yat-sen University, China; Visiting Scholar at Imperial College London (UK) and University of Amsterdam (the Netherlands). Her primary research areas of interest include intelligent decision support system, traffic safety and regional development policy.
  Ying Tan, Ph. D. , is a Lecturer at Guangdong University of Finance, China. Her primary research areas of interest include road safety in China and regional development policy.
  Qingxuan Yang is currently pursuing a Ph. D. at Sun Yat-sen University, China. Her current research focuses on road safety in China and driver behavior analysis.

Risky Behavior Analysis for Cross-border Drivers: A Logit Model | 451
and Qualitative Comparative Analysis of Odds of Fault and Injury
Vulnerability in Guangdong, Hong Kong and Macau

comparison of drivers who belong to the same ethnic group driving across within-country borders. Method:Based on the cross-border motor-vehicle crash reports in 2006—2010 from the Road Traffic Accident Database of the China Ministry of Public Security, this paper examines the risk factors of being at fault and getting killed or seriously injured in cross-border traffic crashes and casual paths toward crash liability and injury severity for Hong Kong and Macao drivers driving in the Chinese mainland. Results:There are extremely complex factors behind drivers from Hong Kong and Macao causing at-fault crashes or sustaining fatal and serious injuries in the Chinese mainland. Factors such as gender, age, illumination, and weather conditions do not individually affect the risk of driver at-fault crashes or severe casualties in the crashes among Hong Kong and Macao drivers driving in the Chinese mainland. Nonetheless, collectively, these factors influence them along with different vehicle types, roads, and environmental factors. Conclusions:This paper provides more theoretical findings for understanding the compound effect of multiple risk factors involving cross-border at-fault crashes or serious casualties. The conclusions of this research are valuable as representative references for cross-border risk management policies. Practical applications:To reduce the effects of different factors on cross-border risky driving behaviors and/or injurious crashes, various measures should be focused on, including specialized driver training, enhancement of the roads/environment, development of effective road safety campaigns, and directives facilitating cross-border cooperation in the field of road safety.

1.Introduction

Globalization has accelerated the free borderless movement of resources, goods, services, and personnel (Room & West, 1998). As a result, there is an increasing demand for cross-border transportation, which also accentuates conflicts related to politics, culture, religion, and legislation（Nordfjærn, Hezaveh, & Mamdoohi, 2015；Wagner et al., 2011）. Against this background, the crossborder criminal risky behavior patterns of wise tourists[1] have received much attention and include behavior patterns associated with illegal migration, alcohol and drug abuse, and sexual risk（e.g., Ceccato & Haining, 2004；Lau, Tsui, & Lam, 2007；Vingilis et al., 2006；Lovenheima & Slemrod, 2010；UNODC, 2018）. However, these behavior patterns do not seem to directly impact ordinary people.

In contrast, the risky driving behavior patterns of cross-border drivers are not only subject to differences in traffic-related environmental factors such as vehicle type and road infrastructure, but also subject to differences in traffic culture at the individual（microscale）, group（mesoscale）, national（macroscale）, and societal（magna）levels（Özkan & Lajunen, 2015）. As the connectivity of transport infrastructure networks between countries improves, cross-border transportation increases. However, because of the lack of appropriate cooperation on monitoring and enforcement among countries, nonresident road users are often not punished for their traffic offenses in foreign countries, leading to a gradual increase in the number of nonresident drivers with driving violations（European Union:European Commission, 2008）.

Despite the increase in driving risk across boundaries, a limited amount of research has been conducted on the risky driving behavior patterns of cross-border drivers（e.g., Harootunian, Aultman-Hall, and Lee, 2014；Harootunian, Lee, and

---

1 According to Ceccato and Haining（2004）, a wise tourist describes an individual who crosses the border and plans in advance what to do on the other side due to the instructural differences in terms of regulations and legislations between borders, which act as a stimulus to purchase illegal goods or services, such as prostitution, and smuggling alcohol and/or cigarettes.

Risky Behavior Analysis for Cross-border Drivers: A Logit Model | 453
and Qualitative Comparative Analysis of Odds of Fault and Injury
Vulnerability in Guangdong, Hong Kong and Macau

Aultman-Hall, 2014 ; Yoh, Okamoto, Inoi, & Doi, 2017). Previous literature has mainly focused on differences in road crash risk among foreign drivers across between-country borders. It has been concluded that foreign drivers across between-country borders are likely to experience a higher crash rate (e.g., Petridou, Askitopoulou, Vourvahakis, Skalkidis, & Trichopoulos, 1997 ; Leviäkangs, 1998 ; Claret et al., 2002 ; Yannis, Golias, & Papadimitriou, 2007 ; Danton et al., 2009 ; Yoh et al., 2017), or be more inclined to cause severe crashes (e.g., Petridou, Dessypris, Skalkidou, & Trichopoulos, 1999 ; Nævestad, Phillips, Meyer Levlin, & Hovi, 2017 ; Alogaili & Mannering, 2020). Confounding variables of language barriers, culture, or infrastructure quality occur in most of these studies. Although some scholars have examined the risk for drivers across within-country borders (e.g., Yan, Radwan, & Abdel-Aty, 2005 ; Sivak & Schoettle, 2010 ; Harootunian, Aultman-Hall, et al., 2014 ; Harootunian, Lee, et al., 2014 ; Cézard et al., 2020), there is little evidence on the comparison of drivers belonging to the same ethnic group driving across within-country borders that connect right drive roads to left drive roads. In the absence of differences in language, culture, and so forth, the effect of hardware differences in infrastructure quality and software differences in social and legal systems on the risk associated with cross-border driving within a given country requires an in-depth study.

The implementation of the one country-two systems policy and the presence of the boundary between mainland China, Hong Kong, and Macau provide a unique framework for our study. To examine the cross-border risky behavior patterns in this unique setting, this study selected a representative sample of cross-border drivers traveling across the Guangdong, Hong Kong, and Macau regions. First, the strong shared historic roots and divergent contemporary social characteristics of the Guangdong and Hong Kong/Macau societies across the within-country border make these crossborder drivers qualitatively different from transnational drivers （e.g., international drivers between the United and Canada, between the United States and Mexico, between EU countries, and between Singapore and Malaysia）. More than 90% of the population in Hong Kong is ethnically Chinese, particularly Han Chinese. The close ethnic links between people from Guangdong and Hong Kong have understandably been manifested in many shared cultural values and practices, such as Confucian cultural heritage, common Chinese written systems, and Chinese spoken language（Xu, 2018）. However, under the one country-two systems principle, Hong Kong and Macau（as special administrative regions）are distinct from mainland China in political, economic, and sociocultural terms（Yu & Zhang, 2016）. A recent study has argued that good law enforcement practices have shaped the habit of Hong Kong people engaging in fewer health/safety-averse behavior patterns, while people in mainland China have become increasingly willing to engage in risky behavior due to the poor legal system and lack of law enforcement（Cheung, Wu, & Tao, 2013）. Additionally, there are unique traffic regulations among these three regions. Hong Kong and Macao feature left-hand traffic, and vehicles drive on the left-hand side of the road, while steering wheels are placed on the right side of the vehicle. Mainland China has adopted righthand traffic, with vehicles passing on the right and steering wheels occurring on the left side of vehicles. Vehicles registered in Hong Kong and Macau can only enter Guangdong Province upon approval of double license plates provided by the government and their installation. Therefore, in Guangdong, a unique phenomenon occurs whereby vehicles from Hong Kong and Macau with steering wheels on the right drive along the right side of roads. Furthermore, the increasing volume of vehicles and rapid growth in cross-border traffic between Guangdong, Hong Kong, and Macau demonstrate the importance and necessity of this research on the risk of cross-border traffic crashes. The number of vehicles originating from Hong Kong and Macau entering Guangdong increased by 31.93% from 14.79 million in 2002

Risky Behavior Analysis for Cross-border Drivers: A Logit Model | 455
and Qualitative Comparative Analysis of Odds of Fault and Injury
Vulnerability in Guangdong, Hong Kong and Macau

to 19.51 million in 2010 and has maintained an average of 20.71 million in the past

five years (Statistics and Census Service Macao SAR Government, 2013, 2020 ;

The Transport Department of the Government of Hong Kong, 2013, 2020) .

In investigations into risky cross-boundary driving behavior patterns

of nonlocal drivers within a country, previous literature has tended to adopt

comparative spatiotemporal distribution methods (Carey & Aitken, 1996 ;

Leviäkangs, 1998 ; Petridou et al., 1999 ; Sivak & Schoettle, 2010 ; Wilks,

Watson, Johnston, & Hansen, 1999) , log-linear models (e.g., Yannis et al., 2007) ,

logit models (e.g., Harootunian, Lee, et al., 2014) , and others. However, these

approaches are limited regarding modelling the compound effect of multiple

risk factors for cross-border traffic. In fact, previous approaches to managing

different cross-border traffic risk groups, mainly by a simple indicator variable

such as vehicle type (e.g., operating, or non-operating) , have not always been

effective (Alogaili & Mannering, 2020) . From the perspective of achieving

the goal of precision governance, subgroups and sub-subgroups of risk groups

must be considered where appropriate. Specifically, the general comparative

spatiotemporal distribution method is mainly employed to examine distribution

differences, but it fails to accurately evaluate the risk factors of individuals

during crossborder driving. In contrast, hierarchical log-linear models can

analyze interactions between higher-level variables, but the method is subject to

a strict requirement in terms of the sample size (Tabachnick & Fidell, 2013) .

Considering the small sample size of cross-boundary drivers, logit models

can be helpful in understanding relevant risk factors, but problems such as

overfitting or independence constraints among variables could occur (Harrell

Jr, 2015) . The qualitative comparative analysis (QCA) , a qualitative method

based on case studies, is very suitable for small-to medium-sized samples

(Ragin, 2014) . In contrast to regression modeling, which studies correlations between variables based on the marginal principle in economics, QCA evaluates different combinations of incentives to adopt a holistic perspective and explores how different variables can jointly yield the same result（Byrne & Ragin, 2009；Jacobs, Cambre, Huysentruyt, & Schramme, 2016）.

The contributions of this study are as follows:（a）Regarding the research subject, there have been few studies comparing drivers of the same ethnic group driving across within-country borders where differences in road design practices, traffic rules, socialcultural characteristics, and political systems exist. Hence, our study using the scenario of Guangdong, Hong Kong, and Macau expanded on the existing theoretical framework of cross-border risky behavior patterns.（b）In terms of methodology, as there are overfitting issues and a requirement of multivariate independence in the existing empirical research, this study combined logistic regression and QCA to examine the risk factors of causing atfault traffic crashes and severe casualties under the scenario of driving across Guangdong, Hong Kong, and Macau in China. Furthermore, we analyzed the causal paths toward crash liability and crash injury severity among drivers from Hong Kong and Macau in mainland China to improve the traffic safety system as a complex open systems theory that encompasses individual（microscale）, group（mesoscale）, national（macroscale）, and societal（magna）levels and includes internal and external factors, in addition to elements such as culture, the results, and goals.

2. Literature review

Risky driving behavior across boundaries is theoretically influenced by different traffic environments, including vehicles and road infrastructure networks. However, it is also subject to the differences in traffic culture at the following four vertical levels, which work in tandem with internal factors to affect traffic

Risky Behavior Analysis for Cross-border Drivers: A Logit Model | 457
and Qualitative Comparative Analysis of Odds of Fault and Injury
Vulnerability in Guangdong, Hong Kong and Macau

safety consequences such as traffic offenses, crashes, and casualties:the individual (microscale) , group (mesoscale) , national (macroscale) , and societal (magna) levels. According to the general traffic (safety) culture model, differences in the traffic culture or climate between countries can play a key role as they can be considered external factors, apart from the core internal factors of the traffic safety system that include human factors, vehicle and road conditions, and the traffic environment (Özkan & Lajunen, 2015) . Regarding individual interactions with microscale systems in the traffic environment, the gender, age, and characteristics of drivers can result in different attitudes toward risk and distinct risk preferences. This could result in various risky driving behavior patterns and additional consequences. Within a region, at the community or mesoscale level, the same group of drivers (e.g., commercial vehicle drivers) may be affected by different organizational cultures and exhibit different risky driving behavior patterns and consequences. When faced with the different laws and regulations of countries at the macroscale level, a driver may exhibit different risky driving behavior patterns and consequences. At the magna level, due to the difference in economic and social values, various types of risky driving behavior patterns and corresponding consequences can also ensue.

In previous literature, scholars have often studied differences in the crash risk within a given country between foreign and local drivers or between nonlocal and local drivers with the same nationality. Previous literature suggests that, in general, foreign or nonlocal drivers may experience significant crash risks and the resulting injury severity levels (e.g., Alogaili & Mannering, 2020 ; Wen & Xue, 2020b) . However, due to differences in culture, social institutions, and so forth, regarding driving in a foreign country, drivers of a different nationality may adjust their driving habits and be more vigilant, resulting in fewer aggressive driving behavior patterns (Altwaijri, Quddus, & Bristow, 2012 ; Nordfjærn et al., 2015) and fewer severe casualties when these drivers are involved in single-vehicle crashes （Zhou & Chin, 2019）. Similarly, unfamiliar nonlocal drivers are considered less overconfident and often engage in fewer risk-taking behavior patterns than more familiar local drivers （Intini, Berloco, Colonna, Ranieri, & Ryeng, 2018 ; Wen & Xue, 2020a）.

Based on the reviewed literature, two individual levels, one organization level, and four national levels of risk factors were identified, which highlight the differences between domestic and foreign drivers. First, at the individual level, the existing literature indicates that the gender and age of drivers can result in different attitudes toward risk and distinct risk preferences, thus leading to various risky driving behavior patterns and additional consequences. For instance, the crash risk for male drivers abroad considerably increases when the destination offers risk-seeking opportunities, such as skiing and snowboarding during winter months （Harootunian, Lee, & Aultman-Hall, 2014）. Young drivers exhibited a greater tendency toward risk-seeking and, therefore, were at a higher risk of traffic crashes across borders （Petridou et al., 1999 ; Yannis et al., 2007）. On the other hand, a driver's ability affects the motor vehicle's operation and road recognition ability, which results in risky driving behavior patterns and corresponding consequences. Wu, Zhao, Lin, and Lee （2013） found that when driving in the presence of road signs in a foreign language, female drivers were more likely to make mistakes than male drivers. Other analyses revealed that older drivers were more cautious but less capable of processing information, so they made more mistakes in safety-related matters than younger drivers （Dingus et al., 1997 ; Padlo, Aultman-Hall, & Stamatiadis, 2005 ; Ryan, Legge, & Rosman, 1998）. Thus, the risk could be higher for older cross-border drivers.

Second, at the organization level, research conducted by Altwaijri et al. （2012） revealed that if the purpose of cross-border driving is commercial, then

Risky Behavior Analysis for Cross-border Drivers: A Logit Model | 459
and Qualitative Comparative Analysis of Odds of Fault and Injury
Vulnerability in Guangdong, Hong Kong and Macau

the corporate culture of the crossborder driver may affect their cross-border driving behavior. Specifically, Altwaijri et al. found that non-Saudi drivers are associated with less severe traffic crashes than Saudi drivers and explained that non-Saudi drivers may be more careful because the purpose of their driving is 'work' and there are tough regulations in place by employers.

Considering the national level of risk factors, language barriers (Alogaili & Mannering, 2020 ; Wilks et al., 1999 ; Haworth, Symmons, & Kowaldo, 2000 ; Sharples & Fletcher, 2001 ; Yoh et al., 2017) , different legal environments for supervision of vehicle status and safety equipment for the winter season (Leviäkangs, 1998 ; Harootunian, Lee, et al., 2014 ; Zhou & Chin, 2019) , different regulations on risky driving behaviors, and different monitoring and enforcement may pose challenges to unfamiliar cross-border drivers and increase their risks. Specifically, after comparing native and foreign drivers in Japan, Yoh et al. (2017) found that crossborder drivers were more likely to disobey traffic rules such as no-entrance areas and no-parking rules. This could occur because it is difficult for foreign drivers to recognize no-entrance road signs in Japanese. Additionally, Leviäkangs (1998) analyzed the crash risk among Russian drivers traveling to Finland and discovered that Russian drivers do not usually follow winter driving training courses and that there are no compulsory rules on the installation of snow chains on tires in Russia. Therefore, Russian drivers tended to face a higher risk in Finland. Zhou and Chin (2019) determined that the probability of fatal injuries among drivers in foreign country-registered vehicles was higher than that among drivers driving locally registered vehicles in Singapore. Vehicles registered overseas, particularly in Malaysia, may not be as well maintained as locally registered vehicles. In Singapore, vehicles are inspected once every-one or two years under a strict regime, thus ensuring roadworthy vehicles.

Different laws and regulations, monitoring, and enforcement practices can prompt foreign drivers to assume a more cautious driving habit. However, they are also likely to be more adventurous. For instance, Petridou et al. (1997) found that tourists from a country with a strict ban on drunk driving often engaged in drunk driving behavior patterns in countries where the relevant regulations were less strict. Although Greek drivers were more often involved in severe traffic violations than foreign drivers, the difference in legal environment resulted in more cases of drunk driving among foreign tourists (Petridou et al., 1997). However, Nordfjærn et al. (2015) indicated that foreign drivers originating from developing countries adjusted their original driving habits to be more cautious due to differences in culture and social institutions. Specifically, compared to driving at home, Iranian drivers caused fewer aggressive driving offenses in their country of immigration, which could be because of the host country's monitoring measures and enforcement systems, which do not tolerate traffic violations (Nordfjærn et al., 2015).

Compared with the above-mentioned research that focused on the influence of differences in traffic culture at the individual (microscale), group (mesoscale), national (macroscale), and societal G. Zhang, Q. Zhong, Y. Tan et al. Journal of Safety Research 82 (2022) 417-429 419 (magna) levels, other empirical studies pay more attention to the traffic environment that affects the behaviors of foreign drivers. Existing studies agree that there are higher technical requirements for cross-border drivers traveling to other regions, who encounter roads with unfamiliar designs (including different traffic directions or different signing systems at junctions between home and visiting countries) or poorly maintained roads. For instance, Wen and Xue (2020b) found that mountainous highway single-vehicle crashes that occur along sections with sharp turns, continuous long downhill stretches and tunnels were more likely to result in more severe casualties in unfamiliar drivers. Nævestad et al. (2017) reported differences in road quality

Risky Behavior Analysis for Cross-border Drivers: A Logit Model | 461
and Qualitative Comparative Analysis of Odds of Fault and Injury
Vulnerability in Guangdong, Hong Kong and Macau

between Norway's southeastern and north-western regions, with a lower road quality in the northern parts of Norway. Although the crash chances of local drivers in these two areas were quite similar, the odds of crashes among foreign drivers were 1.7 times higher in the northwestern region than those in the south-eastern region. In Greece, cross-border drivers were 31% more likely to have crashes at crossroads than the residents, and the probabilities of crashes for drivers of different nationalities can also vary to a great extent (Yannis et al., 2007). Faced with changes in traffic direction, cross-border drivers easily fail to scan the road properly or forget the traffic direction. According to risk analysis of cross-border driving crashes in the United Kingdom (UK) by Danton et al. (2009), foreign drivers experience major blind spots, as the passing direction on roads is different between the UK and those found in neighboring countries. As a result, nearly 80% of crashes involving cross-border drivers are caused by failures to properly scan the road. Sharples and Fletcher (2001) examined traffic crashes related to nonlocal drivers in Scotland and discovered that foreign drivers originating from countries enforcing the opposite road direction often caused crashes because they drove on the wrong side of the road. In particular, various drivers may forget the traffic direction when a single-lane road merges with a double-lane road.

The likelihood of crashes among local and native drivers increases under circumstances involving vehicles in extremely harsh conditions (e.g., there is a lack of illumination or bad weather conditions occur). However, these conditions exert a more significant impact on cross-border drivers. The main reason is the unfamiliarity of drivers with their vehicle or their poor condition driving skills. For example, Wen and Xue (2020a) determined that the absence of roadside lights increased drivers' unfamiliarity, which resulted in non-local drivers being more unfamiliar with highways and other information specific to safe driving in mountainous areas. Carey and Aitken (1996) found that as the main transport mode in Bermuda is motorcycles, and foreign tourists are generally not skillful motorcycle riders, tourists face an extremely high risk of traffic crashes, especially at night.

While previous research has concluded that foreign crossborder drivers engage in relatively more risk-taking behavior patterns and are likely to experience a higher crash rate or be more inclined to cause severe crashes, confounding variables of language barriers, culture, or infrastructure quality occur in most of these studies. There is little evidence on the comparison of drivers belonging to the same ethnic group driving across within-country borders. The current paper intends to study the effect of hardware differences in infrastructure quality and software differences in social and legal systems on the risk associated with crossborder driving within Guangdong, Hong Kong, and Macau, in the absence of any differences in language and culture.

3. Data and methodology

3.1. Data

The data used in this study, obtained from the Guangdong Provincial Security Department, were extracted from the Traffic Management Sector-Specific Incident Case Data Report. The data were recorded according to the Codes for Traffic Accident Information published by the Computer and Information Processing Standardization Technical Committee of the Ministry of Public Security. Information on crashes is added within 24 hours after traffic police has completed the site investigation. The database is the only official and legal source of traffic safety data in China and the most detailed and reliable database for research on traffic safety in China. The database provides comprehensive information on

Risky Behavior Analysis for Cross-border Drivers: A Logit Model | 463
and Qualitative Comparative Analysis of Odds of Fault and Injury
Vulnerability in Guangdong, Hong Kong and Macau

the characteristics of the parties involved, the severity of injuries and casualties, vehicle characteristics and license plate numbers, road conditions, time, and the environment of crashes. More specific examples include road traffic crash levels and party liability types (Zhang, Yau, & Chen, 2013) .

Reports of single-and two-vehicle crashes related to crossborder driving in Guangdong, Hong Kong, and Macau between 2006 and 2010 were extracted for the current research study. Motorcyclists and drivers usually tend to have different behavior and characteristics on roadways. More importantly, while drivers are protected by the frame of vehicles and other safety equipment (e.g., airbags) , motorcyclists have little protection. These factors result in massive injury severity outcome differences between motorcyclists and drivers. Therefore, motorcycle-related crashes were excluded from our analysis. In addition, cases with an absence of driver/vehicle characteristics, crashes without an injury severity assessment, and cases involving foreign drivers were also removed. Moreover, any drivers involved in a single-vehicle crash but not recorded as at-fault were excluded (Harootunian, Lee, et al., 2014) . Thus, 392 reports were selected in the final sample, among which 187 were Hong Kong and Macau residents, while 205 were mainland residents.

To adapt to the growth of motor-vehicle ownership and control the overall traffic flow on the road, the mainland (Guangdong) , Hong Kong, and Macau SAR governments adopted a quota system to limit the total number of vehicles crossing the border and implemented the "dual-license plates" vehicle license management system before 2016.[1] Also, since 2016, with the development of the Guangdong-Hong Kong-Macao Greater Bay Area, the temporary traffic of Hong Kong and

---

1 "The prequel of 'Single–license car enters Hengqin' : 'Double–licensed car' just passed the border" , Sohu, 2016–12–14, see https://m.sohu.com/a/121578472_401370/

Macau single-brand vehicles has been suspended in certain areas of Guangdong Province (such as Hengqin, Zhuhai,[1] and Hong Kong-Zhuhai-Macau Bridge[2]) . In addition, the number of large-scale infrastructure projects connecting the two places has increased, and there is no longer a limit on the total number of inbound freight vehicles.[3] Therefore, it would be valuable to distinguish the traffic crash data from 2016 until the present against the data before 2016, to study the cross-border traffic risks in Guangdong, Hong Kong, and Macau regions.

The 2006—2010 dataset is the most recent dataset concerning cross-border vehicles that is accessible to the research team, and it is subject to a limited period due to confidentiality concerns. However, relevant data prove that the cross-border traffic between Guangdong, Hong Kong, and Macau was frequent and grew rapidly during this period (Statistics and Census Service Macao SAR Government, 2013 ; The Transport Department of the Government of Hong Kong, 2013) . Moreover, there was no significant change in road infrastructure or the proportion of crossborder vehicles in the traffic in Guangdong Province during this period. Therefore, the results of this research on the risk factors for drivers from Hong Kong and Macau in Mainland China during 2006 — 2010 have a suitable level of generality.

It is worth noting that studying the traffic risks on large-scale cross-

---

1　"Macau' s motor vehicle entry and exit policy in Hengqin has been implemented" , Zhuhai Special Zone Daily, 2016-12-17, see https: //ftz. gd. gov. cn/rdgz215/content/post_917654. html#zhuyao.

2　Transport Department, HKSAR Government. Regular Quota for Hong Kong Private Cars To Macao (Access To City Centre) , see https: //www. td. gov. hk/en/public_services/licences_and_permits/closed_road_permit_for_cross_boundary_vehicles/rq_hk_private_ cars_to_macao_access_city_centre/index. html.

3　Guangdong Provincial Department of Transportation. Measures of Guangdong Province for the Administration of Road Transport linking Hong Kong and Macao, 2022-01-11, see https: //www. gd. gov. cn/zwgk/zcjd/bmjd/content/post_3757339. html.

Risky Behavior Analysis for Cross-border Drivers: A Logit Model | 465
and Qualitative Comparative Analysis of Odds of Fault and Injury
Vulnerability in Guangdong, Hong Kong and Macau

border infrastructure (such as the Hong Kong-Zhuhai-Macao Bridge) is very meaningful. This is also applicable to the comparison of the impact of "dual-license" and "single-license" vehicle license management systems on cross-border traffic. However, considering the limitations of the research topic and length of this research, further research can be conducted on this subject in the future. To compare the factors of driver at-fault crashes and crash injury severity caused by Hong Kong and Macau drivers in mainland China to those applicable to local drivers, we selected two dependent variables as follows:Crash liability:The first variable described whether the driver is at-fault in a crash, with 1 indicating yes and 0 indicating No.Fault assignment was determined by police who conduct on-scene assessments and officially recorded in the database. Crash Injury Severity:The second variable indicated if fatal and serious injury (FSI) occurred in a driver at-fault crash, with 1 indicating yes, and 0 indicating No.In China, crashes and injury severities are collected and assessed by police officers at the traffic crash scenes. The injury severity is categorized as property damage only (i.e., no injury), slight injury (i.e., non-disability injury), serious injury (i.e., disability injury) and fatal injury (i.e., immediate, or subsequent death from injuries within 7 days after a crash) (Chang, Xu, Zhou, Chan, & Huang, 2019).

To identify the risk factors of crash liability and crash injury severity among drivers, we selected independent variables from four aspects, namely, individual, vehicle, road, and environmental factors.

Individual factors:First, this study controlled for the gender and age of drivers, which have been widely studied in previous literature on their effect on traffic safety. Specifically, according to the age categories established by the World Health Organization (WHO), we focused on drivers under the age of 25 years. In this regard, we created a dummy variable to study the effect of this age group on cross-border traffic safety.

Vehicle factors:Existing studies have pointed out different rates of cross-border crashes for various types of vehicles（Choocharukul & Sriroongvikrai, 2017）. In this regard, we applied commercial vehicles as a dummy variable to examine the effect of this vehicle category on cross-border traffic safety.

Road factors:The types and quality of roads impact traffic violations and casualty severity of crashes. In China, roads are divided into three categories, namely, expressways, ordinary highways, and urban highways. Among the ordinary highways are Class I, Class II, Class III, and Class IV highways and substandard roads. Urban highways can be divided into urban expressways, urban ordinary highways, and other highways. Detailed road type classification can be found in the GA 17.1-2003 Codes for road traffic accident scene — Part 1: Code of road type. We created a dummy variable to establish whether a crash occurred on an expressway.

Environmental factors:Environmental factors encompass illumination, weather conditions, weekend hours, time, day, and year. Specifically, cloudy, snowy, rainy, foggy, and windy weather conditions were regarded as bad weather conditions （Harootunian, Lee, et al., 2014）. Existing research has revealed that differences in the time period throughout a day and days of the week also affect the risk of traffic crashes. Based on Zhang, Yau, and Zhang（2014）, we created dummy variables for holidays and weekends and focused on whether crashes occurred during early morning hours（midnight to dawn）, morning rush hours（07:00-08:59）and evening rush hours （17:00-19:59）, and the year variable ranged from 2006 to 2010.

3.2. Methodology

In the case of adopting discrete variables as dependent variables, compared to other applicable models, a logistic regression model measures not only the correlation between variables（the magnitude of coefficients）but also

Risky Behavior Analysis for Cross-border Drivers: A Logit Model | 467
and Qualitative Comparative Analysis of Odds of Fault and Injury
Vulnerability in Guangdong, Hong Kong and Macau

the correlation direction (positive or negative). Due to its more valuable results, logistic regression has become a standard method in regard to discrete dependent variables, especially in epidemiology (Hosmer, Lemeshow, & Sturdivant, 2013 ; Sperandei, 2014). As our dependent variables were binary, the occurrence of a driver at-fault crash and the occurrence of severe casualties in a driver at-fault crash-a logistic regression model was adopted so that our results could be compared to existing studies based on this method (Cameron & Trivedi, 2006).

However, as the sample size of cross-border driving behavior patterns tends to be relatively small, logistic regression alone on the determining risk factors may result in overfitting or constraints on variable independence (Harrell Jr, 2015). Thus, the analysis may be insufficiently comprehensive, or the conclusion may be less robust. More importantly, the calculation of logistic regression coefficients cannot effectively produce results capturing the combined influence and correlation of more than three predictors (Grofman & Schneider, 2009). As such, this type of regression model does not fully examine the traffic safety system as a complex open systems theory encompassing the microscale, mesoscale, macroscale, and magna levels, including internal and external factors, in addition to elements such as culture, the results, and goals.

In view of the above shortcomings and considering that qualitative comparative analysis (QCA) is not constrained by the number of samples or interaction terms, we further analyzed the data and tested our hypotheses via QCA. In addition to its suitability to our data, the technical characteristics of QCA were compatible with our setting in terms of research questions and variables. First, in contrast to regression modeling, which examines the correlation between variables based on the marginal principle in economics, QCA exhibits a distinct feature of focusing on paths (combinations of variables) rather than independent variables

（Rihoux & Ragin, 2008）. In fact, in studies on traffic safety systems, there are a large number of phenomena caused by multiple factors, and any single crash or casualty is not the result of a single factor. Therefore, QCA meets the requirements of this type of research on crossborder risky behavior patterns. Second, recognition of asymmetry and multifinality is another basic feature of QCA, while traditional econometrics mostly rely on symmetry and uniformity（Rihoux & Ragin, 2008）. In the field of traffic safety, asymmetry and multifinality more often apply, for example, the relationship between gender and traffic crashes. The existing literature usually indicates that male drivers experience a higher risk of crashes, but this does not suggest that female drivers experience a lower risk（asymmetry）. It is even likely that under certain circumstances, the crash risk among female drivers is higher than that among male drivers（multifinality）. Therefore, in light of the complex nature of our research subjects, QCA could be undoubtedly useful in deciphering the complex and diverse combinations of variables generating cross-border risky behavior patterns.

Moreover, QCA researchers and other qualitative researchoriented scholars have pointed out that if a single conditional variable covers only a very small number of all cases, the variable coefficients calculated via logistic regression are likely to be statistically insignificant, but these variables may provide more theoretical and qualitative information. Hence, QCA can be performed as a complement to logistic regression and as a starting point for further in-depth research（Grofman & Schneider, 2009）.

Comprehensively considered, our overall analysis strategy is as follows: （a）we started with logistic regression modeling of the risk factors of causing driver at-fault crashes and resultant severe casualties under the scenario of driving across Guangdong, Hong Kong, and Macau；（b）to supplement the obtained logistic regression results, we subsequently conducted temporal instability tests；

Risky Behavior Analysis for Cross-border Drivers: A Logit Model | 469
and Qualitative Comparative Analysis of Odds of Fault and Injury
Vulnerability in Guangdong, Hong Kong and Macau

(c) in addition, we conducted QCA to further examine the risky driving behavior patterns of drivers from Hong Kong and Macau in mainland China, focusing on the compound effect of multiple risk factors. The specific model setting is explained in the Appendix.

3.3. Descriptive statistics

An explanation of the relevant variables and descriptive statistics is provided in Table 1. In the single-and two-vehicle crashes occurring in 21 cities in Guangdong, China, between 2006 and 2010, the percentage of drivers from Hong Kong and Macau involved in driver at-fault crashes in mainland China was considerably higher than that of local drivers (79.1% vs 54.1%), similar to the severity of casualties between drivers from Hong Kong and Macau and mainland China (34.8% vs 15.1%). Regarding demographics, the majority of drivers from Hong Kong and Macau and mainland China were male, and there were fewer drivers from Hong Kong and Macau than there were drivers from mainland China younger than 25 years (2.7% vs 11.2%). Concerning the vehicle status, the number of drivers from Hong Kong and Macau operating commercial vehicles was smaller than that of drivers from mainland China (20.3% vs 37.6%).

To determine the differences in the risk of being at fault in traffic crashes and severe casualties in mainland China between drivers from Hong Kong and Macau and drivers from mainland China, we first compiled a contingency table to assess the potential variables in Pearson's chi-square tests. Among the factors of driver at-fault crashes and FSI occurrence in driver at-fault crashes in mainland China, the gender, vehicle status and light conditions were statistically significant according to the Pearson chi-square tests (see Tables A.1 and A.2). In addition, there was an age-related difference in driver at-fault crashes between drivers from Hong Kong and Macau and drivers from the mainland (see Table A.1).

Table 1
Variable definitions and descriptive statistics.

Variables	Description of variables	All drivers Count (%)	Hong Kong and Macau drivers	Mainland drivers
Liability				
Driver at-fault	driver at-fault in the crash = 1, others = 0	259 (66.1)	148 (79.1)	111 (54.1)
Casualties				
Fatal and serious injury	fatal and serious injury in the crash = 1, others = 0	96 (24.5)	65 (34.8)	31 (15.1)
Residents				
Hong Kong and Macau	Hong Kong and Macau residents = 1, others = 0	187 (47.7)	-	-
Mainland	Mainland residents = 1, others = 0	205 (52.3)	-	-
Individual factors				
Gender				
Male	male = 1, female = 0	335 (85.5)	138 (73.8)	197 (96.1)
Age				
≤25	≤25 = 1, otherwise = 0	28 (7.1)	5 (2.7)	23 (11.2)
Vehicle factors				
Vehicle's status				
Commercial	commercial vehicle = 1, otherwise = 0	115 (29.3)	38 (20.3)	77 (37.6)
Road factors				
Road type				
Expressway	expressway = 1, otherwise = 0	55 (14.0)	28 (15.0)	27 (13.2)
Environmental factors				
Light condition				
Dark	dark = 1, otherwise = 0	142 (36.2)	104 (55.6)	38 (18.5)
Weather condition				
Bad weather	bad weather = 1, otherwise = 0	83 (21.2)	27 (19.8)	46 (22.4)
Day of a week				
Weekend	weekend = 1, otherwise = 0	107 (27.3)	51 (27.3)	56 (27.3)
Time of a day				
Early morning hours (midnight to dawn)	midnight to dawn = 1, otherwise = 0	98 (25.0)	45 (24.1)	53 (25.9)
Evening rush hours (17:00–19:59)	17:00–19:59 = 1, otherwise = 0	43 (11.0)	25 (13.4)	18 (8.8)
Morning rush hours (7:00–8:59)	7:00–8:59 = 1, otherwise = 0	20 (5.1)	9 (4.8)	11 (5.4)
year				
2006	2006 = 1, otherwise = 0	87 (22.2)	41 (21.9)	46 (22.4)
2007	2007 = 1, otherwise = 0	94 (24.0)	38 (20.3)	56 (27.3)
2008	2008 = 1, otherwise = 0	69 (17.6)	34 (8.2)	35 (17.1)
2009	2009 = 1, otherwise = 0	83 (21.2)	45 (24.1)	38 (18.5)
2010	2010 = 1, otherwise = 0	59 (15.1)	29 (15.5)	30 (14.6)

4. Logistic regression analysis

According to the dependent variables, this study established four independent multivariable logistic regression models. In the first two models, the dependent variable was the occurrence of a driver at-fault in the crash. We modeled this binary variable on factors related to individuals, vehicles, roads, and the environment in mainland China considering drivers from Hong Kong and Macau residents and drivers from mainland China to compare the risk factors between these two groups. Afterwards, the remaining two models adopted the occurrence of fatal and serious injury in the driver at-fault crash as the dependent variable to better understand the risk factors of these two groups of drivers by considering relevant variables similar to those in the previous two models.

Risky Behavior Analysis for Cross-border Drivers: A Logit Model | 471
and Qualitative Comparative Analysis of Odds of Fault and Injury
Vulnerability in Guangdong, Hong Kong and Macau

4.1. Analysis of the risk factors of crash liability for drivers from Hong Kong and Macau in mainland China

Table 2 summarizes the respective risk factors of being at fault in traffic crashes for the sampled drivers from Hong Kong and Macau and from mainland China. It was discovered that the risk factors of crash liability varied. Regarding the personal characteristics of drivers, male drivers from Hong Kong and Macau experienced 2.281 times the odds of being at fault in crashes in mainland China, whereas gender yielded no significant impact on crash liability for drivers from mainland China. In addition, there was no significant effect on crash liability for both drivers from Hong Kong and Macau and drivers from mainland China in terms of age, light condition, weather condition, and road factors. However, the day of the week and time of day were crucial for drivers from Hong Kong and Macau:the risk of being at fault in crashes among drivers from Hong Kong and Macau increased during weekends (OR = 2.205) , while the risk during evening rush hours (17:00-19:00) was relatively low (OR = 0.416) . Although the risk of being at fault in crashes among drivers from mainland China decreased when operating commercial vehicles (OR = 0.508) , there was no significant effect on crash liability for drivers

Table 2
Factors related to driver at-fault crashes.

Factors	Hong Kong and Macau drivers in mainland China	Mainland drivers in mainland China
	OR (p value)	OR (p value)
(1) Male	2.312 (0.039)	
(2) Commercial		0.504 (0.031)
(3) Weekend	2.293 (0.081)	
(4) Evening rush hours	0.398 (0.081)	0.308 (0.036)
pseudo R-squared	0.062	0.043
ROC	0.663	0.640
N	187	205

ROC, receiver operating characteristic. Only significant variables were presented.

from Hong Kong and Macau.

Additionally, temporal transferability tests were conducted on the crash liability models for both the drivers from Hong Kong and Macau and drivers from mainland China during the 2006 — 2010 period. The dataset used to estimate and validate these models was therefore divided into five groups, and five additional models were estimated for both groups of drivers based on these five separated datasets with the same significant variables as those in the full-data model. The Chow test（Chow, 1960）determined whether the parameter estimates remained stable over time and the v2 values were equal to 23.01 with 14 degrees of freedom and 9.09 with 11 degrees of freedom for the crash liability models describing the drivers from Hong Kong and Macau and the drivers from mainland China, respectively, which were lower than the critical values of 23.69 and 19.68, respectively, at the 95% confidence level. In other words, the estimated crash liability model parameters for both groups of drivers are transferable over time.

4.2. Analysis of the risk factors of crash injury severity for drivers from Hong Kong and Macau in mainland China

Table 3 summarizes the respective risk factors of crash injury severity for the sampled at-fault drivers from Hong Kong and Macau and from mainland China. Even though male drivers, during weekends and during evening rush hours, experienced a higher risk of being at fault in crashes, these factors exerted no significant impact on crash injury severity for at-fault drivers from Hong Kong and Macau. Similarly, there were no significant effects on the occurrence of severe casualties among at-fault drivers from mainland China in terms of the vehicle status and time of day, although these factors yielded significant impacts on crash liability. It should be noted that although the lack of light had no significant impact on crash liability, once a crash occurred under this circumstance, the frequency of

Risky Behavior Analysis for Cross-border Drivers: A Logit Model | 473
and Qualitative Comparative Analysis of Odds of Fault and Injury
Vulnerability in Guangdong, Hong Kong and Macau

Table 3
Factors related to fatal and serious injury in the driver at-fault crashes.

Factors	Hong Kong and Macau drivers in mainland China OR (p value)	Mainland drivers in mainland China OR (p value)
(1) Expressway	3.577 (0.018)	
(2) Dark	2.976 (0.018)	3.525 (0.085)
(3) Evening rush hours		6.595 (0.088)
pseudo R-squared	0.066	0.129
ROC	0.680	0.765
N	148	107

Only significant variables were presented.

fatal and serious injuries among at-fault drivers increased significantly (OR = 2.783 for drivers from Hong Kong and Macau ; OR = 3.950 for drivers from mainland China) . Driving on highways is another risk factor of the occurrence of severe casualties for at-fault drivers from Hong Kong and Macau. However, age and weather conditions did not significantly impact either crash liability or crash injury severity among all drivers.

Temporal transferability tests were also conducted on the crash injury severity models of both the drivers from Hong Kong and Macau and the drivers from mainland China during the 2006-2010 period. The estimated crash casualty model parameters for both groups of drivers were temporally stable (v2 was equal to 18.05 with 11 degrees of freedom and 8.5 with 4 degrees of freedom for the crash injury severity models of the drivers from Hong Kong and Macau and the drivers from mainland China, respectively, which were lower than the critical values of 19.68 and 9.49, respectively, at the 95% confidence level) .

5. Qualitative comparative analysis (QCA)

In this section, we conducted QCA of the risky behavior patterns of the drivers from Hong Kong and Macau in terms of crash liability and crash injury severity to examine how the interactions between individual factors and other variables, such as vehicle status, road conditions, and environment, affect crash liability and injury severity when driving in mainland China.

In view of the research design, we carried out four crisp-set QCA experiments using the sample of drivers from Hong Kong and Macau in mainland China. In the first two analysis experiments, the dependent variable was the occurrence of a driver at-fault crash, and the conditions included individual, vehicle, road, and environmental factors. The analysis was separated according to the two values of the outcome (1 indicated driver at-fault crashes, and 0 indicated the opposite) to reveal the combinations of variables determining crash liability among drivers from Hong Kong and Macau in mainland China. Moreover, the remaining two analysis experiments of at-fault drivers from Hong Kong and Macau in mainland China adopted the occurrence of fatal and serious injury in the crash as the dependent variable. Similarly, we also conducted independent analyses based on the two values of the outcome (1 indicated the occurrence of severe casualties, and 0 indicated the opposite).

It should be noted that according to Boolean function minimization, QCA usually reports three solutions, i.e., complex, intermediate, and parsimonious solutions. A complex solution refers to combinations of conditions that are simplified based only on the actual case observations. An intermediate solution is not only simplified based on the case observations but also simplified based on the easy remainders that can be supported by theoretical and/or practical knowledge, while the simplification process of a parsimonious solution considers both observed cases and all easy and difficult remainders. In light of the uncertainty in the assessment of logical remainders, only complex solutions were reported.

Risky Behavior Analysis for Cross-border Drivers: A Logit Model | 475
and Qualitative Comparative Analysis of Odds of Fault and Injury
Vulnerability in Guangdong, Hong Kong and Macau

5.1. Analysis of the combinations of conditions for crash liability among drivers from Hong Kong and Macau in mainland China

Except for young drivers (younger than 25 years) , driving during weekends and during morning rush hours were sufficient nonessential conditions regarding the driver at-fault crashes, and the other independent variables failed to reach the standards of sufficiency and necessity for the outcome (please refer to Table B.1 in the Appendix for details) . Thus, there was no single sufficient or necessary variable that could determine the crash liability among drivers from Hong Kong and Macau in mainland China. In other words, the independent explanatory power of each condition was relatively poor. In this regard, it is advisable to combine conditions to determine the causal paths leading to crash liability risks.

According to the analysis in fuzzy-set QCA (fs/QCA) software of the outcome variable of 1 (a driver at-fault crash occurs) , there were 27 complex solutions, with a total coverage of 0.723 and a consistency of 0.930. Similarly, the analysis of the outcome variable of 0 resulted in 9 complex solutions, with a coverage of 0.256 and a consistency of 1.

These two analyses revealed the complexity of crash liability in cross-border driving in China (i.e., a simple indicator variable does not determine crash liability) and highlighted the asymmetry and multifinality in the relationship between crash liability and risk factors for drivers from Hong Kong and Macau in mainland China, for example, gender. Despite more causal paths of crash liability for male drivers than for female drivers (17 vs 4) , there were different conditions among these paths other than gender. This indicates the multifinality phenomenon between the gender of drivers from Hong Kong and Macau and their crash liability in mainland China. Moreover, the paths of male drivers regarding driver at-fault do not indicate the paths of female drivers regarding the absence of crash liability, which suggests that under the scenarios where male drivers from Hong Kong and Macau face higher risks of being at fault in crashes in mainland China, female drivers do not necessarily face lower risks. As such, there is asymmetry in the relationship between the gender of drivers and crash liability.

By comparing the causal paths of the conditions determining the occurrence and absence of driver at-fault crashes, we examined how the individual characteristics of drivers interacted with other factors, including vehicle status, road conditions, and environment, in defining crash liability. Under both scenarios, as listed in Table 4, the change in a single condition (such as the time of day and vehicle status) could lead to decisive differences in the risk of being at fault in crashes among drivers from Hong Kong and Macau. First, regarding male commercial drivers from Hong Kong and Macau older than 25 years in mainland China on nonhighway roads with illumination under good weather conditions during weekends, the risk of being at fault in a crash during morning rush hours was higher than that during evening rush hours. Under the second scenario, regarding female drivers from Hong Kong and Macau older than 25 years in mainland China on nonhighway roads with illumination under bad weather conditions during evening rush hours on work days, whether the driver operated a commercial vehicle affected the risk of being at fault in a crash.

5.2. Analysis of the combinations of conditions for crash injury severity among at-fault drivers from Hong Kong and Macau in mainland China

All independent variables failed to reach the standards of sufficiency and necessity, so there was no single sufficient or necessary variable that determined

Risky Behavior Analysis for Cross-border Drivers: A Logit Model | 477
and Qualitative Comparative Analysis of Odds of Fault and Injury
Vulnerability in Guangdong, Hong Kong and Macau

the crash injury severity among at-fault drivers from Hong Kong and Macau in mainland China (refer to Table B.2 in the Appendix for details). The QCA results also demonstrated multifinality in the development of severe casualties during cross-border driving in China. According to the analysis in fs/ QCA software on the outcome of 1 (occurrence of severe casualties), we gathered 12 complex solutions with a coverage of 0.3 and a consistency of 1. Similarly, the analysis of the outcome of 0 (no severe casualties) produced 21 complex solutions, with a total coverage of 0.673 and 0.917 consistency.

After a comparison of the combinations of conditions for the occurrence or absence of severe casualties, we discovered how the individual characteristics of drivers interact with other factors, including vehicle status, road conditions, and environment, in determining the crash injury severity. According to our results, under three scenarios, a change in a single condition (such as illumination, bad weather conditions, and weekends) could lead to decisive differences in the risk of severe casualties among at-fault drivers from Hong Kong and Macau (Table 5). Under the first scenario, regarding male noncommercial vehicle drivers from Hong Kong and Macau older than 25 years on a weekday during evening rush hours given good weather conditions on nonhighway roads, the risk was affected by illumination. Second, regarding female noncommercial vehicle drivers from Hong Kong and Macau older than 25 years on work days during nonrush hours on highways with illumination, the risk of severe casualties was higher under good weather conditions. Third, regarding female noncommercial vehicle drivers from Hong Kong and Macau older than 25 years during early morning hours on nonhighway roads under bad weather conditions without illumination, the risk of severe casualties was influenced by whether the crash occurred during weekends.

Table 4
Causal paths toward crash liability of drivers from Hong Kong and Macau driving in mainland China.

Conditions	Scenario 1		Scenario 2	
If there is a driver at-fault crash	Yes	No	Yes	No
(1) Male	●	●	○	○
(2) Young (≤25)	○	○	○	○
(3) Commercial vehicle	●	●	◓	●
(4) Expressway	○	○	○	○
(5) Dark	○	○	○	○
(6) Bad weather	○	○	●	●
(7) Weekend	●	●	○	●
(8) Early morning hours	○	○	○	○
(9) Morning rush hours	●	◓	○	○
(10) Evening rush hours	◓	●	●	●
Net coverage	0.007	0.026	0.007	0.026

The above results are estimated by fsQCA 3.0.
● indicates that the variable appears, ○ indicates that the variable does not appear, _ indicates a difference.

Table 5
Causal paths toward crash injury severity of drivers from Hong Kong and Macau driving in mainland China.

Conditions	Scenario 1		Scenario 2		Scenario 3	
If there are severe casualties in the crash	Yes	No	Yes	No	Yes	No
(1) Male	●	●	○	○	○	○
(2) Young (≤25)	○	○	○	○	○	○
(3) Commercial vehicle	○	○	○	○	○	○
(4) Expressway	○	○	●	●	○	○
(5) Dark	◓	●	○	○	●	●
(6) Bad weather	○	○	◓	●	●	●
(7) Weekend	○	○	○	○	●	◓
(8) Early morning hours	○	○	○	○	●	●
(9) Morning rush hours	○	○	○	○	○	○
(10) Evening rush hours	●	●	○	○	○	○
Net coverage	0.020	0.041	0.020	0.010	0.020	0.031

The above results are estimated by fsQCA 3.0.
● indicates that the variable appears, ○ indicates that the variable does not appear, _ indicates a difference.

6. Discussion

6.1. Crash liability in cross-border driving

In terms of the factors that cause a high risk of crash liability among nonresident drivers, this paper and previous studies share similarities and exhibit differences. First, neither this study nor research conducted in Greece（Yannis et al., 2007）confirmed the significant impact of light conditions on driver at-fault crashes. Moreover, considering the research of Harootunian, Lee, et al. （2014）on nonresident driver crash liability in Florida, US, with similar parameter settings, a one-to-one comparison could be conducted. Under the within-country border crossing scenarios studied in this paper and within-country cross-state driving scenarios in the United States（Harootunian et al.）, the influences of age

Risky Behavior Analysis for Cross-border Drivers: A Logit Model | 479
and Qualitative Comparative Analysis of Odds of Fault and Injury
Vulnerability in Guangdong, Hong Kong and Macau

and weather environment were not significant. Considerable crash liability risk differences occurred between male and female drivers from Hong Kong and Macau during cross-border driving and out-of-state drivers in Florida, US, during cross-state driving. It should be mentioned that Harootunian et al. pointed out that the risk of being at fault in crashes among nonresident drivers was lower than that among resident drivers during weekends, but this paper arrived at the opposite conclusion. There are more pedestrians and nonmotorized vehicles during weekends than on working days, and noncompliance with transportation rules among pedestrians and operators of nonmotorized vehicles is more common in mainland cities than in the Hong Kong and Macau regions (Yang, Deng, Wang, Li, & Wang, 2006), which may be the reason why (nonresident) drivers from Hong Kong and Macau are unaccustomed to the mainland driving environment and are at fault in crashes. Therefore, it is recommended that drivers from Hong Kong and Macau should follow driving training courses under different circumstances as a condition for the issuance of relevant driver permits in mainland China.

The QCA model results overlap the logistic regression results on a number of key points but also offer insights not provided by the logistic regression model. In general, both the logistic regression and QCA analyses emphasized the importance of gender (male) and time of day (evening rush hours) among drivers from Hong Kong and Macau for being at fault in crashes. Regarding the impact of evening rush hours on the likelihood of drivers from Hong Kong and Macau being involved in driver at-fault crashes, although both the logistic regression and QCA analyses support a negative association, the QCA results indicate that the association between evening rush hours and absence of driver at-fault crashes is not necessarily attributed to a lack of illumination. Moreover, age and illumination were nonsignificant in the logistic regression model, but the QCA results highlighted that young drivers from Hong Kong and Macau are associated with driver at-fault crashes, usually in conjunction with weekends that promote driver at-fault crashes, while male drivers from Hong Kong and Macau in the absence of illumination are often associated with being at fault in crashes.

6.2. Crash injury severity in cross-border driving

In terms of the factors that cause a high risk of severe casualties among nonresident drivers, this paper and previous studies also share similarities and exhibit differences. First, both this study in Guangdong（China）and research conducted in Riyadh（Saudi Arabia）（Alogaili & Mannering, 2020）highlighted the importance of the absence of illumination for nonresident drivers involved in crashes with severe casualties. Second, some studies have provided evidence for the crucial role of age in severe casualties in crossborder driving. For example, nonresident drivers older than 45 years were found to experience higher probabilities of fatal crashes than did nonresident drivers 45 years old or younger in Saudi Arabia（Alogaili & Mannering, 2020）. The apparent excess risk for traffic injuries among foreign tourists on the island of Kerkyra（Corfu）is evident among younger tourists（under 24 years old）（Petridou et al., 1999）. There was an age-related difference between foreign and Australian drivers involved in serious casualty crashes, with foreign drivers significantly less likely to be 60 years of age or over（Watson, Wilks, Hansen, & Johnston, 1999）. Higher rates of injury existed among older foreign tourists than among local ones（aged 40 and over）in Bermuda（Carey & Aitken, 1996）. However, age did not exert a significant impact on the crash injury severity for either group of drivers in China.

Moreover, Yau, Lo, and Fung（2006）and Cézard et al.（2020）pointed out that gender could yield a significant difference in the risk of serious road crashes among resident drivers in Hong Kong and Scotland, respectively, but the logistic regression analysis in this paper did not reveal a significant impact of the gender

Risky Behavior Analysis for Cross-border Drivers: A Logit Model | 481
and Qualitative Comparative Analysis of Odds of Fault and Injury
Vulnerability in Guangdong, Hong Kong and Macau

characteristics of drivers on the crash injury severity levels among drivers from Hong Kong and Macau in mainland China. In addition, based on public data retrieved from the Statistics and Census Service, Lio, Cheong, Un, Lo, and Tsai (2019) analyzed the relationship between local traffic injuries and meteorological factors in Macau and found that the duration of sunlight, wind speed, and other weather conditions exerted a significant impact on serious injuries in local traffic crashes in Macau ; while this paper did not determine that the different weather conditions exerted a significant impact on the crash injury severity among drivers from Hong Kong and Macau in mainland China. Therefore, the impacts of the age and gender of drivers and weather conditions on the occurrence of severe casualties in traffic crashes among drivers from Hong Kong and Macau in mainland China require further investigation.

Although age, gender, and weather conditions were insignificant in the logistic regression model, the QCA model offered insights into these variables in conjunction with those circumstances causing severe casualties among at-fault drivers from Hong Kong and Macau in mainland China. First, young drivers from Hong Kong and Macau are usually associated with severe casualties during driver at-fault crashes under dark conditions. Second, regarding male drivers from Hong Kong and Macau, a higher risk of severe casualties during driver at-fault crashes is often associated with the period of morning rush hours. Third, under bad weather conditions, at-fault drivers from Hong Kong and Macau on expressways or driving in the absence of roadside illumination were usually associated with severe casualties. Therefore, it is recommended that the traffic safety department carry out targeted training in driving schools based on age and gender differences. For example, in the case of male drivers from Hong Kong and Macau older than 25 years, their mainland driving skills in rush hour traffic during weekends in the absence of roadside illumination should be improved to reduce their traffic crash risk and resulting severe casualties.

7. Conclusions and practical applications

Based on the logistic regression model, this paper systematically compared the risk factors of crash liability and crash injury severity between drivers from Hong Kong and Macau and those from mainland China in mainland Chinese cities. Moreover, on this basis, while adopting the QCA method, causal paths toward crash liability and crash injury severity of drivers from Hong Kong and Macau in mainland Chinese cities were identified, which revealed how the individual characteristics of drivers from Hong Kong and Macau interacted with factors such as the type of vehicle, road conditions, and environmental factors.

This study obtained the following results that provide a better view regarding drivers of the same ethnic group during crossborder driving within a given country. First, both the logistic regression and QCA experiments highlighted the importance of gender（male）and time of day（evening rush hours）for drivers from Hong Kong and Macau involved in driver at-fault crashes. Second, although age and illumination were insignificant for drivers from Hong Kong and Macau involved in driver at-fault crashes in the logistic regression model, the QCA results emphasized that young drivers from Hong Kong and Macau are mainly associated with crash liability, usually in conjunction with weekend driving that promotes driver at-fault crashes, while driving in the absence of roadside illumination in conjunction with gender（male）was often associated with driver at-fault crashes among drivers from Hong Kong and Macau. Third, despite the insignificant impact of driving along expressways in mainland China on being at fault in crashes for drivers from Hong Kong and Macau, in the event of driver at-fault crashes, driving on expressways often leads to more serious injuries and death among drivers from Hong Kong and

Risky Behavior Analysis for Cross-border Drivers: A Logit Model | 483
and Qualitative Comparative Analysis of Odds of Fault and Injury
Vulnerability in Guangdong, Hong Kong and Macau

Macau. Fourth, age, gender, and weather conditions were insignificant regarding crash injury severity in the logistic regression model, but the QCA model offered insights into these variables in conjunction with the circumstances (e.g., driving in the absence of roadside illumination or during morning rush hours) causing severe casualties among at-fault drivers from Hong Kong and Macau in mainland China.

In conclusion, cross-border driving in the Guangdong-Hong Kong-Macau region is different from normal between-country driving and normal within-country driving across administrative regions. Its associated risks are also different from the risks to regular foreign drivers driving abroad and for traffic crashes involving drivers with the same nationality but with different permanent residences driving across different regions with similar transport infrastructures but administrative, regulatory, and other soft discrepancies. The relevant research conclusions are representative and useful for expanding the theoretical research framework of cross-border driving risk and general cross-border risky behavior and for the formulation of cross-border risk management policies.

Various measures can be used to reduce the effects of different factors on cross-border risky driving behaviors and/or injurious crashes. Such measures should be focused on: (1) Driver training that addresses the cross-border drivers' unfamiliarity with their surroundings and the traffic rules of the mainland could be a solution, specifically with increased attention to male drivers from Hong Kong and Macau who are aged above 25 years. (2) Improvements to the built environment of the mainland could be valuable. For instance, plans to implement the separation of pedestrians, non-motor vehicles, and motor vehicles ; to improve the lighting conditions of roads at all levels ; to better plan and allocate the emergency medical resources near expressways in the mainland and to promote the national treatment of drivers from Hong Kong and Macau in obtaining emergency medical care in the mainland. (3) With the constant developments in artificial intelligence and

IoT technologies, transportation authorities should pay attention to the cofounding effects of multiple risk factors when developing regulatory programs and traffic safety actions to improve work efficiency. For instance, a safety campaign for traffic violations during the weekend morning rush hour might be particularly appropriate. (4) Certain directives should be proposed, focused on facilitating cross-border cooperation in the field of road safety, including crash information exchange, mutual recognition of traffic violation evidence, and convergence of enforcement practices and cross-border cooperation (European Commission, 2008).

While the QCA approach overcomes some of the limitations inherent to the logistic regression analysis, it does have some limitations that need to be recognized, including the inability to cope with missing data and/or poor data quality, as well as the potential problem of bias inherent in the coding process and specification of conditions (Rihoux & Ragin, 2008). Due to the availability of the data, this research has yet to consider the impact of noninherent properties of vehicles, road quality, left-side traffic rules, intersections, rainfall, wind speed, and other factors on cross-border crash liability and injury severity in the Guangdong-Hong Kong-Macau region. Therefore, in future studies, we will explore the potential impact of these factors and consider more detailed variable divisions. In addition, using updated data pertaining to Guangdong and other provinces and cities in China will be considered in future research. Further research can compare the impact of different vehicle license management systems on cross-border traffic safety.

Acknowledgement

This research was supported in part by the National Natural Science Foundation of China grant 71573286 and Ministry of Education Project for Humanities and Social Sciences Research (16JJDGAT006).

Risky Behavior Analysis for Cross-border Drivers: A Logit Model | 485
and Qualitative Comparative Analysis of Odds of Fault and Injury
Vulnerability in Guangdong, Hong Kong and Macau

Appendix A

A.1. Logistic regression model setting

The probability that an independent variable equals one is represented as:

$$\Pr[y_i=1\,|\,x_i] = \frac{\exp(x'_i\beta_j)}{1+\exp(x'_i\beta_j)} \qquad (A.1)$$

Here, x_i includes the possible risk factors for crash liability and injury severity, with $0 < \Pr[y_i=1\,|\,x_i]<1$. The coefficients of the model indicate the marginal effects on the relative probability of an event occurring. We usually term the ratio between the probability of an event occurring and the probability of an event not occurring as an odds ratio (OR) $:odds=\Pr[y=1]/\Pr[y=0]=\exp(x'\beta_j)$. The range of OR is $[0, \infty]$. OR can be used to analyze the change in ratio due to a change in independent variables, that is, the changing ratio between the probability of a variable occurring and the probability of the variable occurring at the reference level. $OR > 1$ suggests the ratio of an event occurring is increasing, $OR<1$ suggests the ratio is decreasing, and $OR=1$ means the value stays the same. The adjusted ORs of significant factors and their 95% confidence intervals (CIs) are computed using a stepwise logistic regression model in which all factors were initially included, and the stepwise procedure subsequently removed insignificant factors. Entry and removal probabilities for the stepwise procedure are both set at 0.10.

The likelihood ratio test determining whether the parameter estimates in the logistic regression model are stable over time can be conducted (Islam & Mannering (2021)) :

$$X^2 =2[LL\ (\beta_T)\ -LL\ (\beta_{2006})\ -LL\ (\beta_{2007})\ -LL\ (\beta_{2008})\ -LL\ (\beta_{2009})\ -LL\ (\beta_{2010})$$

where LL (β_T) is the log likelihood at convergence of the model developed with the data from time periods of 2006 — 2010, LL (β_{2006}) is the log likelihood at convergence of the model using only 2006 data, LL (β_{2007}) is the log likelihood at

Table A1

Driver at-fault crashes: Hong Kong and Macau Drivers vS Mainland Drivers (N = 259).

Variables	Resident of Drivers		Pearson's chi-square test
	Hong Kong and Macau (N = 148) (%)	Mainland (N = 111) (%)	
(1) Gender			$\chi^2(df1)$ = 19.008, p < 0.001***
Male	77.0	96.4	
Female			
(2) Age			$\chi^2(df1)$ = 9.144, p = 0.002***
≤25	3.4	13.5	
>25			
(3) Vehicle's status			$\chi^2(df1)$ = 3.743, p = 0.053*
Commercial	20.0	31.5	
Non-commercial			
(4) Road type			$\chi^2(df1)$ = 0.208, p = 0.648
Expressway	15.5	13.5	
Other			
(5) Light condition			$\chi^2(df1)$ = 39.611, p=<0.001***
Dark	56.8	18.0	
Other			
(6) Weather condition			$\chi^2(df1)$ = 0.227, p = 0.634
Bad weather	21.0	23.4	
Other			
(7) Day of a week			$\chi^2(df1)$ = 0.025, p = 0.875
Weekend	29.7	28.8	
Other			
(8) Time of a day			$\chi^2(df3)$ = 3.727, p = 0.293
Early morning hours	23.8	27.9	
Moring peak hours	5.4	3.6	
Afternoon peak hours	11.6	5.4	
Other	59.2	63.1	
(9) Year			$\chi^2(df4)$ = 3.710, p = 0.447
2006	21.0	25.3	
2007	21.6	26.1	
2008	15.5	18.0	
2009	25.7	17.1	
2010	16.2	13.5	

*P < 0.1; **P < 0.05; ***P < 0.01.

Risky Behavior Analysis for Cross-border Drivers: A Logit Model | 487
and Qualitative Comparative Analysis of Odds of Fault and Injury
Vulnerability in Guangdong, Hong Kong and Macau

convergence of the model using only 2007 data, LL (β_{2008}) is the log likelihood at convergence of the model using only 2008 data, LL (β_{2009}) is the log likelihood at convergence of the model using only 2009 data, LL (β_{2010}) is the log likelihood at convergence of the model using only 2010 data.

A.2. Setting for the qualitative comparative analysis（QCA）

According to the types of variables, we adopted the most common crisp-set QCA（cs-QCA）.[1] Each cs-QCA requires the following three key steps:

（1） Analyze the necessity and sufficiency of the conditions. The explanatory power of a single condition is often tested with the parameters of necessity and sufficiency. The standard for a condition to become necessary to an outcome is that the necessity as measured by coverage should be over 0.9 and become sufficient that the sufficiency expressed by consistency should be no less than 0.85（Ragin, 2008）. We then filtered the results according to the analysis of necessity and sufficiency of conditions for further investigation.

（2） Construct a truth table of the conditions.

Each row of the truth table corresponds to a combination of independent variables and their connection with the outcome variable, often written in a Boolean expression. The Boolean expression uses a dichotomy of "1" and "0" to signify whether a variable occurs or not. If it occurs, the value is denoted as "1" or as a capital letter. If it does not occur, then the value is denoted as "0" or lower-case letters. Besides, "+" means the logical relation of "or" , "*" refers to "and" , "→" means "to imply" . For instance, the following Boolean expression A*B → Y

1　According to the types of variables, QCA analysis can be divided into crisp-set（cs-QCA） analysis, fuzzy-set（fs-QCA）analysis, and multi-value（mv-QCA）analysis. The typical cs-QCA analysis is more suitable for our research since our variables are primarily binary.

states that if conditions A and B happen simultaneously, then the outcome Y can be implied.

Table A2
Fatal and Serious Injury in the Driver At-fault Crashes: Hong Kong and Macau Drivers vS Mainland Drivers (N = 96).

Variables	Resident of Drivers		Pearson's chi-square test
	Hong Kong and Macau (N = 65) (%)	Mainland (N = 31) (%)	
(1) Gender			χ2(df1) = 7.243, p = 0.007**
Male	73.9	96.8	
Female			
(2) Age			χ2(df1) = 0.002, p = 0.969
≤25	3.1	3.2	
>25			
(3) Vehicle's status			χ2(df1) = 5.669, p = 0.017**
Commercial	21.5	45.2	
Non-commercial			
(4) Road type			χ2(df1) = 0.387, p = 0.534
Expressway	21.5	16.1	
Other			
(5) Light condition			χ2(df1) = 8.852, p = 0.003***
Dark	64.6	32.3	
Other			
(6) Weather condition			χ2(df1) = 2.262, p = 0.133
Bad weather	18.5	32.3	
Other			
(7) Day of a week			χ2(df1) = 0.863, p = 0.353
Weekend	29.2	38.7	
Other			
(8) Time of a day			χ2(df3) = 4.018, p = 0.260
Early morning hours	26.2	32.3	
Moring peak hours	4.6	12.9	
Afternoon peak hours	16.9	6.4	
Other	52.3	48.4	
(9) Year			χ2(df4) = 2.975, p = 0.631
2006	15.4	25.8	
2007	23.1	22.6	
2008	20.0	19.3	
2009	21.5	22.6	
2010	20.0	9.7	

*P < 0.1; **P < 0.05; ***P < 0.01.

Risky Behavior Analysis for Cross-border Drivers: A Logit Model | 489
and Qualitative Comparative Analysis of Odds of Fault and Injury
Vulnerability in Guangdong, Hong Kong and Macau

Table B1   *Journal of Safety Research 82 (2022) 417–429*
Necessity and sufficiency of the conditions (N = 187): Outcome variable of "1" (there is a driver at-fault crash).

Conditions	Sufficiency	Necessity
(1) Male	0.826	0.770
(2) Young (≤25)	1	0.034
(3) Commercial	0.816	0.209
(4) Expressway	0.821	0.155
(5) Dark	0.808	0.568
(6) Weather bad	0.838	0.209
(7) Weekend	0.863	0.297
(8) Early morning hours	0.800	0.243
(9) Morning rush hours	0.889	0.054
(10) Evening rush hours	0.680	0.115

The above results are estimated by fs/QCA 3.0.

Table B2
Necessity and sufficiency of the conditions (N = 148): Outcome variable of "1" (fatal and serious injury occurred in a given crash).

Conditions	Sufficiency	Necessity
(1) Male	0.342	0.780
(2) Young (≤25)	0.400	0.040
(3) Commercial	0.323	0.200
(4) Expressway	0.522	0.240
(5) Dark	0.417	0.700
(6) Weather bad	0.323	0.200
(7) Weekend	0.341	0.300
(8) Early morning hours	0.378	0.262
(9) Morning rush hours	0.375	0.060
(10) Evening rush hours	0.412	0.140

The above results are estimated by fs/QCA 3.0.

（3）Calculate and explain the simplified truth table according to the principle of Boolean Minimization.

According to the Boolean Minimization, if two Boolean expressions only differ in one condition and lead to the same result, such a condition is redundant. Thus, a more simplified version can be created by removing this condition from the original expression. For example, if $A*B*c \to Y$ and $A*B*C \to Y$, then conditions "c" and "C" can be deleted to produce a more straightforward path $A*B \to Y$.

References

Alogaili, A., & Mannering, F. (2020). Unobserved heterogeneity and the effects of driver nationality on crash injury severities in Saudi Arabia. Accident Analysis and Prevention, 144, 105618.

Altwaijri, S., Quddus, M., & Bristow, A. (2012). Analysing the Severity and Frequency of Traffic Crashes in Riyadh City Using Statistical Models. International Journal of Transportation Science and Technology, 1(4), 351–364.

Byrne, D., & Ragin, C. C. (2009). The Sage handbook of case-based methods. Sage Publications.

Cameron, A., & Trivedi, P. (2006). Microeconometrics: Methods and Applications. Cambridge University Press.

Carey, M. J., & Aitken, M. E. (1996). Motorbike injuries in Bermuda: A risk for tourists. Annals of Emergency Medicine, 28(4), 424–429.

Ceccato, V., & Haining, R. (2004). Crime in Border Regions: The Scandinavian Case of Öresund, 1998 — 2001. Annals of the Association of American Geographers, 94(4), 807–826.

Cézard, G., Gruer, L., Steiner, M., Douglas, A., Davis, C., Buchanan, D., et al. (2020). Ethnic variations in falls and road traffic injuries resulting in hospitalisation or death in Scotland: The Scottish Health and Ethnicity Linkage Study. Public health, 182, 32–38.

Chang, F., Xu, P., Zhou, H., Chan, A. H., & Huang, H. (2019). Investigating injury severities of motorcycle riders: A two-step method integrating latent class cluster analysis and random parameters logit model. Accident Analysis and Prevention, 131, 316–326.

Cheung, H. Y., Wu, J., & Tao, J. (2013). Risk perception and risk-taking attitude: A comparison between Hong Kong and mainland Chinese undergraduate students. The Asia-Pacific Education Researcher, 22(4), 497–506.

Risky Behavior Analysis for Cross-border Drivers: A Logit Model | 491
and Qualitative Comparative Analysis of Odds of Fault and Injury
Vulnerability in Guangdong, Hong Kong and Macau

Choocharukul, K. , & Sriroongvikrai, K. (2017). Road Safety Awareness and Comprehension of Road Signs from International Tourist's Perspectives: A Case Study of Thailand. Transportation Research Procedia, 25, 4518–4528.

Chow, G. C. (1960). Tests of equality between sets of coefficients in two linear regressions. Econometrica: Journal of the Econometric Society, 591–605. Claret, P. L. , Del Castillo, J. L. , Moleón, J. J. , Cavanillas, A. B. , Martín, M. G. , & Vargas, R. G. (2002). Influence of driver nationality on the risk of causing vehicle collisions in Spain. Journal of Epidemiology and Community Health, 56(5), 394–398.

Danton, R. , Kirk, A. , Rackliff, L. , Hill, J. , Gisby, R. , Pearce, D. , et al. (2009). Left–hand drive HGVs and foreign truck drivers in OTS. Loughborough: Vehicle Safety Research Centre and Loughborough University.

Dingus, T. A. , Hulse, M. C. , Mollenhauer, M. A. , Fleischman, R. N. , Mcgehee, D. V. , & Manakkal, N. (1997). Effects of age, system experience, and navigation technique on driving with an advanced traveler information system. Human Factors, 39(2), 177–199.

European Commission. Proposal for a Directive of the European Parliament and of the Council facilitating cross–border enforcement in the field of road safety {SEC(2008) 350} {SEC(2008) 351} /* COM/2008/0151 final–COD 2008/0062 */.

European Union: European Commission, 2008. Commission Staff Working Document accompanying the Proposal For A Directive Of The European Parliament And Of The Council, Facilitating Cross–Border Enforcement In The Field Of Road Safety(Full Impact Assessment), SEC(2008) 351/2, available at: https://ec. europa. eu/smartregulation/ impact/ia_carried_out/docs/ia_2008/sec_2008_0351_2_en. pdf [accessed 4 July 2021].

Grofman and Schneider(2009). An Introduction to Crisp Set QCA, with a Comparison to Binary Logistic Regression. Political Research Quarterly,

62(4)，662-672.

Harootunian, K., Aultman-Hall, L., & Lee, B. H. (2014). Assessing the relative crash fault of out-of-state drivers in Vermont, USA. Journal of Transportation Safety and Security, 6(3), 207-219.

Harootunian, K., Lee, B. H., & Aultman-Hall, L. (2014). Odds of fault and factors for out-of-state drivers in crashes in four states of the USA. Accident Analysis and Prevention, 72, 32-43.

Harrell, F. E. Jr, (2015). Regression modeling strategies: With applications to linear models, logistic and ordinal regression, and survival analysis. Springer. Haworth, N., Symmons, M., & Kowaldo, N. (2000). Road Safety Issues for People from Non-English Speaking Backgrounds. Report No. 176, Monash University, Melbourne, Australia.

Hosmer, D. W., Jr, Lemeshow, S., & Sturdivant, R. X. (2013). Applied logistic regression(Vol. 398). John Wiley & Sons. Intini, P., Berloco, N., Colonna, P., Ranieri, V., & Ryeng, E. (2018). Exploring the relationships between drivers' familiarity and two-lane rural road accidents. a multi-level study. Accident Analysis and Prevention, 111, 280-296.

Islam, M., & Mannering, F. (2021). The role of gender and temporal instability in driver-injury severities in crashes caused by speeds too fast for conditions. Accident Analysis and Prevention, 153, 106039.

Jacobs, S., Cambre, B., Huysentruyt, M., & Schramme, A. (2016). Multiple pathways to success in small creative businesses: The case of Belgian furniture designers. Journal of Business Research, 69(11), 5461-5466.

Lau, J. T. F., Tsui, H. Y., & Lam, L. T. (2007). Alcohol consumption, sex, and use of psychotropic substances among male Hong Kong-mainland China cross-border substance users. Addictive Behaviors, 32, 686-699.

Leviäkangs, P. (1998). Accident risk of foreign drivers-the case of Russian drivers in South-Eastern Finland. Accident Analysis and Prevention, 30(2), 245-254. Lio, C., Cheong, H., Un, C., Lo, L., & Tsai,

Risky Behavior Analysis for Cross-border Drivers: A Logit Model | 493
and Qualitative Comparative Analysis of Odds of Fault and Injury
Vulnerability in Guangdong, Hong Kong and Macau

S. (2019). The association between meteorological variables and road traffic injuries: A study from Macao. PeerJ, 7, e6438. https://doi.org/10.7717/peerj.6438.

Lovenheima, M., & Slemrod, J. (2010). The fatal toll of driving to drink: The effect of minimum legal drinking age evasion on traffic fatalities. Journal of Health Economics, 29, 62–77.

Nævestad, T. O., Phillips, R., Meyer Levlin, G., & Hovi, I. (2017). Internationalisation in road transport of goods in Norway: Safety outcomes, risk factors and policy implications. Safety, 3(4), 22.

Nordfjærn, T., Hezaveh, A. M., & Mamdoohi, A. R. (2015). An analysis of reported driver behaviour in samples of domestic and expatriate Iranians. Journal of Risk Research, 18(5), 566–580.

Özkan, T., & Lajunen, T. (2015). A general traffic (Safety) culture system (G–TraSaCu–S). TraSaCu Project, European Commission, RISE Programme.

Padlo, P., Aultman–Hall, L., & Stamatiadis, N. (2005). Passengers and other factors affecting the safety of young and older drivers. Journal of the Transportation Research Board, 1937, 7–13.

Petridou, E., Askitopoulou, H., Vourvahakis, D., Skalkidis, Y., & Trichopoulos, D. (1997). Epidemiology of road traffic accidents during pleasure travelling: The evidence from the island of Crete. Accident Analysis and Prevention, 29(5), 687–693.

Petridou, E., Dessypris, N., Skalkidou, A., & Trichopoulos, D. (1999). Are traffic injuries disproportionally more common among tourists in Greece? Struggling with incomplete data. Accident Analysis and Prevention, 31(6), 611–615.

Ragin, C. C. (2008). Measurement versus calibration: A set–theoretic approach. The Oxford handbook of political methodology. Ragin, C. C. (2014). The comparative method: Moving beyond qualitative and quantitative strategies. University of California Press. Rihoux, B., & Ragin, C. C. (2008).

Configurational comparative methods: Qualitative comparative analysis (QCA) and related techniques. Sage Publications.

Room, R., & West, P. (1998). Alcohol and the U. S. –Canada Border: Trade Disputes and Border Traffic Problems. Journal of Public Health Policy, 19(1), 68–87.

Ryan, G. A., Legge, M., & Rosman, D. (1998). Age related changes in drivers' crash risk and crash type. Accident Analysis and Prevention, 30(3), 379–387. Sharples, J., & Fletcher, J. (2001). Tourist Road Accidents in Rural Scotland. Scottish Executive Central Research Unit, Development Department Research Programme.

Sivak, M., Schoettle, B. (2010). Drivers on unfamiliar roads and traffic crashes. (Report No. UMTRI-2010-31), Transportation Research Institute, The University of Michigan.

Sperandei, S. (2014). Understanding logistic regression analysis. Biochemia Medica, 24(1), 12–18. Statistics and Census Service Macao SAR Government. (2013). The 2012 Yearbook of Statistics.

Statistics and Census Service Macao SAR Government. (2020). The 2019 Yearbook of Statistics.

Tabachnick, B. G., & Fidell, L. S. (2013). Using Multivariate Statistics (6th ed.). Boston, MA: Pearson. The Transport Department of the Government of Hong Kong. (2013). Monthly Traffic and Transport Digest (December 2013). The Transport Department of the Government of Hong Kong. (2020). Monthly Traffic and Transport Digest (December 2020).

United Nations Office on Drugs and Crime (UNODC). (2018). Global Study on Smuggling of Migrants.

Vingilis, E., McLeod, A. I., Seeley, J., Mann, R., Voas, R., & Compton, C. (2006). The impact of Ontario's extended drinking hours on cross-border cities of Windsor and Detroit. Accident Analysis and Prevention, 38, 63–70.

Risky Behavior Analysis for Cross-border Drivers: A Logit Model | 495
and Qualitative Comparative Analysis of Odds of Fault and Injury
Vulnerability in Guangdong, Hong Kong and Macau

Wagner, K. D., Pollini, R. A., Patterson, T. L., Lozada, R., Ojeda, V. D., Brouwer, K. C., et al. (2011). Cross-border drug injection relationships among injection drug users in Tijuana, Mexico. Drug and Alcohol Dependence, 113, 236-241.

Watson, B., Wilks, J., Hansen, J., & Johnston, K. (1999). Factors contributing to crashes involving international drivers in Queensland. In Road Safety Conference Proceedings Volume 1 (pp. 413-422). Australian Transport Safety Bureau.

Wen, H., & Xue, G. (2020a). Injury severity analysis of familiar drivers and unfamiliar drivers in single-vehicle crashes on the mountainous highways. Accident Analysis and Prevention, 144, 105667.

Wen, H., & Xue, G. (2020b). Exploring the relationships between single-vehicle traffic accident and driver's route familiarity on the mountainous highways. Cognition Technology and Work, 22(6), 1-10.

Wilks, J., Watson, B. C., Johnston, K. L., & Hansen, J. A. (1999). International drivers in unfamiliar surroundings: The problem of disorientation. Travel Medicine International, 17(6), 162-167.

Wu, C., Zhao, G., Lin, B., & Lee, J. (2013). Navigating a car in an unfamiliar country using an internet map: Effects of street language formats, map orientation consistency, and gender on driver performance, workload and multitasking strategy. Behaviour and Information Technology, 32(5), 425-437.

Xu, C. L. (2018). Transborder habitus in a within-country mobility context: A Bourdieusian analysis of mainland Chinese students in Hong Kong. The Sociological Review, 66(6), 1128-1144.

Yan, X., Radwan, E., & Abdel-Aty, M. (2005). Characteristics of rear-end accidents at signalized intersections using multiple logistic regression model. Accident Analysis and Prevention, 37(6), 983-995.

Yang, J., Deng, W., Wang, J., Li, Q., & Wang, Z. (2006). Modeling pedestrians' road crossing behavior in traffic system micro-simulation in China. Transportation Research Part A: Policy and Practice, 40(3), 280–290.

Yannis, G., Golias, J., & Papadimitriou, E. (2007). Accident risk of foreign drivers in various road environments. Journal of Safety Research, 38(4), 471–480. Yau, K., Lo, H., & Fung, S. (2006). Multiple-vehicle traffic accidents in Hong Kong. Accident Analysis and Prevention, 38, 1157–1161.

Yoh, K., Okamoto, T., Inoi, H., & Doi, K. (2017). Comparative study on foreign drivers' characteristics using traffic violation and accident statistics in Japan. IATSS research, 41(2), 94–105.

Yu, B., & Zhang, K. (2016). 'It's more foreign than a foreign country': Adaptation and experience of Mainland Chinese students in Hong Kong. Tertiary Education and Management, 22(4), 300–315.

Zhang, G., Yau, K. K. W., & Chen, G. (2013). Risk Factors Associated with Traffic Violations and Accident Severity in China. Accident Analysis and Prevention, 59, 18–25.

Zhang, G., Yau, K. K. W., & Zhang, X. (2014). Analyzing fault and severity in pedestrian-motor vehicle accidents in China. Accident Analysis and Prevention, 73, 141–150.

Zhou, M., & Chin, H. C. (2019). Factors affecting the injury severity of out-of-control single-vehicle crashes in Singapore. Accident Analysis and Prevention, 124, 104–112.

〔本文刊载于 *Journal of Safety Research*, 82（2022），417-429。〕

粤港澳大湾区的语言遗产与文化认同 *

郭宇菲 **

〔摘要〕语言是一项特殊的非物质文化遗产，失去语言的载体，粤剧、木鱼歌、咸水歌等口头艺术将成为无水之源；语言同时也是身份认同的载体和建造物。大湾区内形形色色的语言文字，在不同的地域、以不同的形态和程度"混杂"在一起，表达、彰显、建构着立体多元的文化身份。从历史到现在，粤港澳大湾区内粤方言、普通话、英语、葡语、其他汉语方言、其他语言等多种语言文字之间的接触、渗透与杂糅现象，折射出粤港澳三地居民文化认同不断变化的轨迹。其中，粤方言的口语和书面语在香港社会的继承与发展，是文化接触中语言与多元文化认同之间复杂关系的一个典型。

〔关键词〕文化杂糅 文化认同 粤港澳大湾区 粤方言 香港

语言是文化的重要组成部分，也是一个集心理、历史、社会、权力关系等因素为一身的复杂多面体。它一方面连接着心智、思维和自我意识，一方面连接着行为、历史与社会事实。它是不同群体和个体沟通交流的工具，是个人和历史的记忆储存库，同时也是展望未来的文化资本，深处于不断变化的社会关系之中。

粤港澳大湾区不仅是中国人口最为密集、交通最为便利、经济最为发达的区域之一，也是国内语言现象最复杂、语言资源最丰富的地区之一。粤港

---

* 本文为 2020 年度国家社科基金青年项目"身份认同视域下的粤港澳大湾区语言规划研究"（项目编号：20CYY009）的阶段性研究成果。

** 郭宇菲，女，中山大学港澳珠江三角洲研究中心、粤港澳发展研究院（广东广州510275）。

澳大湾区的语言现象，深刻反映文化杂糅视角下的语言资源观和身份认同议题。该区域内部起码包含三种"官方语言"汉语、英语、葡语。就汉语来说，除了作为国家通用语的普通话，还包含粤方言、客家方言、闽方言这三大方言，各方言内部又包含许多地域变体。就英语和葡语来讲，也能细分为标准英语、港式英语、标准葡语、土生葡语等。文字方面，除了英文和葡文，还有简体标准中文、繁体字标准中文，以及混合了标准中文、粤方言、英语和文言文等元素的"港式中文"和以粤方言为主体的"粤语书面语"，等等。

不同的语言观决定不同的语言政策。如果我们将语言多样性看作是问题，那么大湾区的语言现象过于复杂，不利于区域内部人群之间以及与域外人群的社会交流交往，需要进行统一；如果我们将语言多样性视为文化资源，那么大湾区的语言多样性可通过适当的语言规划进行管理、保护或开发利用。语言是一项特殊的非物质文化遗产，失去语言的载体，粤剧、木鱼歌、咸水歌等口头艺术将成为无水之源[1]；语言同时也是身份认同的载体和建造物。大湾区内形形色色的语言文字，在不同的地域、以不同的形态和程度"混杂"在一起，表达、彰显、建构着立体多元的文化身份。本文拟从语言的资源观视角出发，以文化杂糅理论为支点，探讨粤港澳大湾区若干与文化认同相关的语言议题。

一、文化认同与文化杂糅

"文化认同"的提法广泛见诸于媒体、网络和各类学术文章，却很少有人深究其含义，也较少有人深入探讨文化认同与其他认同类型之间的联系和区别。事实上"文化"一词的涵括性之广，几乎涵盖所有的人类通过学习而流传下来的社会现象。文化既涉及物质，又涉及精神，既可以是有形的，又可

---

1 庄初升：《论闽、粤、客方言的保护传承问题》，《语言战略研究》2022 年第 5 期。

以是无形的；既包含建筑风格、音乐、舞蹈、仪式、宗教、服饰、烹饪，也包含哲学思想、神话、文学、语言、生活方式、社会政治生活的组织原则。文化是一个持续被建构的"共享的意义"[1]，存在于社会生活的方方面面，联系着个人、群体、民族，既由人类所造，又影响和作用于人类生活。

在复杂多变的世界中，人们依靠文化辨别"我们"和"他们"不断进行自我确认和群体互动[2]。由于"文化"一词涵盖内容的包罗万象，广义上的"文化身份"或"文化认同"认同，应该是一个囊括族群、民族、种族、宗教、性别、性取向、年龄、阶级等各类身份认同的交叉性概念。而狭义上的文化认同，经常被等同于族群认同或民族认同[3]。本文所采用的是广义的文化认同概念。

目前，在广义的文化认同概念下，学术界主要有两种关于文化认同的研究视角[4]：一种是本质主义的视角，认为身份认同在人的一生中是连续的，不变的，而文化为人类提供一种持久的、稳定的意义体系和参照体系。这种视角将文化认同视为一种集体性的"真实自我"，它深深埋藏在许多更浅表、更人为强加的"自我"当中，专属享有同一历史和祖先的人们。这一视角认为，共同的历史经验和共享的文化符码对身份认同起决定性作用。

另一种是后现代主义的视角，认为身份认同是一个"正在成为"的过程，由于历史的干预，人们的文化认同不是固定于一个基本不变的过去，而是经常适应历史、文化的权力角逐而改变和重构的。因此，文化认同是人群基于

---

1 斯图亚特·霍尔：《表征：文化表现与意指实践》，徐亮、陆兴华译，北京：商务印书馆 2003 年。

2 佐斌、温芳芳：《当代中国人的文化认同》，《中国科学院院刊》2017 年第 2 期。

3 Eriksen, T. H., "Between universalism and relativism: a critique of the UNESCO concept of culture". in J. K. Cowan et al. (eds.) Culture and Rights: Anthropological Perspectives, eds. J. K. Cowan et al. (New York: Cambridge University Press, 2001), 127–148.

4 Hall, S. "Cultural identity and diaspora". in Identity: community, culture, difference, ed. J. Rutherford (London: Lawrence & Wishart, 1990), 222–237.

自己的立场述说历史而得出的概念。即便享有同一文化体系的人们，仍有许多深刻的不同点。从这一视角来看，文化身份是一种正在进行中的状态，既指向过去，也指向将来。

在第二种视角下，流动性（fluidity）、混杂性（hybridity）、碎片化（fragmented），是围绕文化认同的关键词。斯图·霍尔（Stuart Hall）等学者认为，冷战结束后，随着世界各地的人口流动加速和互联网技术广泛应用，人们的时空观念发生了深刻改变，以多元化、差异性、不确定性为特征的"后现代主体"正在形成。阶级、性别、族群等看似稳固的身份类别，愈发变得凌杂化、碎片化，取而代之是各种流动的、杂糅的、多重的身份[1]。

混杂性（hybridity），也译为杂糅性、杂合性、杂交性，词源起源于生物学。19 世纪末至 20 世纪之交，伴随着现代殖民主义的全球扩张与发展，这一原本属生物学的概念被挪用到文化领域，成为殖民主义话语中一个带有浓厚种族歧视意味的概念。后来，众多后殖民理论家创造性地颠覆了混杂性的负面涵义，将混杂性视为一种对抗单一声音、单一主体、单一思想以及线性历史叙事的有利因素。

霍米·巴巴（Homi K. Bhabha）是率先将"混杂性"概念正式引入文化研究的学者，也是将混杂性理论发展为深入、系统论述的学者。他的文化杂糅性理论融合了巴赫金的复调理论（doublevoicing）、拉康的精神分析方法及德里达的"延异"（difference）理念，发展出一种独特的跨文化思维模式。在巴巴看来[2]，文化从来不是内部统一的，不同文化之间也不是简单的二元对立关系。殖民者与被殖民者文化之间存在一种互为异同、矛盾共生的暧昧关系。殖民语境中的文化接触过程虽然是不平等的，却也是相互影响的：一方面，被殖民者被迫或下意识地接受了殖民者的文化符号和象征，将其纳入自己的

---

1 方维规：《"杂合"概念考论》，《江西社会科学》2020 年第 2 期。

2 Bhabha, H. K. "Cultural diversity and cultural differences". In The post-colonial studies reader, eds. B. Ashcroft, G. Griffiths, & H. Tiffin (London: Routledge, 1996), 206-209.

文化符号系统。另一方面，为了维持殖民统治，殖民者甚至不得不依赖于被殖民者的"效仿"（mimicry），而"效仿"的过程，是一个"既相似但又不完全一样"（almost the same，but not quite）的转译与挪用的过程，殖民者的文化在被"效仿"中经历着重构与颠覆。因此，殖民文化与被殖民文化在碰撞、交流与协商的过程中，会产生一个"第三空间"（the third space）。在这一空间，文化身份不是多种文化的简单相加，而是"中心"和"边缘"之间不可避免的相互渗透，是压迫者和被压迫者的相互影响。换句话来说，殖民地的文化类型，是一种新的文化类型，它既不完全从属殖民文化，也不完全属被殖民地原有的文化。

这一理论，彻底颠覆了本质主义视角下的"纯释的"（pure）或"本真的"（authentic）文化观。事实上，文化杂糅（cultural hybridity）的概念，不仅适用于后殖民地区，也适用于世界上实际发生的绝大多数文化接触现象。因为文化很少以孤立形态存在，在历史长河中都或多或少地经历了与其他文化相互接触的情况，而接触便不可避免地相互渗透和影响。没有一种文化是一座孤岛。理想中的文化"纯粹性""本真性"是不存在的。由相互接触而带来的文化杂糅，在全球化进程日益加快的当今社会变得愈发普遍。文化杂糅的现象，催生多元、动态的文化身份和文化认同。而语言则是体现这种复杂文化身份的一个显性符号。

从历史到现在，粤港澳大湾区内粤方言、普通话、英语、葡语、其他汉语方言、其他语言等多种语言文字之间的接触、渗透与杂糅现象，折射出粤港澳三地居民文化认同不断变化的轨迹。其中，粤方言的口语和书面语在香港社会的继承与发展，是文化接触中语言与多元文化认同之间复杂关系的一个典型。

二 "西关音"与"港式粤语"

粤、客、闽是历史悠久的三大汉语方言，它们的形成与历史上数次自北而南的汉民族迁徙运动直接相关，是北方汉民族的中古汉语与当地古百越族的语言在历史岁月中不断接触与融合而逐渐形成的产物[1]。从语言学的角度来看，粤、闽、客方言的主体都从古代汉语发展演变而来，都包含一些来自古百越族语言的"底层"成分，也都在漫长的对外交流史中产生了不少外国语借词[2]。由于岭南地区背山面水的独特地理环境，粤、客、闽三大方言较少与中国其他地区的方言发生接触，导致语言的历时变化相对较缓，与北方方言相比，这三大方言保留了更多的中古汉语特征。

粤方言是粤港澳大湾区使用覆盖范围最广的方言。自明朝至上世纪 80 年代，粤方言一直扮演着岭南地区口头交际通用语的角色[3]。该方言在词汇上保留了许多中古汉语的单音节词，语音方面则完整保留了中古汉语的辅音韵尾及入声声调，被普遍视为汉语方言中最具古语色彩的方言之一。除了具有"历史感"，粤方言还具备一个特色：与其他汉语方言只有口语形式不同，粤方言已发展出一套较为成熟的书写体系，并且还在继续完善发展中。

粤方言在珠江三角洲及港、澳地区，都有本地的方言变体。比如，在南海称"南海话"在顺德称为"顺德话"在东莞称为"东莞话"在香港新界称为"围头话"[4]。这些不同的变体带着当地的口音和特色词汇，但在语言学上仍属于同一方言，基本可以互通交流。那么，在众多粤方言变体中，是否有一个被视为标准语的存在呢？据学者考证[5]，清末以来人们心目中正宗的粤语是广州的"西关音"。事实上，广州在历史上被岭南地区的人们视为"省城"。西关，指的是广州城墙以西的地方，由于当时聚居此地的多为商人"西关音"是指这个阶层的语音。鸦片战争后，港澳虽然已脱离广东省的行政管理，但无论是在人员、经济、文化、政治思想等方面仍与广东省保持紧密联系。广州作为

1　庄初升：《广东省客家方言的界定、划分及相关问题》，《东方语言学》2008 年第 4 期。

2　林立芳、邝永辉、庄初升：《闽、粤、客方言共同的方言词考略》，《韶关大学学报》（社会科学版）1995 年第 16 期。

3　Ramsey, R. , The Languages of China. （Princeton: Princeton University Press, 1987）.

4　庄初升：《粤港澳大湾区的语言资源及抢救性调查和保存工作》，《田家炳中华文化中心通讯》2021 年第 7 期。

5　程美宝：《城市之声西关音：由省至港及沪》，《中国语文通讯》2020 年第 1 期。

"省城"的政治与文化中心，在港澳民众心目的声望难以动摇，其精致的西关商人文化为港澳富裕阶层华人所推崇和效仿。20 世纪初"西关音"不仅成为粤语戏曲、广播和有声电影演员的发音标准，就连来自英国的香港政府公务员，都要来广州学习"正宗"的广东话。

然而，进入 20 世纪 50 年代后，香港开始经历一段近 30 年相对独立的政治、经济发展史，期间，香港居民逐渐建立起一种独特的"香港人"身份。随着香港经济腾飞，以粤方言为载体的本土文化蓬勃发展。70 年代，粤语流行歌曲走上了一个快速发展的轨道，取代了英语歌曲与普通话歌曲占据本土流行音乐市场主体的局面。港产粤语电影和粤语电视剧也在同一时期迅速发展，将粤语文化传播到内地及世界各地的华人小区，一定程度上起到了联结海外华人的文化认同的作用。与此同时，香港人说的粤语，也在长期与英语进行接触的情况下，产生出一些相互杂糅的语言现象。有人将香港人说的粤方言称为"港式粤语"，以和广州人说的"广式粤语"进行区分。从语言学的角度来说"港式粤语"只是粤方言的一个变体，其主要特点，在于夹杂大量英语词汇和表达法。一些情况是将英语单词直接放置于粤语语句当中，还有很多情况是先将英语词进行粤语音译，如"巴打（brother）""肥佬（fail）""士啤呔（spare time）""拿砂纸（get the certificate）"，等等。有学者统计[1]"港式粤语"在书面语中除了人名、地名外，词典中常见的粤语英语音译词有四百多个，口语中的英语音译词就应该更多了。除了大量夹杂英语词"港式粤语"和"广式粤语"的区别还体现在个别形式相同、词义不同的词汇。例如"班房"对于香港人来说，是"课室"而不是"监狱"，"上堂"是"上课"而不是"打官司[2]"。

值得一提的是，粤方言、普通话和英语，也在语言接触的过程中相互杂糅、相互影响。比如，香港人常说的"巴士（bus）""士多（store）"等词，

---

1 石定栩、朱志瑜：《英语对香港书面汉语词汇的影响》，《外国语》2005 年第 5 期。
2 邵敬敏、石定栩：《"港式中文"与语言变体》，《华东师范大学学报》（哲学社会科学版）2006 年第 2 期。

早已进入内地粤方言体系，成为岭南居民共同的日常词汇。又比如"打的"一词，其实是粤方言、英语、普通话三语杂糅而产生的表达法[1]。"的士"（粤语拼音：diksi）一词的起源，原本由香港粤语者由英语的 taxi 转译而来"乘坐出租车"被称为"搭的士"。该词组进入中国内地后，经历了"普通话化"，演变变成"打的"，"打"在普通话中有"召唤"的意思"打的"即为"召唤出租车"。如今"打的"这个动宾结构不仅在内地非常普遍，而且又"回流"至香港，在香港民众中逐渐流行起来。有趣的是，人们在使用该词组时，往往不会意识到，这一表达法是英语经过了广东话和普通话两道"本土化工序"加工演变而成的。

当粤方言在香港不断吸收英语词汇的同时，英语也在语言接触过程中吸收不少粤方言词汇和表达法，如"dim sum（点心）""tai-pan（大班）""barefoot doctor（赤脚医生）""lose face/save face（丢脸／挽回脸面）""long time no see（好久不见）"甚至"add oil（加油）"这些原本属于粤方言或普通话的词汇和表达法，如今已通过语言接触进入英语词汇，逐渐被全世界讲英语者所熟识和使用。事实上，当今世界上很多地方的人们，都是一面学习英语，一面照着"本地化"的模板修改英语，产生了诸如"港式英语""新加坡英语""印度英语"等地域变体。而本地化的英语表达，又回过头来"反哺"英语，使这门国际语言不断丰富、扩充和发展，充分体现了全球化和本土化两股力量相互渗透带来的文化活力。

三、粤方言入文现象

粤方言入文现象古来有之，最早可追溯到明末的木鱼书。木鱼书是一种价钱低廉的、刻在木质书籍上面的文字，以接近口语的方式记录佛经与当地

---

1 Tong, H. K. & Cheung, L. H. "Cultural identity and language：a proposed framework for cultural globalization and glocalization，"Journal of Multilingual and Multicultural Development，32，No. 1（2011）：55-69.

的民谣及说唱艺术，主要面向识字率较低的妇女和社会底层人士。粤方言词汇常随机地出现在木鱼书当中。清末以来，随着粤剧艺术的发展，粤语书面语以剧本的形式继续发展。不过，木鱼书和粤剧剧本所含的粤语成分十分有限，通常只在一段话中夹杂着个别粤语词。

到了上世纪 40 年代，粤语书面语发展出一种新的形式——"三及第文"。所谓"三及第文"是一种杂糅了北方白话文、文言文和粤语的书写文体，这三种元素以相似的比例分布于同一篇文章、甚至同一个句子当中[1]，好比粤菜的及弟粥，将猪肉、猪肝、猪粉肠等原料混在一起"一锅煮"。"三及第文"盛行于上世纪四十至五十年代初粤港两地的报刊文学。1950 年后，为相应国家规范使用语言文字的要求，广州的"三及第文"在公开出版物上基本销声匿迹，但这种独特的文体在香港报刊一直活跃到上世纪 70 年代才淡出历史舞台。

如果说"三及第文"是文言文向白话文过渡时期与方言相互作用而发生的"自然产物"，那么粤方言第一次被集中地、有意识地运用到文学创作，是在 1947—1949 年左翼知识分子发起的"香港方言文学运动"[2]。当时，全国的左派文艺创作积极响应毛泽东 1942 年《在延安文艺座谈上的讲话》所传达的精神，尽量做到为工人阶级服务，为社会主义服务。方言化的文学创作，被视为为工人阶级服务的一大特色，而最具规模的"方言文学运动"发生在香港。1947 年至 1949 年间，左翼知识分子藉助《华商报》《正报》《大公报》等平台，不定期地开设方言文学专栏，推出方言化的诗歌（如：符公望的粤语诗、楼栖的客家方言诗）与方言化的小说连载（如：黄谷柳的长篇小说《虾球传》），在香港文坛掀起一股文学方言化的浪潮。这些作品有意识地使用口语化的书写方式，追求所谓"纯粹"的方言写作。这个时期的作品，使用粤语的比重是自明朝以来各粤语文学作品中最多的。不过，这些方言作品的质量参差不齐，

1　黄仲鸣：《香港三及第问题的流变及其语言学研究》，暨南大学 2001 年博士学位论文。

2　Snow，D.，Cantonese as written language：The growth of a written Chinese vernacular（Hong Kong：Hong Kong University Press，2004）.

作者在创作时常面临"有音无字"的困扰，题材仍局限于市井文学。

随着 1949 年随着左翼作家北上，这场追求"纯粹"粤方言写作的文学运动偃旗息鼓。但粤语书面语仍在香港经历持续发展。上世纪 50—70 年代，许多香港的中文报纸，每天会刊登一到两篇包含粤语元素的"三及第"式文章。当然，题材仍局限于娱乐、传道、搞怪、通俗小说的范畴，受众群体多为文化程度不高的中低阶层市民。

粤语书面语在用法和声望上得以迅速提高，主要发生在回归后的 25 年间，与香港教育局推行的语文政策及香港民众身份认同的变化密切相关。1998—2009 年，香港教育局在全港推行中学"母语教学"，这一长达 11 年的语文政策，对粤方言的地位和声望影响深远。在"母语教学"的推动下，年青一代在学习和工作中更习惯使用粤语。由于学生的中文课都是通过广东话学习，每一个粤语发音都对应上相应的汉字，这一过程既促进了粤语口语的标准化，又推动了粤语书面语的发展。随着 2008 年后香港居民对香港本土身份的日趋认同，加上社交媒体和各种智能软件的发展，粤语书写在年轻一代的网络交流中变得十分常见。目前，粤语书面语虽然仍不被主流社会视为标准中文，创作题材仍受一定限制，但在声望上，已摆脱"中低层市民"的文化标签，日渐与香港中产阶级、尤其是年轻中产联系到一起，成为香港人表达身份认同的标识之一。

结语

语言是一项宝贵的资源。它不仅是沟通交流的媒介、文化遗产的载体，还是表达与建构身份认同的元素之一。然而"语言 = 文化 = 身份认同"的假设过于简单，不足以解释语言和文化认同之间的复杂关系。事实上，语言、文化和身份认同都不是与生俱来、一成不变的。相反，它们是动态的、多元的，并在无穷尽的象征性重塑和取舍妥协过程中不断改变。

文化杂糅的现象无处不在、自古有之，当今社会更随着经济全球化而日益普遍。文化杂糅性体现在不同的语言载体上，体现在诸多非物遗产的传承与创新上，也体现在日常生活的实践当中。它是各种因素作用形成的合力，很大程度上体现出文化的生命力和文化认同的复杂多元性。

就香港社会而言，从被殖民，到回归，再到新时期下融入国家发展大局的过程，展现在我们面前的是香港人多重的、杂糅的、不断流动的文化认同，这种认同既通过语言来表达，又通过语言来建构。从民国时期对西关粤语的推崇和效仿，到"香港方言文学运动"对粤语书面语有意识的运用；从上世纪70—80年代粤语电影、粤语流行歌曲的发展，到粤语文化在世界各地华人群体的传播；从粤方言、普通话、英语"三语杂糅"而产生的语言活力，到粤语书写在香港新生代中间的传承与创新，再到近年来普通话在香港逐渐推广使用，既体现出香港民众对岭南文化和中华文化的认同，又反映出他们对香港本土的热爱、同时亦能折射出他们对国际化的推崇、对"世界公民"身份的向往。

透过粤方言口语和书面语在香港的发展历程，我们可从中读取民国时期"省港澳"三地互联互通的集体回忆，体味香港这座城市独一无二的发展轨迹和国际化程度，还能窥见未来在粤港澳大湾区建设过程中重建身份认同的种种可能性。另一方面，中华文化和语言文字，对于海外华人散居群体的凝聚力与身份认同作用，同样不容小觑：粤语、闽南语、客家话等汉语方言长期以来在海外华人小区占主导地位，是海外华人建立"想象的共同体"的重要支点。因此，从国家语言战略的角度来看，在警惕地方方言泛政治化倾向的同时，坚持开放、包容、融合的多元一体的语言政策，有利于增进全球华人对中华文化的认同感。在语言资源观的视角下，如何有效地利用文化杂糅性，打造香港中外文化艺术交流中心，将大湾区丰富多元的语言资源转化为对内建构文化认同、对外提高国际竞争力、讲好"湾区故事"的文化资本，值得学界和政策决策者共同关注。

（本文刊载于《文化遗产》2023年第1期。）

论横琴粤澳深度合作区的
民商事规则衔接

伍俐斌*

〔摘要〕横琴构建民商事规则衔接澳门的制度体系至少包括在特定条件下承认依澳门民商事规则形成的法律效果、在特定条件下允许澳门民商事规则在横琴直接适用和在特定条件下有选择地实现在横琴实施的内地民商事规则与澳门民商事规则的逐渐趋同等三方面内容，需要由行政管理部门、司法部门和立法部门等行使公权力的机构各司其职，共同推进这项工作。横琴粤澳深度合作区执委会及其工作机构应在经济、民生管理等领域继续推进对澳门执业资格或资质的认可。横琴粤澳深度合作区人民法院可以形成具有横琴特色的经验做法，推进司法领域的民商事规则衔接。应当着重发挥地方立法权和经济特区立法权的作用，在必要时启动国家立法权，在横琴粤澳深度合作区先行先试，借鉴澳门立法经验，逐渐地、有选择地实现内地民商事规则与澳门民商事规则的趋同。

〔关键词〕横琴粤澳深度合作区　规则衔接　粤港澳大湾区

引言

建立健全法律协调对接机制，打破一国之下内地与澳门不同法域之间的法律"藩篱"，是促进横琴粤澳深度合作区建设的关键和难点。[1]《横琴粤澳深

---

* 中山大学粤港澳发展研究院（港澳珠三角研究中心）副教授、博士生导师。

1 参见杨道匡、骆伟建、李可、王裔莹：《实施高度开放自由港政策推动横琴粤澳深度合作区建设》，《港澳研究》2020 年第 1 期。

度合作区建设总体方案》（以下简称《横琴方案》）明确提出要逐步构建民商事规则衔接澳门、接轨国际的制度体系。2023 年 1 月，广东省人大常委会审议通过《横琴粤澳深度合作区发展促进条例》，该条例第 56 条规定："支持合作区加快扩大规则、规制、管理、标准等制度型开放，逐步构建民商事规则衔接澳门、接轨国际的制度体系。"在横琴粤澳深度合作区构建民商事规则衔接澳门、接轨国际的制度体系是落实《横琴方案》、实现横琴发展目标的重要保障。不过，对于如何理解"民商事规则衔接澳门"，有部分人士将其解读为"横琴将全面实施澳门民商事规则"，或者解读为"澳人澳法"。与此同时，自《粤港澳大湾区发展规划纲要》颁布后，"规则衔接"亦成为学术界和实务部门探讨的重点对象。本文将围绕《横琴方案》中的"民商事规则衔接澳门"这一主题，分别从民商事规则衔接的真正内涵、推进民商事规则衔接的主体及推进民商事规则衔接的路径三个方面进行探讨。

一、如何准确理解"民商事规则衔接澳门"

最早提到"规则衔接"的国家级文件是 2013 年国务院发布的《中国（上海）自由贸易试验区总体方案》[1]，该方案第二部分（主要任务和措施）提出要"形成与国际投资、贸易通行规则相衔接的基本制度框架"。粤港澳大湾区推动规则衔接的目的在于克服粤港澳大湾区内部不同法律体系冲突给经贸往来

---

1 学术界关于"规则衔接"的讨论则早得多。早在 20 世纪 90 年代，围绕我国"入世"谈判，关于我国法律规则与关贸总协定 / 世界贸易组织（WTO）规则相衔接的问题就成为了学术界的研究热点。相关文献可参考张学富：《我国〈进出口关税条例〉第二次修订刍议》，《法学评论》1992 年第 4 期；江平：《完善市场经济法律制度的思考》，《中国法学》1993 年第 1 期；单文华：《市场经济与外商投资企业的国民待遇研究》，《中国法学》1994 年第 5 期；徐冬根：《上海涉外经济立法若干设想》，《法治论丛》1994 年第 3 期，等等。不过，这些文献主要是提出了与关贸总协定 / 世贸规则相衔接的重要性和必要性，没有从概念上解析"规则衔接"。

带来的制度阻碍。[1] 虽然《粤港澳大湾区发展规划纲要》没有直接出现"规则衔接"的用语，但广东省委、省政府发布的《关于贯彻落实〈粤港澳大湾区发展规划纲要〉的实施意见》（以下简称《实施意见》）则明确提出，要"以规则衔接为重点，着力破除制约大湾区建设的体制机制障碍，促进各类要素在大湾区便捷流动和优化配置"。习近平总书记在深圳经济特区建立 40 周年庆祝大会上的重要讲话中指出，"要抓住粤港澳大湾区建设重大历史机遇，推动三地经济运行的规则衔接、机制对接，加快粤港澳大湾区城际铁路建设，促进人员、货物等各类要素高效便捷流动，提升市场一体化水平"。[2] 2019 年国务院政府工作报告中也强调，"落实粤港澳大湾区发展规划纲要，促进规则衔接，推动生产要素流动和人员往来便利化"。除《横琴方案》外，《全面深化前海深港现代服务业合作区改革开放方案》（以下简称《前海方案》）明确提出要"在'一国两制'框架下先行先试，推进与港澳规则衔接、机制对接"，《广州南沙深化面向世界的粤港澳全面合作总体方案》（以下简称《南沙方案》）则提出要将南沙打造成"规则衔接机制对接高地"。由此可见，在实施粤港澳大湾区及横琴、前海、南沙等各项发展规划的过程中，规则衔接受到前所未有的重视。

但"规则衔接"究竟指什么？前述各项规划文件未作明确的阐释。从词语构成来看，"规则衔接"包括"规则"和"衔接"两个词语。首先，"规则衔接"中的"规则"指什么？有学者认为："对'规则'可以有两种理解：狭义上，指就某一或某些事项所制定的法律文件，主要体现为本地法律法规、各部门行政规章、国家认证的行业标准等，是'书本上的本地立法'，如《合同法》相关规定、外汇管理相关规定等。广义上，泛指要求大家共同遵守的办事规程或行动准则等，除了上述的法律文件以外，还包括应当遵

---

1 参见李可、唐晓晴：《横琴粤澳深度合作区：理念创新与制度构建》，《港澳研究》2022年第 1 期。

2 习近平：《在深圳经济特区建立 40 周年庆祝大会上的讲话》，《人民日报》2020 年 10月 15 日，第 2 版。

循的国际公约和行业规范标准、交易习惯、监管理念等非正式制度。"[1]《实施意见》《前海方案》和《南沙方案》在"规则衔接"一词之前未加限定语，应可以采用广义说理解其中的"规则"，那么此处的规则衔接就是全面性的规则衔接。但《横琴方案》有所不同，该方案将规则衔接明确为"民商事规则衔接澳门"。换言之，根据《横琴方案》，"规则衔接"中的"规则"指的是民商事规则。

接下来的问题是，"民商事规则"包括哪些法律规则？一个办法是从法律所调整的法律关系去判断。民商事规则是调整平等主体之间的人身关系、财产关系的法律规则。如果法律调整的法律关系主体为民事主体、涉及的法律关系是民事法律关系，则该法律即属于民事规则；如果法律调整的法律关系主体为商事主体、涉及的法律关系是商事法律关系，则该法律属于商事规则。因此，凡是调整民事法律关系或者商事法律关系的法律规则都属于民商事规则。

另一个办法是从法律渊源来界定民商事规则。澳门实行民商分立的立法体例，既有《澳门民法典》，也有《澳门商法典》。内地采民商合一的立法体例，在《民法典》外未再专门制定一部商法典。《民法典》中的规定既适用于民事活动，亦适用于商事活动。内地同时亦存在多部商事单行法，如《公司法》《合伙企业法》《保险法》等，这些法律是对特定商事活动进行专门规定的法律，在规范特定商事关系方面应优先适用。除法律外，内地民商事规则还包括民事习惯、交易习惯、国务院制定的行政法规、地方性法规等，澳门民商事规则还包括行政长官颁布的行政法规。由此可见，从法律渊源的角度来确定"民商事规则"的范畴，并在具体规定上进行对比，比较简捷。但这种方法可能并不能解决所有问题。例如，内地《民法典》和《澳门民法典》都规定了对民事习惯的适用，但由于民事习惯往往是不成文的，因此如何确定内地民事习惯与澳门民事习惯的内容，可能就是一个难题。又如《澳门民

---

1 文雅靖、王万里：《论粤港澳大湾区的规则衔接》，《开放导报》2021 年第 2 期。

法典》承认事实婚姻，[1] 但内地《民法典》不承认事实婚姻。在推进婚姻关系的民商事规则衔接澳门时，就需要慎重考虑这种差异。

另一个问题是，"民商事规则"仅指实体法规则，还是也包括诉讼（程序法）规则？对于这个问题可以从内地与澳门（包括香港）的司法合作实践来回答。由于内地与港澳分属不同法域，长期以来存在文书送达、取证、保全等诉讼措施的协助、民商事判决的执行上的难题，属于典型的民商事司法程序不衔接问题。回归以后内地与香港、澳门分别达成了多项司法合作安排，逐步建立起民商事司法程序衔接机制，基本解决了前述难题。2022 年12 月，为贯彻《粤港澳大湾区发展规划纲要》，广东省高级人民法院发布了《关于粤港澳大湾区内地人民法院审理涉港澳商事纠纷司法规则衔接的指引（一）》，这是推动粤港澳商事司法规则衔接的重要指引。由此可推断，"民商事规则"不仅包括实体法规则，也包括程序法规则。

其次，"规则衔接"中的"衔接"指什么？《现代汉语词典》将"衔接"定义为"事物相连接"，但内地学者在学理上对"衔接"作专门界定，并不多见。司艳丽从诉讼规则衔接的角度对何谓"衔接"作了解释，指出"粤港澳大湾区诉讼规则衔接，要在'一国两制'和基本法框架下谋划，充分尊重三个法域彼此的法律制度和司法管辖权，既不是完全消除差异，也不能因差异而形成制度壁垒，而应在保持各自特色和优势的基础上，将差异转化为动力，实现有效衔接，为要素跨境高效便捷流动创造良好的司法环境"。[2] 在司艳丽看来，"衔接"是尊重彼此差异的衔接，并不要求抹平差异、完全趋同。邹平学教授认为，"规则衔接实际上就是要设计出怎么容纳、怎么叠加、怎么嫁接这种不同规则的通道，'衔接'一词很形象地表达了通过一个接通、贯通甚至融通的装置，把不同的规则有机衔接起来"。[3] 邹教授还举例形象地说："内地人

---

1 参见《澳门民法典》第 1471、1472 条。

2 司艳丽：《粤港澳大湾区法律规则衔接疑难问题研究——以多元化纠纷解决机制为切入点》，《中国法律评论》2022 年第 1 期。

3 邹平学：《粤港澳大湾区法治合作和规则衔接的路径探讨》，《青年探索》2022 年第 4 期。

去港澳，手机、电脑的充电插头在当地是不能用的，解决这个问题并不需要各地对插座插头采取一模一样的工业制造标准，我们找一个转换插头就可以了。"[1]"衔接"就好比转换插头。因此，邹教授同样认为"衔接"不是要追求完全趋同，而是在尊重差异的基础上通过制度设计，实现内地与港澳在规则上的相互连接。

从前述关于"衔接"的解读可以发现，"衔接"不是在粤港澳大湾区包括横琴、前海和南沙，用香港（澳门）规则取代内地规则，而是在尊重差异的基础上，有条件地允许适用香港或者澳门规则。《最高人民法院关于适用〈中华人民共和国民法典〉时间效力的若干规定》虽然没有直接定义"衔接"，但对理解"衔接"提供了线索。该《规定》第三部分是"衔接适用的具体规定"，对某些跨越《民法典》施行前和施行后的民事法律关系确立了法律适用的指引规则，并没有因《民法典》的施行就绝对地否认施行前的民法规则对某些民事法律关系的适用，妥善地将《民法典》与之前的民法规则衔接起来。从最高人民法院的这个《规定》可以推断，如果对某个法律关系存在新旧两个法律规则，"衔接"就是根据设定的条件选择适用新法律规则或者旧法律规则。据此推理，规则衔接的"衔接"，就是在尊重内地与港澳规则差异的基础上，设定若干条件和指引，允许有关法律关系选择适用内地规则或者港澳规则。简言之，"衔接"就是在本法域规则与外法域规则之间建立联系和关联，在本法域规则继续适用的同时使外法域规则在特定条件下也可以在本法域适用。

因此，在"横琴构建民商事规则衔接澳门的制度体系"显然不是用澳门民商事规则取代内地民商事规则，或者在横琴全面适用澳门民商事规则，而是内地民商事规则继续适用于横琴，但在特定条件下允许澳门民商事规则在横琴适用。"在特定条件下允许澳门民商事规则在横琴适用"至少包括两个方面：一是依澳门民商事规则形成的法律效果包括民商事主体的确立、合同、

1　邹平学：《粤港澳大湾区法治合作和规则衔接的路径探讨》，《青年探索》2022 年第 4 期。

物权等在特定条件下可以在横琴得到认可；二是澳门民商事规则在特定条件下可以在横琴直接调整有关民商事法律关系。当然，在横琴实施的内地民商事规则可以依法定程序、有选择地实现与澳门民商事规则的逐渐趋同，这也是一种"衔接"。进而言之，在"横琴构建民商事规则衔接澳门的制度体系"至少具有三方面的内容：一是在特定条件下承认依澳门民商事规则形成的法律效果；二是在特定条件下允许澳门民商事规则在横琴直接适用，调整有关民商事法律关系；三是在特定条件下有选择地实现在横琴实施的内地民商事规则与澳门民商事规则的逐渐趋同。

"衔接"不意味着孰优孰劣。在根本上，很难判断不同地区的规则孰优孰劣。法律规则是规则的一种，法律规则具有本土适用性，要符合当地的政治制度、文化传统和习俗等才能具有生命力，即使被认为是最先进的法律规则也不能脱离当地实际，否则就会成为空中楼阁或者水土不服，仅仅停留在纸面，而失去调整法律关系和解决法律问题的价值。当前正在横琴实施的内地民商事规则与正在澳门实施的民商事规则，各有其本土适用性，无法也不能简单地评判孰优孰劣。不能因为某一民商事法律关系适用了内地或者澳门的民商事规则，就认为该规则优越于另一规则。某一民商事法律关系之所以适用内地民商事规则或者澳门民商事规则，是因为该民商事法律关系的实际情况更适宜于适用某一民商事规则，在该民商事法律关系与某一民商事规则之间存在相对更好的适用性，更有利于保障民商事关系当事人的合法权利和利益。

二、谁来推进"民商事规则衔接澳门"

在横琴构建民商事规则衔接澳门的制度体系需要建立一个包含若干条件和指引的衔接机制，即在两个法域的民商事规则之间搭建一座桥梁使二者连结起来。那么，搭建桥梁的工作由哪个主体来承担呢？

党的十八大以来，中央强调重大改革必须于法有据。[1] 在横琴构建民商事规则衔接澳门的制度体系无疑是改革创新的重大举措。民商事规则是法律规则的重要方面，衔接工作显然不宜由民间主体来推进，而是应由公权力部门来推进。具体而言，应当由行政管理部门、司法部门和立法部门等行使公权力的机构各司其职，共同推进在横琴构建民商事规则衔接澳门的制度体系。

（一）由行政管理部门在法律授权范围内依职权推进行政管理领域的民商事规则衔接工作。放眼粤港澳大湾区推进规则衔接的既有实践，政府部门的一项重要工作是推进对港澳执业资格或资质的认可，既包括在一定条件下直接承认港澳执业资格或资质，还包括允许符合条件的港澳人士取得内地执业资格或资质。前述事项固然属于政府行政管理的范畴，但从民商事法律关系的角度来看，这实际扩大了对港澳民商事主体资格的认可，即在粤港澳大湾区的民商事法律关系中，民商事主体增加了来自港澳的成分。例如，广东省自然资源厅在 2021 年 2 月发布的《关于港澳籍注册城市规划专业人士在广东省执业备案有关事项的通知》，明确取得香港注册专业规划师、澳门城市规划师资格的港澳籍专业人士经备案登记后，可在广东省内提供规划专业服务；广东省住房和城乡建设厅在 2021 年 7 月发布的《关于港澳籍注册城市规划专业人士在广东省执业备案有关事项的通知》，明确取得相关工程建设咨询执业资格的港澳专业人士，按照规定完成备案后，可以在粤港澳大湾区内地城市范围内执业，为市场主体直接提供服务。以上属于广东省有关部门在职权范围内推进规则衔接的事例，但有些事项属于国家事权，就需要由国家有关部门或在取得国家有关部门授权的前提下才能推进该事项的规则衔接。例如，在司法部授权下，广东省司法厅于 2014 年颁布了《香港特别行政区

---

1 习近平总书记指出："凡属重大改革要于法有据，需要修改法律的可以先修改法律，先立后破，有序进行。有的重要改革举措，需要得到法律授权的，要按法律程序进行。"参见习近平：《关于〈中共中央关于全面深化改革若干重大问题的决定〉的说明》，《人民日报》2013 年 11 月 16 日，第 1 版。

和澳门特别行政区律师事务所与内地律师事务所在广东省实行合伙联营试行办法》，为港澳律师事务所进入内地提供法律服务打开了闸门。再如，根据2020 年 8 月 11 日《全国人民代表大会常务委员会关于授权国务院在粤港澳大湾区内地九市开展香港法律执业者和澳门执业律师取得内地执业资质和从事律师职业试点工作的决定》和 2020 年 10 月 5 日国务院办公厅印发的《香港法律执业者和澳门执业律师在粤港澳大湾区内地九市取得内地执业资质和从事律师职业试点办法》规定，凡经香港特区高等法院认许，在律师、大律师登记册上登记，且未被暂时吊销执业资格的律师、大律师，或者在澳门律师公会有效确定注册的执业律师，可参加粤港澳大湾区律师执业考试，取得大湾区内地九市执业资格；2021 年 7 月 31 日，首次粤港澳大湾区律师执业考试开考；2021 年 12 月 15 日，广东省司法厅出台《关于香港法律执业者和澳门执业律师在粤港澳大湾区内地九市执业管理试行办法》。由此可见，为允许港澳律师在粤港澳大湾区以律师身份提供法律服务，采取了"全国人大常委会授权决定 + 国务院办公厅试点办法 + 司法部组织实施考试 + 广东省司法厅具体管理"的模式，充分体现了重大改革于法有据的要求。

前述由政府部门推进规则衔接工作的方式，在横琴粤澳深度合作区则有所不同。横琴粤澳深度合作区是丰富"一国两制"实践的新示范，上升为由广东省管理，其管理体制不同于内地既有模式，而是实行粤澳共商共建共管共享的新体制，由粤澳双方组建合作区管理委员会，在管理委员会下设执行委员会，目前执行委员会下设了 9 个工作机构。根据《横琴方案》和 2023 年 1 月广东省人大常委会通过的《横琴粤澳深度合作区发展促进条例》（以下简称《横琴发展促进条例》），执行委员会及其工作机构不是政府机构，而是承担合作区经济、民生管理等相关行政管理和公共服务职能的法定机构。根据《横琴发展促进条例》第 4 条，执行委员会及其工作机构在经济、民生管理等领域将享有省级管理权限；根据条例第 9 条，经国务院及其有关部门同意后，还可以拥有广东省人民政府及其有关部门承接的国家管理职权。据此可推断，横琴粤澳深度合作区执行委员会及其工作机构在经济、民生管理等领域可以依据省级管理权限，推进民商事规则衔接澳门的工作。但不属于经济、民生管理领域或者在经济、民生管理领域属于国家事权的规则衔接包括民商事规则衔接，仍需要由具有相应职权的广东省或国家有关部门来推进。

在此，还有一个问题可能需要探讨。横琴粤澳深度合作区改由广东省管理，但在行政区划上仍隶属于珠海，且《横琴发展促进条例》第 4 条规定珠海市人民政府及其有关部门应将有关管理权限依法授权或者委托给合作区有关机构行使。不过，《横琴发展促进条例》第 9 条明确规定广东省人民政府及其有关部门交由合作区执行委员会及其工作机构行使的是经济、民生管理等领域的省级管理权限，但并未明确珠海市人民政府及其有关部门依法授权或者委托给合作区有关机构行使的管理权限的内容。那么，是否意味着《横琴发展促进条例》将珠海市人民政府及其有关部门享有的管理权限将全部授权或者委托给合作区有关机构？而此后在横琴粤澳深度合作区的发展过程中，珠海市人民政府及其有关部门将不再具有管理权限？进而言之，在横琴粤澳深度合作区推进规则衔接包括构建民商事规则衔接澳门的制度体系，珠海市人民政府及其有关部门将不再具有有关权限？对此，可以从两方面来理解：一是横琴粤澳深度合作区上升为广东省管理实行新管理体制后，珠海市人民政府及其有关部门可能确实不再具有在合作区直接执法的权限；二是从横琴粤澳深度合作区在行政区划上仍隶属于珠海，珠海市人民政府制定的政府规章的适用范围仍包括合作区，如果有关规章涉及规则衔接问题，将意味着珠海市人民政府对横琴粤澳深度合作区的规则衔接工作仍发挥着一定作用。不过，根据《横琴发展促进条例》第 58 条，合作区执行委员会、广东省派出机构可以提出调整或者停止珠海市人民政府规章在合作区适用的建议。

（二）由司法部门依法推进司法领域的民商事规则衔接工作。根据现有实践，司法领域的民商事规则衔接可以分为两种模式。一种是由最高人民法院与港澳达成的司法合作安排，包括最高人民法院与香港特区达成的 8 项安排和与澳门特区达成的 4 项安排，已经基本实现了内地与港澳在司法领域的民商事规则衔接。一个可以探讨的问题是，根据粤港澳大湾区发展需要或者横琴粤澳深度合作区建设需要，可否由广东省与香港或者澳门签订有关的司法合作协议？香港基本法第 95 条、澳门基本法第 93 条规定"特别行政区可与全国其他地区的司法机关通过协商依法进行司法方面的联系和相互提供协助"，这为港澳与内地开展司法协助提供了法律依据。从香港基本法、澳门基本法的性质和条文字面含义来理解，这两条规定是对两个特别行政区的授权，但如何理解"全国其他地区"？是否可以将"全国其他地区"理解为包括内地各省、直辖市、自治区，从而两个特别行政区可以与内地各省、直辖区、自治区签订司法合作协议，据此广东省可以与两个特别行政区签订司法合作协议？从字面含义来看，似乎可以将"全国其他地区"理解为包括内地各省、直辖市、自治区，且香港基本法、澳门基本法相关条文的起草过程也并未否认这种解读。[1] 不过在实践中，现有内地与港澳的司法合作协议，均是由最高人民法院、公安部等代表内地与港澳签订有关协议。但如果从粤港澳大湾区、横琴粤澳深度合作区等肩负的先行先试、改革创新的重大使命来看，不妨允许广东省或者在国家授权的前提下由广东省与港澳签订司法合作协议，在粤港澳大湾区或者横琴粤澳深度合作区先行先试。

另一种是下级人民法院根据法律和司法解释，结合粤港澳大湾区实践，就涉港澳民商事纠纷的司法规则衔接出台具体实施指引，如广东省高级人民法院发布的《关于粤港澳大湾区内地人民法院审理涉港澳商事纠纷司法规则衔接的指引（一）》。深圳前海合作区人民法院在推进跨境商事诉讼规则衔接方面发挥了示范作用。前海法院集中管辖深圳应由基层法院管辖的第一审涉外涉港澳台商事案件，每年受理的涉港澳台商事案件的数量位居全国法院第一，积累了丰富的审理涉外涉港澳台商事案件经验。前海法院在 2022 年 12

---

[1] 香港基本法第 95 条在香港基本法起草委员会于 1986 年 4 月 22 日通过的《中华人民共和国香港特别行政区基本法结构（草案）》中的标题是"同各省、自治区、直辖市在司法方面的联系"，不过未见起草委员对该条中"全国其他地区"的专门讨论，参见李浩然主编：《香港基本法起草过程概览》（下册），香港：三联书店（香港）有限公司，2012 年，第 862-863 页。

月发布了《关于深入推进跨境商事诉讼规则衔接工作指引》及 8 个配套制度、
2 份《跨境商事法律规则衔接系列白皮书》，为内地、粤港澳大湾区和横琴粤
澳深度合作区推进跨境商事诉讼规则衔接提供了重要经验。

横琴粤澳深度合作区人民法院的前身是横琴新区人民法院，集中管辖珠
海市一审涉外涉港澳台民商事案件。横琴粤澳深度合作区人民法院可以借鉴
学习前海法院的先进经验，结合横琴粤澳深度合作区发展实际，形成具有横
琴特色的经验做法，从而为在横琴构建民商事规则衔接澳门的制度体系发挥
重要作用。

（三）由立法部门推进民商事规则衔接工作。在横琴构建民商事规则衔接
澳门的制度体系在较多时候是一个需要通过立法来解决的问题。具体由哪个
立法主体来推进这一制度体系的构建，这就涉及立法权限的问题。

首先，珠海享有设区的市的立法权和经济特区立法权。根据《立法法》，
设区的市可以对城乡建设与管理、生态文明建设、历史文化保护、基层治理等
方面的事项制定地方性法规。不过，单靠珠海享有的设区的市的立法权可能不
足以满足横琴粤澳深度合作区构建民商事规则衔接澳门的制度体系的立法需求。

1996 年 3 月，第八届全国人民代表大会第四次会议决定授予珠海经济特
区立法权，授权珠海经济特区可以在遵循国家法律、行政法规的基本原则的
前提下，制定经济特区法规。[1]《立法法》第 84 条对经济特区立法权予以确认，
并且经济特区法规可以对法律、行政法规进行适当的变通。[2]《横琴方案》明确
提出，要"用足用好珠海经济特区立法权，允许珠海立足合作区改革创新实
践需要，根据授权对法律、行政法规、地方性法规作变通规定"。当然，经
济特区立法权并非不受限制。首先，经济特区的变通立法要遵循国家法律、
行政法规的基本原则。其次，根据《立法法》第 11 条规定，经济特区立法权

---

1 《关于授权汕头市和珠海市人民代表大会及其常务委员会、人民政府分别制定法规和规
　章在各自的经济特区实施的决定》，《人民日报》1996 年 3 月 18 日，第 2 版。
2 参见《立法法》第 101 条。

不得涉及国家主权及其他最高国家权力机关专属立法事项。但总体而言，对经济特区立法权的限制是比较原则和抽象的。迄今为止，人民法院的审判实践从未根据法律或行政法规的基本原则或《立法法》第 11 条对经济特区法规进行审查，也从未以违反法律或行政法规的基本原则为由拒绝经济特区法规的适用，全国人大常委会的备案审查实践也从未以经济特区法规超越立法权限为由否定经济特区法规。这种司法实践以及全国人大常委会的备案审查实践至少表明，司法机关和全国人大常委会对于经济特区立法总体抱持一种非常宽容的态度。[1] 因此，在横琴粤澳深度合作区构建民商事规则衔接澳门的制度体系，完全可以充分利用珠海的经济特区立法权。

其次，广东省的地方立法权限。根据《立法法》第 80 条、第 84 条，广东省人大及其常委会有权制定地方性法规和经济特区法规。《立法法》除要求地方性法规不得同宪法、法律、行政法规相抵触外，对可以制定地方性法规的具体领域并无限制。因此，横琴粤澳深度合作区构建民商事规则衔接澳门的制度体系也可以借助广东省人大及其常委会的地方立法权和经济特区立法权。

除前述立法权外，由全国人大及其常委会制定法律或者国务院制定行政法规，也是推动横琴构建民商事规则衔接澳门的制度体系的重要选择。

三、如何推进"民商事规则衔接澳门"

规则衔接是解决粤港澳大湾区在"一国两制三法域"条件下促进各类要素高效便捷流动的重要途径，也是横琴粤澳深度合作区建设顺利推进的重要保障。与前文所述"横琴构建民商事规则衔接澳门的制度体系"包括三方面内容相对应，各有关主体应各司其职，依法依职权推进有关衔接工作。

（一）在特定条件下推进对依澳门民商事规则形成的法律效果的认可。

---

1 黄金荣：《如何用足用好经济特区立法权——大湾区立法空间与边界》，《人大研究》2023 年第 3 期

这种法律效果包括民商事主体资格的确立、合同关系、物权关系、婚姻等人身关系等。一方面，有关行政管理部门应依职权扩大对澳门执业资格或资质的认可。横琴粤澳深度合作区执委会及其工作机构在经济、民生管理等领域将具有省级管理权限，可在权限范围内继续推进对澳门执业资格或资质的认可。如果在经济、民生管理领域不享有相应权限或者属于经济、民生管理领域以外，横琴粤澳深度合作区执委会可以向广东省或者国家有关部门提出申请或授权，推进对澳门执业资格或资质的认可。另一方面，横琴粤澳深度合作区人民法院在法律、行政法规及有关司法解释的范围内，扩大对依澳门民商事规则形成的民商事法律关系的认可，并可借鉴深圳前海合作区人民法院经验，发布有关民商事规则衔接指引。

（二）在特定条件下允许澳门民商事规则在横琴直接适用，调整有关民商事法律关系。在性质上这是一个区际私法问题。一国内部不同法域之间法的适用问题，是通过区际冲突规范来解决的。内地已经制定了《涉外民事关系法律适用法》，同时根据《最高人民法院关于适用〈中华人民共和国涉外民事关系法律适用法〉若干问题的解释（一）》第17条，涉及香港特别行政区、澳门特别行政区的民事关系的法律适用问题，参照适用本解释。因此，在《涉外民事关系法律适用法》及其《解释（一）》允许的范围内，横琴粤澳深度合作区人民法院可以直接适用澳门民商事规则解决民商事纠纷。

考虑到越来越多的澳门民商事主体到横琴粤澳深度合作区工作和生活，现有的直接适用模式可能不适应将来扩大直接适用澳门民商事规则的需求，那么如何应对这种需求？首先，可以由最高人民法院以司法解释的方式，根据横琴粤澳深度合作区发展建设的实际需要，对《涉外民事关系法律适用法》作出专门解释，比如增加涉澳民事关系的冲突规范连结点的弹性，更多采用软连结点等，从而适当扩大对澳门民商事规则的直接适用。其次，以专门立法的方式扩大对澳门民商事规则的直接适用。在国际私法上，外国法的适用问题是涉及国家主权的根本问题。在我国多法域的特殊情况下，澳门法域的法律规则在内地法域的适用虽无涉国家主权，但无疑涉及"一国两制"方针的原则性问题，是一个关于国家法制统一的根本性问题。《立法法》第 72 条、第 73 条等条文要求地方性法规"不得同宪法、法律、行政法规相抵触"，必须是"根据本地实际情况执行法律、行政法规"和"属于地方性事务"等。虽然《立法法》对经济特区立法权没有专门的限制，且允许对法律、行政法规作适当变通，但从适用外法域法的根本属性来看，显然不适宜通过经济特区立法权对外法域法的适用问题作变通性规定。并且，横琴粤澳深度合作区虽然属于珠海经济特区的一部分，但横琴粤澳深度合作区显然不同于经济特区。经济特区是我国单向开放和实行特殊经济政策的地区，完全由内地主导；但横琴粤澳深度合作区是跨境合作区，由内地与澳门共同主导，是一种新的改革开放模式，也是丰富"一国两制"实践的新示范。横琴粤澳深度合作区的开放层次和深度要更高于经济特区，是叠加了粤澳深度合作和经济特区的双重改革开放"试验田"。珠海经济特区立法权可以满足横琴粤澳深度合作区的部分立法需要，但不足以完全满足横琴粤澳深度合作区的立法需要。换言之，经济特区立法权不能满足横琴粤澳深度合作区扩大适用澳门民商事规则的立法需要。因此，如果超出《涉外民事关系法律适用法》及其《解释（一）》允许的范围，扩大域外法律包括澳门民商事规则在境内的适用问题显然已经超越了地方立法权和经济特区立法权的权限范围，稳妥的做法是动用国家立法权，由全国人大常委会来推动落实，或者由全国人大常委会授权广东省人大及其常委会来推进该项工作。

（三）在特定条件下有选择地实现在横琴实施的内地民商事规则与澳门民商事规则的逐渐趋同。这是需要通过立法来解决的问题。就立法主体而言，就是通过国家立法权、地方立法权和经济特区立法权，借鉴学习澳门有关立法经验，在横琴粤澳深度合作区先行先试，对内地民商事规则进行立、改、废，从而实现与澳门民商事规则的逐渐趋同，产生实际适用澳门民商事规则的效果。从立法内容来看，可以《澳门民法典》《澳门商法典》等为对象，将内地《民法典》等民商事规则与之进行对比，比较异同，借鉴学习澳门比内地更先进的规则。从立法原则来看，至少应遵循两条原则：一是实事求是的原则。在横琴实施的内地民商事规则与澳门民商事规则的逐渐趋同不是绝对地、无条件地移植澳门民商事规则，而是要注重法律规则的本土适应性，根据横琴发展建设的实际需要和有关民商事法律关系的实际情况，有选择地、逐步地移植澳门民商事规则的先进立法经验。二是不违反强制性规范和公序良俗的原则。民商事规则中的强制性规范和关于公序良俗的规定，对维护社会良好秩序具有重要意义。根据"一国两制"方针，内地与澳门实行不同的社会制度，澳门资本主义生活方式形成的一些民商事规则可能不符合内地民商事规则的强制性规范，或可能对内地的公序良俗产生负面影响。在这种情形下，有关的澳门民商事规则就不适宜引入内地包括横琴粤澳深度合作区。

（四）重视发挥民间尤其是学术界的作用。尽管在横琴构建民商事规则衔接澳门的制度体系，是由掌握公权力的机构来推进落实的工作，但民间尤其是学术界的作用依然重要。学术界可以通过实地调研汇集规则衔接的需求和通过课题研究提出推进规则衔接的建议。因此，有关公权力机构应重视发挥学术界作用，推动调查研究，共同推进横琴构建民商事规则衔接澳门的制度体系。

四、结语

当前横琴粤澳深度合作区建设如火如荼，发展日新月异。构建民商事规则衔接澳门的制度体系是破除制约横琴粤澳深度合作区发展建设的体制机制障碍、促进各类要素便捷流动的重大创新举措，不仅极大地有利于横琴粤澳深度合作区的未来发展，也将为粤港澳大湾区规则衔接和全国其他地区的改革创新积累重要经验。但构建民商事规则衔接澳门的制度体系没有先例可循，只有在准确理解和把握民商事规则衔接的内涵的基础上，国家和地方各有关部门积极履职，大胆探索，敢于创新，才能共同推进这一制度体系的构建。

（本文刊载于《港澳研究》2023 年第 2 期，2023 年 4 月 25 日出版。）

栉风沐雨，弦歌不辍

——中山大学港澳研究 40 年（1983—2023）论文选编

何俊志　袁旭阳　主编

责任编辑　李茜娜　侯加雯

装帧设计　郑喆仪

排　　版　黎　浪

印　　务　刘汉举

出版　　中华书局（香港）有限公司
　　　　香港北角英皇道 499 号北角工业大厦一楼 B
　　　　电话：(852) 2137 2338　传真：(852) 2713 8202
　　　　电子邮件：info@chunghwabook.com.hk
　　　　网址：http://www.chunghwabook.com.hk

发行　　香港联合书刊物流有限公司
　　　　香港新界荃湾德士古道 220–248 号
　　　　荃湾工业中心 16 楼
　　　　电话：(852) 2150 2100　传真：(852) 2407 3062
　　　　电子邮件：info@suplogistics.com.hk

印刷　　美雅印刷制本有限公司
　　　　香港观塘荣业街 6 号 海滨工业大厦 4 楼 A 室

版次　　2023 年 12 月初版
　　　　© 2023 中华书局（香港）有限公司

规格　　16 开（240mm × 170mm）

ISBN　　978–988–8861–03–3